Boris Reitschuster

PUTINS VERDECKTER KRIEG

Boris Reitschuster

PUTINS VERDECKTER KRIEG

Wie Moskau den Westen destabilisiert

Econ

Econ ist ein Verlag
der Ullstein Buchverlage GmbH

ISBN 978-3-430-20207-7

© der deutschsprachigen Ausgabe
Ullstein Buchverlage GmbH, Berlin 2016
Alle Rechte vorbehalten
Gesetzt aus der Cheltenham und Montserrat
bei LVD GmbH, Berlin
Druck und Bindearbeiten: GGP Media GmbH, Pößneck
Printed in Germany

INHALT

Vorwort	11
Die Warnung – ein Witz	15
Die Charme-Offensive – ein tragisches Missverständnis	35
Die Eiszeit – Paranoia als Staatsdoktrin	47
Das System Putin – »Die Mafia ist unsterblich«	74
Der hybride Krieg – Moskaus grüne Männchen	103
Russlands Freunde – die korrumpierte Elite	115
Stasi und SED – Geschichte zweier Untoter	131
Desinformation – eine hohe Kunst	152
Entschlossen unentschlossen – die deutschen Medien	173
Unsichtbare Krieger – Putins Troll-Armee	188
Die Querfront – Moskaus fünfte Kolonne	199
Recht(s) radikal – Putins unheilige Allianz	213
Die Maulwürfe – des Kremls Honigfalle	228
Mit Systema – Putins deutsche Kampftruppe	256
Wie geschmiert – ölige Geschäfte	265
Poker in Syrien – das große Spiel	273
Die Schwäche des Westens – und die Gegenmittel	286
»Wehrt euch« – ein Aufruf	299
Schutzmaßnahme	304
Dank	305
Literaturempfehlungen	307
Anmerkungen	309

Für die mutigen Menschen in Russland, die ums Leben kamen, weil sie sich nicht den Mund verbieten ließen.

Für
Boris Nemzow
Anna Politkowskaja
Alexander Litwinenko
Juri Schtschekotschichin
Stanislaw Markelow
Paul Klebnikov
Sergej Magnitski
Natalja Estemirowa
Sergej Juschtschenkow

und viele andere.

»Im 21. Jahrhundert verwischen die Grenzen zwischen Krieg und Frieden. Kriege werden nicht mehr erklärt, und wenn sie einmal begonnen haben, verlaufen sie nach einem ungewohnten Muster. (...) Die Rolle der nicht-militärischen Mittel beim Durchsetzen von politischen und strategischen Zielen ist gewachsen; in einigen Fällen ist ihre Durchschlagskraft deutlich höher als die von Waffen.«

Valeri Gerassimow, Chef des russischen Generalstabs, über Russlands neue Militärdoktrin.[1]

VORWORT

Lieber hätte ich ein anderes Buch geschrieben. Über die wunderbaren Menschen, die ich in 16 Jahren in Russland kennen und lieben gelernt habe; über die vielen wunderbaren Erlebnisse, die es unmöglich machen, keine Sehnsucht nach diesem wunderbaren Land zu haben; über die russische Sprache, deren Ausdrucksreichtum und Humor mein Leben bereichern. Darüber, warum ich die Hoffnung nicht aufgebe, dass ich irgendwann in dieses Land, in dem ich den Großteil meines Erwachsenenlebens verbracht habe, zurückkehren und dort in Frieden und ohne Angst leben kann. Aber es wäre Verrat an diesem Land und seinen Menschen, so zu tun, als sei nichts geschehen. Eine kleine kriminelle Clique hat Russland privatisiert, beutet es aus und unterdrückt es, hetzt es mit Gehirnwäsche auf und stürzt es aus Angst um den eigenen Machterhalt in Abenteuer und Aggressionen. Das Elend, das dadurch angerichtet wird, habe ich in Moskau beinahe täglich erlebt: Bei der Bekannten mit fünf Kindern, deren Mann nach einem Pseudo-Prozess ins Gefängnis kam, weil er sich in Notwehr gegen den Sohn eines Prominenten aus der Putin-Partei verteidigte. Bei der Freundin, die Ermittler bei der Überprüfung der Firma, in der sie arbeitete, vor die Wahl stellten, entweder mit ihnen zu schlafen oder eine Anklage an den Hals zu bekommen. Und dann sind da noch die fast allgegenwärtigen Spendenaufrufe für Kinder, denen das Geld für dringend benötigte Operationen fehlt. Ich habe Freunde und Bekannte, die für ihre Kritik am System mit dem Leben zahlen mussten, bis hin zu den Oppositionellen, die nur deshalb im Gefängnis landeten, weil sie es wagten, den Mund aufzumachen. Diesem System neutral gegenüberzustehen wäre moralisches Versagen.

Vor die Wahl gestellt zwischen einer sicheren und hochdotierten Anstellung und der Freiheit, meine Meinung zu sagen, habe ich mich für Letzteres entschieden. Ein Journalist dürfe sich mit keiner Sache gemein machen, auch nicht mit einer guten, sagte einst Hanns Joachim Friedrichs. Er vergaß hinzuzufügen, dass ein Journalist nicht in der Rolle des neutralen Beobachters bleiben darf, wenn er mit einem Unrechtsstaat konfrontiert ist. In so einem Fall muss er Position beziehen. Sonst macht er sich wenn nicht zum Komplizen, so doch zum nützlichen Idioten.

Wer Putins System rechtfertigt, wer die Missstände dort relativiert, zeigt damit, dass er aus der Geschichte nichts gelernt hat. Wer genau hinsieht, kann die Ähnlichkeiten der Entwicklung mit den 1930er-Jahren nicht übersehen.

Lenin machte sich einst lustig, die Deutschen würden erst eine Bahnsteigkarte lösen, wenn sie einen Bahnsteig stürmen wollen. Auf die heutige Zeit übertragen, dürfen wir nicht den Fehler machen, notarielle Bestätigungen für alle verdeckten Aggressionen Putins zu fordern. Wir müssen nüchtern alle Indizien sammeln. Wie bei einem Puzzle mag jedes Teil für sich wenig Aussagekraft oder Belegcharakter haben. In ihrer Gesamtheit ergeben sie aber ein Bild. Eines, das mich beim Schreiben dieses Buches selbst erschüttert hat. Wo aus allen Ecken und Enden Rauch kommt, muss auch ein Feuer sein. Wir sind geneigt, den Rauch zu Partynebel zu verklären. Wir haben es uns in unserer Konsensrepublik bequem gemacht und neigen zum Verdrängen. Schlechte Nachrichten sind unbequem. Derjenige, der auf den Schmutz hinweist, gelte in Deutschland als viel gefährlicher als derjenige, der den Schmutz verursacht, sagte einst Kurt Tucholsky.

Wladimir Putin nutzt die Schwächen unserer Gesellschaft, die er für dekadent hält, gnadenlos aus. Die beunruhigenden Fehlentwicklungen in Deutschland und Europa wären tatsächlich Thema für ein eigenes Buch (das ich auch gerne schreiben würde). Der größte Fehler, den wir machen könnten, wäre es, Wladimir Putin dafür die Schuld in die Schuhe zu schieben. So verheerend sein Wirken für Russland ist – unsere Misere ist hausgemacht, und nur wir selbst können sie in den Griff bekommen. Aber um das zu schaffen, müssen wir uns genau ansehen, wie stark Wladimir Putin inzwischen versucht, Öl ins Feuer zu gießen, und warum seine Brandbeschleuniger so überaus gut zünden. Der Kreml-Chef hat keinen Masterplan. Er ist Taktiker, kein Stratege – er denkt nicht ein paar Züge voraus wie ein Schachspieler, sondern überlegt sich, wie er den

Gegner mit den Schachfiguren am besten piksen kann. Er hat ein klares Ziel, das ich darlegen werde, und eindeutige Methoden, dieses zu erreichen. Dass er dabei so erfolgreich ist, liegt nicht nur an seiner virtuosen Meisterschaft im KGB-Denken, sondern ganz wesentlich auch an unserer Schwäche. Wenn wir das verstehen und uns konsequent auf unsere Stärken besinnen, haben wir eine Chance, verstärkt aus Putins verdecktem Krieg herauszukommen.

Lesern, die sich wenig mit Diktaturen allgemein und der Sowjetunion und DDR im Besonderen beschäftigt haben, mag manches in diesem Buch befremdlich vorkommen. Deshalb bringe ich zahlreiche Rückblicke in die Geschichte von Sowjetunion und KGB, auf deren Tradition sich Putin explizit beruft. Der Blick in die Historie zeigt, dass so gut wie nichts von dem Geschilderten neu ist. Manches von dem, was vor dreißig Jahren noch gelebte Erfahrung war, wirkt heute wie wilde Verschwörungstheorie. Wir im Westen haben die Methoden von KGB & Co. weitgehend vergessen. Wladimir Putin und seine Kameraden erinnern sich umso besser.

Ich bin mir sicher, dass es nach Erscheinen dieses Buches weit massivere Attacken auf mich geben wird als bisher. Ich habe eine konkrete Vorstellung, wer mit welchen Vorwürfen kommen wird und in welcher konkreten Form sie unter die Gürtellinie gehen werden. Persönliche Diffamierung ist dabei ein Schwerpunkt. Nachdem ich mich ausgiebig mit den Methoden von Stasi und KGB befasst habe, weiß ich nicht nur, wie solche Angriffe vorbereitet werden und wie die Netzwerke dahinter aussehen; ich weiß auch, dass sie eine Auszeichnung sind. Je heftiger die Angriffe, je stärker der Versuch, einen Kritiker lächerlich zu machen und zu diskreditieren, umso mehr kann sich dieser sicher sein, ins Schwarze getroffen zu haben. Kämen keine solchen Angriffe, hätte man etwas falsch gemacht.

Mein größter Wunsch ist, ein starkes, demokratisches Russland zu erleben, das nicht mit Propaganda-Kriegern, Agenten und Tarnorganisationen agiert, sondern mit Erfolgen im Sozialen, in der Bildung, in der Kultur und in der Wissenschaft anziehend ist für Menschen im In- und Ausland. Mit einer Regierung, die nicht auf Bodenschätze und den Bodensatz der Gesellschaft setzt, sondern die es versteht, die ungeheuerlichen Schätze an Intellekt, Talent, Improvisationsvermögen und Tatkraft, die in den Menschen in Russland stecken, endlich zur Entfaltung kommen zu lassen. So ein Russland wäre für Europa eine wunderbare Bereicherung, und unter diesen Vorzeichen würde ich mich sehr über das freuen, was Wladimir Putin mit einer ganz gegensätzlichen Prämisse anstrebt: ein Europa von Wladiwostok bis Lissabon.

Boris Reitschuster, im Februar 2016

DIE WARNUNG – EIN WITZ

Bill Clinton muss es wohl für einen Scherz gehalten haben, was ihm der blasse und unsicher wirkende Mann aus Moskau bei einer ihrer ersten Begegnungen sagte. Dieser Wladimir Putin, bis vor kurzem noch Geheimdienstchef in Russland und nur Insidern bekannt, war nun von dem siechen Boris Jelzin zum Premierminister ernannt worden – der sechste innerhalb von 18 Monaten. In der Presse spotteten sie, Putin würde wohl eine noch geringere Halbwertszeit haben als sein Vorgänger Sergej Stepaschin, der nicht einmal drei Monate im Amt blieb. Die ganz besondere Art, mit der Wladimir Putin Drohungen humorvoll verpackt, war damals noch nicht bekannt. Und so konnte Clinton die Randbemerkung seines Gegenübers, die heute aufhorchen lässt, wohl damals, im November 1999, noch nicht richtig einordnen: »Ihr habt Amerika vom Norden bis ganz in den Süden, Ihr habt Afrika und Asien. Ihr könnt uns wenigstens Europa lassen«, sagte der Newcomer aus dem Osten dem damals mächtigsten Mann der Welt.[1] Einen Monat später, im Dezember 1999, scherzte Putin in ähnlicher Weise vor einer großen Versammlung von Mitarbeitern des KGB-Nachfolgers FSB: Er berichtete, dass die von ihnen in die Regierung »abkommandierten« Agenten ihre Aufgabe erfolgreich erfüllt hätten – faktisch also eine Machtübernahme durch den Geheimdienst. Damals hielten das die meisten Russen noch für einen Witz. Heute lacht zumindest in der Opposition niemand mehr. Unter Putin besetzen Geheimdienstler die Schlüsselpositionen in Regierung und Wirtschaft.

Auch der Ausspruch gegenüber Bill Clinton wirkt aus heutiger Sicht wie eine in vermeintlichen Humor verpackte Drohung. Wladimir Putin setzt alles daran, die USA und die EU zu spalten, die Länder Europas gegeneinander auszuspielen, sie zu destabilisieren und selbst entscheidenden Einfluss auf Europa zu gewinnen. Die Grundidee hinter dieser Strategie ist keine Erfindung Putins – sondern seit langem eines der Leitmotive russischer Politik. Die Beziehung zum »Westen« – unter dem man früher vor allem Deutschland, Frankreich und Großbritannien verstand – war immer der zentrale Bezugspunkt im russischen Selbstverständnis. Auf der einen Seite verkörpert der Westen die Sehnsüchte – einen hohen Lebensstandard, soziale Sicherheit, Menschenrechte, eine hochentwickelte Wissenschaft, Kultur und Technik. Andererseits gibt es eine große Angst vor einer »Kolonialisierung« Russlands, der Ausbeutung seiner Bodenschätze, fremden Einflüssen allgemein, dem Beherrscht-Werden durch eine andere Großmacht und dem Verlust der nationalen Identität, wie der große Moskauer Soziologe Lew Gudkow beschreibt.[2] In der gesamten russischen Geschichte finden sich diese beiden Pole wieder, im beinahe ewig scheinenden Streit zwischen den »Westlern« auf der einen und den »Slawophilen« auf der anderen Seite. Der Konflikt fand seinen Ausdruck sogar im russischen Wappen, wo die beiden Köpfe des Adlers in zwei entgegengesetzte Richtungen blicken – der eine nach Osten, der andere nach Westen, so jedenfalls eine gängige Interpretation des Doppelkopfadlers. Europa sei immer der Maßstab für Russland gewesen, an dem man die eigene Zivilisationsstufe und die eigene Entwicklung festmachte, glaubt der Soziologe Gudkow. Weil man diesen Ansprüchen nicht genüge, sei ein tiefes Trauma entstanden, das zu Feindseligkeiten geführt habe. Auch die Entwicklung von Putin in den 16 Jahren, die er an der Macht ist, spiegelt dieses Grunddilemma der russischen Gesellschaft wider: In seinen ersten Amtsjahren suchte er noch den Schulterschluss mit dem Westen. Später fühlte er sich abgewiesen, und wie ein verschmähter Liebhaber entwickelte er offenbar eine regelrechte Abneigung gegen das frühere Objekt seiner Begierde, eine Art Hassliebe, die später noch genauer zu beleuchten sein wird.

Der Sieg über Napoleon 1812 wurde laut Gudkow zu einem Katalysator in der Einstellung Russlands zum Westen: Dass ausgerechnet Moskau den Mann bezwingen konnte, der fast ganz Kontinentaleuropa unter seine Herrschaft gebracht hatte, fassten viele als Beleg dafür auf, dass Russland überlegen sei und eine Mission habe: anderen Ländern den Weg zu weisen. Dieses bis heute verbreitete Gefühl der Überlegenheit und »Auserwähltheit« ist wohl auch ein Versuch, die Widrigkeiten der russischen Realität mit der Recht- und Schutzlosigkeit des Individuums sowie seinem Ausgeliefertsein gegenüber der staatlichen Gewalt zu kompensieren. Auch Minderwertigkeitskomplexe spielen bei diesem Glauben an die eigene Besonderheit sicher eine Rolle – wobei Wladimir Putin dieses Phänomen geradezu verkörpert, was etwa an seinem Hang deutlich wird, sich in Macho-Pose fotografieren zu lassen oder ständig von der eigenen Stärke zu sprechen.

Gudkow spricht von einer »Neurose des russischen Selbstbewusstseins«: Die ständige Distanzierung von und Konfrontation mit dem Westen seien zum Mittel geworden, um die nationale Identität zu festigen.[3] Es ist wichtig, diese Besonderheiten in den Beziehungen zwischen Russland und dem Westen im Kopf zu haben, wenn man die aktuellen Entwicklungen und insbesondere den aggressiven Kurs Putins gegenüber dem Westen analysiert. Ebenso notwendig für das Verständnis ist ein Blick in die Geschichte: Vom Expansionsdrang Russlands zeugt schon ein Blick auf die heutige Landkarte – auf der das Land bis nach Alaska, das früher auch zum Zarenreich gehörte, und zur nordkoreanischen Grenze reicht.

Schon Josef Stalin, für den einst Putins Großvater als Koch arbeitete und der unter dem heutigen Präsidenten wieder zunehmend verehrt wird, plante seinerzeit eine Ausweitung des sowjetischen Machtbereichs bis an den Atlantik. Auch sein Deutschland-Plan von 1952, der eine Wiedervereinigung unter der Bedingung künftiger Neutralität vorsah, ist unter diesem Vorzeichen zu sehen: Wer Stalins Taktik und Denkweise studiert hat, kann keine Zweifel daran haben, dass es sich um ein vergiftetes Angebot handelte, mit dem der Diktator ganz Deutschland in seinen Einflussbereich bringen wollte. Es war im Wesentlichen dem beherzten Einschreiten der Amerikaner zu verdanken, dass Stalin dieser Vormarsch nicht gelungen ist. Erstaunlicherweise teilte sich bereits damals die westliche Welt in zwei Lager, was die Einstellung zu Stalins Expansionsdrang anging, wie die französische Historikerin Françoise Thom schreibt: Die einen erklärten die Politik des Kremlchefs damit, dass er traumatisiert sei durch den deutschen Angriff, der ein tiefes Gefühl der Unsicherheit hinterlassen habe, auf den man am besten mit Sicherheitsgarantien für die Sowjetunion reagieren solle. Die andere Denkschule ging davon aus, dass Stalins Regime von innen heraus expansionistisch sei aufgrund seiner Ideologie und dass sein Vormarsch gestoppt werden müsse. So entstand die Politik der Eindämmung, die letztendlich zum Kalten Krieg führte, aber eben auch einen echten Krieg in Europa verhinderte. »Heute gibt es eine ähnliche Diskussion zwischen den Experten und Entscheidern, angesichts des mehr und mehr offen aggressiven Verhaltens der Russen«,[4] schreibt Thom. Es sticht ins Auge, wie sehr sich die Argumentationslinien von damals und heute gleichen. Putins Verteidiger im Westen verweisen auf angebliche Fehler im Umgang mit Moskau und übernehmen die Sichtweise des Kreml-Chefs, wonach sein Land gedemütigt worden und die Nato entgegen vermeintlichen Zusagen gen Osten vorgerückt sei. Die Revolution in Kiew sei in erster Linie ein Werk des US-Geheimdiensts CIA, worauf Putin notgedrungen habe reagieren müssen. Es ist fast bizarr, dass diejenigen, die Putin mit solchen Argumenten verteidigen, ihn de facto entmündigen. Wenn man ihrer Argumentation folgen wollte, müsste man ja unterstellen, Putin sei für sein eigenes Verhalten nicht verantwortlich und reagiere lediglich statt zu agieren.

Auch die Sowjetführer nach Stalin sind nicht von dem Anspruch zurückgewichen, das politische System im Westen zu zerstören. Chruschtschows berühmte Drohung – »wir werden euch zu Grabe tragen« – ist heute weitgehend vergessen, ebenso wie Breschnews Beteuerung, die Entspannungspolitik setze die Gesetze des Klassenkampfes nicht außer Kraft – was zwar eine freundlichere Formulierung war als die seines Vorgängers, aber auf das Gleiche hinauslief.[5]

Anders als Stalin steht Putin nicht für eine Ideologie. So sehr er machtpolitisch auf die Traditionen setzt, die der Sowjet-Diktator vorgegeben hat, so weit ist er gesellschafts- und wirtschaftspolitisch von den kommunistischen Grundanschauungen entfernt. Der frühere Schachweltmeister und heutige Kremlkritiker Garry Kasparow bringt es auf den Punkt: »Putins Dilemma besteht darin, dass er regieren will wie Stalin, aber leben wie Abramowitsch«, also jener exzentrische russische Multimilliardär, dem der Fußballclub Chelsea und die weltgrößte Yacht gehören.[6]

Putins einzige Ideologie ist der Machterhalt. Der frühere KGB-Oberstleutnant war nach Aussagen aus seinem Umfeld selbst überrascht, als er Ende 1999 unerwartet zum Nachfolger des siechen russischen Präsidenten Boris Jelzin wurde und damit zum Staatschef einer Atommacht. In den ersten Jahren fühlte sich Putin demnach recht unsicher auf dem Präsidentensessel und hatte große Zweifel daran, dass er länger an der Macht sein könnte. Er habe nach dem Einzug in den Kreml an Silvester

1999 zunächst vorgehabt, dort nicht allzu lange zu verweilen – »drei oder vier Jahre«, erzählt Sergej Pugatschow, damals ein einflussreicher Bankier mit engem Draht zu Putin, heute in Ungnade gefallen und im Exil in Europa: »Er wollte reich werden. Er war schon damals sehr pragmatisch. Ich habe darüber mit ihm gesprochen. Er wollte nach seiner Amtszeit ein reicher Mann sein.«[7] »Er und seine Vertrauten hatten immer im Hinterkopf, dass sie vielleicht eines Tages mit einem Hubschrauber aus Russland fliehen müssen, und entsprechend handelten sie, kurzfristig, auf schnellen Profit orientiert«, erzählt übereinstimmend ein Mann, der damals nah an Putin war und aus verständlichen Gründen nicht namentlich genannt werden möchte.

In diesen ersten Jahren zeigte sich Putin trotz aller autoritärer Tendenzen in vielen Fragen recht moderat. Er setzte in seiner Wirtschaftspolitik liberale Reformen durch wie die Einführung eines einheitlichen Einkommenssteuersatzes von 13 Prozent, was es rätselhaft erscheinen lässt, dass viele Linke in Europa ihn trotzdem für einen der Ihren halten: Ist doch in ihren Augen solch ein pauschaler, niedriger Steuersatz vor allem eine Begünstigung der Reichen. Die frühen Warnungen von alten Dissidenten vor einer Wiederherstellung der Diktatur, wie sie etwa von Sergej Kowaljow kamen, dem Träger des Alternativen Nobelpreises, nahm damals kaum jemand wirklich ernst.

Eines der zentralen Motive in Putins gesamtem Leben ist sein Drang, Stärke zu zeigen. Schon als Schulkind, das eher schmächtig war und in der brutalen Welt der Petersburger Hinterhöfe öfter Prügel bezog, begann Putin mit der Kampfsportart Judo. Später versuchte er sich mit einer für die damalige Zeit ungewöhnlichen Eigenbewerbung beim KGB – der sonst eher selbst um Mitarbeiter warb. Schließlich kam er tatsächlich in die Reihen des Geheimdiensts, für dessen Vorgängerorganisation bereits sein Großvater gearbeitet haben muss – anders hätte er seinen Posten als Koch bei Stalin und zuvor auch bei Lenin kaum bekommen können. Schon damals, so erinnerte sich der heutige Staatschef später, habe er verstanden, dass die Schwachen geschlagen würden und dass es nicht entscheidend sei, ob man im Recht sei oder nicht, sondern dass man stark genug ist, sich das Recht zu nehmen. Mit den zahlreichen Bildern, die Putin in Posen zeigen, die für Westeuropäer eher lächerlich wirken – wie etwa mit nacktem Oberkörper auf einem Pferd, beim Angeln oder mit einem Tiger – versucht er, Stärke zu demonstrieren. Der

Mehrzahl der russischen Betrachter übermitteln sie auch genau diese Botschaft – ebenso wie Putins oft martialische und grobe Sprache, die gelegentlich an seine Kindheit und Jugend in der Petersburger Hinterhöfen erinnert.

Seit Putin erstmals öffentlich in Erscheinung trat, in seiner Zeit als Vize-Bürgermeister von Sankt Petersburg, machte er immer wieder deutlich, dass er Russland zu alter Stärke zurückverhelfen will. Wobei er unter Stärke offensichtlich in erster Linie versteht, anderen seinen Willen aufzuzwingen.

Putin erlebte Glasnost und Perestroika Mitte bis Ende der 1980er-Jahre als Mitarbeiter der KGB-Residenz im fernen Dresden: Für ihn waren sie nicht Befreiung, wie für die meisten seiner Landsleute, sondern ein Zusammenbruch der kleinen und heilen DDR-Welt, die er eigenen Beschreibungen zufolge sehr zu schätzen gelernt hatte. Die Wende war für ihn Chaos, ein Moment der Schwäche; er habe damals begriffen, dass die Sowjetunion an einer »Lähmung der Macht« erkrankt sei, schrieb er später. Wie Russland diese zurückerobern könne, darüber zerbrach sich Putin schon 1999 den Kopf, als er Chef des Inlandsgeheimdiensts FSB war und eigentlich ganz andere Aufgaben hatte. In dem kaum bekannten Petersburger Fachblatt mit dem Namen »Notizen der Bergbau-Hochschule« veröffentlichte er im Januar 1999 einen später noch genauer zu beleuchtenden Artikel darüber, was die wichtigsten Hebel seien, um Russland wieder zu alter Größe zu bringen: seine Bodenschätze. Die, so Putin, wiesen dem Land »einen besonderen Platz unter den Industriestaaten zu« – und seien »die wichtigste Ressource, um Russland in relativ naher Zukunft zur führenden wirtschaftlichen Großmacht zu machen«.[8]

Da sich die Armee in den ersten Jahren von Putins Präsidentschaft in einem derart desolaten Zustand befand, dass sie nach Einschätzung von Moskauer Militärexperten wie Alexander Golz eher eine Gefahr für die eigene Bevölkerung als für andere Länder darstellte,[9] nutzte Putin für seine außenpolitischen Ziele in erster Linie ein anderes Mittel: Gas und Öl. Regierungen, die Moskaus Machtanspruch akzeptierten und kuschten, konnten mit erheblichen Preisnachlässen rechnen. Wer sich indes gegen den Kreml stellte, musste mit starken Preissteigerungen rechnen – die Verantwortlichen in Kiew und Georgien nach den demokratischen Revolutionen dort können ein Lied davon singen. »In Regierungssitzungen wurde da schon mal ganz offen gesagt, wenn uns dieses oder jenes

Land in dieser oder jener Frage nicht entgegenkommt, dann gibt es halt einen Unfall an der Pipeline, und dann kriegen die erst mal kein Öl oder kein Gas«, erinnert sich Wladimir Milow, der im Jahr 2002 als 29-Jähriger Vize-Gasminister von Russland wurde und nach nur fünf Monaten im Amt wieder zurücktrat.[10]

Solange Russland in Folge des sowjetischen Erbes und der desolaten Jelzin-Jahre wirtschaftlich schwach war, standen außer den Öl- und Gaslieferungen nicht allzu viele Machtmittel zur Verfügung. Als sich die Staatskasse jedoch dank drastisch steigender Ölpreise in den 2000er-Jahren immer stärker füllte, begann Putin den unverhofften Überfluss auch in andere Machtmittel wie das Militär und die Geheimdienste zu investieren – was wohl viele andere Regierungen in vergleichbarer Situation ähnlich gehandhabt hätten, ohne dabei zwingend den sozialen Bereich derart zu vernachlässigen, wie dies unter Putin geschah. Die Mehreinnahmen durch den vervielfachten Ölpreis waren so gigantisch, dass trotz rasant steigender Staatsausgaben immer noch genügend Geld bei der Bevölkerung ankam, dass diese so wohlhabend wurde wie nie zuvor in der Geschichte Russlands. Wobei der Begriff »Wohlstand« hier etwas irreführend ist: Mit umgerechnet rund 660 Euro betrug das monatliche Durchschnittseinkommen 2012 fast das Zwölffache des Jahres 1999 – umgerechnet 56 Euro –, war damit aber immer noch weit von echtem Wohlstand entfernt.[11]

Putin ließ ein Modernisierungsvorhaben für die Streitkräfte auflegen, in dessen Folge von 2011 bis 2020 insgesamt 23 Billionen Rubel (ca. 580 Milliarden Euro) in neue Waffen investiert und damit 70 Prozent aller Waffensysteme durch neue ersetzt werden sollen.[12] 2012 kündigte Putin in einem Wahlkampfartikel in der *Rossijskaja Gaseta* an, bis 2022 würden 400 neue ballistische Atomraketen gebaut.[13] Im Jahr 2014 hatte Russland mit 84,5 Milliarden Dollar die dritthöchsten Rüstungsausgaben weltweit – hinter China (216 Milliarden) und den USA (610 Milliarden).[14] Offiziell liegt der Anteil der Rüstungsausgaben in Russland bei 4,5 Prozent des Bruttoinlandsprodukts – gegenüber 3,5 Prozent in den USA und übertroffen nur von den Vereinigten Arabischen Emiraten (5,1 Prozent) und Saudi Arabien (10,4 Prozent).[15] Dabei werden Teile der Rüstungsausgaben im russischen Staatshaushalt offenbar verschleiert und sind nicht als solche auszumachen, wie der Russlandexperte und Militärwissenschaftler Hannes Adomeit in der *Neuen Zürcher Zeitung* schreibt: Rechnet man alle entsprechenden Posten zusammen, »lässt sich der Gesamtanteil für innere und äußere Sicherheit am Bruttoinlandsprodukt mit 10,7 Prozent beziffern«.[16]

Russlands Armee ist inzwischen so stark, dass sie nach Ansicht des dem US-Militär nahestehenden Think-Tanks RAND *Corporation* mit ihren 27 schwerbewaffneten Bataillonen in der Region die 12 leicht bewaffneten der Allianz innerhalb von 36 bis 60 Stunden beseitigen würde und das Baltikum besetzen könnte. So absurd solche Planspiele für friedliebende westliche Beobachter klingen müssen – von Moskau werden sie regelmäßig in Planspielen und Manövern durchexerziert. Eben das ist der Grund für die große Unruhe und Besorgnis, die bei osteuropäischen Nato-Partnern ebenso herrscht wie in Skandinavien. Ich erlebte dies bei einem Literaturfestival in Warschau am eigenen Leib, als anwesende Diplomaten aus dem friedfertigen Skandinavien über kaum etwas anderes redeten als über Verteidigungsszenarien und darüber, wie wenig Widerstand sie nach den Abrüstungswellen der vergangenen Jahrzehnte einem potenziellen russischen Angriff entgegensetzen könnten. Solche Ängste werden nicht nur beflügelt durch die massiven Scheinangriffe der russischen Luftwaffe – im Jahr 2014 mussten Nato-Abfangjäger allein im Baltikum deswegen 150 Mal aufsteigen –, sondern auch durch Aussagen wie jene, die Putin im September 2014 gegenüber dem ukrainischen Präsidenten Petro Poroschenko machte – wie dieser berichtete: »Wenn ich wollte, könnten russische Truppen in zwei Tagen nicht nur in Kiew, sondern auch in Riga, Vilnius, Tallinn, Warschau oder Bukarest sein.«[17] Zuvor hatte Putin EU-Kommissionspräsident José Manuel Barroso im selben Monat in einem Telefonat gesagt: »Wenn ich wollte, könnte ich Kiew binnen zwei Wochen einnehmen.«[18] Als darüber in den Medien berichtet wurde, kritisierte der Kreml, dass Barroso öffentlich über den Inhalt eines privaten Telefonats gesprochen habe; das Zitat sei zwar so gefallen, aber »aus dem Zusammenhang gerissen worden«.[19] Die militärischen Muskelspiele und Drohgesten sind fester Bestandteil von Putins Politik. Regelmäßig prahlt das russische Fernsehen mit neuen, wundersamen Waffen – vom neuen Super-Flieger »Yu-71« und der Super-U-Boot-Waffe »Bulawa« über die neue Super-Rakete »Angara-45« und das neue Super-Spionage-Schiff mit dem Codenamen »Projekt 18280« bis hin zur neuen Super-Atomrakete mit dem Projektnamen »4202«. Im Konflikt um die Krim sei er kurz davor gewesen, sein Nukleararsenal zu aktivieren, gestand Putin im März 2015 ein: »Wir waren bereit zum schlimmstmöglichen Szenario.«[20] Nato-Generalsekretär Jens Stoltenberg berichtete im Februar 2016, dass Putin den Einsatz von Nuklearwaffen angedroht habe. Er zeigte sich besorgt über den Umgang Moskaus mit seinen Atomwaffen: «Die russischen Truppen üben demonstrativ damit.«[21] Als »Feind«, wie Putin es umgekehrt mit Blick auf die Nato getan hatte, wolle er Russland aber trotz der Drohungen nicht bezeichnen, so Stoltenberg.

Dabei setzt Moskau nicht nur auf Waffen. In der neuen russischen Militärdoktrin, die Generalstabschef Waleri Gerassimow 2013 vorstellte und die später in diesem Buch noch gründlich zu untersuchen ist, betont der General die Bedeutung nicht-militärischer Mittel für den Krieg der Zukunft. Er spricht von »politischen, wirtschaftlichen, informationspolitischen, humanitären und anderen nicht-militärischen Mitteln«, darunter auch »Maßnahmen des Informationskampfes« und »Spezialoperationen«, wie im Russischen verdeckte Aktionen des Geheimdiensts und von Sondereinsatzkommandos genannt werden.[22]

Parallel zur militärischen erfolgte auch eine ideologische Aufrüstung. Hetzer mit faschistoidem Gedankengut wie Alexander Dugin wurden in den staatlich gesteuerten Medien geradezu hofiert. Der Soziologie-Professor mit dem Rauschebart will ein »Drittes Römisches Reich« unter Moskaus Führung, mit Europa als Protektorat, das der Kreml vor Homosexualität und »entarteten« Einwanderern schützt, mit »patriotischer Zensur«. Die Vorhut sei schon angekommen, beteuert Dugin: »Dass es eine prorussische fünfte Kolonne in Europa gibt, steht fest.«[23] Radikale wie Dugin gibt es sicher in jeder Gesellschaft – aber ihnen wird gewöhnlich keine riesige Bühne geboten. Der Osteuropaexperte Andreas Umland warnte bereits 2007: »Wenn es einem ›Politikkommentator‹ vom Schlage Dugins gelingt, mit seinen Ideen in die Führungsetagen zentraler Machtorgane, wesentlicher Massenmedien und Curricula renommierter Bildungseinrichtungen vorzudringen, ist es schlechter um die Zukunft des Landes bestellt, als man ohne dies hätte annehmen müssen.«[24] Dugin ist auch einer der Wortführer der »Eurasier«, einer Denkschule und Bewegung, die einen dominanten Einfluss Russlands in Europa anstrebt: Ihre immer stärkere Rolle in Moskau und ihre enge Zusammenarbeit mit Extremisten ist später noch ausführlich zu untersuchen.

»Das offizielle Russland und zahlreiche seiner Bürger besinnen sich wieder auf die Traditionen der Slawophilen und des Panslawismus, die

Russland einen Sonderweg zuweisen«, schreibt der Osteuropa-Historiker Andreas Kappeler, der von einer »Resowjetisierung« des Landes spricht: »Der Europäischen Union wird seit einigen Jahren das neoimperiale Konzept einer Eurasischen Union entgegengestellt, die den postsowjetischen Raum unter russischer Ägide wieder zusammenführen soll.«[25]

Die vom Kreml gesteuerten Medien – die angesichts mangelnder echter Politik auch als eine Art Lackmustest für den politischen Kurs der Führung zu sehen sind – vermitteln eine absurde Vorstellung von Europa, das sie spöttisch »Gayropa« nennen, in Anspielung auf die bei uns übliche Toleranz gegenüber sexuellen Minderheiten. Das europäische Gesellschaftsmodell wird als dekadent dargestellt. Dabei verwenden die gesteuerten Medien abwegige Zerrbilder – von angeblichen Konzentrationslagern für Russen in der Ostukraine, die vorgeblich von der Kiewer Regierung mit Geldern der EU errichtet werden sollen, bis hin zu Prognosen, Europa werde an der Flüchtlingskrise zugrunde gehen und »islamisiert« werden. Letzteres ist auch vor dem Hintergrund zu betrachten, dass Schätzungen zufolge allein in Deutschland drei Millionen Russischsprachiger leben und viele von ihnen das Moskauer Propaganda-Fernsehen schauen. Mit dieser Dekadenz-Kritik, der Anfeindung liberaler Ansichten und Toleranz sowie der Forderung nach einer Wiederherstellung der alten Ordnung schließt sich der Kreis zu rechtsextremen Gruppen in Europa, mit denen Moskau zusammenarbeitet – ebenso wie mit linksextremen.

Nur auf den ersten Blick liegt hierin ein Bruch mit der sowjetischen Tradition. Für die Kommunistische Partei der Sowjetunion war die Ausbreitung ihres Einflusses ins Ausland wie bereits erwähnt immer ein zentrales Ziel – wobei sie dabei im Parteienspektrum aus nachvollziehbaren Gründen in erster Linie auf kommunistische »Bruderparteien« setzte. Neben der mehr oder weniger verdeckten Finanzierung linker Kräfte nutzte der Kreml gezielt Bestechung, Erpressung und Unterwanderung: So war es die Stasi, die die Abwahl von Bundeskanzler Willy Brandt bei einem Misstrauensvotum 1972 verhinderte, indem sie Bestechungsgeld für mindestens einen Bundestagsabgeordneten bereitstellte. Ironischerweise stürzte Brandt, den der Kreml wegen seiner Entspannungspolitik so gerne im Amt gehalten hätte, Jahre später ausgerechnet über die Enttarnung des Spions Guillaume, den die Stasi in seinem Umfeld platziert hatte – was sie im Nachhinein sogar bedauerte. Markus Wolf, damals Chef der Auslandsaufklärung, sprach von einer »Panne«. Aber nicht nur in Bonn waren der KGB und seine Ostberliner »Filiale«, die Stasi, im Geheimen überaus aktiv: Verdeckt unterstützte der berüchtigte Geheimdienst auch gesellschaftliche Gruppen und Bewegungen, von denen er sich eine Destabilisierung des Klassenfeinds im Westen erhoffte: So versuchten KGB bzw. Stasi zum Beispiel, die Friedensbewegung zu instrumentalisieren und ihr einen anti-amerikanischen Einschlag zu geben. Anfang der 1980er-Jahre berichtete der Londoner KGB-Resident Arkadi Guk seiner Zentrale voller Stolz über eine Demonstration der Friedensbewegung gegen die Nato-Nachrüstung: »Wir haben eine Viertelmillion Menschen auf die Straße gebracht.«[26]

Die sowjetischen Machthaber hatten zwar größtenteils mit den Idealen des Kommunismus so viel gemein wie ein Wolf mit veganer Ernährung. Aber dennoch gehörte die »Weltrevolution« fest zu ihrem weltanschaulichen Betriebssystem. Ihr Drang zur territorialen wie propagandistischen Expansion erwuchs direkt aus der Ideologie, mit der sie ihre Macht rechtfertigten – zumindest vordergründig. Die Sowjetunion war der erste Staat in der Neuzeit, der sich nicht über die Nationalität seiner Bewohner, seine Religion oder das Territorium definierte, sondern über seine Weltanschauung. Diese wiederum hatte einen grenzüberschreitenden Anspruch – ihr Ziel war die Ausbreitung des Sozialismus weltweit. So war es denn auch nur folgerichtig, dass die Sowjetunion von Anfang an auf Expansion ausgerichtet war. Ihr Gründer Lenin hob dazu die Kommunistische Internationale (Komintern) aus der Taufe, die eine proletarische Weltrevolution zum Ziel hatte und deren wichtigste ausländische Sektion Deutschland war. Lenin ließ vorher unabhängig gewordene Gebiete des Zarenreichs wie die Ukraine, Georgien, Armenien und Aserbaidschan wieder für Moskau zu erobern. Er war aber noch viel zu sehr mit der Sicherung des Machtanspruchs seiner Partei im Inland beschäftigt, um im Ausland viel bewirken zu können.

Neben der Ideologie dürfte die Tradition des Zarenreichs eine bedeutende Rolle beim Expansionsdrang der Kommunisten gespielt haben: Sie war und ist eine der Konstanten Russlands. Schon Katharina der Großen, der Deutschen auf dem Zarenthron, wird der – historisch allerdings nicht belegte – Satz zugeschrieben: »Ich sehe nur eine Möglichkeit, Russlands Grenzen zu verteidigen – sie weiter auszudehnen.« Die Historiker haben für den russischen Expansionsdrang verschiedene Erklärungen parat, die über die üblichen Motive der anderen Imperialmächte dieser Zeit hinausgehen. Wassili Kljutschewski bezeichnete die »Kolonialisierung« gar als den »grundlegenden Faktor« der russischen Geschichte – wobei die Kolonialisierung in Russland im Gegensatz etwa zu Großbritannien oder Frankreich mit einer Erweiterung der Staatsgrenzen einherging – aufgrund der besonderen geographischen Lage in der unmittelbaren Nachbarschaft zu der ebenso gigantischen wie schwach besiedelten Landfläche Sibiriens und des Fernen Ostens. Die Ausdehnung war meist auch eine Reaktion auf die Einkreisungsängste – ebenfalls einer Konstanten, die vom Zarenreich bis ins heutige Russland reicht. Andere Historiker wiederum sehen im Expansionsdrang eine Fortsetzung des »mongolischen Herrschaftsstils«, den Russland nach der Unterjochung durch die »Goldene Horde« weitgehend übernommen hat und in dem Ausbreitung und Eroberung fast schon systembildend waren.

Bemerkenswert ist dabei, dass nach Ansicht des russischen Philosophen Fjodor Stepun die neu eroberten Landflächen wie, so wörtlich, »Kriegsgefangene« behandelt wurden – lieblos, vernachlässigend und ohne eine vernünftige Bewirtschaftung. Hochinteressant und vor allem auch aktuell ist ein weiterer Erklärungsversuch, den der Historiker Jewgeni Schmurlo aufbrachte und den der Kulturwissenschaftler Alexander Achieser aufgegriffen hat: Schon die leibeigenen russischen Bauern, die de facto Sklaven waren, versuchten demnach, der Herrschaft des Zaren zu entkommen sowie mehr Freiheit zu erlangen, und flohen dazu in Gebiete, die sich nicht unter seiner Kontrolle befanden – woraufhin dieser mit einer Ausdehnung seines Herrschaftsbereichs reagierte.[27] In der ganzen Zeit der Sowjetunion und auch heute wieder fliehen viele Russen vor dem autoritären System, der Willkür und Aussichtslosigkeit in ihrer Heimat ins Ausland. Anders als zu Zarenzeiten kann Russland nicht mehr so einfach seine Grenzen ausdehnen, um die Geflüchteten wieder heimzuholen. Es versucht sie auf andere Weise an sich zu binden und auf sie Einfluss zu nehmen. Und auch wenn dies auf den ersten Blick paradox wirkt, so sind es heute oft ausgerechnet die Ausgereisten, die nun in der neuen Heimat Position für die Herrschenden in ihrem Herkunftsland beziehen. Manche agieren als eine Art Vorhut – vor allem, weil sie die Propaganda mit den Jahren fernab von der russischen Realität für bare Münze nehmen.

Wladimir Putin steckt mit seinem Expansionskurs also fest in der Tradition seiner Vorgänger, der Zaren und Generalsekretäre. Dass er diesen fortsetzt, ist weit weniger verwunderlich, als dass dies im Westen kaum wahrgenommen wird, ja, mehr noch, dass Hinweise darauf schnell als Verschwörungstheorie abgetan werden. Anders als den Zaren geht es Putin nicht mehr um territoriale Erweiterung – zumindest nicht mehr vorrangig, denn die Annexion der Krim zeigt eindeutig, dass der Kreml-Chef einer Vergrößerung des Landes zumindest nicht abgeneigt ist oder war. Wladimir Putin geht es, anders als im Westen oft angenommen, auch nicht um eine Wiederherstellung der Sowjetunion, weder politisch noch geographisch. Vorrangiges Mittel in seinem Expansionskurs ist nicht das Verschieben von Grenzen, sondern von Einflusssphären, und zwar im Politischen ebenso wie im Wirtschaftlichen. Und hier will er sehr wohl seinen Einfluss innerhalb des Gebiets der früheren Sowjetunion wiederherstellen, und auch weit über deren Grenzen und die des Warschauer Paktes hinaus, der einst bis zur innerdeutschen Grenze reichte.

Wladimir Putin hadert mit dem Zerfall der Sowjetunion, den er in seiner Botschaft an den Föderationsrat im April 2005 als die größte geopolitische Katastrophe des 20. Jahrhunderts bezeichnet hat.[28] Moskaus Niederlage im Kalten Krieg ist das zentrale Thema für den KGB-Oberstleutnant im Kreml und die Geheimdienst-Männer, die ihn umgeben. Das dabei verwendete Narrativ gleicht der Dolchstoßlegende der Weimarer Republik: Demnach sei die erfolgreiche, »unbesiegte« Sowjetunion von dem Verräter Gorbatschow an die USA verkauft worden, die Niederlage im Kalten Krieg sei also nichts anderes als das Ergebnis eines Komplotts. Wie sehr das alte Denken selbst zur Hochzeit der Perestroika noch in den Köpfen der KGB-Männer festsaß, zeigte 1991 eine Umfrage am Andropow-Institut, der KGB-Kaderhochschule. Mehr als 75 Prozent der Nachwuchs-Geheimdienstler glaubten demnach, dass die wirtschaftliche Misere der Sowjetunion auf »Sabotage« ausländischer Geheimdienste sowie »subversive Elemente« im eigenen Land zurückzuführen sei.[29]

Putin selbst gibt sich etwas diplomatischer, doch mit deutlichen Hinweisen zwischen den Zeilen: »Wer ist schuld am Zerfall der Sowjetunion? Ich denke, vor allem innere Probleme, die Schwäche des politischen wirtschaftlichen Systems. Wer das befördert hat – das ist eine andere Frage. Ich denke nicht, dass unsere geopolitischen Gegner unbeteiligte Zuschauer waren«, sagte der Präsident im Oktober 2015 im Waldaj-Club, seinem Gesprächsforum mit handverlesenen ausländischen Gästen.[30] Durch den Zerfall der UdSSR hätten sich 25 Millionen Russen »gegen ihren Willen und über Nacht« im Ausland wiedergefunden, Millionen seien verarmt. Deshalb sei das Ende der Sowjetunion »die Tragödie des 20. Jahrhunderts«, so Putin – der damit seine Wortwahl von 2005 sogar noch einmal verschärfte. Das Gefühl, den Kalten Krieg verloren zu haben und vom »Kriegsgewinner«, also dem Westen, gedemütigt und vorgeführt worden zu sein, ist eine prägende Grundstimmung im heutigen Russland – und erinnert in vielem an die Einstellung zur »Schande von Versailles« in der Weimarer Republik: ein kollektiver Gemütszustand des (vom Westen) »Erniedrigten und Beleidigten« mit der sich daraus ableitenden Irrationalität. Die entsprechenden Stimmungen wären zweifelsohne auch ohne Wladimir Putin in der russischen Gesellschaft vorhanden und stark ausgeprägt. Weil sie aber für Putin ein vorrangiges Motiv sind und er sie in den von ihm kontrollierten Medien schüren lässt, hat er die ohnehin vorhandene revanchistische Welle zu einem regelrechten Tsunami hochgepeitscht, der kaum noch kontrollierbar ist. »Der Zusammenbruch seines Staates, die Niederlage im Kalten Krieg, das ist Putins zentrales Thema, das was ihn umtreibt, und er will Revanche. Er will die Schmach von 1991 auswetzen, er will eine zweite Runde dieser Schlacht, des Kalten Krieges, und diesmal will er es den USA zeigen, mit seinen Methoden, denen des KGB«, glaubt einer der bekanntesten Dissidenten, Wladimir Bukowski, der viele Jahre in Haft saß und nach einem Austausch zu Sowjetzeiten im Exil in London lebt.[31] Als Kronzeugen könnte Bukowski Premierminister Dmitri Medwedew anführen: Der sagte im Februar 2016 auf der Münchner Sicherheitskonferenz: »Wir sind in einem neuen Kalten Krieg.«[32]

Putin sieht sich, ganz in der Tradition seiner Vorgänger, von Feinden eingekreist: Er leidet am Syndrom der belagerten Festung. Obwohl langfristig für Russland seine islamischen Nachbarstaaten und China eine gewaltige Herausforderung sind, hat Putin den Westen in Form der Nato-Länder als gefährlichsten Feind ausgemacht. Tatsächlich stellen sie eine Bedrohung dar – allerdings nicht für Russland als Land, sondern für Wladimir Putins Machtbasis und insbesondere seinen diktatorischen Führungsstil. Die Angst, ein vom Westen organisierter Umsturz könne ihn aus dem Kreml verjagen und damit lebensgefährlich für ihn sein, treibt Putin um: Das Thema ist seit der orangen Revolution 2004 in seinen Reden allgegenwärtig, Tendenz: rasant steigend. Diese Angst ist ein zentrales Motiv für das politische Handeln des Kreml-Chefs und der Macht-Clique, die ihn umgibt. Aus seiner subjektiven Sicht ist sein Kampf gegen den Westen eine legitime Abwehrschlacht: Er verteidigt sich selbst, seine Macht und den gigantischen Reichtum, den er und ihm nahestehende Männer in seinen Jahren im Kreml erworben haben.

Für Putin geht es dabei um alles oder nichts: Er hat sich zu viele Feinde gemacht und zu viele Konventionen und Gesetze gebrochen, als dass ein friedlicher Rückzug in den Ruhestand für ihn möglich wäre. Nirgends ist jemand in Sicht, der die gleiche Rolle spielen könnte, die er einst für seinen Vorgänger Boris Jelzin gespielt hat: der Garant für Sicherheit und Freiheit vor Strafverfolgung zu sein. Genau die hatte Putin 1999 noch am Tag seines Einzugs in den Kreml Jelzin und seiner Familie zugesichert – per Dekret. Da Putin sein Schicksal als »Retter der Nation« untrennbar mit seinem Land verbunden sieht, ist für ihn der Kampf um das eigene politische Überleben gleichbedeutend mit dem Kampf um Russlands Überleben. Er sieht nicht nur sich, sondern sein ganzes Land im Verteidigungskampf. Deshalb wurde der »Große Vaterländische Krieg«, die von 1941 bis 1945 währende Schlacht gegen den Feind aus dem Westen, gegen die »Faschisten«, zum alles überschattenden Kristallisationspunkt des politischen Russland: dem sinnstiftenden Ereignis, um das sich die politische Klasse schart, aus dem sie ihre Legitimation ableitet. Und an das sie sich jetzt erinnert fühlt, weil sie wieder einen faschistischen Feind im Westen wähnt – diesmal in der Ukraine, mit Drahtziehern in Washington. Nur so ist zu verstehen, weshalb Putins Reden zum Teil klingen, als sei er oberster Feldherr in einem Krieg. Eben dieser Gemütszustand des Präsidenten macht die Lage so explosiv.

Für eine militärische Auseinandersetzung mit der Nato fehlt es Russland ebenso an Mitteln wie für eine wirtschaftliche. Daraus hat Putin den Schluss gezogen, dass er seinen Widersacher mit anderen Mitteln bekämpfen muss: indem er ihn spaltet, unterwandert, korrumpiert und zersetzt. Dabei spricht kaum etwas dafür, dass er dazu einen großen Masterplan hat oder hatte oder gar eine große Verschwörung im Gange ist. Putin ist ein schlechter Stratege, aber ein umso talentierterer Taktiker. Was er heute in der großen Politik anwendet, entspringt im Wesentlichen den Methoden, die er als KGB-Mann gelernt und verinnerlicht hat: den Gegner in die Irre zu führen, zu verwirren oder in einem falschen Glauben zu wiegen, mit Lügen, Desinformation, Intrigen, Einschüchterung. Zu korrumpieren oder zu erpressen, auf nützliche Idioten ebenso zu setzen wie auf irregeleitete Überzeugungstäter und bezahlte Einflussagenten. Putin greift tief in die Giftkiste des Stalinismus und des KGB. Da in Russland anders als etwa in Deutschland nie eine ernstzunehmende Auseinandersetzung mit der totalitären Vergangenheit stattgefunden hat, sind diese Methoden nie tabuisiert worden. Schlimmer noch: Ihre Gefährlichkeit wurde in weiten Teilen nie erfasst – was auch daran deutlich wird, dass für viele Russen bis heute Propaganda und Journalismus zwei austauschbare Begriffe sind und man nicht wahrhaben will, dass ein Journalist im westlichen Sinne nicht die Aufgabe hat, in erster Linie seiner Regierung zu dienen, wie das in Russland als selbstverständlich angesehen wird. Die mangelnde Aufarbeitung der totalitären Methoden aus der Stalinzeit korreliert auf geradezu tragische Weise mit einer mangelnden Auseinandersetzung mit derselben in denjenigen Ländern des heutigen Westens, die früher nicht zum Moskauer Einflussgebiet zählten und diese Methoden deshalb nicht am eigenen Leib erfahren mussten (anders als etwa Polen oder die baltischen Staaten). Eigentlich müsste für uns im Westen ein Blick in die Geschichtsbücher und Arbeiten über die Methoden von KPdSU sowie insbesondere KGB und Stasi ausreichen, um die Ähnlichkeiten mit Putins heutigem Vorgehen sofort zu erkennen. Stattdessen haben wir es mit einer Geschichtsvergessenheit zu tun, die beunruhigende Ausmaße annimmt. Etwa, wenn im Westen lange Zeit viele die Moskauer Propaganda vom angeblich »faschistischen Regime« in Kiew für bare Münze genommen haben – und dabei völlig außer Acht ließen, dass es seit Stalin Tradition ist in Moskau, alle politischen Gegner als faschistisch zu bezeichnen. Seinen Ausdruck fand das unter anderem in der Bezeichnung der Berliner Mauer als »antifaschistischer Schutzwall« oder der Wertung des Arbeiteraufstands in der DDR am 17. Juni 1953 ebenso wie des Prager Frühlings als »faschistische Umsturzversuche«, die von den USA angezettelt wurden. Dass die Sowjetunion oder ihre Satelliten tief im Westen Terroristen förderten und ihnen Unterschlupf gewährten wie etwa der RAF, dass sie ein gigantisches Netzwerk von Einflussagenten in westlichen Medien, Parteien und politischen Institutionen unterhielten, dass sie gezielte Desinformation betrieben – all das scheint heute nur noch wenigen Experten mit gutem Gedächtnis bewusst zu sein. Hierbei spielt sicherlich auch eine Rolle, dass zunehmend eine Generation in die politische und mediale Verantwortung hineinwächst, die das sowjetische System nicht mehr länger oder bewusst miterlebt hat und der deswegen das Verständnis und damit auch die Möglichkeit fehlt, die sowjetischen Methoden zu durchschauen, was auch den Älteren immer schwerer fällt. Denn diese Methoden liegen zu einem großen Teil so weit außerhalb der Lebenswirklichkeit und auch der Vorstellungskraft von im Westen sozialisierten Menschen, dass sie ohne Einbettung in den historischen Kontext und ohne eine umfassende Auseinandersetzung mit diesem kaum durchschaut werden können: Dieses Verständnisproblem tritt zu Tage, wenn sich etwa Putin binnen kürzester Zeit mehrfach widerspricht, was die An- oder Abwesenheit russischer Truppen in der Ostukraine angeht; oder wenn man im Westen felsenfest davon ausgeht, Putin sei an einer Friedenslösung für Syrien interessiert und man müsse sich nur mit ihm an einen Tisch setzen, dann werde man schon eine Lösung finden.

Der aktuelle geopolitische Konflikt zwischen Moskau und den Ländern des alten Westens erinnert in vielem an ein Schachspiel, bei dem die eine Seite regelkonform agiert und versucht, durch eine Analyse der gegnerischen Züge dessen Absichten zu verstehen und Gegenstrategien zu entwickeln – und dabei völlig vernachlässigt, dass der Gegner gar nicht Schach spielt, sondern Tschapajew, eine russische Abart des Dame-Spiels, bei der die Figuren einfach über das Brett geschossen werden. Russland attackiert den Westen, und die meisten dort merken das nicht einmal oder reden sich das Ausmaß der Attacke schön – mit Ausnahme der Osteuropäer.

Russland betreibe einen »hybriden Krieg« mit dem Ziel, die EU zu destabilisieren, warnte im November 2015 Rosen Plevneliev, der Präsident von Bulgarien.[33] Der Staatschef forderte die anderen Staaten der Europäischen Union auf, mehr gegen die Aggression aus Moskau zu tun. Diese wird vor allem in den westlichen Ländern der EU und in Deutschland bis heute von großen Teilen der Politik und der Gesellschaft nicht ernstgenommen, ignoriert oder verdrängt. Deutlich wurde dies etwa auf der Sicherheitskonferenz 2016 in München, wo Bundesaußenminister Frank-Walter Steinmeier auf Medwedews Aussage vom neuen Kalten Krieg mit den Worten reagierte: »Der Kalte Krieg ist nicht da.«[34]

Die Warnungen der osteuropäischen Nachbarn, die jahrzehntelang unter russischer Besetzung gelebt und so ihre eigenen Erfahrungen mit

Moskaus Politik gemacht haben, werden westlich der Grenzen des ehemaligen Warschauer Pakts allzu oft als panisch oder irrational abgetan. Putins Berliner Lobby in Politik, Medien und Wirtschaft etwa ist ebenso lautstark wie effektiv darin, Kritiker der Kremlpolitik als »Kriegstreiber«, »Russophobe« und »Verschwörungstheoretiker« darzustellen. Es geht so weit, dass sich ein Bundestagsabgeordneter im Januar 2016 aus Angst vor »Hasswellen« und Drohungen nur noch anonym traute, über Putins Macht in Deutschland zu sprechen.[35] Der Westen lasse sich von Putin vorführen, mahnt der Publizist Richard Herzinger in der *Welt*.[36]

So sehr Putin einerseits auf alte sowjetische Methoden setzt, so geschickt hat er diese an die neue Zeit angepasst – nicht zuletzt auch mit Hilfe westlicher Berater und Public-Relations-Agenturen aus den USA. Vor allem deren Hilfe etwa ist es zu verdanken, dass die früher sehr grobschlächtige und durchschaubare Propaganda der Sowjets heute verblasst vor den neuen Methoden im Informationskrieg des Kremls, die weitaus erfolgreicher sind. Der wohl größte Erfolg Putins besteht darin, dass sein Widersacher gar nicht verstanden hat, dass er angegriffen wird. Schon auf der Krim und in der Ostukraine konnte er große Teile des Westens lange an der Nase herumführen und erfolgreich so tun, als habe er mit den Ereignissen dort nichts oder nur indirekt zu tun und als handele es sich bei den Bewaffneten entweder um »grüne Männchen« unbekannter Herkunft oder um Einheimische. Und in beiden Fällen machte Putin später eine Volte und bekannte sich dazu, dort russische Militärs im Einsatz zu haben. Er tat das wohl, um Stärke zu zeigen. Dass er damit seine Unterstützer im Westen und gerade auch in Deutschland blamierte, die das bis zuletzt vehement geleugnet hatten, war wohl ein Kollateralschaden beim Demonstrieren der eigenen Macht. Viel erfolgreicher ist Putins Tarnung bei seinem viel größeren, zentralen Projekt: Er will Russland wieder zu einer Supermacht machen und selbst entscheidenden Einfluss auf dem Kontinent haben. Er träumt den uralten Traum von Moskau als bestimmender Kraft in Eurasien. Dazu arbeitet er an einer neuen »Internationalen« der Anti-Demokraten; er knüpft europaweit enge Kontakte zu rechts- und linksextremen Kräften. Es gibt heute kaum noch ein Land in Europa, in dem er nicht hinter den Kulissen massiv um Einfluss kämpft.

Putin sei sich bewusst, dass Gas-Verträge zu einer langfristigen Abhängigkeit zwischen Kunden und Produzenten führten, schreibt die französische Historikerin Françoise Thom: Nachdem er die europäischen Länder mit Gazprom verbandelte, habe er sich darangemacht, in jedem eine pro-russische Lobby mit Zugang zur Regierung zu schaffen. Diese solle für Moskau unerwünschte Initiativen blocken und andererseits Initiativen des Kremls voranbringen.[37]

Der Kreml-Chef versucht, Europa zu unterwandern und zu spalten. Sein Ziel ist, die EU in ihrer heutigen Form zum Scheitern zu bringen – getreu dem Motto »teile und herrsche«, das auch innenpolitisch sein Credo ist. Schon 2004 sagte Sergej Markow, einer der »Polittechnologen« des Kremls, es sei wünschenswert für Moskau, »nicht mit der europäischen Bürokratie zu tun zu haben«, sondern mit den führenden Staaten der EU, weil die europäischen Bürokraten »Russland als ein Problem betrachten und keine Angst vor Konflikten haben«.[38]

Nach dem Auseinanderdividieren der EU hätte es der Kreml nicht mehr mit einer großen Staatengemeinschaft mit 508 Millionen Einwohnern (gegenüber 143 Millionen in Russland) und einem Bruttoinlandsprodukt von 13,92 Billionen Euro im Jahr 2014 (Russland: ca. 1,4 Billionen Euro) zu tun, sondern mit allesamt deutlich kleineren Nationalstaaten, die sich gegeneinander ausspielen ließen, in der Wirtschafts- ebenso wie in der Energie- und Sicherheitspolitik. Die EU mit ihren gemeinsamen Werten, die funktionierenden Demokratien in ihren einzelnen Ländern, so offensichtlich die Einschätzung Putins, sind das entscheidende Hindernis auf dem Weg, Moskau zur entscheidenden Macht in Europa zu machen – es zu kontrollieren, eine Art Veto-Recht für wichtige Entscheidungen zu haben –, ohne es erobern zu müssen. Putin befände sich durchaus in einer historischen Tradition, glaubt der Politologe Wladimir Pastuchow: »Schon die russischen Zaren interessierten sich immer mehr für das Ausland als für das eigene Land. Dort haben sie viel erreicht, im Gegensatz zu ihren Aufgaben zu Hause.«[39] Ganz im Geiste der meisten seiner Vorgänger sei Putin tief in die Geopolitik abgetaucht, so Pastuchow. Wer sich darüber lustig mache und ihn mit Napoleon vergleiche, irre: »Er hat durchaus genügend Potential, um das politische Kräfteverhältnis in Europa für eine Zeit lang zu verändern.«[40]

»Wir müssen uns dem Versuch Putins, die EU zu spalten und im Innern der EU Einfluss auszuüben, mit allen Mitteln entgegenstellen«, warnte denn auch der Präsident des Europäischen Parlaments, Martin Schulz (SPD), im März 2015.[41] Was dazu nötig ist, brachte Bernhard Kaster (CDU), Vorsitzender der deutsch-russischen Parlamentariergruppe, gut auf den Punkt: »Wir müssen alles dafür tun, um als Einheit aufzutreten. Russland akzeptiert nur Stärke, das heißt: Europa muss mit einer Stimme sprechen, denn ein zerstrittenes Europa hat gegen Russland schon verloren.«[42]

Es ist entscheidend, dass wir uns bewusst machen: Es handelt sich nicht um den Angriff auf eine Organisation, Institution oder die Grenzen eines Landes. Wir haben es mit einem Angriff auf unsere Werte zu tun, auf unsere Lebensweise, auf das, was unsere Gesellschaften ausmacht: dass nicht, wie in Russland, der Mensch für den Staat da ist, sondern der Staat für den Menschen. Natürlich handelt es sich dabei um ein Ideal, das leider nicht bis zur letzten Konsequenz realisiert wird – aber wenn wir aufhören, uns diesem Ideal verpflichtet zu fühlen, wenn wir nicht mehr dafür kämpfen, trotz aller Rückschläge, dann ist das Abgleiten in die Tyrannei nur noch eine Frage der Zeit. Ebenso der Rechtsstaat – wonach die Gesetze für alle gelten. Was für uns mittlerweile eine Selbstverständlichkeit ist, wirkt für die meisten Russen wie eine phantastische Erzählung, an die sie nicht glauben wollen, weil sie überzeugt sind, Willkür und Rechtsfreiheit für die Herrschenden seien eine Art Naturgesetz. Zwar wächst die Korruption auch bei uns explosionsartig an. Doch anders als dort gilt sie bei uns noch nicht als normaler, unvermeidlicher Bestandteil der Gesellschaft, sondern immer noch als Übel, das es zu bekämpfen gilt.

Demokratie, Freiheit und Rechtsstaat sind leider für viele, die nie auf sie verzichten mussten, zu einer Selbstverständlichkeit geworden, ja zu leeren Worten verkommen. Wir müssen uns wieder bewusstmachen, dass die 70 Jahre Frieden und Freiheit in Europa nicht die Regel der Geschichte sind, sondern die Ausnahme. Sie sind das Resultat einer Besinnung nach der wohl schrecklichsten Tragödie, die die Menschheit erlebt hat. Wenn wir aufhören, das zu verstehen, wenn wir uns nicht für den Frieden und die Freiheit einsetzen, sie wachsam verteidigen, dann werden wir sie verlieren. So nachvollziehbar die Enttäuschung über die sozialen, wirtschaftlichen und politischen Fehlentwicklungen in Deutschland und im Westen ist – es ist paradox, wenn heute viele Menschen hierzulande Wladimir Putin als Hoffnungsträger sehen. Als Ausweg aus den Defiziten von Rechtsstaat, Demokratie und sozialer Marktwirtschaft setzen sie damit auf ein System, in dem all diese Grundsätze nicht etwa nur unzulänglich sind, sondern negiert werden.

DIE CHARME-OFFENSIVE –
EIN TRAGISCHES MISSVERSTÄNDNIS

Viele Abgeordnete rieben sich verwundert die Augen. Das waren Töne, die sie so nicht erwartet hatten, als Wladimir Putin vierzehn Tage nach »Nine Eleven«, den Anschlägen von New York, im deutschen Bundestag zu den Volksvertretern sprach. An diesem 25. September 2001 warb er für eine »echte Partnerschaft« zwischen Europa und Russland. Sieht man sich die Bilder heute an, erkennt man Putin kaum wieder: Fast schon jugendlich und schüchtern wirkte der Staatschef damals noch. Er begann seine Rede auf Russisch und wechselte dann ins Deutsche, das er gut beherrscht, wenn auch mit deutlichem Akzent: »Die Welt befindet sich in einer neuen Etappe ihrer Entwicklung. Wir verstehen: Ohne eine moderne, dauerhafte und standfeste internationale Sicherheitsarchitektur schaffen wir auf diesem Kontinent nie ein Vertrauensklima, und ohne dieses Vertrauensklima ist kein einheitliches Großeuropa möglich. Heute sind wir verpflichtet, zu sagen, dass wir uns von unseren Stereotypen und Ambitionen trennen sollten, um die Sicherheit der Bevölkerung Europas und die der ganzen Welt zusammen zu gewährleisten.«[1] Worte, denen wohl kaum jemand widersprechen könnte – und die, wie es aus zuverlässiger Quelle heißt, wie die gesamte Rede nicht wie üblich aus der Kreml-Administration stammten, sondern von einem prominenten CDU-Politiker und früheren Kohl-Berater verfasst wurden, der heute eng mit Putin verflochten ist und öffentlich als sein Fürsprecher auftritt. Die Rede war maßgeschneidert auf das deutsche Zielpublikum – und damit ganz im Stile des Kreml-Chefs, der es meisterhaft versteht, seine Botschaften auf ihre Empfänger zuzuschneiden, weswegen Orthodoxe seinem Charme ebenso erliegen wie Atheisten, Erzkommunisten ebenso wie gestandene Kapitalisten. Bundeskanzler Gerhard Schröder (SPD) zeigte sich denn auch schon vor der Rede derart angetan, dass er auf einer gemeinsamen Pressekonferenz mit Putin gleich die bisherige Kritik an dessen Tschetschenien-Krieg verstummen lassen wollte: »Ich habe gemeint, dass es in Bezug auf Tschetschenien zu einer differenzierteren Bewertung der Völkergemeinschaft kommen muss und sicher auch kommen wird.«[2]

Eine weitere Passage aus der damaligen Rede lässt rückblickend etwas aufhorchen: »Niemand bezweifelt den großen Wert der Beziehungen Europas zu den Vereinigten Staaten. Aber ich bin der Meinung, dass Europa seinen Ruf als mächtiger und selbstständiger Mittelpunkt der Weltpolitik langfristig nur festigen wird, wenn es seine eigenen Möglichkeiten mit den russischen menschlichen, territorialen und Naturressourcen sowie mit den Wirtschafts-, Kultur- und Verteidigungspotenzialen Russlands vereinigen wird.«[3] Diese Idee vom Zusammenrücken Europas mit Russland ist in Putins frühen Auftritten immer wieder zu hören. Per se würde es sich dabei um ein durchaus erstrebenswertes Ziel handeln – solange man darunter eine freiwillige Zusammenarbeit versteht, wie das damals fast alle auffassten, und keine Zwangshochzeit. Bei genauerem Hinsehen zeigt sich aber, dass die jahrhundertealte Idee von einem »Eurasien«, also einem zusammenhängenden Raum zwischen Wladiwostok und Lissabon unter der Dominanz Russlands, eines der prägenden Themen in Moskaus Medien und Politik ist, seit Wladimir Putin an die Macht gekommen ist. Damals, im September 2001, war das nur den wenigsten im Westen bewusst.

Putins Rede im Bundestag war kein Ausrutscher, sondern sie passte zu seiner Politik in seinen ersten Amtsjahren. Auch in vielen anderen Bereichen zeigte er sich aufgeschlossen gegenüber dem Westen. Fälschlicherweise wird als Beleg für diese Offenheit meistens genannt, dass er der erste ausländische Regierungschef war, der US-Präsident George W. Bush nach den Anschlägen vom 11. September 2001 anrief und sein Mitgefühl ausdrückte. Dass er schneller war als seine Kollegen, ist aber nur der Tatsache zu verdanken, dass er als Einziger über eine Direktverbindung verfügte – das »rote Telefon«. Aussagekräftiger als der Anruf nach den Anschlägen auf das World Trade Center und das Pentagon sind Putins andere Schritte. So kündigte er etwa wenige Wochen nach dem Telefonat mit Bush die Schließung der russischen Militärbasis Lourdes im Südosten Kubas und des Flottenstützpunktes Cam Ranh in Vietnam an. Allein für den Vorposten auf der karibischen Insel, von dem aus Moskau mit 1500 Ingenieuren, Technikern und Militärs die NASA und deren Basis in Cape Canaveral ausspionierte, waren jährlich zwei Milliarden Dollar Pacht fällig.[4] Manche Beobachter im Westen wie in Russland glaubten, es habe sich dabei um eine Geste des guten Willens gegenüber Amerika gehandelt. Im Jahr zuvor hatte allerdings das US-Repräsentantenhaus die Schließung der Stützpunkte zur Bedingung für die Umschuldung russischer Kredite gemacht. Ob diese Forderung der USA für Putin ausschlaggebend war oder die offizielle Begründung, man brauche das eingesparte Geld für die Armeereform, oder ob es wirklich nur eine Geste des guten Willens war, wird sich wohl nie abschließend klären lassen. Die wahrscheinlichste Erklärung ist, dass alle drei Motive eine Rolle spielten. Putin unterstützte George W. Bush in dessen »Kampf gegen den Terror« nach Kräften, insbesondere wenn es gegen das Taliban-Regime ging. Dabei handelte Moskau durchaus auch eigennützig, weil es mit dem Regime in Kabul ein starker gegenseitiger Hass verband. Als die Amerikaner für ihren Einsatz in dem zentralasiatischen Land einen Luftwaffenstützpunkt im benachbarten Kirgisistan eröffnen wollten, einer früheren Republik der Sowjetunion, die Moskau nach wie vor als ihr Einflussgebiet betrachtet, stimmte Putin dem ohne Auflagen zu.

Das Verhältnis zwischen Washington und Moskau schien im Winter 2001 so gut wie lange nicht mehr. Dabei hatte George W. Bush nach seinem Amtsantritt im Weißen Haus Putin demonstrativ links liegen gelassen. Das war vor allem dem Wahlkampf geschuldet. Pünktlich zum Urnengang in den USA hatten die Republikaner einen Bericht vorgelegt mit dem Titel »Der Weg Russlands in die Korruption: Wie die Clinton-Regierung Bürokratie statt freiem Unternehmertum exportierte und so die Menschen in Russland betrog.«[5] Bush machte seinen Gegenkandidaten Al Gore, den Vize-Präsidenten Clintons, für die in seinen Augen gescheiterte Russland-Politik mitverantwortlich. Er versuchte, diese zu einem zentralen Thema im Wahlkampf zu machen. Frisch gewählt, ließ Bush junior Putin mit allen Bitten um ein Treffen abblitzen. In seiner Not wandte sich Putin an einen Politik-Veteranen, den er zwar formell im Unterschied zu seinem Vorgänger Jelzin immer korrekt behandelte, den er aber in seinen Medien als Verräter für den Zerfall der Sowjetunion verantwortlich machen lässt: Michail Gorbatschow. Der letzte Generalsekretär flog auf Bitten des Kreml-Chefs über den Atlantik zum Präsidenten-Vater George Bush senior – mit dem er befreundet war. Auf Gorbis Drängen legte der Ex-Präsident ein gutes Wort bei seinem Sohn ein für Putin – und prompt widersetzte der sich einem Treffen nicht mehr. Im Juni 2001 kam es in der slowenischen Hauptstadt Ljubljana zum ersten Zusammentreffen der beiden, für das der »mächtigste Mann der Welt« – damals noch George W. Bush – nur bescheidene zwei Stunden einplanen ließ. Putin bereitete sich sorgfältig auf die Begegnung vor, arbeitete sich in die Dossiers mit ausführlichen Beschreibungen von Bushs Charakter und Lebensweg ein. So fand er wohl auch den passenden Zugang zum Gegenüber: Er berichtete Bush vom Brand in seiner Datscha, bei dem ein kleines Holzkreuz unversehrt geblieben sei, was ihn, Putin, im Glauben an Wunder bestärkt hätte.[6] Die Worte verfehlten ihre Wirkung auf den tiefgläubigen Bush nicht. »Ich habe dem Mann in die Augen gesehen. Ich halte ihn für direkt und vertrauenswürdig«, lobte der US-Präsident den Kollegen nach dem Treffen: »Ich war in der Lage, einen Eindruck von seiner Seele zu gewinnen.«[7] Er forderte Putin auf, »ein Alliierter und Partner« zu werden – das war wohl ganz nach dem Geschmack des Kreml-Chefs.

Dabei waren ausgerechnet unter Putins politischem Ziehvater Boris Jelzin die Beziehungen zwischen Moskau und dem Westen immer kälter geworden – obwohl der heute in Russland oft als Marionette der USA verspottet wird. Vor allem der Kosovo-Konflikt und insbesondere die Bombardierung Serbiens hatten für heftigen Unmut im Kreml gesorgt. Jelzins Premierminister Jewgeni Primakow, ein Veteran des KGB, ließ sein Regierungsflugzeug auf dem Weg in die USA am 23. März 1999 mitten über dem Atlantik umdrehen, als ihm US-Vize-Präsident Al Gore mitteilte, auch während seiner Washington-Visite würden Luftangriffe stattfinden. Auch Amerikas Wunsch, den ABM-Vertrag über die Begrenzung von Raketenabwehrsystemen aufzukündigen, um so den Weg frei zu machen für ein neues Verteidigungssystem, stieß Jelzin und seiner Umgebung bitter auf – ebenso wie die Pläne für eine Osterweiterung der Nato. In der russischen Öffentlichkeit hatte sich die Stimmung gedreht: Herrschte von den Hochzeiten der Perestroika bis weit in die 1990er-Jahre hinein noch eine regelrechte Euphorie für den Westen und insbesondere auch die Vereinigten Staaten, so traten inzwischen wieder die aus Sowjetzeiten bekannten, traditionellen antiamerikanischen und auch antiwestlichen Ressentiments in den Vordergrund. Dies lag zum einen daran, dass die westlichen Staatsmänner den Verrat vieler Ideale von Demokratie und sozialer Gerechtigkeit durch Jelzin und seine Clique gedeckt hatten: Die Liste der Sünden reicht vom Einsatz junger, marktradikaler Hochschulabsolventen aus den USA für die Reformierung der russischen Wirtschaft, die denn auch völlig zusammenbrach, bis hin zur Unterstützung Jelzins beim Staatsstreich gegen den Obersten Sowjet, also das Parlament. Das hatte er aus Panzern beschießen lassen – unter dem Beifall des Westens, in dem Jelzins dreister Verfassungsbruch auch noch als Putsch altkommunistischer, finsterer Kräfte gegen ihn verkauft wurde – die gab es im Parlament zwar wirklich, aber die Rollen in dem Konflikt waren nicht so schwarz-weiß, wie sie hierzulande oft dargestellt wurden. Neben diesen objektiven Faktoren für Unmut wurden die antiwestlichen Ressentiments sowohl von der Regierung als auch von der Opposition aber auch gezielt eingesetzt, um von innenpolitischen Problemen abzulenken.

Als neun Monate nach Primakows berühmter Wende über dem Atlantik Wladimir Putin in den Kreml einzog, übernahm er als außenpolitisches Erbe alles andere als eine harmonische Beziehung zum früheren Klassenfeind und jetzigen Partner. Im fernen Deutschland hatte derweil ein gewisser Gerhard Schröder noch im Wahlkampf ein Jahr zuvor der vermeintlichen Kumpanei zwischen Berlin und Moskau den Kampf angesagt: »Durch die in der Sauna begründete Männerfreundschaft« und »im Gewusel der Freundschaft« zwischen Kanzler und Kreml-Chef seien die Probleme nicht zu lösen; statt Männerfreundschaft sei Strukturpolitik notwendig, und das werde er, Schröder, nachholen: »Dazukommen müssen – für eine gewisse Zeit – Kapitalverkehrskontrollen, damit Geld nicht unkontrolliert aus dem Land geschafft wird, in Richtung Côte d'Azur.«[8] Da wir heute wissen, dass viele von Wladimir Putins Vertrauten zu Milliardären wurden, und auch sehr viel dafür spricht, dass Teile ihres Kapitals unkontrolliert in den Westen abflossen, müssen wir davon ausgehen, dass solche Ankündigungen im Kreml nicht gerne gehört wurden – und man sich sicher Gedanken machte, wie man solche »Bedrohungen« vermeiden könnte. Wobei natürlich in Moskau die Ankündigung einer härteren Gangart aus Berlin viel weniger Sorge auslöste als die gleiche Marschrichtung aus Washington – die mit dem Sieg von Bush bei den Wahlen im Herbst 2000 abzusehen war.

Putin habe alles getan, um zum Westen eine gute Beziehung aufzubauen, behauptete jedenfalls später sein damaliger Präsidialamtschef

Alexander Woloschin, der immer als Altantiker galt, zumindest für russische Verhältnisse.[9] »Ich weiß, was ich möchte, und ich möchte, dass Russland ein Teil Europas ist. Da liegt Russlands Schicksal. Lassen Sie uns also herausarbeiten, wie wir das am besten tun können«, sagte der damals noch geschäftsführende Präsident auch dem Nato-Generalsekretär George Robertson bei dessen Antrittsbesuch in Moskau im Februar 2000.[10] »Putin empfing jeden Spitzenpolitiker des Westens, jeden Außenminister persönlich und sprach mit ihnen allen wesentlich länger, als das Protokoll und der gesunde Menschenverstand es geboten«, schreibt der Moskauer Journalist Michail Sygar in seinem Buch »Endspiel«.[11] Wobei er verschweigt, dass Putin schon damals eine seiner auffälligsten Gewohnheiten an den Tag legte – nämlich zu spät zu kommen und Gesprächspartner bis hin zur britischen Königin warten zu lassen, oft stundenlang. Die Wartezeiten stiegen mit Putins Verweildauer an der Macht – und sanken mit der internationalen Isolierung. Ausgerechnet Horst Seehofer durfte im Februar 2016 ohne Wartezeit zum Kremlherren. Anfangs trat der junge Präsident gelegentlich in Fettnäpfchen, etwa als er bei einer der frühen Begegnungen mit Bundeskanzler Gerhard Schröder diesem ausgerechnet ein Jagdgewehr schenkte – das der sofort wegpacken ließ, weil ihm eine Waffe als Geschenk peinlich war und er Fotos mit der Gabe unbedingt vermeiden wollte. Noch schlimmer erwischte es damals Schröders Ehefrau Doris. Die Tierschützerin und ihre Tochter bekamen als Gabe von Putin zwei wertvolle Pelze – die hastig versteckt werden mussten, damit die Tochter, ebenfalls eine Tierfreundin, sie nicht zu Gesicht bekam. Putin lernte aus solchen Fauxpas schnell. Später bekamen Gäste immer maßgeschneiderte Geschenke, und manchmal sogar mehr: Gerhard Schröder etwa konnte in Russland zwei Kinder adoptieren, was ihm ohne Beziehungen ganz nach oben wohl kaum gelungen wäre – und wohl auch nicht in Deutschland nach geltender Rechtspraxis, aufgrund seines fortgeschrittenen Alters. Österreichs Bundespräsident Thomas Klestil bekam bei seiner Reise 2004 die beiden Welpen »Olga« und »Orchideja« von Putins Lieblingshündin »Conny« mit auf den Weg – und zeigte sich prompt sehr angetan von der Arbeit seines Moskauer Kollegen: »Putins Bilanz kann sich sehen lassen … die Richtung stimmt.«[12]

Kaum vier Monate im Amt, sorgte Putin dafür, dass die Duma im April 2000 das seit sieben Jahren blockierte Start-II-Abkommen ratifizierte.

Danach sollte die Zahl der Atomsprengköpfe von Russland und den USA bis zum Jahr 2007 auf 3000 bis 3500 verringert werden. Putin sagte gar, er könne sich eine Mitgliedschaft Russlands in der Nato vorstellen – und sorgte damit bei den Falken in Moskau für Irritationen. Im Mai 2002 wurde ein weiteres Atom-Abrüstungsabkommen unterzeichnet, und im gleichen Monat wurde der 1997 geschaffene »Gemeinsame Ständige Nato-Russland-Rat« zum »Nato-Russland-Rat« (NRR) weiterentwickelt und hochgestuft. Das Verhältnis zwischen Weißem Haus und Kreml schien zumindest nach außen hin intakt.

Bis heute ist umstritten, was hinter dem Tauwetter nach Putins Amtsantritt im Kreml stand. Ein Erklärungsversuch, den vor allem die Unterstützer Putins in Ost wie West bevorzugen, lautet so: Putin hat dem Westen die ausgestreckte Hand entgegengehalten und wollte eine echte Partnerschaft, weil er den Westen damals als Vorbild sah und die gleichen Werte hatte. Das klingt wenig überzeugend, wenn man betrachtet, dass Putin (abgesehen von seinen Lippenbekenntnissen in seinen Reden und Begegnungen mit westlichen Politikern) von Anfang an eine Politik verfolgte, die – abgesehen von der Wirtschaft – für das Gegenteil dessen steht, was den Westen ausmacht – etwa den Krieg in Tschetschenien. Kaum im Kreml angekommen, begann er, demokratische Rechte wie etwa die Pressefreiheit abzubauen. Mehr noch: Zwar gab es in Russland nie einen Rechtsstaat und auch keine wesentlichen Ansätze dafür, auch nicht unter Boris Jelzin. Unter Putin nahmen die allgegenwärtige Willkür und Allmacht des Apparates, die Steuerung der Gerichte von oben und die De-Institutionalisierung Russlands aber ein Ausmaß an, das bisher ungekannt war. Paradox ist, dass die Medien den Menschen genau das Gegenteil einreden und auch im Westen viele die Propaganda vom vermeintlichen »starken Staat«, den Putin geschaffen habe, glauben. Wirklich stark ist ein Staat, wenn seine Spielregeln, seine Verfassung und seine Gesetze eine starke Rolle einnehmen und auch stark durchgesetzt werden. Stattdessen hat Putin einen Staat geschaffen, in dem keine allgemeinverbindlichen Spielregeln mehr vorhanden sind und in dem Verfassung und Gesetze keine Rolle mehr spielen, sondern so ausgelegt und angewandt werden, wie das den Herrschenden beliebt. Er hat Russland in eine Diktatur zurückverwandelt – im Sinne der klassischen Duden-Definition dieses Wortes: »Eine unumschränkte, andere gesellschaftliche Kräfte mit Gewalt unterdrückende Ausübung der Herrschaft durch eine bestimmte Person, gesellschaftliche Gruppierung, Partei oder Ähnliches in einem Staat.«[13] Anders als unter Stalin ist Putins Diktatur nicht totalitär. Es handelt sich um eine Diktatur neuen Typs, eine »Demokratur«, womit Putin die sowjetische Tradition weiterentwickelte und vervollkommnete: Die demokratische Fassade war schon damals ein wesentliches Element. Damals war die Maskerade leicht zu durchschauen. Unter Putin ist sie erfolgreicher – nicht zuletzt, weil er dafür auch auf westliches Knowhow zurückgreift. Entscheidend ist hier, dass Putins »Westkurs« just wegen dieses diktatorischen Charakters seines Systems nicht zu einer echten Partnerschaft werden konnte – zu eklatant waren die Unterschiede in den Grundsätzen, Überzeugungen und Werten. Für seinen Flirt mit den USA und der EU hatte Putin im Wesentlichen zwei Gründe: Zum einen war er als Interessenverwalter des Jelzin-Clans und der vorherrschenden Oligarchen an die Macht gekommen – ein Fakt, der heute weitgehend vergessen ist und durch die Legende übertüncht wurde, Putin habe mit eben diesen Oligarchen aufgeräumt. Das ist ein kolossaler Irrtum. Im Gegenteil: Bis auf Wladimir Gussinski, Boris Beresowski und Michail Chodorkowski, die allesamt politisch gegen Putin aktiv wurden, haben alle anderen Oligarchen aus der Jelzin-Zeit keinerlei Widerstände von Seiten des Staates erleben müssen. Sie verloren nur große Teile ihres politischen Einflusses – der ging auf die »neuen Oligarchen« über, Freunde und KGB-Kameraden von Putin, die es unter seiner Herrschaft binnen kürzester Zeit zu unvorstellbaren Vermögen brachten und die viele Beobachter für eine Art Strohmänner halten, auf deren Vermögen in Wirklichkeit Putin Zugriff hat. Die Wahrung der Geschäftsinteressen der alten Oligarchen war eines der wichtigsten Ziele der »Operation Nachfolge«, mit der der Jelzin-Clan den bis dahin kaum bekannten Geheimdienstchef Putin 1999 an die Spitze des Staates gehievt hatte. Dazu gehörte der Schutz vor einer Revanche und Rückabwicklung der dubiosen Privatisierungsdeals im Inland ebenso wie die Legitimierung der gigantischen Vermögen im Westen und grünes Licht für Investitionen dort. Eine Schlüsselrolle dürfte aber der zweite Aspekt gespielt haben: Russlands Wirtschaft war zur Jahrtausendwende hoffnungslos rückständig und dringend auf Importe von Technik, Technologie und Fertigungsanlagen angewiesen. So waren denn auch die Handelsbeschränkungen nach dem so genannten »Jackson-Vanik-Paragraphen« immer wieder ein Thema und Ärgernis. Die aus dem Jahre 1974 stammenden und von den

US-Kongressabgeordneten Henry Jackson und Charles Vanik initiierten Handelsbeschränkungen richteten sich ursprünglich gegen Länder, die eigene Staatsbürger an der Emigration hinderten, und war insbesondere eine Reaktion darauf, dass Juden nicht aus der Sowjetunion ausreisen durften. Obwohl dieses Problem spätestens seit den Zeiten der Perestroika der Vergangenheit angehörte, blieb der Paragraph in Kraft, sehr zum Ärger Moskaus, das sich dadurch ungerecht behandelt fühlte und über massive Handelseinbußen klagte. Abgeschafft wurde der Jackson-Vanik-Paragraph im Dezember 2012 – allerdings gleichzeitig mit Verabschiedung des so genannten »Magnitsky-Acts«, der ähnliche Einschränkungen ermöglicht und persönliche Sanktionen gegen Personen vorsieht, die sich Menschenrechtsverletzungen zu Schulden haben kommen lassen.

De facto ist die Geschichte von Putins Annäherung an den Westen eine Geschichte eines geradezu tragikomischen Missverständnisses. Das Weltbild von Wladimir Putin wurde beim KGB geformt; ihm wurde dort ein verzerrtes Bild des westlichen Systems vermittelt, ganz nach den Lehren Lenins: Demzufolge sind die Demokratien in Europa und Amerika zynische Systeme, in denen ein räuberischer Monopol-Kapitalismus die Werktätigen ausbeutet und die Menschen rechtlos und ohne soziale Absicherung leben. Demnach steuert ein kleiner Kreis von Auserwählten mit geschickten Manipulationen die politischen Prozesse und fälscht die Wahlen, während die Medien dafür sorgen, dass die Menschen von all dem abgelenkt werden. Mit einem Wort: genau so ein System, wie Putin es in Russland von Boris Jelzin in den Grundzügen übernommen und dann selbst massiv ausgebaut hat. Insofern war er wohl durchaus aufrichtig überzeugt, dass er mit den Staatsmännern des Westens auf Augenhöhe verhandeln und Zutritt zu ihrem feinen Club bekommen könne. Wenn von »Wertepartnerschaft« und »Demokratie« die Rede war, fasste Putin das genauso als Potemkin'sche Fassade auf wie das »D« für »Demokratisch« in der Abkürzung »DDR«. Vertraute berichten, dass Putin mit großer Genugtuung Fernsehserien wie »House of Cards« ansieht, die sein Weltbild von einem dekadenten, prinzipienlosen, nur auf Machtintrigen aufbauenden politischen System im Westen bestätigen. Unglücklicherweise hat er damit bis zu einem gewissen Grade Recht: All die negativen Tendenzen, die er dem Westen unterstellt, sind dort zweifellos vorhanden. Leider. Und es ist auch kaum zu bestreiten, dass diese negativen Tendenzen zunehmen – etwa der Abbau demokratischer Rechte, die Verlagerung der Entscheidungsfindung auf kleine, elitäre Kreise, ein Rückgang der sozialen Absicherung, sehr problematische Entwicklungen in den Medien. So kann er sich in seiner kritischen Sichtweise des Westens immer wieder bestätigt sehen, wenn er seine täglichen, sorgsam auf seine Erwartungen zugeschnittenen Nachrichtenüberblicke vorgelegt bekommt. Anders als in Wladimir Putins geschlossenem Weltbild sind die Missstände in unserem System allerdings – zumindest noch – nicht die Norm. Ganz im Gegensatz zum heutigen Russland, wo der moralische Konsens sich nicht an einem positiven Leitbild orientiert, sondern an einem negativen: dass überall die Sitten völlig verlottert seien. Dabei übersieht Putin, dass im Westen immer noch ein demokratischer Anspruch vorhanden ist, der über eine bloße Potemkin'sche Fassade hinausgeht. Neben den Demokratie-Feinden und Macht-Zynikern gibt es noch sehr viele Menschen, die für die freiheitlichen Werte eintreten und sie hochhalten. Genau deshalb können die Entscheidungsträger in den westlichen Staaten auch nicht die Augen verschließen vor den unzähligen Menschenrechtsverstößen und der Diktatur in Russland – auch wenn viele es wohl gerne tun würden, wie das Beispiel des früheren Bundeskanzlers Gerhard Schröder prototypisch vor Augen führte. Eben aufgrund innenpolitischen Drucks können westliche Regierungen nicht oder nur teilweise gute Miene zum autoritären Spiel des Kreml-Chefs machen. Diesen Mechanismus begreifen Putin und die KGB-Männer in seiner engsten Umgebung nicht, weil in ihrer Denkwelt nur eine politische Willensbildung von oben nach unten, nicht aber eine umgekehrte vorstellbar ist. Umgekehrt geht es den meisten unserer Politiker nicht besser – wenn sie nicht aus dem früheren Ostblock stammen wie Bundeskanzlerin Angela Merkel: Sie übertragen ihr Weltbild auf Putin und sind überzeugt, im Inneren wolle er doch auch nichts anderes als Frieden und Stabilität, und der Weg Russlands zur Demokratie sei vorbestimmt.

Wladimir Putin wollte im Westen, insbesondere in der EU und Nato, ein entscheidendes Mitspracherecht, ja sogar ein Veto-Recht haben, ohne ihre Regeln einzuhalten, so die russische Politologin Lidija Schewzowa.[14] Dieses kolossale Missverständnis musste langfristig zwangsläufig zu einem Bruch zwischen Putin und dem Westen führen. Viele westliche Partner hatten Putins Demokratieversprechen anfangs für bare Münze genommen und ihm geglaubt, dass er einfach Zeit brauche und nur vorübergehend die Zügel etwas straffer in die Hand nehmen müsse. Mit den Jahren war aber immer offensichtlicher geworden, dass die Reise nicht hin zu mehr Demokratie ging, sondern zurück in die autoritäre Vergangenheit; selbst Gutwillige konnten das kaum noch verleugnen. Die daraus resultierende Kritik an Demokratiedefiziten und Menschenrechtsverletzungen wiederum kam und kommt beim Kreml-Chef als Folterinstrumente gegen ihn und sein Land an. Wenn er geradezu zwanghaft – und teilweise ja auch durchaus zu Recht – Defizite im Westen beklagt, insbesondere in den USA, versteht er nicht, dass diese dort im Gegensatz zu seinem System zumindest noch nicht die Regel sind und immer noch mehr oder weniger große Teile der Gesellschaft und der politischen Klasse dort dagegen ankämpfen. Er und viele seiner Anhänger auch im Westen sind sich nicht bewusst, dass der Westen an Russland andere Maßstäbe anlegt als etwa an arabische oder südamerikanische Staaten, weil sich Moskau selbst als Teil der europäischen Zivilisation versteht und sich etwa durch seinen Beitritt zum Europarat oder die Unterzeichnung der Europäischen Menschenrechtskonvention Verpflichtungen auferlegt hat, die es nun ständig und systematisch bricht. Anders als bei politisch weniger bedeutenden Ländern wie Aserbaidschan und Kasachstan lassen sich die Missstände in einem Land von der Größe Russlands, das derart im Fokus der Weltöffentlichkeit steht, nicht einfach so ignorieren – auch wenn das vielleicht manchem Verantwortlichen im Westen gar nicht so unrecht wäre, wie der Umgang mit den oben erwähnten kleineren Ländern belegt. Die Politologin Schewzowa sieht die Leisetreterei der westlichen Politiker als eine Ursache für das Scheitern der Demokratie in Russland: Die Europäer hätten Angst gehabt, Moskau zu reizen, und seien bereit gewesen, so zu tun, als ob der Kreml eine Integration anstrebe. Schon unter Jelzin hätten die westlichen Staatsmänner angefangen, in Russland statt auf die Einhaltung von Standards auf den jeweiligen Kremlchef zu setzen. Moskau wiederum habe darauf reagiert, indem es immer mehr Einfluss in den europäischen Strukturen forderte, ohne deren Prinzipien anzuerkennen, so Schewzowa: »Weil es das Geforderte nicht erhielt, begann Moskau wütend zu werden und bald auch mit dem Zerschlagen von Glas zu drohen.« Anfang der 2000er-Jahre sei offensichtlich geworden, dass Russland das »größte Versagen in der europäischen Geschichte« sei. Weil man aber die Niederlage nicht eingestehen wollte, nach den Mühen und dem Geld, die man investiert hatte, habe Brüssel so getan, als sei alles gut, und eine Partnerschaft vorgespielt. Moskau habe sich auf dieses Spiel eingelassen, so Schewzowa. Die EU-Strategie gegenüber Russland hätte lediglich zu leeren Erklärungen geführt, aber nicht zu konkreten Schritten.[15]

Für Putin war eines der wichtigsten Ziele, auf Augenhöhe mit Amerika zu sein, als ebenbürtige Supermacht – während Washington und die EU Moskau als Juniorpartner sahen und behandelten, der noch viele Hausaufgaben zu erledigen hat. Dabei war dem Kreml für einen Weltmacht-Status nur sein gigantisches Arsenal an Atomwaffen geblieben – während das Land wirtschaftlich selbst hinter europäischen Ländern wie Italien zurückblieb, vom Fehlen eines attraktiven Gesellschaftsmodells oder technischer Innovation gar nicht zu reden. Bei einem seiner ersten Treffen mit dem neu gewählten US-Präsidenten Barack Obama schlug Putin ihm vor, man solle sich an eine Landkarte setzen und die Interessengebiete abstecken – man würde sich schon einig werden. Obama traute seinen Ohren kaum und lehnte freundlich, aber entschieden ab, wie es in Berliner Regierungskreisen heißt. Putin denkt ebenso wie der Großteil der politischen Elite in Moskau immer noch in Kategorien wie Einflusszonen und beherrschten Territorien, ganz in der Tradition des 19. und 20. Jahrhunderts, während im Westen ein anderer Politikansatz vorherrscht: Die USA setzen im Wesentlichen darauf, ihren Einfluss informell, wirtschaftlich und technologisch geltend zu machen, vorzugsweise über Kooperation und so weit wie möglich mit »Soft Power« – ebenso wie die EU, die vorwiegend auf kollektive und kooperative politische Lösungen setzt. Hier prallen nicht nur zwei Politik-Stile aufeinander, sondern zwei Epochen: auf der einen Seite eine Machtpolitik mit dem Ringen um Einflusssphären, die sich auf Militär, Gewalt und KGB-Methoden stützt wie im 19. und 20. Jahrhundert und als einzige Regel das Recht des Stärkeren akzeptiert – und auf der anderen Seite ein System, das im Ringen nach Dominanz auf wirtschaftliche und technologische Faktoren sowie kulturelle Attraktivität und Institutionen baut, in dem verbindliche Regeln und Kompromisse eine entscheidende und militärische Stärke eher eine untergeordnete Rolle spielen, zumindest was Europa betrifft.

So musste der Konflikt seinen Lauf nehmen, langsam, doch unaufhaltsam ...

DIE EISZEIT – PARANOIA
ALS STAATSDOKTRIN

Noch im Juni 2003 stellten George W. Bush und Wladimir Putin beim G-8-Gipfel in Sankt Petersburg geradezu beschwörend ihre Freundschaft zur Schau. Der durchgestandene Konflikt habe diese »stärker, nicht schwächer gemacht«, sagte der Mann aus Washington und lud seinen Moskauer Kollegen in seine Residenz in Camp David ein: »Wir haben der Welt gezeigt, dass Freunde verschiedener Meinung sein können.« Putin wiederum beteuerte, das Fundament der russisch-amerikanischen Beziehungen habe sich als fest erwiesen, es gebe »keine Alternative zur Zusammenarbeit« zwischen Russland und Amerika, und »keine unlösbaren Probleme« zwischen Washington und Moskau.[1]

Die ersten größeren Risse hatte die derart zelebrierte russisch-amerikanische Freundschaft damals in Wirklichkeit schon bekommen, insbesondere als die Nato im November 2002 bei ihrem Gipfel in Prag den drei ehemaligen Sowjetrepubliken Estland, Litauen und Lettland sowie Bulgarien, Rumänien, der Slowakei und Slowenien Beitrittsgespräche anbot. Noch tiefer wurden die Gegensätze im März 2003, als der US-Präsident sein Land in den Irakkrieg führte. Spätestens dann war deutlich, dass Moskau und Washington im Anti-Terror-Kampf völlig unterschiedliche Ansätze vertraten. Putin traf sich im April 2003 mit Bundeskanzler Schröder und dem französischen Präsidenten Jacques Chirac in Petersburg zu einer Konferenz mit einem Namen, der Programm war – und Kampfansage an die USA: »Frieden, Sicherheit und internationales Recht«. Das Trio baute an einer Achse Paris-Berlin-Moskau gegen Washington. »Die Vereinten Nationen sind die einzige Institution, die gemeinsame Rechtsüberzeugungen geschaffen hat, auf denen die internationale Politik basiert«, so ein Seitenhieb Schröders gegen die USA.[2] Auch Wladimir Putin pochte vehement auf das Völkerrecht – und konnte bei der gemeinsamen Pressekonferenz des Trios seinen Hohn über Bush nicht verbergen. Wenn seine Leute im Irak nach verbotenen Massenvernichtungswaffen gesucht hätten, wie das die US-Streitkräfte erfolglos taten, dann hätten sie garantiert schon etwas gefunden, so der russische Staatspräsident. Chirac und Schröder, die neben ihm saßen, lachten artig und hatten ganz offensichtlich gar nicht kapiert, was ihr frisch gebackener Bündnisgenosse anscheinend wirklich meinte: dass seine Fälschungsspezialisten aus den Geheimdiensten problemlos getürkte Belege hätten vorzeigen können.

Bei der gemeinsamen Pressekonferenz ließ Putin anklingen, was später zum endgültigen Bruch mit den USA führen sollte: Er warnte davor, in anderen Ländern Regimewechsel militärisch herbeizuführen und die »kapitalistisch-demokratische Revolution zu exportieren«.[3] Anderthalb Jahre später sah Putin genau diese Furcht bestätigt: In Kiew kam es im November 2004 zu Massenprotesten gegen Fälschungen bei den Präsidentschaftswahlen. Putin und seine Regierung hatten in den Jahren zuvor wenig Zweifel daran gelassen, dass sie den Staat, der größer ist als Frankreich, als ihre natürliche Einflusszone betrachten. So bestand der Kremlchef darauf, dem Präsidenten Leonid Kutschma, der nach zwei Amtszeiten laut Verfassung nicht mehr antreten durfte, bei der Auswahl seines Nachfolgers beratend zur Seite zu stehen. Ohne Moskaus Zustimmung, das war klar, würde Kutschma niemanden ins Rennen schicken. Ganze Heerscharen von Wahlkampfberatern und so genannten »Polit-Technologen« machten sich aus Moskau auf den Weg nach Kiew, um dem trotz anfänglicher Bedenken vom Kreml doch noch abgesegneten »Thronfolger« Viktor Janukowitsch auch wirklich ins Präsidentenamt zu verhelfen. Zu den Wahlgeschenken aus Moskau gehörte etwa eine deutliche Erleichterung der strengen Registrierungsregeln für die vielen Ukrainer, die als Ausländer in Russland leben und arbeiten, sowie umfassende Steuer- und Preissenkungen für die Lieferung von Brennstoffen in die Ukraine. Bei jeder sich bietenden Gelegenheit versuchte Putin, für seinen ukrainischen Wunsch-Kollegen zu werben, und obwohl bekannt war, dass er Janukowitsch persönlich wenig schätzte, lud er ihn sogar zu seiner Geburtstagsfeier nach Moskau ein. Schließlich wurde die Parade zum Jahrestag der Befreiung Kiews von Hitlers Truppen einfach eine Woche vorverlegt, entgegen der historischen Wahrheit – damit das Ereignis rechtzeitig vor den Wahlen und im Beisein von Wladimir Putin im ukrainischen Fernsehen übertragen werden konnte. Im Wahlkampf wurde der Hoffnungsträger der Opposition, der prowestliche Viktor Juschtschenko, bei einem Abendessen mit den ukrainischen Geheimdienstchefs mit Dioxin vergiftet und schwebte in Lebensgefahr. Der hochtoxische Stoff entstellte das Gesicht des Mannes, der bis dahin als charismatischer Frauenschwarm galt. Bis heute vermuten viele Ukrainer Moskau hinter dem Giftanschlag, der nie aufgeklärt wurde. Juschtschenko selbst behauptet, er wisse zwar, wer hinter der Attacke stand, er könne dies aber nicht publik machen. Juschtschenko leidet bis heute an den gesundheitlichen Folgen.

Der beispiellose Einsatz half nichts: Moskaus Kandidat Janukowitsch musste sich im ersten Wahlgang knapp dem vergifteten Juschtschenko geschlagen geben. Beim zweiten Wahlgang am 21. November 2004 erlangte Janukowitsch dann zwar den offiziellen Ergebnissen zufolge den Sieg – und Wladimir Putin gratulierte ihm auch prompt. Immer stärker verdichteten sich aber noch am Wahlabend die Hinweise auf massive Wahlfälschungen; die Ergebnisse der Wahlkommission wichen deutlich von den Wählerbefragungen vor den Wahllokalen ab, die eindeutig Juschtschenko als Sieger sahen. Noch in der Nacht gingen Tausende Anhänger des pro-westlichen Kandidaten auf die Straße und protestierten. Je starrer sich die Regierung zeigte, je öfter Putin Janukowitsch gratulierte – insgesamt drei Mal –, umso stärker wurde der Widerstand. Schon am Tag nach den Wahlen hatten sich trotz der großen Kälte mehr als 100 000 Menschen auf dem zentralen Platz von Kiew, dem »Maidan nesaleschnosti«, auf Deutsch »Platz der Unabhängigkeit«, versammelt, zum großen Teil mit orangefarbenen Fahnen, Tüchern und Schals. Die Proteste griffen auf andere Städte über. Als das Wahlkomitee dennoch Janukowitsch zum offiziellen Wahlsieger erklärte, rief die Opposition zum Generalstreik auf und zu Blockaden von Regierungsgebäuden. Das Zentrum der Millionenstadt Kiew war rund um die Uhr von Demonstranten überfüllt, eine ungewöhnliche Stimmung lag über den Straßen, eine Mischung aus Angst, Zuversicht und Durchhaltewillen. Putin geriet in gewaltigen Zorn, er verstand nicht, warum Kutschma die Demonstranten nicht einfach von der Polizei auseinanderjagen ließ. Der noch amtierende ukrainische Präsident antwortete ihm, die Amerikaner würden Druck auf ihn ausüben, keine Gewalt anzuwenden.[4] Ukrainische Polizeieinheiten sollen dann aber doch noch den Marschbefehl nach Kiew erhalten haben; Teile der Sicherheitskräfte, insbesondere der Armee und des Geheimdiensts, erklärten aber ihre Solidarität mit den Demonstranten und kündigten an, diese im Ernstfall zu verteidigen. Leonid Kutschma wollte offenbar kein Blutbad riskieren, mit dem er zu einem Paria auf der Weltbühne geworden wäre, sondern den Wohlstand, den seine Familie angehäuft hatte, im Ruhestand genießen. Es kam zu Verhandlungen am runden Tisch mit einer internationalen Vermittlergruppe, der unter anderem der EU-Außenbeauftragte Javier Solana angehörte, Polens Präsident Aleksander Kwasniewski, sein litauischer Kollege Valdas Adamkus und der Vorsitzende der russischen Staatsduma Boris Gryslow. Weil der Ex-Kommunist aus Polen anders als der Spanier Solana und der in den USA sozialisierte Adamkus die Mentalität seiner Verhandlungspartner kannte, ließ er sich nicht auf Finten ein, blieb knallhart und konnte so die Verhandlungen drehen, wie es später aus Kreisen der Revolutionäre heißt. Am runden Tisch wurde ein Kompromiss ausgearbeitet, der unter anderem politische Reformen vorsah. Der wichtigste Punkt aber war die Wiederholung der Stichwahl. Die fand am 26. Dezember 2004 statt. Der pro-westliche Viktor Juschtschenko gewann mit 51,99 Prozent deutlich.

Die Ereignisse in diesen Winterwochen bringen die Welt des Wladimir Putin ins Wanken. Seine Handlanger in Kiew, seine Dienste, sie alle hatten ihm immer versichert, Moskau habe die Lage dort im Griff, bis hin zum dritten Wahlgang. Und dann das! Die orange Revolution in der Ukraine bedeutete eine tiefe Zäsur für Putin. Er und seine Vertrauten, die zum Großteil beim KGB arbeiteten, waren sich sofort sicher, wer hinter der Revolution in der Ukraine steckte: die USA. Mit Hilfe des CIA habe Washington den Umsturz angezettelt. Dass die Frau des »Revolutionsführers« Juschtschenko die US-amerikanische Staatsbürgerschaft besaß, war dabei nur das letzte Indiz.

Seit Sowjetzeiten ist es Tradition in Moskau, hinter Unmut und Demonstrationen gegen die Machthaber nicht etwa Fehler derselben zumindest als mögliche Ursache in Erwägung zu ziehen, sondern immer einen Drahtzieher im Ausland ausfindig zu machen, vorzugsweise in den USA: Ebenso wenig wie die Sowjet-Funktionäre und ihre Führer konnten sich Putins Weggefährten und er selbst eingestehen, dass sie sich mit einer ungeschickten Politik in der Ukraine selbst ins Abseits manövriert hatten, dass sie es waren, die mit ihrer plumpen, massiven Einmischung dem pro-westlichen Kandidaten Juschtschenko erst zum Sieg verholfen hatten. Viel bequemer und viel aufbauender fürs Selbstwertgefühl war da die Verschwörungstheorie, der CIA hätte die Demonstranten allesamt bezahlt und auf die Straße geschickt. Wie absurd diese Idee ist, wird deutlich, wenn man sie weiterstrickt: Könnte der CIA so einfach Hunderttausende auf die Straße bringen und Regimes stürzen, so hätte er das in Moskau sicher längst gemacht. Es ist nicht zu bestreiten, dass die USA auf die Entwicklung in der Ukraine massiv Einfluss genommen haben – wenn auch weitaus weniger aktiv und mit weitaus weniger Geld als Moskau. Washington unterstützte regimekritische Organisationen mit Geld und Knowhow, übte Druck auf die Regierung aus, die Proteste nicht mit Gewalt niederzuschlagen, unterstützte die »Revolutionäre«. Unbestätigten westlichen Berichten zufolge sollen über diverse Kanäle 65 Millionen US-Dollar zur Unterstützung der Revolution aus Amerika geflossen sein.[5] Verschwörungstheoretiker führen die kolportierte Summe oft als Beleg dafür an, dass die USA die orange Revolution finanziert und organisiert haben. Das ist absurd, wären doch die 65 Millionen aus den USA, sollten sie tatsächlich geflossen sein, nur ein Klacks im Vergleich zu den Mitteln, die aus Moskau kamen: Allein die als »Wahlgeschenk« für Kutschma und Janukowitsch kurz vor dem Urnengang beschlossenen Energiepreis-Senkungen durch den Kreml hatten einen Gegenwert von rund 800 Millionen US-Dollar.[6]

Die Revolution in der Ukraine wirkte auf Putin auch deshalb so beängstigend, weil schon einmal ein Umsturz von der Straße für ihn sehr negative, wenn nicht traumatische Folgen hatte: Als KGB-Major fühlte er sich in Dresden in der DDR heimisch und wohl, als die Wende dort seine kleine heile Welt zerstörte – und seine Karriere gleich mit. Die Ereignisse in Kiew müssen Putin an die Erlebnisse von damals erinnert haben – als er mit der Pistole in der Hand die KGB-Residenz in der Angelikastraße im Dresdner Villenstadtteil Loschwitz vor den heranstürmenden Demonstranten verteidigte.

Schon in den Monaten vor der orangen Revolution war sein Misstrauen gegen den Westen enorm gestiegen; als am 1. September 2004 Terroristen im südossetischen Beslan mehr als 1100 Kinder und Erwachsene in ihre Gewalt nahmen und zwei Tage später bei der Erstürmung der Schule durch Sicherheitskräfte mindestens 338 Menschen starben. Nach der Tragödie behauptete Putin, die Terroristen hätten Hilfe aus dem

Ausland bekommen: »Wir haben Schwäche gezeigt. Und die Schwachen werden geschlagen. Die einen wollen einen dicken Brocken von uns wegreißen, die anderen helfen ihnen dabei. Sie helfen, weil sie glauben, Russland als eine der größten Atommächte stelle immer noch für irgendjemanden eine Gefahr dar, und diese Gefahr müsse man beseitigen. Und der Terrorismus ist natürlich nur ein Mittel zum Erreichen dieses Ziels.«[7] Für die aus Sowjetzeiten an Zwischentöne gewöhnten Zuhörer in Russland war damit klar, wen Putin hinter der Tragödie vermutete: den Westen. Zwei Jahre später wurde er noch deutlicher. Bei seiner Rede an die Nation im Mai 2006 attackierte Putin die Vereinigten Staaten von Amerika, ohne sie namentlich zu erwähnen, aber doch so, dass jeder in Russland verstand, wer gemeint war: »Wir sehen doch, was auf der Welt passiert! Wie heißt es: Kamerad Wolf weiß, wen er zu fressen hat. Er frisst, ohne auf irgendjemanden zu hören, und hat auch nicht vor, zuzuhören.« Weiter führte er aus: »Und wohin verschwindet dieses ganze Pathos, von wegen Kampf für die Menschenrechte und Demokratie, wenn es darum geht, die eigenen Interessen durchzusetzen? Dann ist alles möglich, dann gibt es keinerlei Beschränkungen.«[8] Russland dürfe die Fehler aus dem Kalten Krieg nicht wiederholen, müsse wachsam und wehrhaft sein, mahnte der Präsident – und stellte ein neues Wettrüsten in Aussicht.

Auf der Münchner Sicherheitskonferenz im Februar 2007 sorgte Putin mit einem Kraftauftritt, der an vergangene Zeiten erinnerte, weltweit für Schlagzeilen. Sichtlich erregt unterstellte er den USA vom Rednerpult, sie strebten nach einer »monopolaren Weltherrschaft« und hätten »ihre Grenzen in fast allen Bereichen überschritten«. Die Nato und die EU, so der russische Präsident, würden anderen Ländern ihren Willen aufzwingen und auf Gewalt setzen – so als habe es den 1997 gegründeten Nato-Russland-Rat nie gegeben. Es sei »viel Verletzung« bei Putin spürbar gewesen, »Verletzung über die verlorene Weltmachtrolle«, kommentierte der CDU-Außenpolitiker Friedbert Pflüger.[9] Putin rechnete »in einer Schärfe mit dem weltpolitischen Betragen Washingtons ab, wie man sie bisher allenfalls von einer erhitzten europäischen Linken kannte«, schrieb die *Zeit* und nannte den Auftritt einen »Frontangriff auf die Supermacht USA«.[10]

Im Dezember 2007 legt Putin noch einmal nach. 15 Jahre lang habe Russland versucht, nicht nur ein Freund, sondern ein Partner der USA zu sein, klagte der Staatschef im Interview mit der *Time*, die ihn zum Mann des Jahres 2007 gekürt hatte: »Manchmal haben wir den Eindruck, Amerika brauche keine Freunde. Manchmal haben wir den Eindruck, Amerika braucht Vasallen, die es kommandieren kann.« Das sei der Grund dafür, warum immer nach Problemen im Land gesucht werde: »Deshalb wird uns und anderen gesagt, es ist in Ordnung, die ein wenig zu zwicken und zu kritisieren, weil sie immer noch nicht richtig zivilisiert sind, sie sind immer noch ein bisschen wild, wir müssen sie deshalb ein wenig striegeln, weil sie das selbst nicht können. Wir müssen sie rasieren und ihnen den Schmutz abwaschen. Das ist unsere zivilisatorische Mission.«[11] In Putins Worten sind eine tiefe Kränkung zu spüren, aber auch tiefgreifende Komplexe.

Der Kreml-Chef schaltet auf den »Kalter-Krieg«-Modus um. Wobei die oben erwähnten Auftritte vor dem westlichen Publikum nur die Spitze des Eisbergs sind. Im Ausland und im Umgang mit ausländischen Politikern legt der Kreml-Chef bis auf gelegentliche Ausreißer wie oben aufgeführt eine gewisse diplomatische Zurückhaltung an den Tag. Ganz anders im Inland: Vor dem heimischen Publikum lässt Putin seine radikalen Lautsprecher in Politik und Medien von der Leine – wenn etwa sein Propagandachef Dmitri Kisseljow damit droht, nur Russland sei in der Lage, die USA »in atomare Asche« zu verwandeln.[12] Wobei er sich nicht auf Außenpolitik und Verbales beschränkt. Er krempelt seine Innenpolitik weiter um – es scheint, als sei die Vorbeugung einer orangen Revolution im eigenen Land das Staatsziel Nummer eins. Eine regelrechte Hysterie bricht aus und trägt absurde Züge – es geht so weit, dass Politiker keine orangefarbenen Pullover mehr tragen dürfen und bei einer bekannten landesweiten Rallye der Begleitzug keine orange Farbe haben darf. Die demokratischen Rechte werden weiter eingeschränkt, etwa durch ein neues Gesetz, das die Kontrolle von Nicht-Regierungsorganisationen massiv verschärft; Bürgerrechtler sprechen von einem »Kampf gegen die Zivilgesellschaft«. Auch die Presse wird noch härter an die Kandare genommen, schon im Februar 2005 werden die ersten Jugendorganisationen gegründet, die im Zweifelsfall auch mit Gewalt gegen Straßenproteste vorgehen sollen: »Naschi« (die Unsrigen) und der »Eurasische Jugendbund«. Die vom Kreml gesteuerten Medien zelebrieren die Feindschaft mit dem Westen geradezu. Sie kochen Possen hoch wie die so genannte »Kuba-Krise im Eismeer«: Im Oktober 2005 hatte der

Norwegische Küstenschutz den russischen Fischkutter Elektron gestoppt, weil er in die Schutzzone vor Spitzbergen eingedrungen war und zudem angeblich zu engmaschige Netze verwendete und damit die Jungfische gefährdete. Als norwegische Kontrolleure an Bord kamen, drehte der Kapitän des Schiffes ab und nahm diese damit de facto als Geiseln. Die norwegische Marine nahm die Verfolgung auf, doch gleich kamen andere russische Fischereischiffe der Elektron zu Hilfe und blockierten die norwegischen Schiffe. Die Verfolgungsjagd im Eismeer wurde zum wichtigsten Thema in den russischen Nachrichten, die teilweise klangen wie Kriegsberichterstattung. Von Brandbomben war die Rede, von einem Plan Norwegens, seine militärische Präsenz in den Nordmeeren auszuweiten; der Kapitän des Fischkutters wurde beinahe zum Volkshelden stilisiert. Künstlich aufgebauschte Pseudokrisen dieser Art wurden zum festen Bestandteil der russischen Nachrichten: So wurde ein gemeinsames Manöver mit den USA auf der Krim im Juni 2006, an dem neben den Ukrainern auch Russen teilnahmen, zu einem Nato-Manöver aufgebauscht und spärlicher sowie offenbar inszenierter Protest der Krim-Bewohner dagegen dargestellt, als befände sich die Halbinsel in Aufruhr. Als es im Sommer 2011 in Moskau zu einer extremen Hitze und in Folge von Torfbränden zu gewaltigem Smog kam, der die ganze Stadt wochenlang in einen undurchsichtigen Qualm hüllte, berichteten Zeitungen von einer »Wetterwaffe« der USA, mit der sie aus Alaska das Wetter in anderen Weltgegenden negativ beeinflussen könnten.[13] Im Januar 2016 erklärte der Duma-Abgeordnete Wadim Solowjow, hinter der damaligen Grippe-Epidemie stünde Washington. Die Krankheit komme schließlich via Ukraine, und auch gegen Kuba hätten die Staaten einen bakteriologischen Krieg geführt, so die Beweisführung. Solowjow kündigte an, Briefe ans Gesundheitsministerium, die Staatsanwaltschaft und »möglicherweise den FSB« zu schicken, damit sie der Sache nachgehen.[14]

Offizielle wie Generalstabschef Juri Balujewski ballern verbal gegen den Westen: Die Organisation für Sicherheit und Zusammenarbeit in Europa (OSZE) werde zu einem »Aufsichtsorgan für die Einhaltung der Demokratie in Russland und der GUS«, was auf die USA zurückzuführen und unzulässig sei, klagt Moskaus Oberster Militär im Sommer 2006 bei einem Treffen mit ausländischen Journalisten: Dabei habe Russland »mehr Demokratie als eine Reihe alter demokratischer Staaten«. Mit Empörung in der Stimme zitierte Balujewski einen Nato-Beamten, der ihm anvertraut habe, eines der Ziele der Allianz sei die Errichtung einer Demokratie in Russland. Dabei verzog der oberste Militär den Mund, als spreche er von einer Sexualkrankheit. Die Nato verharre eben immer noch im alten Denken; das sei der Grund für die Kälte in den Beziehungen. In den »Medien der Nato« – damit meinte Balujwski die Medien der Nato-Länder – würden gezielt tendenziöse Berichte platziert, die den Bürgern Angst einjagen sollten: vor Terror, vor Kriminalität und vor atomaren Gefahren aus Russland.

Wer nicht weghörte in Moskau in diesen Jahren, wer sich nicht von den verbindlichen Erklärungen für das Publikum im Ausland täuschen ließ, sondern die Botschaften der Regierung an das eigene Volk analysierte, kam nicht herum um den Schluss: Der Kreml wähnte sich im Kampf gegen den Westen. Putin ließ seine Scharfmacher von der Leine, sie wurden in den gesteuerten Medien allgegenwärtig. Einer der Prominentesten von ihnen ist der bereits erwähnte Alexander Dugin, früher Berater des Parlamentspräsidenten und Dekan der soziologischen Fakultät an der Moskauer Lomonossow-Universität, der bekanntesten Hochschule im ganzen Lande, Vordenker der »Eurasier« und Gründer der »Eurasia«-Partei. Zudem leitete er das »Zentrum für geopolitische Gutachten«, das zu einem Expertenrat für Nationale Sicherheit des Parlamentspräsidenten gehörte. Spötter nennen ihn »Putins Rasputin«.[15]

»Die eurasische Theorie versorgt Putin mit neuen Konzepten und einem neuem Vokabular«, glaubt der US-Historiker Timothy Snyder: »Wir haben es hier mit einem fundamental anderen Denkmodell zu tun. Ein Modell, dessen Referenz die internationalen Beziehungen Deutschlands zwischen 1933 und 1945 sind. Carl Schmitt und andere hielten das Völkerrecht für bedeutungslos, den liberalen Staat für eine Fiktion. Das Einzige, was real war, waren Rassen und die Macht, die sie ausüben konnten. Diese Denkweise führt sie direkt zu Dugin.«[16] Alle Strukturen seien für ihn Unsinn: »Allein Macht ist real.« Das Feindbild der Eurasier sind laut Snyder die USA und die liberale Demokratie, als Grundübel Europas sehen sie Individualismus und die Menschenrechte.

Nach den Ereignissen in Kiew war Dugin, der mit seinem langen Bart an einen orthodoxen Geistlichen erinnert und in den 1990er-Jahren noch Hitler lobte, Dauergast im Staatsfernsehen. »Die Westler, die Liberaldemokraten und die Verteidiger der Menschenrechte, die Russland unter dem Deckmantel humanitärer Werte ihre fanatische, irreale, mörderische Ideologie aufdrängen wollen, müssen gestoppt werden«, forderte der rechtsextreme Vordenker, dessen Partei offensichtlich vom Kreml gefördert wurde. In der orangen Revolution sieht Dugin den Teil eines Krieges mit Amerika: Gegen den »Antichristen USA« und »seine Helfershelfer zu kämpfen, ist die religiöse Pflicht jedes Gläubigen einer traditionellen Religion, ob Moslem oder orthodoxer Jude, ob Buddhist oder Hindu«.[17] Was mit Juschtschenkos Gesicht passiert sei – also die beinahe tödlichen und weithin sichtbaren Folgen des heimtückischen Giftanschlags – beweise die Richtigkeit eines alten russischen Sprichworts, spottete Dugin kurz vor dem Jahreswechsel 2004: »Gott brandmarkt die Gauner«.[18] Was in der Geopolitik geschehe, sei die »Fortsetzung des Kampfs des Atlantismus (USA und Euroatlantismus) gegen das Eurasiertum«, und Ersterem ginge es darum, seinen Einfluss auf das »Rimland« zu erweitern.[19] Der Begriff »Rimland« geht auf den 1943 verstorbenen niederländisch-amerikanischen Geostrategen Nicholas J. Skykman zurück und bezeichnet die europäischen Küstenländer, in Abgrenzung zum »Heartland«, also dem Herzland, mit seinen Landmassen im Landesinneren. Diese Herangehensweise Dugins ist typisch für große Teile der politischen Klasse in Russland (und wohl leider auch bis zu einem gewissen Grad in Teilen derselben in den USA): Sie denken in veralteten politischen Kategorien, wie hier der Geopolitik, die wegen grundlegender wirtschaftlicher, politischer und militärischer Umwälzungen längst überholt sind. Dugin kommt zu der Schlussfolgerung, Ziel der »Atlantiker« sei »ein Zurückdrängen des russischen Einflusses im postsowjetischen Raum plus Schaffung einer Pufferzone zwischen Russland und Europa«. Besonders wichtig sei dabei die Kontrolle über die Energiewege aus Eurasien nach Europa. »Die Serie von Rosen- und orangen Revolutionen ist die Verwirklichung der nächsten Etappe des atlantischen Plans der USA, die Kontrolle über die strategisch wichtigen Punkten Eurasiens zu erlangen, auf dem Weg zur Errichtung eines globalen Imperiums, einer unipolaren Welt und einer ›neuen Weltordnung‹.«[20]

Diese Einschätzung Dugins teilen ganz offensichtlich weite Teile der politischen Klasse Russlands, allen voran Präsident Putin. Wie erwähnt, erlegt er sich zwar staatsmännische Zurückhaltung auf, wenn es um direkte Vorwürfe gegen die USA und den Westen geht, aber auch seine Andeutungen und Zwischentöne sind sehr deutlich zu vernehmen. Noch eindeutiger ist jedoch, dass die von ihm gesteuerten Medien einen entsprechenden Kurs fahren: Demnach ist der Westen hauptverantwortlich für alles Elend in Russland – und die wahren Patrioten sind die Geheimdienstler. Der langjährige Putin-Vertraute und frühere Chef der Anti-Drogen-Agentur Viktor Tscherkessow erklärte lautstark, der KGB sei das Rückgrat des Landes gewesen, der »Haken«, der es auffing, als es in den Abgrund zu fallen drohte – womit er die Perestroika meinte.[21] Der Ex-KGB-Mann sagte 2004 in einem viel beachteten Interview, dass im KGB keinesfalls Henker, Spitzel und Freiheitsunterdrücker gedient hätten, sondern mutige Kämpfer, die den Staat gegen jene verteidigt hätten, die »Instrumente eines fremden, bösartigen Willens« waren – womit er den Westen meinte.[22] Die Erfolge des neuen Russlands würden dessen Feinde außerordentlich beunruhigen, argwöhnte Tscherkessow. So sah er denn auch den Westen hinter der Kritik am Geheimdienst und an dessen Wiedererstarken: Es handle sich dabei um eine »Kampagne« und einen »Informations- und Psychokrieg«, der »vom Maßstab her dem antikommunistischen Krieg Ende der achtziger-Jahre entspricht« – damit meinte er ganz offensichtlich Glasnost und Perestroika.[23]

2008 zeigte das russische Staatsfernsehen den Film »Der Untergang des Reiches – die Lehre von Byzanz«. Putins Beichtvater, Bischof und Abt Tichon, weltlich Tichon Schewkunow, schrieb das Drehbuch und war Sprecher des Films. Der Streifen ist eine Art antiwestliches Glaubensbekenntnis: Er zeigt Russland als Nachfolgerin von Byzanz, als »drittes Rom«, das in einer ganz anderen Tradition steht als der Westen und dessen Weltanschauung. Dem Film zufolge »verfaulte Byzanz von innen, weil es seinen Traditionen untreu wurde, und fiel so den ideologischen Intrigen des neidischen Westens zum Opfer. Der westliche Individualismus zerstörte demnach eine seit Jahrhunderten geheiligte Hierarchie, und das Volk verlor sein Vertrauen in die Regierenden.«[24] Die Rolle der Osmanen, die Konstantinopel 1453 eroberten, wird übergangen. Stattdessen heißt es, die Barbaren, also der Westen, hätten Konstantinopel zu Fall gebracht und die dort erbeuteten Reichtümer dann genutzt, um ihrer eigenen Zivilisation zum Durchbruch zu verhelfen. Ein interessantes Geschichtsverständnis, das den wirtschaftlichen und politischen Erfolg des Westens nicht mit Aufklärung, Rechtsstaatlichkeit und Demokratie verbindet, sondern mit der Plünderung von Byzanz und der dabei gemachten Beute. Solche abstrusen Darstellungen sind leider häufig in den russischen Medien zu finden, reichen aber auch bis hinein in die Wissenschaft, sofern man in diesen Fällen noch von einer solchen sprechen kann. In dem Tichon-Film werden auch Parallelen hergestellt zwischen damals aktuellen Ereignissen wie der orangen Revolution in der Ukraine und dem Niedergang des oströmischen Reiches. Es waren Reformen, etwa beim Militär, die Byzanz schwächten, so die Lesart, und Vertreter eines westlichen Denkens, die das Laster im Reich verbreiteten und viele verführten, so Putins Beichtvater. Das Sretenski-Kloster, dem Tichon vorsteht, liegt übrigens in unmittelbarer Nähe der Lubjanka, des früheren KGB- und heutigen FSB-Sitzes; unter Stalin war in dem Kloster ein Wohnheim der Geheimdienstler, und es fanden dort auch Massen-Erschießungen statt. Heute ist das Sretenski-Kloster, wie die Moskauer Zeitung *Wedomosti* schreibt, ein »Zentrum für geistige Wiedergeburt für die politische Elite« – darunter überproportional viele Ex-KGB-Leute, die unter Putin in den Kreml einzogen.[25] Tichon selbst betont, viele KGB-Agenten hätten Russland gedient – eine Position, die selbst innerhalb der kremltreuen orthodoxen Amtskirche nicht unumstritten ist.

Der Tichon-Film stand in krassem Gegensatz zu einer anderen Entwicklung im gleichen Jahr: Weil Wladimir Putin nach der Verfassung 2008 nicht ein drittes Mal hintereinander als Präsident kandidieren durfte, hievte er seinen Vertrauten Dmitri Medwedew in das Amt – und wurde selbst formal als Premierminister der zweite Mann im Staat. Medwedew präsentierte sich als Reformer. Ohne iPhone und iPad konnte man sich den Mann mit dem jungenhaften Charme bald nicht mehr vorstellen. Auch über modische Gadgets hinaus zeigte er sich recht westlich. Er äußerte sich zuweilen weitaus kritischer über das eigene System als viele Putin-Verteidiger im Westen – etwa, als er über den »Rechtsnihilismus« in Russland klagte.[26] Viele Menschen im In- und Ausland nahmen seinen neuen Kurs für bare Münze; vielleicht hatten sie damit auch Recht, und Medwedew dachte wirklich so, wie er sprach. Das Problem war nur, dass er nie wirklich an der Macht war und Putin weiter das Sagen hatte, wie genau hinsehende Beobachter sehr schnell und die anderen spätestens bei seinem Abschied aus dem Kreml 2011 erkennen mussten. Obwohl eigentlich viel dafür gesprochen hätte, die Rollenverteilung zwischen Putin und Medwedew nach dem alten Rollenspiel »good cop – bad cop« beizubehalten, verkündete Putin im September 2011 auf einem Parteitag von »Einiges Russland«, er werde wieder in den

Kreml zurückkehren. Dazu nutzte er ein Schlupfloch in der Verfassung, die zwar verbietet, nach zwei Amtszeiten als Präsident gleich für eine dritte zu kandidieren – aber eine dritte Kandidatur nach einer Unterbrechung wieder gestattet. Putin habe es zwar gefallen, als Premierminister erheblich weniger lästige Pflichttermine und protokollarische Pflichten zu haben als im Kreml, und er habe die zusätzliche Freizeit genossen. Doch er sei, so hieß es aus seinem Umfeld, nervös geworden angesichts der zunehmenden liberalen und teilweise auch dem Westen gegenüber freundlichen Rhetorik Medwedews. Er wusste zwar, dass er sich der Loyalität seines Zöglings sicher sein und selbst alle wichtigen Entscheidungen treffen konnte; aber er fürchtete sich vor einem Stimmungswandel in der Bevölkerung durch die ständigen Reden über Reformen, Freiheit und all das, was ihm selbst offenbar Angst einjagte.

Zudem habe auch die Zuspitzung des Verhältnisses mit den USA Putin dazu veranlasst, mit Medwedew die Rollen zu tauschen. Anfangs feixte er noch vor Vertrauten, er sei ganz froh, wenn er selbst dem – es folgte ein sehr unfreundliches, rassistisches Wort für Obama – nicht die Hand zu geben brauche und das der »Kleine«, also Medwedew, machen müsse – eine Äußerung, die dem US-Präsidenten vorgelegt wurde und die Putin sicher keinen Sympathie-Bonus brachte. Wendepunkt für Putin war aber, als sein Zögling und Obama im Juli 2010 einträchtig in einem Imbiss bei Washington posierten und das neue, gute Klima zwischen beiden Staaten lobten – und wenige Tage darauf die USA einen russischen Spionagering aushoben. Das hätte Putin wohl trotz des zeitlichen Zusammenhangs noch verziehen. Aber dass die enttarnten Moskauer Agenten regelrecht im Fernsehen vorgeführt wurden und damit auch der Kreml gedemütigt wurde, habe den Premierminister zum Rasen gebracht und im Beschluss bestärkt, dass er in solchen Konfrontationszeiten selbst formell wieder am Ruder sitzen müsse. Für ihn war klar: Obama hatte ihn entweder hintergangen, oder er hatte seine eigenen Sicherheitsleute nicht im Griff.

Putin beließ es nicht nur dabei, seine Rückkehr in den Kreml anzukündigen – zu allem Überfluss eröffnete er den erstaunten Parteitags-Delegierten und Millionen Fernsehzuschauern im September 2011, dass der ganze Rollentausch schon vor vier-Jahren zwischen ihm und Medwedew abgesprochen worden sei. Mit anderen Worten: Die beiden hatten die Wähler an der Nase herumgeführt. Obwohl die Politikverdrossenheit in Russland um ein Vielfaches höher ist als in Deutschland und die Wähler zwischen Wladiwostok und Kaliningrad ihren Politikern prinzipiell alles zutrauen, stieß diese politische Variante des Hütchenspiels vielen bitter auf. So bitter, dass die fast schon traditionellen Wahlfälschungen diesmal, bei der Duma-Wahl im Dezember 2011, zu massivem Unmut und Protesten führten – wobei auch andere Aspekte eine Rolle spielten, etwa die Möglichkeiten von Smartphones und Internet, mit deren Hilfe Videos von Fälschungsmanövern binnen Minuten weltweit abrufbar waren und sich teilweise lawinenartig verbreiteten. In Moskau kam es zu Protestkundgebungen mit mehr als 100 000 Teilnehmern. Hatte Putin schon auf die Massenproteste in Kiew extrem empfindlich reagiert, auch wegen seiner Erinnerungen an die Wende in der DDR, so hatte er nun das gleiche Problem vor der eigenen Haustür. Aus seinem Umfeld ist zu hören, er sei damals in Panik gewesen. Für einen Moment wirkte es so, als sei eine Revolution wie in Kiew auch in Moskau möglich. Doch statt die Proteststimmung kurz vor dem Jahreswechsel zu nutzen, nahm sich die Opposition selbst den Wind aus den Segeln: Sieben Tage nach der größten Demonstration verabschiedeten sich ihre Anführer fast allesamt in den beinahe zweiwöchigen Neujahrs-Urlaub und fuhren ins Ausland. Es wirkt wie ein Treppenwitz der Geschichte, dass es Wladimir Putin gewesen war, der 2005 die ausgedehnten, landesweiten Ferien zu Beginn eines jeden Jahres einführte – und dass sie jetzt wohl entscheidend mithalfen, sein politisches Überleben zu sichern. Als die Oppositionellen knapp zwei Wochen nach Silvester wieder nach Moskau und zu ihren Protesten zurückkehrten, war der Elan entwichen, der revolutionäre Moment verpasst.

Es ist nicht verwunderlich, was Putin als Ursache für den Protest ausmachte: natürlich nicht die unbestreitbaren Fälschungen und auch nicht Fehler in der eigenen Politik – sondern eine Verschwörung der Amerikaner und des Westens. Der Vize-Bürgermeister von Moskau, Alexander Gorbenko, der im Auftrag der Regierung mit den Organisatoren des Protests Verhandlungen führte, erzählte diesen, die USA hätten sich verschworen gegen Moskau, die Wahlbeobachter bezahlt, und zu allem Überdruss hätten sie auch noch Wladimir Putin hintergangen und ihm eine qualitativ schlechte plastische Operation mit Botox verpasst.[27]

Als endgültig klar wurde, dass die Proteste nachlassen und Putin wieder zuversichtlich in die Zukunft sehen konnte, kündigte er im kleinen

Kreis an, dass er Rache üben werde, wie ein Kreml-Insider unter vier Augen berichtet: »Rache ist für ihn heilig. Aber er lässt sich damit Zeit, betreibt sie sehr ausgefeilt und liebt es, wenn ihm das Opfer kalt serviert wird.«

Im Präsidentschaftswahlkampf zweieinhalb Monate nach den Duma-Wahlen schlug Putin Töne an, die selbst für seine Verhältnisse ungewöhnlich waren. Am »Tag des Vaterlandsverteidigers«, dem 23. Februar 2012, trat er im Moskauer Luschniki-Stadion, wo 1980 die Olympischen Spiele stattfanden, vor Zehntausende »Anhänger« – bei denen es sich in Wirklichkeit vorrangig um Mitarbeiter von staatlichen oder mit dem Staat verbundenen Betrieben handelte, die abkommandiert und mit eher symbolischen Geschenken »entlohnt« wurden, wie solche »Zwangsverpflichtete« später berichteten.[28] Putins Rede klang, als sei er im gefühlten Kriegszustand. Der frühere KGB-Offizier zitierte aus einem Gedicht des großen russischen Dichters Michail Lermontow, wie die Soldaten davon träumten, für die Heimat zu sterben. Im Gegensatz zu damals, 1812, sei der Gegner jetzt aber nicht mehr Napoleon, sondern »diejenigen, die sich in unsere Angelegenheiten einmischen«. In pathetischem Ton, mit glänzenden Augen, sagte Putin: »Die Schlacht um Russland geht weiter. Wir werden siegen.« Und: »Wir sind ein Sieger-Volk, das haben wir in den Genen.«[29]

Putins Wahlkämpfer schürten massiv Ängste. In einem im Internet mehr als eine Million Mal aufgerufenen Video mit dem Titel »Russland ohne Putin – morgen Weltuntergang« malten sie ein Schreckens-Szenario für den Fall, dass der amtierende Premier nicht in den Kreml zurückkehrt.[30] In dem Streifen waren Umtriebe von Faschisten mit Hakenkreuzen zu sehen, es wurde vor einem Hungerwinter gewarnt, vor einem Zerfall Russlands. Hunderttausende Menschen müssten fliehen, es gebe Bürgerkrieg und Anarchie. Es war die Rede von einem islamischen Gottesstaat im Kaukasus, von einem Einmarsch der Nato in Kaliningrad und einer Eroberung des russischen Ostens durch China. All diese Katastrophen würden passieren, wenn Putin die Wahlen nicht gewinnt – das war die zentrale Botschaft dieses Streifens. Die Liste ähnlicher Beispiele ließe sich lange fortführen.

Leider blieb es nicht bei den kriegerischen Tönen – es folgte auch wirklicher Krieg. Zunächst arbeitete Putin aber nach seiner Rückkehr in den Kreml neben der verstärkten Unterdrückung von Andersdenkenden an seinem großen Eurasischen Projekt: an seiner Eurasischen

Wirtschaftsunion. Bislang nur ein loser Zusammenschluss autoritärer Staaten, soll sie nach dem Willen des Kremlherrn längerfristig ein Gegenstück zur EU werden und im Idealfall diese ablösen. Ganz nach dem Brüsseler Vorbild wurde der Zusammenschluss 2014 von »Gemeinschaft« in »Union« umbenannt: Ihr Kürzel ist EEU für Eurasian Economic Union. Bisher gehören ihr neben Russland Armenien, Kasachstan, Kirgisien und Weißrussland an. Beitrittskandidaten sind Tadschikistan und Syrien. Mit China sind Verhandlungen geplant. Noch im Mai 2012 hatte Viktor Janukowitsch – der es fünf Jahre nach den Wahlfälschungen zu seinen Gunsten doch noch bei ehrlichen Wahlen in den Präsidentenpalast in Kiew geschafft hatte – bei einem informellen Gipfeltreffen der GUS in Moskau betont, die Ukraine habe Interesse an einer gegenseitig vorteilhaften Zusammenarbeit mit dem Moskauer Projekt. Doch ausgerechnet der Mann, der lange als Moskaus Interessenwahrer in Kiew galt, machte sich fortan mit allen Kräften für ein Assoziierungsabkommen mit der EU stark. Wer in seiner Partei Widerspruch wagte, musste mit schwerwiegenden Folgen bis hin zum Entzug des Mandats und dem Parteiausschluss rechnen. Janukowitsch schien wild entschlossen zum Schulterschluss mit der EU. Der Grund dafür waren wohl die wirtschaftlichen Interessen der hinter ihm stehenden Oligarchen und die prowestliche Stimmung in weiten Teilen der Bevölkerung. So war es denn auch in Brüssel ebenso wie in Kiew eine völlige Überraschung, als Janukowitsch kurz vor der Unterzeichnung des Assoziierungsabkommens eine 180-Grad-Wende hinlegte: Eine Woche vor dem EU-Gipfel 2013 im litauischen Vilnius ließ er seinen Ministerpräsidenten Nikolaj Asarow mitteilen, man wolle einen Aufschub. Ganz offensichtlich hatte Moskau Janukowitsch unter Druck gesetzt. Ukrainische Medien berichten später, Putin habe schon damals mit einer Besetzung der Krim gedroht. Zuverlässiger sind Informationen, wonach der Kreml mit seinen vielzähligen wirtschaftlichen Folterinstrumenten drohte – von einer Erhöhung des Gaspreises bis hin zu Einfuhrverboten für die ukrainische Wirtschaft, die stark vom Exportmarkt Russland abhängig war. Jedenfalls machte der ukrainische Präsident auf dem Gipfel in Vilnius den Vorschlag, Russland an den künftigen Verhandlungen mit der EU zu beteiligen – eine regelrechte Selbsterniedrigung für die Ukrainer, die als Nation erst kürzlich ihre Unabhängigkeit erhielten und besonderen Wert auf diese und ihren Nationalstolz legen. Auf einem offenbar unbemerkt von den Beteiligten aufgenommenen Video ist auf YouTube zu sehen, wie sich Janukowitsch auf dem Gipfel im Gespräch mit Kanzlerin Angela Merkel bitter beschwert: »Ich will, dass Sie mich hören! Ich bin seit dreieinhalb Jahren allein! Unter sehr ungleichen Bedingungen stehe ich allein dem sehr starken Russland gegenüber!« Dabei ballt der Ex-Boxer Janukowitsch seine beiden Fäuste und schlägt sie schließlich gegeneinander, und sein Gesichtsausdruck zeigt seine Betroffenheit.[31] Neben der offensichtlichen Peitsche setzte Putin aber auch Zuckerbrot ein: Janukowitsch bekam einen Kredit über 15 Milliarden US-Dollar.

Putins Anhänger in West wie Ost behaupten unisono, die EU hätte Moskau mit dem Assoziierungsabkommen mit Kiew überrumpelt und bedrängt. In Wirklichkeit war die russische Regierung »fünf Jahre lang im Detail über unsere Gespräche über ein Assoziierungsabkommen zwischen der EU und der Ukraine informiert. Auch Putin war in vollem Umfang informiert«, wie der frühere Kommissionschef José Barroso beteuerte: Vor 2012 habe Putin keinerlei Einwände gehabt, sei sogar mit einem möglichen EU-Beitritt der Ukraine einverstanden gewesen, und erst danach habe er seine Position »radikal verändert«.[32]

Regelmäßig ist der Vorwurf zu hören, Russland sei vom Westen isoliert oder gar gedemütigt worden. All das ist im Wesentlichen Moskauer Propaganda. Der Westen hat Moskau kurz nach dem Zusammenbruch der Sowjetunion 1990 mit Finanzspritzen und Krediten bis hin zu Hilfsaktionen mit Lebensmittelpaketen aus Deutschland und Milliardentransfers als Gegenleistung für die deutsche Wiedervereinigung unterstützt. Trotz dieser Hilfen führte Russland bereits 1992 die Doktrin vom »Nahen Ausland« ein und machte damit deutlich, dass es die Unabhängigkeit der früheren Sowjetrepubliken nur bedingt anerkennt. Sich dann später darüber zu beklagen, dass diese Länder Richtung Nato streben, ist zumindest merkwürdig. Die EU hat in den 1990er-Jahren Russland und der Ukraine fast textgleiche Kooperationsabkommen mit der Perspektive Freihandel in Aussicht gestellt; dazu gab es das TACIS-Programm (Technische Hilfe für die Gemeinschaft Unabhängiger Staaten), mit dem die EU finanzielle Hilfe für Projekte in den Ländern der früheren Sowjetunion einschließlich Russlands leistete, insgesamt mehr als sieben Milliarden Euro. Später folgte die Politik der »vier großen Räume«, die beim EU-/Russland-Gipfel 2003 in St. Petersburg vereinbart und im Mai 2005 präzisiert wurde: ein gemeinsamer Wirtschaftsraum, ein gemeinsamer

Raum der Freiheit, der Sicherheit und des Rechts, ein gemeinsamer Raum der äußeren Sicherheit, einer der Forschung und Bildung, einschließlich kultureller Aspekte.[33] Die EU-Russland-Gipfel fanden bis 2012 halbjährlich statt, 2013 gab es ein weiteres Treffen im gleichen Format. Die EU wollte mithelfen, Russland auf den Eintritt in die Welthandelsorganisation WTO vorzubereiten und so den Weg frei zu machen für ein anschließendes Freihandelsabkommen – das Putin letztlich ausbremste, allen gegenteiligen öffentlichen Beteuerungen zum Trotz, weil es Reformschritte erforderlich gemacht hätte. Jahrelang bot Brüssel Moskau eine »Modernisierungspartnerschaft« an wie Sauerbier, wie sich ein Europa-Parlamentarier erinnert. Erst 2008 wurde diese dann vereinbart. Auch die »Modernisierungspartnerschaft« war ein gigantisches Missverständnis: Von EU-Seite ging man davon aus, dass Moskau seinen Markt öffnen und so der Absatz der eigenen Produkte steigen würde und dass es in Russland längerfristig zu einem demokratischen »Wandel durch Handel« käme. Moskau wiederum, das außer Bodenschätzen wirtschaftlich wenig Attraktives zu bieten hat, sah in der Partnerschaft in erster Linie die Möglichkeit zum Technologietransfer – ohne eine echte Modernisierung, weil diese Strukturreformen wie etwa weniger Bürokratie und mehr Mitbestimmung erfordern würde, die das autoritäre Politikmodell Putins in Gefahr brächten.

In Kiew versammelten sich nach der Entscheidung gegen Europa und für Moskau im November 2013 spontan Studenten zu kleinen Protestaktionen gegen den Kurswechsel ihres Präsidenten. Als »Berkut«-Sondereinsatzkommandos der Polizei in der Nacht auf den 30. November 2013 die Studenten mit Knüppeln und Fußtritten attackierten und dabei viele Demonstranten verletzten, reagierte die Öffentlichkeit empört. Am nächsten Tag kamen 500 000 Menschen auf den Unabhängigkeitsplatz, den Maidan, den zentralen Ort der orangen Revolution von 2004. Es war also Janukowitsch, der mit seiner Knüppelaktion die Initialzündung für die Revolution gab – und nicht Washington, das dazu bei allem Bemühen nicht in der Lage gewesen wäre. Die Lage spitzte sich immer weiter zu und böte Stoff für ein eigenes Buch. Vieles spricht dafür, dass die ukrainischen Oligarchen die Proteste unterstützten, weil sie im Falle eines Abwendens von der EU Nachteile für ihre Geschäfte befürchteten.

Putins Berater Sergej Glasjew forderte Janukowitsch aus Moskau auf, die Demonstrationen in Kiew gewaltsam niederzuschlagen. Er sprach von einem »schleichenden Staatsstreich« und von einem Aufstand, der »von äußeren Kräften«, also dem Ausland, »provoziert und finanziert wurde«.[34] Nachdem sich die Proteste über Wochen gehalten hatten und es mehrfach zu heftigen Auseinandersetzungen und Gewaltexzessen gekommen war, eskalierte die Lage am 18. Februar 2014 völlig. Die Szenen im Zentrum der Millionenstadt Kiew erinnerten an einen Bürgerkrieg; die Lobby des Hotels »Ukraina« am Maidan musste in eine provisorische Leichenhalle umfunktioniert werden. Unter Vermittlung der Außenminister von Frankreich, Polen und Deutschland rangen Vertreter von Regierung und Opposition am 20. Februar um eine Einigung. Als nach heftigem, dramatischem Tauziehen tatsächlich ein Kompromiss gefunden wurde, der unter anderem Neuwahlen vorsah, überstürzten sich die Ereignisse. Vitali Klitschko, der Ex-Boxweltmeister und einer der Unterhändler der Opposition, trat vor die Menschen auf dem Maidan, um die Absprachen zu verkünden. Dabei wurde er so laut ausgebuht und als Verräter beschimpft, dass seine Worte kaum zu verstehen waren. Verschiedene Redner riefen dazu auf, den Kompromiss zu ignorieren und den Präsidentenpalast zu erstürmen. Kurz darauf hieß es auf dem Maidan, »Selbstverteidigungskräfte« hätten die Kontrolle über wichtige Regierungsgebäude, hochrangige Beamte und Sicherheitskräfte seien zur Opposition übergelaufen. Die Abgeordneten der Rada stimmten mit großer Mehrheit für eine Amtsenthebung von Janukowitsch und Neuwahlen im Mai 2014. Laut Verfassung waren sie zu so einer Entscheidung gar nicht befugt. Es stellte sich heraus, dass Janukowitsch bereits übereilt aus seiner Residenz geflüchtet war. Die russischen Medien trichterten den Menschen gebetsmühlenartig ein, ein Haufen rechter und faschistischer Chaoten aus der Westukraine habe in Kiew einen bewaffneten Putsch vollzogen, im Auftrag und auf Bezahlung der USA. Das Kreml-Fernsehen zeigte plump gefälschte Interviews mit angeblichen Demonstranten, die berichteten, sie hätten Geld dafür bekommen, auf die Straße zu gehen.

Moskau startete die Aktion »höfliche Menschen«, wie die Besetzung der Krim in der Propaganda-Sprache des Kreml genannt wird – genauso zynisch, wie die Bezeichnung des Krieges gegen Georgien 2008 als »Nötigung zum Frieden«. Auf die russische Aggression gegen die Ukraine wird hier später noch eingegangen. Sie war nur das bislang letzte Glied in einer Kette von Ereignissen, die Moskau in eine immer tiefere Auseinandersetzung mit dem Westen hineinzogen. In seiner Rede zum Anschluss der Krim am 18. März 2014 in Moskau attackierte Putin vor der versammelten Polit-Prominenz seines Landes den Westen heftig: Russland werde für das angegriffen, was der Westen selbst im Kosovo gemacht habe, das seien »keine doppelten Standards mehr. Es ist ein verwunderlich primitiver und direkter Zynismus. Man darf nicht alles so plump nach den eigenen Interessen hindrehen und ein und dieselbe Sache heute als schwarz und morgen als weiß bezeichnen.«[35] Direkt unterstellte er dem Westen, hinter der orangen Revolution von 2004 zu stecken und damals mit »Absurditäten« die Verfassung der Ukraine »verhöhnt« zu haben. Gleichzeitig würde der Westen »eine zuvor vorbereitete, gut ausgebildete Armee von Kämpfern« einsetzen – offenbar eine der bei Putin häufig anzutreffenden Projektionen, also das Übertragen von eigenen Handlungen oder Absichten auf das Gegenüber. Denn nach allen vorliegenden Fakten war es Putin und nicht der Westen, der im Februar und März 2014 solche ausgebildeten Kämpfer in der Ukraine einsetzte. Interessanterweise sprach Putin bei der Rede erneut die »Integration im eurasischen Raum« an: Das Vorgehen des Westens in der Ukraine sei gegen diese Bemühungen gerichtet gewesen. »Immer wieder wurden wir betrogen, wurden Entscheidungen hinter unserem Rücken getroffen, wurden wir vor vollzogene Tatsachen gestellt«, klagte der Staatschef: »Wir haben alle Gründe, davon auszugehen, dass die berüchtigte Politik der Eindämmung, die im 18., 19. und 20. Jahrhundert betrieben wurde, auch heute fortgesetzt wird. Ständig versuchen sie, uns in irgendeine Ecke zu jagen, weil wir eine unabhängige Position haben, sie verteidigen, weil wir die Dinge beim Namen nennen und nicht heucheln. Aber alles hat seine Grenzen. Und im Fall Ukraine haben unsere westlichen Partner diese Grenzen überschritten, haben sich roh, verantwortungslos und unprofessionell verhalten.«[36] Weiter folgte eine klare Drohung: »Russland geriet so an die Grenzlinie, an der es kein Zurück mehr gab. Wenn man eine Feder bis zum Anschlag zusammendrückt, dann wird sie irgendwann mit Gewalt auseinandergehen. Daran muss man immer denken.« Russland müsse wieder »Achtung« entgegengebracht werden, fuhr er fort – ein Schlüsselbegriff für Putin. Zur Nato merkte er an, man habe nichts gegen sie – aber »wir sind dagegen, dass eine Militärorganisation vor unserem Zaun den Chef spielt, neben unserem Haus, auf unseren historischen Territorien«.[37] Gemeint ist damit offenbar auch das Baltikum. Nachbarländer als das eigene »historische Territorium« zu betrachten ist im Europa des 21. Jahrhunderts eine mehr als gewagte und gefährliche Einstellung.

Während hierzulande oft immer noch diejenigen, die auf Moskaus Aggression hinweisen, als Kriegstreiber bezeichnet werden, sprechen die russischen Medien zumindest teilweise Klartext. »Russland und die euro-atlantische Zivilisation« befänden sich ineinander verkeilt wie in einer »Umklammerung in einem Boxkampf« und kämpften »um ihren Platz unter der Sonne«, sagte Jewgeni Bekassow, der Chefredakteur des Staatssenders *Rossija-24*, ganz offen im Dezember 2015: »Das ist ein moderner, hybrider Krieg.« Russland habe demzufolge 2014 die Zerstörung gedroht; aber den Feind könne man nicht personifizieren: »Man kann ihn verstecken hinter solchen Formulierungen wie Washingtoner Gebietskomitee oder unkontrollierte amerikanische Militärclique.« Angesichts der Bedrohung von außen müsse man die Menschen im eigenen Land in »eigene« und »fremde« unterteilen.[38]

Auch Sergej Karaganow, Ehrenvorsitzender des Rates für Außen- und Sicherheitspolitik und Kreml-Berater, schlug schon im Dezember 2014 in die gleiche Kerbe: »Nachdem es aus der Asche wieder auferstanden ist und die Hoffnung verloren hat, ein Teil des Westens zu werden, ist Russland jetzt militärisch unverwundbar, mit geschickter Diplomatie und dem stärksten Führer in der heutigen Welt an der Spitze, und das, obwohl es vor 15 Jahren erniedrigend um Hilfe betteln musste und Zugeständnisse machte.« Der Westen sei Russland gegenüber wie ein Sieger aufgetreten und verfolge »de facto eine Versailles-Politik, wenn auch mit Samthandschuhen, ohne Annexionen und Kontributionen, aber mit einer beständigen Einschränkung von Russlands Freiheiten, seiner Einfluss-Sphären und Märkte«. Das Fazit von Karaganow: Russland stehe in einer Konfrontation mit dem Westen, der weitgehend demoralisiert sei.[39] Der alte Krieg sei zwar offiziell beendet, aber seine »schlimmsten Elemente«, wie etwa die von US-Außenminister John Forster ab 1947 eingeführte Politik der »Eindämmung« des Kommunismus, würden nun gegen das nicht mehr kommunistische Russland angewandt – obwohl diejenigen, die dies täten, es sich nicht einmal selbst eingestehen würden, so Karaganow.[40]

»Die Bedrohungen durch die militärische Tätigkeit der Nato sind eine immer größere Gefahr«, warnte im Dezember 2014 Nikolaj Patruschew, ein enger Vertrauter Putins, ebenfalls Ex-KGB-Offizier und als Chef des Sicherheitsrats eine der Schlüsselfiguren in der russischen Politik: »Die Bemühungen, das Angriffspotential zu erweitern und zu modernisieren, die Stationierung von neuen Waffentypen, die Schaffung eines weltweiten Raketenabwehrsystems, auch um Russland herum, verwässern die internationale Sicherheitsstruktur.«[41] Die Behauptung einiger Nato-Vertreter, das Bündnis sei defensiv ausgerichtet, würde nur das aggressive Wesen des Nordatlantik-Paktes verschleiern, so Patruschew.

In Putins Neujahrsansprache am 31. 12. 2015 waren Militär und Krieg zentrale Punkte. Er erinnerte an diejenigen, die in der Silvester-Nacht »ihre dienstliche und militärische Pflicht tun, die Grenzen bewachen, in ständiger Bereitschaft sind, unsere Sicherheit gewährleisten an Land, auf See und in der Luft«. Der Präsident weiter: »Wir sind all denen dankbar, die Tag und Nacht, an Werk- wie Feiertagen auf ihrem Posten sind.« Sodann kam der Staatschef wieder auf das Kriegsende zu sprechen: »In diesem Jahr haben wir den 70. Jahrestag des Siegs im Großen Vaterländischen Krieg begangen. Unsere Geschichte, die Erfahrung unserer Großeltern und Eltern, ihre Einigkeit in schwierigen Zeiten und ihre Willensstärke sind für uns ein großes Vorbild. Sie haben uns geholfen und werden uns helfen, auf die richtige Weise auf neue Herausforderungen zu antworten.«[42]

Zeitgleich mit der Neujahrsansprache unterschrieb Putin einen Ukas über die neue »Strategie für die nationale Sicherheit der Russischen Föderation«. Darin wurde die Nato nun auch offiziell zur »Bedrohung« für Russland erklärt: »Die Verstärkung des militärischen Potenzials des Nordatlantikpaktes, die Übernahme von globalen Funktionen durch sie, die in Verletzung von Normen des internationalen Rechts realisiert werden, die Aktivierung der militärischen Tätigkeit der Länder des Blockes sowie die Annäherung ihrer militärischen Infrastruktur an die Grenzen Russlands schaffen eine Gefahr für die nationale Sicherheit«, heißt es in dem Papier in der üblichen bürokratischen Ausdrucksweise.[43] Bei den historischen Einkreisungsängsten wurde dabei auch etwas nachgeholfen. Zu der Meldung über die neue Sicherheitsstrategie verbreitete etwa die staatliche Nachrichtenagentur *Rossija sewodnja* eine Weltkarte – die eigentlich zeigen müsste, dass das riesige Russland nicht eingekreist ist von der Nato, sondern nur im Westen und im Osten an diese grenzt. Dafür wurden auch Pakistan, Afghanistan und die Mongolei als »globale Partner«

in den gleichen Farben gekennzeichnet wie die Nato-Länder, nur etwas blasser – und ebenso Japan. Beim unbedarften Betrachter entstand so tatsächlich der Eindruck einer »Einkreisung«.[44]

In der neuen Sicherheitsdoktrin ist von einem Wiedererstarken Russlands die Rede, das dem Westen nicht behage: »Dass die Russische Föderation eine eigenständige Außen- und Innenpolitik betreibt, ruft Widerstand bei den USA und ihren Partnern hervor, die versuchen, ihre Dominanz in den Fragen der Weltpolitik zu bewahren. Die von ihnen praktizierte Politik der Eindämmung Russlands sieht politischen, wirtschaftlichen, militärischen und informationspolitischen Druck vor.« Weiter wird dem Westen unterstellt, er wolle »Krisenherde in der Eurasischen Region« schaffen. Gewarnt wird ausdrücklich vor »Umstürzen gegen legitime Regime« und dem »Provozieren von innerstaatlicher Instabilität«, also vor demokratischen Revolutionen.[45]

Mit der neuen Sicherheitsstrategie ist die bereits jahrelang allerorts spürbare Paranoia quasi offiziell zur Staatsdoktrin geworden. Das ist nur folgerichtig, hat doch der Verfolgungswahn bei der vorwiegend aus KGB-Männern bestehenden Führungsclique im Kreml und insbesondere auch bei Putin selbst teilweise absurde Züge angenommen. Präsidialamtschef und Ex-KGB-Mann Sergej Iwanow etwa zeigte sich überzeugt, der Westen hätte die Sanktionen gegen Russland absichtlich am 22. Juni 2015 verlängert, um den Sieg über Hitlerdeutschland zu verunglimpfen – weil es sich um den Jahrestag des deutschen Überfalls auf die Sowjetunion handelte.

Das Oberhaupt der russisch-orthodoxen Kirche, Patriarch Kirill – nach Auskunft des später ermordeten früheren Vize-Premiers Boris Nemzow früher in Diensten des KGB – warnte, die Homosexualität werde bewusst nach Russland getragen, um das Land zu zerstören.[46]

Der früher ebenfalls für den KGB aktive Sicherheitsratschef Nikolaj Patruschew wiederum argwöhnte, die Nato habe ihre Manöver im Mai absichtlich zu einer Zeit ausgeführt, da »der Teil der Welt, der sein historisches Gedächtnis noch nicht verloren hat, den 70. Jahrestag des Sieges im Großen Vaterländischen Krieg feierte«.[47] Zuvor hatte Patruschew bereits behauptet, entscheidend für die »Liquidierung der Sowjetunion« sei die Strategie der »verwundbaren Punkte« des in Polen geborenen US-Sicherheitsberaters Zbigniew Brzezinski gewesen: eines Geheimplans, der Moskau wirtschaftlich entscheidend schwächte.[48] Den alten Mann aber zum Hauptverantwortlichen für den Zerfall der UdSSR zu machen, sorgte für Spott bei Russlands Intellektuellen. Patruschew behauptete ferner, der Tschetschenienkrieg sei vom Westen provoziert worden, die USA wollten Russland aufspalten, und ihre Geheimdienste sowie die ihrer Verbündeten würden die »Extremisten« in Russland unterstützen. Der Krieg in der Ukraine sei von den USA von langer Hand vorbereitet, man habe dort eine ganze Generation mit Hass gegen Russland und mit »der Mythologie von westlichen Werten vergiftet«, so Patruschew, der in dem Interview ein geschlossenes verschwörungstheoretisches Weltbild offenbarte. Hierbei ist zu betonen, dass es sich bei ihm um einen der engsten Vertrauten Putins handelt, der heute maßgeblichen Einfluss auf ihn hat und auch ganz entschieden zu seinem Kriegs-Kurs gegen die Ukraine beigetragen haben soll. »Das Konzept von einer Verschwörung der USA gegen Russland, das selbst für die Führungsschicht der UdSSR zu Zeiten der Breschnew'schen Stagnation etwas zu radikal gewesen wäre, das noch vor zehn Jahren nur fürs historisch-kulturelle Museum von Interesse gewesen wäre und marginal schien, ist heute zum Mainstream geworden« in den Köpfen der Führung, beklagt der bekannte Moskauer Journalist Andrej Kolesnikow.[49]

Noch peinlicher waren Patruschews Einlassungen zur früheren US-Außenministerin Madeleine Albright. Führende russische Politiker, allen voran Patruschew, wiederholten regelmäßig und auch dann, wenn es gar nicht passte, Albright habe früher gesagt, man könne nicht von Gerechtigkeit in der Welt sprechen, solange ein einziges Land ein an Rohstoffen so reiches und riesiges Gebiet wie Sibirien kontrolliere. Journalisten fanden heraus, dass Albright nie eine entsprechende Äußerung gemacht hat. Die Recherchen führten noch weiter: Der bekannte Fernsehjournalist und jetzige Duma-Abgeordnete Alexej Puschkow sagte in seiner Sendung »Postskriptum«: »Selbst wenn sie [Albright] das nicht genau so gesagt hat, so hat sie es doch wahrscheinlich so gedacht.«[50] 2006 veröffentlichte die Regierungszeitung *Rossijskaja gaseta* ein Interview mit Boris Ratnikow, General des Kreml-Geheimdiensts FSO, in dem dieser sagte, den Agenten sei es gelungen, in Albrights Gehirn einzudringen und ihre Gedanken zu scannen: »Erstens haben wir in Frau Albright einen pathologischen Hass auf Russland entdeckt.«[51] Sodann entdeckten sie den Neid auf Sibirien in Albrights Hirn. 2007 wurde Putin in einer seiner stets sorgsam inszenierten Fernseh-Audienzen nach diesem Zitat gefragt – womit davon auszugehen ist, dass er es selbst erwähnt haben wollte. Er antwortete, er kenne es zwar nicht, aber er wisse, dass solche Gedanken in den Köpfen mancher Politiker herumspukten. 2014 sagte er dann auf seiner alljährlichen Pressekonferenz: »Wir haben von fast offiziellen Personen mehrmals gehört, dass es ungerecht ist, dass ganz Sibirien Russland gehört, mit seinen unermesslichen Bodenschätzen. Wieso ungerecht? Mexiko Texas wegzureißen – das ist gerecht; dass wir unser eigenes Land bewirtschaften – ungerecht.«[52] Zuvor hatte Putin beim gleichen Auftritt sichtlich gekränkt und erregt über seine Erfahrungen mit den Olympischen Spielen in Sotschi berichtet: »Bei allem, was auch immer wir tun, immer werden wir bekämpft (…) Erinnern Sie sich, mit welcher Begeisterung, welchem Enthusiasmus wir uns vorbereitet haben. Wir wollten eine Feier machen nicht für unsere Sport-Fans, sondern für alle auf der Welt. Aber es ist ein unbestreitbarer Fakt, dass beispiellose Versuche unternommen wurden, klar koordiniert, die Vorbereitung und die Olympiade selbst zu diskreditieren. Wozu? Wer braucht das? Und so ist es ohne Ende!« Weiter verglich er Russland mit einem Bären: »Ich denke manchmal, vielleicht muss der Bär nur ruhig in der Taiga sitzen, sich von Beeren und Honig ernähren, und es wird Ruhe einkehren. Nein, es wird keine Ruhe einkehren, weil sie versuchen werden, den Bären in Ketten zu legen. Und ihm dann die Zähne und die Krallen herausreißen. Also das atomare Drohpotential.« Wenn der Bär keine Zähne und Krallen mehr habe, werde er unnütz, und man werde ihn ausstopfen, so Putin weiter. Deshalb sei nicht der Anschluss der Krim Auslöser für die Sanktionen des Westens, sondern: »Dass wir unsere Souveränität verteidigen und unser Existenzrecht.« Die wirtschaftlichen Probleme Russlands seien der Preis, den das Land für den »natürlichen Wunsch der Selbsterhaltung« zahle.[53]

Die Geschichte mit dem Albright-Zitat aus der »Gedankenlese-Maschine« illustriert anschaulich, wie die Kreml-Führung Opfer der eigenen Propaganda geworden ist. »Den Silowiki«, also den Männern aus Militär, Polizei und Geheimdienst, »die Russland regieren, ist es gelungen, ihr paranoides Weltbild in die Köpfe der Russen einzupflanzen«, klagte Wladimir Ryschkow, jahrelang Duma-Abgeordneter und einer der klügsten Köpfe der Opposition in Russland: »Weltliche Politiker suchen Freunde, Silowiki-Politiker Feinde.«[54] Nach einer Umfrage des unabhängigen Lewada-Center in Moskau gingen 1990 nur 13 Prozent der Russen davon aus, dass Russland von Feinden umzingelt sei. Im Jahr 2014 waren es 78 Prozent.[55]

Auslöser für Wladimir Putins Paranoia waren neben seiner Sozialisierung beim KGB, wo den Agenten Verfolgungswahn geradezu eingetrichtert wird, die fünf Attentatsversuche auf ihn, die zwar allesamt verhindert werden konnten, aber doch bleibenden Eindruck hinterließen.[56] So zeigte er sich stark besorgt angesichts der sich mehrenden Krebs-Erkrankungen bei südamerikanischen Staatschefs. Der Präsident von Venezuela, Hugo Chávez, der ebenfalls einen Konfliktkurs mit den USA eingeschlagen hatte, zeigte sich vor seinem Tod überzeugt, er sei bei einem Besuch in New York bestrahlt worden. »Das Imperium hat das gesamte notwendige Arsenal, um Aktionen zum Sturz von Regierungen, Top-Politikern und sozialen Bewegungen zu planen, die gegen den Kapitalismus sind«, zitierte der staatliche Moskauer Auslandssender *Sputnik News* Chávez' Weggefährten, Evo Morales, den Präsidenten von Bolivien. Wenn es dem Imperium – also den USA – nicht gelinge, diese zu besiegen, »packt es die Aufgabe an, diesen oder jenen Top-Politiker zu eliminieren«. Chávez sei »so gut wie sicher vergiftet worden«, schreibt *Sputnik News*.[57] Kein Wunder, dass der Kremlchef äußerste Vorsicht an den Tag legt. Gilles Bragard, Gründer des noblen Clubs der Chefköche der Staatschefs, erzählte, der russische Präsident habe eine »paranoide Angst vor Vergiftungen« und lasse sein Essen von zwei Vorkostern testen – einem Koch und einem Arzt, die alles probieren müssen, bevor Putin es verzehrt.[58]

Der russische Präsident »blickt heute auf eine, auf seine Welt, die nur noch selten Berührungspunkte mit der Realität findet«, schreibt Manfred Quiring, jahrelang Korrespondent von *Berliner Zeitung* und *Welt* in Moskau und einer der großen Russlandkenner in Deutschland, der leider wie viele seine Kollegen viel zu früh aus Moskau abgezogen und in den Ruhestand geschickt wurde: »Putin und seine devote Umgebung sehen sich umzingelt von übelwollenden Feinden, die nur darauf aus sind, Russland zu schwächen, zu zerstückeln, von der Landkarte zu fegen.«[59] Quiring verweist darauf, dass Kanzlerin Merkel schon auf dem G-8-Gipfel 2006 in St. Petersburg den Kreml-Chef auf dessen zahlreiche Klagen über das böse Ausland ironisch geantwortet habe, die anwesenden Staats- und Regierungschefs seien keineswegs den ganzen Tag damit beschäftigt, darüber nachzudenken, wie man Russland schaden könne.

»Wenn heute einige deutsche Kommentatoren verständnisinnig behaupten, der Westen habe Putin in den vergangenen Jahren regelrecht ›dämonisiert‹, dann haben sie nicht mitbekommen, was sich in den Jahren der Putin-Regentschaft in der ›veröffentlichten Meinung‹ und in der Realität in Russland abgespielt hat«,[60] mahnt Quiring.

Dabei ist die Stimmungsmache gegen den Westen nicht nur ein Aspekt in Putins Politik neben vielen. Sie ist das Herzstück, wie der Moskauer Journalist Michail Sygar warnt: »Verschwörungstheorie und Antiamerikanismus sind zur neuen offiziellen Ideologie Russlands geworden.«[61] Damit drückt sich Sygar noch freundlich aus. Man könnte genauso gut von Paranoia als Staatsdoktrin reden. Zumindest zur Hälfte. Denn deren zweiter Bestandteil besteht aus etwas ganz anderem: der Mafia. Um zu verstehen, warum das so ist und wie es so weit kam, ist es wichtig, einen Blick hinter die Kulissen des Systems Putins und auf seine treibenden Kräfte zu werfen. Denn dieser macht deutlich, warum es zu einer friedlichen Koexistenz nicht in der Lage ist.

DAS SYSTEM PUTIN – »DIE MAFIA IST UNSTERBLICH«

Viele Russen und Ausländer glauben, die Keimzelle des Systems Putin sei, allen kapitalistischen Tendenzen zum Trotz, der Marxismus; andere wiederum sehen den KGB in dieser Rolle. Die wahre Keimzelle des »Putinismus« hat aber nichts mit Ideologie zu tun und lässt sich leicht geographisch bestimmen: Es handelt sich dabei um ein kleines, idyllisches Fleckchen Land, malerisch gelegen am Ufer des Komsomolskoje-Sees, nördlich von Sankt Petersburg und nur rund 100 Kilometer von der finnischen Grenze entfernt. Wenn man sich die Luftaufnahme des Uferstreifens im Internet ansieht, fällt auf, dass die Häuser viel großzügiger ausfallen als die in anderen Orten in der Nähe und riesige Gärten haben. Eine schön angelegte Parklandschaft sticht ebenso ins Auge wie eine künstliche Insel in einer ebenso künstlich angelegten Landzunge, prächtige Gärten, große Bootsstege und ein Hubschrauberlandeplatz – alles umgeben von einem Zaun, auch die Zufahrt. Dabei müsste die öffentliche Straße nach russischen Gesetzen eigentlich frei zugänglich sein – genauso wie die Uferzone. Aber Gesetze gelten nur bedingt in dem auserwählten Landstrich. Es handelt sich hier um die Datschenkooperative »Osero« – was auf Deutsch so viel heißt wie »See«. Gegründet wurde »Osero« am 11. November 1996 von acht Männern. Der bekannteste von ihnen, Wladimir Putin, hatte gerade nach der Niederlage seines Chefs, des Petersburger Bürgermeisters Anatoli Sobtschak, seinen Posten als dessen Stellvertreter verloren und nach einer kurzen Zeit als Arbeitsloser einen neuen Job gefunden: Seit August 1996 war er im Kreml Stellvertreter des Chefs des Liegenschaftsamtes, Pawel Borodin, der in Bestechungsskandale rund um die Jelzin-Familie verwickelt war, die später weltweit für Aufsehen sorgten (weswegen sich hartnäckig das böse Gerücht hält, Wladimir Putin habe sich mit seinem Wissen aus jener

Zeit den Weg in den Kreml erpresst). Ebenfalls im Sommer 1996 war Putins alte Datscha abgebrannt, und er erinnerte sich später, dass er einen Aktenkoffer voller Bargeld aus den Flammen retten konnte. Woher er das Geld hatte, ist nicht überliefert.[1] Ebenso wie Wladimir Putin selbst sollten auch die anderen sieben Gründungsmitglieder Jahre später in ganz Russland bekannt werden: Unter ihnen ist Juri Kowaltschuk, der als Miteigentümer der Rossija-Bank und zahlreicher Medien zu einem der an Geld und Einfluss reichsten Männer des Landes aufsteigt, Wladimir Jakunin, der es später als Chef der Eisenbahn ebenso zu einem beachtlichen Vermögen bringt, und Andrej Fursenko, später Bildungsminister. Vorsitzender der Kooperative ist ein gewisser Wladimir Smirnow, ein sehr öffentlichkeitsscheuer Mann mit markantem Schnauzer, der später in der Atomwirtschaft eine beachtliche Karriere hinlegt und dessen Vergangenheit schon damals nicht minder beachtlich ist. Mit den notwendigen Genehmigungen für die Datschensiedlung ist ein gewisser Viktor Subkow behilflich, damals Chef der Steuerverwaltung in Sankt Petersburg, zuvor mehrere Jahre Stellvertreter Putins in der Stadtverwaltung und später, nach dessen Umzug in den Kreml, Premierminister Russlands. Die Verbindung zum Präsidenten ist so eng, dass Subkows Schwiegersohn Anatoli Serdjukow es später zum Verteidigungsminister bringt – ein Schlüsselposten in einem Land, in dem die Ministerien mit Kontrolle über Bewaffnete als entscheidend für die Machtfrage gelten.

Die Namen von fünf der Datschen-Liebhaber sind vorher schon im Petersburger Stadtparlament aufgetaucht – im Rahmen einer Korruptionsaffäre, in deren Mittelpunkt Vize-Bürgermeister Putin stand. Als im Winter 1991 die Lebensmittel in der Millionenstadt an der Newa knapp wurden und bereits Ängste herrschten, es könne einen Hungerwinter geben, entschloss sich die Stadtregierung zu einem ungewöhnlichen Schritt: Sie wollte Rohstoffe, die damals im Inland zu Spottpreisen erhältlich waren, wenn man die richtigen Beziehungen hatte, ins Ausland verkaufen und den Erlös für Lebensmittel ausgeben. Einziges Problem: Eben wegen der gigantischen Preisunterschiede durften Rohstoffe nur mit Genehmigung der Regierung ins Ausland verkauft werden. Die Verantwortung für das Programm übernahm Wladimir Putin. Wenn man die Liste der Firmen durchgeht, die damals mit den Rohstoff-Exporten beauftragt wurden, tauchen dort Namen auf, die fünf Jahre später in den Gründungspapieren der Datschenkooperative stehen: Etwa der des Vorsitzenden Wladimir Smirnow, Wladimir Jakunin und Juri Kowaltschuk. Es waren politisch wilde Zeiten, und so wurde zunächst nicht sonderlich publik, dass die Exportgenehmigungen, die immerhin einen Wert von umgerechnet rund 124 Millionen Dollar hatten, zu einem großen Teil an undurchsichtige und neugegründete Unternehmen gingen. Von den Exporterlösen, die Sankt Petersburg vor dem Hunger retten sollten, kam jedenfalls nur ein Bruchteil in der Stadt an. Der Löwenanteil versickerte in dunklen Kanälen – offenbar auch über die erwähnten Firmen der Datschen-Freunde. Die Menschen in Petersburg bekamen Grundnahrungsmittel in dieser Zeit nur gegen Lebensmittelkarten zugeteilt – in der Stadt an der Newa eine besonders bittere Erfahrung. Dort hatte während der Belagerung durch die Wehrmacht die wohl schlimmste großflächige Hungersnot im Zweiten Weltkrieg geherrscht, die so weit ging, dass die Menschen Schuhsohlen, Ratten und Menschenleichen aßen, während sich die örtliche Parteiführung unter Stalins Vertrautem Andrej Schdanow bei Festgelagen den Bauch vollschlug.

1992 setzte das Stadtparlament einen Untersuchungsausschuss ein, der den dubiosen Geschäften auf den Grund gehen sollte. Er stellte massive Unregelmäßigkeiten fest und forderte Bürgermeister Anatoli Sobtschak auf, seinen Stellvertreter Putin zu entlassen; gleichzeitig übergab der Ausschuss die Unterlagen an die Staatsanwaltschaft und die Kontrollverwaltung des Präsidialamts in Moskau. Es habe sich um Eintages-Firmen gehandelt, die Putin bzw. sein Stellvertreter, also der Vize des Vize, beauftragt hätte, und die Aufträge selbst seien illegal gewesen, weil der spätere Präsident nicht die erforderlichen Ausfuhrgenehmigungen gehabt hätte, erinnerte sich später Marina Salje, die damals als Abgeordnete die Untersuchungskommission leitete. Vor Putins Einzug in den Kreml im Jahr 2000 warnte die damals 65-Jährige vor ihm; nach seiner Wahl zog sie sich 2001 in ein abgelegenes Dorf zurück und führte dort ein völlig abgeschiedenes Leben. Später sagte sie, sie habe Angst gehabt, umgebracht zu werden. Interviews gab sie nur unter der Bedingung, dass sie nicht nach Putin gefragt wird. Erst 2010 sprach die promovierte Geologin, die von ihren Anhängern als »Großmutter der russischen Demokratie« bezeichnet wird, noch einmal in einem ausführlichen Interview über den Präsidenten. Dabei machte sie aus ihrer tiefen Verachtung für ihn keinen Hehl – und legte auch alte Dokumente zu dem Fall vor – 245 Seiten, die sie all die Jahre aufbewahrt hatte.[2] Sie kündigte an, ihre

Memoiren schreiben zu wollen. Am 21. März 2012 erlag sie im Alter von 78 Jahren einem Herzinfarkt.

Wladimir Iwanidse, Journalist bei der Moskauer Zeitung *Wedomosti*, kam bei seinen Recherchen später zu dem Ergebnis, dass Putin und seine Kollegen damals die Rohstoffe den Unterlagen zufolge um das zwanzig-, dreißig- und teilweise sogar Tausendfache unter Marktwert verkauft haben müssen – für ihn ein klarer Beleg dafür, dass die Verträge in betrügerischer Absicht erstellt wurden und Gelder in dunkle Kanäle flossen. Nachdem Iwanidse darüber schreiben wollte, wurde er sofort von seiner Zeitung entlassen.[3] Dass Petersburg damals nur einen Bruchteil der Lebensmittel bekam und die Erlöse für die Rohstoffe größtenteils verschwunden waren, erklärte Putin später in seinem Buch »Aus erster Hand« damit, dass diese Firmen »sofort verschwanden, ihre Tätigkeit aufgaben« und man keine Forderungen mehr durchsetzen konnte. Man hätte enger mit Polizei und Staatsanwaltschaft zusammenarbeiten müssen, um an das Geld dieser Firmen zu kommen, so Putin. Dass unter den Besitzern auch seine Genossen aus der Datschengemeinschaft waren, erwähnte Putin nicht – sonst wäre es auch schwergefallen, zu erklären, warum deren Auffinden für ihn so schwierig war.[4]

Bürgermeister Sobtschak verteidigte damals seinen Vize verbissen, und Außenhandelsminister Pjotr Awen legalisierte nachträglich die Exporte, indem er entsprechende Dokumente rückdatierte und unterschrieb, wie ein Insider berichtete. In der Tat habe Putin zum Zeitpunkt des Exports nämlich nicht die erforderlichen Lizenzen gehabt, das gehe aus ihren Unterlagen eindeutig hervor, bestätigte später auch Marina Salje, die oben erwähnte Chefin der Untersuchungskommission, im Interview, spielte nervös mit den Fingern und sagte: »Die werden mich umbringen!«[5] »Ohne die Hilfe Awens hätte Putin damals im Gefängnis landen können«, glaubt der Journalist Iwanidse.[6] Awen gilt seither als unantastbar im System Putin, die von ihm mit geführte »Alfa-Gruppe«, ein großer Industrie- und Finanzkonzern, kann problemlos ihren Geschäften nachgehen.

Leonid Dobrowolski war zur fraglichen Zeit Vize-Chef des Lebensmittel-Komitees in der Petersburger Stadtregierung. Er erfuhr von den angeblichen Lebensmittelimporten erstmals, als ihn Salje vor das Untersuchungskomitee vorlud. Die unter Putins Verantwortung abgeschlossenen Verträge hätten keinerlei juristischen Ansprüchen genügt. Er sei geschockt gewesen, als er sie gesehen habe, weil dort »von irgendwelchen geringen Mengen an Würsten die Rede war«, berichtet Dobrowolski, der seinen Posten aufgeben und ins Exil nach Spanien gehen musste.[7] Dobrowolski kannte keine einzige der örtlichen und auch der ausländischen Firmen, die damals im Auftrag Putins die Lebensmittelprobleme der Millionenstadt lösen sollten. Es habe keine bedeutenden Lebensmittellieferungen im Rahmen dieses Programmes gegeben, beteuert der frühere Beamte: »Eine große Menge von sehr teuren Rohstoffen, die Hunderte Millionen Dollar kosteten und für die man bei einer rationalen Verwendung die Stadt mehrere Jahre lang mit Lebensmitteln hätte versorgen können, wurde unsinnig ausgegeben. Offenbar machten den Profit diejenigen, die dieses Tauschgeschäft durchführten.«[8]

Einer der dubiosen Exportverträge aus Putins »Komitee für Außenhandelsbeziehungen« wurde abgeschlossen mit der Firma »Newski dom«. Die gehörte unter anderem dem bereits erwähnten Mann mit dem Schnauzer – Wladimir Smirnow, dem Vorsitzenden der Putin'schen Datschenkooperative. Sein Name tauchte in diversen Firmen auf, die mit Putins Außenwirtschafts-Abteilung im Petersburger Rathaus kooperierten. So erteilte diese 1994 der »Petersburger Ölgesellschaft« (PTK) die Lizenz, die Millionenstadt mit Treibstoff zu versorgen. Der PTK wiederum wurden enge Verbindungen zur »Tambow-Mafia« nachgesagt, die sich in jenen Jahren auf Autodiebstahl, Schmuggel, Prostitution, Schutzgelderpressungen und Menschenhandel spezialisiert hatte. Das Ölgeschäft galt damals als kriminell unterwandert; Auftragsmorde und Bandenkriege erschütterten die Stadt. Als Smirnow 1998 die Leitung der PTK übernahm, machte er Wladimir Kumarin zu seinem Stellvertreter – den mutmaßlichen Paten der »Tambow-Mafia«. Der Mann, der bei einem Anschlag einen Arm verloren hatte und seitdem den Spitznamen »einarmiger Bandit« trug, wechselte für den neuen Posten extra den Namen – vorher hieß er Wladimir Barsukow. Die Firma »Rif«, die Kumarin gehörte, war auch für die Bewachung der Putin'schen Datschenkooperative zuständig. Der Name Smirnow taucht auch in der »St. Petersburg Immobilien und Beteiligungs AG«, kurz SPAG, auf. Die geriet in den Fokus der deutschen Behörden wegen des Verdachts, eine Geldwaschanlage der russischen Mafia zu sein. Im Mai 2003 durchsuchten 200 Polizisten 27 Firmen und Wohnungen in Deutschland. Profite aus Menschenhandel, Alkoholschmuggel, Schutzgelderpressung und Autoschiebereien sollen über ausländische Konten, Liechtensteiner Stiftungen sowie Briefkastenfirmen in Finnland und auf den Kanalinseln verschoben worden sein, so der Verdacht der Ermittler.[9] An der Gründung der Firma 1992 war auch die Petersburger Stadtverwaltung beteiligt; deren Vertreter im Aufsichtsrat war Wladimir Smirnow, Putins Datschenfreund. Wladimir Putin selbst wiederum saß bis zu seinem Wechsel in den Kreml im Jahr 2000 im Beirat der SPAG.

Auch das Bundeskriminalamt machte Verbindungen der SPAG zur Russenmafia in Deutschland aus, etwa ins Hamburger Milieu: Zwei frühere Betreiber eines Edelbordells dort sollen an der Geldwäsche beteiligt gewesen sein. Einer von ihnen war den Ermittlungen zufolge verschwägert mit Wladimir Kumarin – dem mutmaßlichen Paten der »Tambow-Mafia« und Vize von Smirnow. Die deutschen Ermittler vermuteten, dass Kumarin einer der Drahtzieher der Geldwäsche-Aktionen war.

Von der mutmaßlichen Geldwäsche-Firma SPAG ist auch die Rede auf den heimlichen Mitschnitten von Gesprächen des damaligen ukrainischen Präsidenten Leonid Kutschma, deren Authentizität internationale Experten zwischenzeitlich bestätigten, auch wenn Kutschma selbst diese bestreitet. Auf den Mitschnitten ist zu hören, wie der ukrainische Geheimdienst-Chef Leonid Derkatsch seinem Präsidenten bestätigt, dass man die letzte noch existierende Kopie der belastenden SPAG-Unterlagen in ukrainischen Besitz gebracht hätte. Alle anderen Exemplare, so der Geheimdienstler, hätten zuvor die russischen Kollegen aufgekauft. Auf den Bändern denkt Kutschma laut darüber nach, welche Gegenleistung er von Putin für die Herausgabe der SPAG-Unterlagen verlangen kann. Übereinstimmend berichteten später russische Ermittler wie der frühere Generalstaatsanwalt Juri Skuratow und Sonderermittler Andrej Sykow, nach Putins Machtübernahme hätten »Säuberungskommandos« aus Geheimdienst und Polizei alle einschlägigen Ermittlungsunterlagen, die den neuen Präsidenten hätten belasten können, verschwinden lassen. Besonders interessierten sie demnach die Unterlagen zur Privatisierung der Hotels »Astoria« und »Pribaltijskaja« sowie alle Unterlagen zum Leningrader Stützpunkt der Kriegsflotte, die Putins Unterschrift trugen. Dort gab es damals weder Zoll noch Grenzpolizei, obwohl über ihn in großem Umfang Waren importiert wurden.[10]

Sankt Petersburg galt in den 1990er-Jahren als die »Banditen-Hauptstadt« Russlands. Das organisierte Verbrechen wütete hier noch heftiger als in anderen Gegenden der früheren Sowjetunion. Wenn man den Lebensweg des damaligen Vize-Bürgermeisters Putin untersucht, stößt man auf zahlreiche Verbindungen zur Mafia. Die begannen schon in seiner Jugend. Ein Judo-Lehrer, der den späteren Präsidenten prägen sollte, war Leonid Uswjazow. Putin war gerade 16 Jahre alt, als er unter Uswjazows Fittiche geriet – nachdem der gerade aus dem Gefängnis freigekommen war. »Ljonja der Sportler«, so sein Spitzname, galt als »kriminelle Autorität«. Auf seinen Grabstein ließ er später folgenden Spruch einmeißeln: »Ich bin gestorben, aber die Mafia ist unsterblich.« Uswjazow verbrachte insgesamt zwanzig Jahre hinter Gittern für eine Gruppenvergewaltigung und für Devisen-Spekulationen; 1994 kam er im Zuge eines Bandenkrieges bei einer Schießerei ums Leben. In seinem autobiographischen Buch »Aus erster Hand« erinnerte sich Putin 1990 positiv an seinen Trainer – ohne seinen Nachnamen zu nennen: »Einmal gingen wir mit dem Obertrainer von Trud, Leonid Ionowitsch, zum Trainieren. Auf der Matte waren noch andere Judokas, deren Zeit schon abgelaufen war. Ljonja ging zum Trainer von denen und sagte ihm das. Der sah ihn nicht mal an, so etwa: hau ab. Daraufhin schmiss ihn Ljonja, ohne ein Wort zu sagen, um, würgte ihn leicht, zog ihn von der Matte runter, weil er schon das Bewusstsein verloren hatte, und drehte sich zu uns: ›Kommt her, macht es euch gemütlich!‹ Das war unsere Einstellung zu Karate!« »Leichtes« Würgen bis zur Bewusstlosigkeit.[11]

Der Name Uswjazow war bis zum Dezember 2015 nur Eingeweihten ein Begriff. Dann erschien, wie aus dem Nichts, auf einer anonymen Seite im Internet ein detaillierter und mit Fotos belegter Bericht über den früheren Judolehrer des Präsidenten und seine kriminelle Vergangenheit. Ganz offensichtlich handelt es sich dabei um eine Indiskretion von Putins Gegnern. Die Nachricht verbreitete sich lawinenartig. Es kursiert auch die Behauptung, Uswjazow sei eine Art »Gründungsvater« der »Tambow-Mafia« gewesen, und Wladimir Kumarin sei dessen Nachfolger – der Vize von Putins Datschenvorsitzendem Smirnow.

Eine weitere schillernde Persönlichkeit mit engsten Kontakten zum späteren Präsidenten ebenso wie zur organisierten Kriminalität war Roman Zepow. Der frühere Polizist gründete 1992 eine private Sicherheitsfirma und bekam den lukrativen Auftrag, Bürgermeister Sobtschak und seine Umgebung zu bewachen – darunter auch Putin. Daneben war seine Firma auch für die Sicherheit von bekannten und berüchtigten

Mafiagrößen aus der »Tambow« und der rivalisierenden »Malyschewskaja«-Mafia zuständig. Zepow wurde 1994 zum ersten Mal festgenommen, unter anderem wegen illegalen Waffenbesitzes. Er überlebte fünf Mordanschläge. Es habe eine ganze Reihe von Ermittlungsverfahren gegen Zepow gegeben, unter anderem wegen Erpressung, erinnert sich der frühere Sonderermittler Andrej Sykow, der längst in Ungnade aus dem Staatsdienst entlassen wurde: Merkwürdigerweise seien die Schlüsselzeugen in diesen Verfahren reihenweise nacheinander ums Leben gekommen, insbesondere durch Unfälle, Selbstmorde und Herzkrankheiten. Zwei Ermittler kamen ebenfalls ums Leben. Zepow musste sich teilweise im Ausland verstecken. Sonderermittler Sykow hält ihn für den Verbindungsmann zwischen Mafia und Stadtregierung, insbesondere zu Wladimir Putin; demnach soll Zepow für Putin Bestechungsgelder kassiert haben. Kolportiert wird eine Geschichte, wonach Zepow Putins Frau Ljudmilla einen Smaragd geschenkt haben soll, der bei Interpol als gestohlen gemeldet war. Bei der feierlichen Amtseinführung von Putin im Kreml im Jahr 2000 war Zepow einer der Gäste. In den folgenden Jahren stieg er zu einer der einflussreichsten Persönlichkeiten Petersburgs auf. Unter anderem bekam er die Spitznamen »grauer Kardinal« und »grauer Leibwächter« – in Anspielung auf seine frühere Rolle als Putins Bewacher. Unter anderem wurden ihm enge Kontakte zu Innenminister Raschid Nurgalijew, zu Putins langjährigem Bürovorsteher, engem Vertrauten und heutigen Rosneft-Chef Igor Setschin nachgesagt, und auch zum Chef von Putins Leibwache, Viktor Solotow, der früher für ihn gearbeitet hatte und jetzt Vize-Innenminister ist.

Nachdem er sich noch im Sommer 2004 als Vermittler im Strafverfahren gegen den inhaftierten früheren Jukos-Chef Michail Chodorkowski angeboten hatte, klagte Zepow im September plötzlich über Unwohlsein und starb im Alter von 42 Jahren nach kurzer, aber heftiger Krankheit. Die Ärzte diagnostizierten eine Vergiftung unbekannter Herkunft und mutmaßten, es handele sich um eine Strahlenkrankheit. Schon damals war von einer Beteiligung der Geheimdienste die Rede. Inzwischen geht man in Ermittlerkreisen davon aus, dass Zepow wie später der Ex-KGB-Agent und Kremlkritiker Alexander Litwinenko 2006 in London mit radioaktivem Polonium vergiftet wurde: Die Symptome ähnelten sich stark, nur dass zum Zeitpunkt von Zepows Tod Polonium als Gift noch unbekannt war. Das extrem teure radioaktive Material ist nur in staatlichen Hochsicherheitseinrichtungen verfügbar – das ist einer der Gründe, weswegen im Fall Litwinenko die britische Justiz von einer Beteiligung des russischen Staates an dem Mord ausgeht. »Zepow hatte Umgang mit vielen einflussreichen Leuten nicht nur aus illegalen Strukturen, sondern auch mit denen, die heute auf den politischen Olymp gestiegen sind ... Vielleicht wusste er zu viel?«, mutmaßte kurz nach seinem Tod die kremlkritische *Nowaja gaseta*: »Es gibt heute niemanden in Petersburg, der glauben würde, dass Zepows Tod einfach ein Zufall war. Alle sind sich einig – er wurde zur Seite geräumt

Nicht weniger verdächtig als SPAG und Zepow ist der »20. Trest« (auf Deutsch: Trust) – eine Aktiengesellschaft, die nach Ansicht des früheren Sonderermittlers der Petersburger Polizei Andrej Sykow vor allem ein Geschäftsziel hatte: Geld aus dem Stadthaushalt zu veruntreuen. Mit dem »20. Trest« befasste sich das »Ermittlungsverfahren Nr. 14418«, das auch den Beinamen »die Putin-Ermittlungen« bekam, weil der spätere Präsident eine der Schlüsselpersonen in den Untersuchungen war. Sykow war einer der Beamten, der sie leitete. Von 23 Milliarden Rubel, die der Staat dem »20. Trest« an Krediten zu Sonderkonditionen zur Verfügung gestellt habe, sei nur eine Milliarde zweckgemäß ausgegeben worden, die restlichen 22 Milliarden seien gestohlen worden, behauptet Sykow: Das Geld wurde demnach unter verschiedenen Vorwänden in westliche Staaten wie in die USA, nach Spanien, Kanada oder Finnland transferiert. Im November 1995 bekam der »20. Trest« aus dem Petersburger Stadthaushalt 415 Millionen Rubel für die Renovierung des malerischen orthodoxen Gornenski-Frauenklosters sieben Kilometer südwestlich von Jerusalem. Genehmigt wurde die Zahlung von keinem anderen als Wladimir Putin, seines Zeichens damals Vize-Bürgermeister und Chef des Komitees für Außenhandelsbeziehungen. Nach Ansicht der Ermittler wurde auch dieses Geld veruntreut und floss nicht in das Gotteshaus, sondern in zwei Appartements in einem Hotelkomplex im spanischen Torreviecha, in dem Putin ein gerne gesehener Gast war – ebenso wie der oben erwähnte Zepow, der so schnell und jung dahingeschiedene Putin-Bewacher mit den guten Kontakten zur Unterwelt. Weitere Immobilienkäufe folgten. Das idyllisch am Meer gelegene Örtchen Torrevieja in der Provinz Alicante galt in den 1990er-Jahren als erste Anlaufstelle für Russen in Spanien. Es kam zu Schießereien, Geld wurde in Rucksäcken transportiert, wie sich Alteingesessene erinnern. Hier in Torrevieja soll der »20. Trest« für den Hotelkomplex »La Palama« allein für die Baudokumentation eine halbe Million US-Dollar gezahlt haben. Insgesamt flossen in das Hotel mit Genehmigung der zuständigen Beamten im Petersburger Rathaus rund drei Millionen US-Dollar, mehr als eine Million finnischer Mark und 12,5 Millionen spanischer Peseten, wie Sykow und die *Nowaja gaseta* übereinstimmend berichten.[12] Nach Angaben des früheren Sonderermittlers soll auch Putin ein Haus in Spanien erworben haben. Das habe sein Kollege Oleg Kalinitschenko im Rahmen der Ermittlungen bei der Befragung von Bauarbeitern vor Ort herausgefunden. Kalinitschenko zog sich später in ein Kloster zurück und schweigt eisern. Auch die Sauna für Putins Datscha in der Kooperative »Osero« soll eine »Spende« des »20. Trest« gewesen sein, so Sykow.

Sergej Nikeschin, der damals den »20. Trest« leitete, ist heute Milliardär und sitzt als Abgeordneter der Putin-Partei »Einiges Russland« im Petersburger Regionalparlament; er und Putin reisten auch gemeinsam nach Finnland – offenbar auf Kosten der Firma. Nikeschin und Putin waren in den 1990er-Jahren zusammen in der Regionalleitung der damaligen Regierungspartei »Unser Haus Russland«. Der Moskauer Investigativ-Journalist Roman Schlejnow fand heraus, dass alle Protagonisten des Ermittlungsverfahrens unter Wladimir Putin in Moskau Karriere machten: Alexej Kudrin wurde später Finanzminister und Vize-Premier und ist bis heute ein enger Vertrauter des Präsidenten. Wladimir Kisseljow wurde Direktor der Staatsfirma »Kreml«, die bis zu ihrer Liquidierung 2007 zur Liegenschaftsverwaltung desselben gehörte, um die beiden Wichtigsten der insgesamt acht Personen zu nennen.[13] Petersburgs oberster Staatsanwalt, Wladimir Jeremenko, erwarb nach Angaben Sykows eine rund 350 000 Euro teure Villa in einem Nobelvorort der Stadt, in direkter Nachbarschaft von »20. Trest«-Chef Nikischin. Sykow: »Woher hat ein Staatsanwalt diese Summe? Wie viele Wohnungen hat er auf dem Newski-Prospekt? In anderen Stadtvierteln? Von wem? Wie? Dieser Wohlstand des Staatsanwalts ist in meinen Augen die Antwort auf die Frage, warum keine Anklagen gegen Putin und die Männer aus seiner Umgebung erhoben wurden.«[14]

Im Zusammenhang mit dem »20. Trest« geriet Putin auch früh ins Visier der spanischen Polizei. Auf deren Videoaufzeichnungen aus dem malerischen andalusischen Küstenstädtchen Sotogrande ist ein Treffen des damaligen FSB-Chefs mit einer »kriminellen Autorität« aufgezeichnet, die als einer der Paten von Petersburg galt. Mit Spanien verbunden ist auch eine andere, für Putin noch heiklere Affäre. Die spanische Staatsanwaltschaft geht mit einer Konsequenz gegen das organisierte Verbrechen aus Russland vor, die man sich in Deutschland nur wünschen könnte. Triebfeder der Ermittlungen ist der unermüdliche Staatsanwalt José Grinda. Fast völlig unbeachtet von der Öffentlichkeit in Deutschland kam seine Behörde zu erschütternden Ermittlungsergebnissen. In deren Zentrum stehen mutmaßliche Mitglieder der Tambow-Mafia. Darunter auch der Mann, den die Ermittler für ihren aktuellen Kopf halten: Gennadi Petrow, ein früherer Petersburger KGB-Offizier, der gegenüber seinem spanischen Geschäftspartner damit prahlte, er kenne Putin und andere Männer aus dessen Mannschaft noch aus Jugendtagen.[15] Petrow saß bereits mehrfach im Gefängnis; gegen ihn wurde wegen mehrerer Morde ermittelt. Petrow, der ein ganzes Firmengeflecht unterhält, hatte auch nach Angaben des Sonderermittlers Sykow enge Beziehungen zu Wladimir Putins Umfeld. In einem Haus auf der Nalitschnaja-Straße Nr. 55 in Petersburg, das eine Firma Petrows als Bauträger errichtete, hatten die Mitglieder der Datschenkooperative »Osero« zehn Wohnungen – einige wie Kowaltschuk und Jakunin gleich mehrere. Eine weitere Wohnung gehörte der Chefbuchhalterin des erwähnten »20. Trest«.

Wladimir Kisseljow, der früher als Schlagzeuger in Restaurant-Bands spielte, ist Organisator des Rock-Festivals »Weiße Nächte« in Sankt Petersburg. Seine Stiftung »Federazija« wurde vor allem bekannt durch ein Benefizkonzert, bei dem Wladimir Putin im Jahr 2010 auf einem Flügel spielte und im Stile eines Entertainers den Oldie-Klassiker »Blueberry Hill« sang – im Beisein internationaler Größen aus dem Filmgeschäft wie Alain Delon, Kevin Kostner und Mickey Rourke über Sharon Stone und Paul Anka bis hin zu Kurt Russel und dem unvermeidlichen Putin-Freund Gérard Depardieu, der mittlerweile sogar einen russischen Pass hat. Die Bilder gingen um die Welt. Nicht weltweit bekannt wurde dagegen, dass entgegen der Ankündigung die Erlöse des Festes nicht bei dem Heim für krebskranke Kinder ankamen, dem sie versprochen worden waren.[16] Erst nach massiven Protesten im Internet soll medizinisches Gerät an das Heim geliefert worden sein, jedenfalls beteuerte das der Kreml.

Kisseljow hatte Anfang der 1990er-Jahre in Petersburg eine Musikfirma unter dem Namen »Kisseljow-Center« gegründet, die Aufnahmen mehr oder weniger bekannter Bands produzierte. Unbestätigten Berichten zufolge ist Putin der Taufpate von Kisseljows Kind; bestätigt ist dagegen, dass der Präsident und Kisseljow Bekannte sind – jedenfalls sagte das Putins Pressesprecher Dmitri Peskow.[17]

1994 war Kisseljow festgenommen worden. Ihm wurde vorgeworfen, Mitglied der »Tambow-Mafia« zu sein. Er soll Eigentum im Wert von vier Millionen Rubel von der Bande erhalten und in »kommerzielle Kanäle« geleitet haben – offenbar eine Umschreibung für Geldwäsche. Nach wenigen Tagen kam Kisseljow wieder auf freien Fuß – möglicherweise, weil er einflussreiche Beschützer hatte. Jedenfalls arbeitete er ein Jahr später Seite an Seite im gemeinsamen Wahlkampf mit Wladimir Putin für die damalige Regierungspartei Jelzins »Unser Haus Russland«. Kisseljow sammelte dabei laut Sonderermittler Sykow Wahlkampfspenden von Unternehmern ein, und zwar auf nicht ganz freiwilliger Basis. Man habe auch mit Gewalt gedroht, so Sykow.[18] Sein »Kisseljow-Center« leitete Kisseljow gemeinsam mit einem Mann, der in Petersburg sehr bekannt ist: Alexander Malyschew, zweimal wegen Mordes verurteilt und mutmaßlicher Chef der nach ihm benannten »Malyschew-Mafia«, die einst mit der »Tambow-Mafia« konkurrierte und später fusionierte. In einem Interview mit der Zeitung *Iswestija* bekannte Kisseljow, dass er Malyschew kenne und »mehr als ein Glas Tee« mit ihm getrunken habe.[19]

Sonderermittler Sykow erzählt, Kisseljow sei die rechte Hand gewesen von Gennadij Petrow – dem Mann, der nach Ansicht der Ermittler in Spanien inzwischen Pate der »Tambow-Mafia« ist. Petrow war laut Handelsregisterauszug erster Präsident der Stiftung »Federazija« – die später Kisseljow leitete und für die Wladimir Putin 2010 als Sänger und Pianist vor die Weltöffentlichkeit trat.[20]

Angesichts solcher Verbindungen ist es kein Wunder, was die Ermittlungen der spanischen Ermittler zu Tage förderten. Die staunten nicht schlecht über das, was sie bei ihrer Abhöraktion mitbekamen: Die mutmaßlichen Gangsterbosse, die sie im Visier hatten, verfügten offenbar über beste Drähte bis nach ganz oben in die russische Staatsspitze. So hörten die Ermittler etwa, dass Russlands oberster Strafverfolger, Putins Studienfreund Alexander Bastrykin, seinen Posten als Leiter des Ermittlungskomitees der Fürsprache von Petrow zu verdanken habe, des mutmaßlichen Chefs der »Tambow-Mafia«. Der nannte den Chefermittler »Sascha« – ein Kosename für Alexander, üblich nur unter Vertrauten. Bei

Reisen nutzte er gerne das Privatflugzeug von »Slawa« – wie er Wladislaw Resnik nannte, Duma-Abgeordneter und Mitglied im »Obersten Rat« der Putin-Partei »Einiges Russland«, sowie Vize-Chef des Duma-Komitees für die Finanzmärkte. Kontakte gab es auch zu Verteidigungsminister Serdjukow, dessen Schwiegervater, dem Premier und späteren Vize-Premier Subkow, dem früheren Wirtschaftsminister und Sberbank-Chef German Gref und anderen – etwa Nikolaj Aulow, Vize-Chef der Anti-Drogen-Behörde, der auf der Gehaltsliste der Paten stand und sich sogar sein Telefon bezahlt haben lassen soll. Daneben hatten die »Tambowzy«, wie sie im Jargon genannt werden, Kontakt zu dem Putin-Vertrauten und Vize-Premierminister Dmitri Kosak sowie Leonid Reiman, der früher Kommunikationsminister war und mit einem von einem Strohmann gehaltenen Kommunikationsunternehmen Milliarden verdient haben soll. Das bestritt er stets, ebenso wie die Vorwürfe der Veruntreuung bei der Privatisierung sowie der Geldwäsche. Die hatten Schweizer Ermittler auf seine Spur gebracht; involviert soll auch die Commerzbank gewesen sein, so der Verdacht der Eidgenossen. Auch in Deutschland wurde in der Sache gegen fünf Mitarbeiter des Bankhauses ermittelt; Personalvorstand Andreas de Maizière, Cousin des einstigen Ministerpräsidenten der DDR, musste zurücktreten. »Commerzbank-Vorstand in den Fängen der Russen-Mafia?«, fragte die *Bild*-Zeitung.[21]

Pate Petrow und ein weiterer Angeklagter waren in den 1990er-Jahren auch Mitbesitzer der Bank »Rossija« – einer der Keimzellen von Putins Petersburger Clan, deren Haupteigentümer sein Datschen-Genosse Kowaltschuk ist, heute einer der reichsten und einflussreichsten Männer Russlands. Zwei weitere Mitglieder von Putins kleiner Datschen-Gemeinschaft, Viktor Mjatschin und Nikolaj Schamalow, waren ebenfalls Aktionäre von »Rossija«, und auch der Sohn von Putins Cousine, Michail Schelomow, gehörte über seine Firma »Akzent« zu den Aktionären.[22]

Die im Mai 2015 vorgelegte, 488 Seiten lange Anklageschrift der spanischen »Sonderermittler gegen Korruption und organisierte Kriminalität« gegen Petrow, Malyschew und 27 mutmaßliche Komplizen hat die Sprengkraft einer politischen Bombe – bzw. hätte sie, würde sie in den Medien, auch in Deutschland, nicht weitgehend ignoriert.[23] Die Verdächtigen sollen von Spanien aus ihre kriminellen Organisationen in der Heimat geführt haben. Petrow und Malyschew waren mit Kumarin verbunden – dem früheren Vize von Smirnow, dem Chef von Putins

Datschen-Kooperative.[24] Aus den Unterlagen geht auch hervor, dass Petrow und Malyschew später aus Angst vor Kumarin, dem damaligen Chef der »Tambow-Mafia«, nach Spanien geflohen sind – und dass sie sich später freuten, dass der »Zar« seine Erlaubnis gegeben habe, Kumarin festzunehmen. Wen die Paten mit »Zar« meinten, sei der Phantasie des Lesers überlassen. Kumarin jedenfalls wurde im August 2007 in Petersburg festgenommen – von einer Sondertruppe aus 300 Mann, die extra geheim aus Moskau eingeflogen wurde, weil die Moskauer Ermittler der örtlichen Polizei in Petersburg nicht über den Weg trauten. Im November 2009 wurde Kumarin zu 14 Jahren Haft wegen Geldwäsche und Betrugs verurteilt. Damit war für Petrow der Weg zur Nachfolge frei. Kumarin könne ja im Gefängnis einen Schlaganfall erleiden, hieß es in den Gesprächen seiner Konkurrenten untereinander.

Die Abhörprotokolle vermitteln auch einen Eindruck davon, wie das »Geschäft« lief. So war Petrow sehr unzufrieden, als ihm ein »Vitali« am Telefon berichtete, ein gewisser »Aksymytsch« sei zum Obersten Inspektor für alle Straßen in Russland ernannt worden – denn Petrow hatte für ihn einen anderen Posten anvisiert. Vitali entgegnete, auch der Straßen-Posten sei sinnvoll, weil ohne Genehmigung von »Aksymytsch« keine einzige Straße in Russland in Betrieb genommen werden könne und weil ihm jetzt alle Straßenbauer Bestechungsgeld anbieten würden (der Sinn der ganzen Sache), weil sie ihre Straßen mit voller Absicht gegen die Baunormen errichteten. Später bat »Vitali« Petrow, das Bestechungsgeld zu schicken, das für die Ernennung von »Aksymytsch« zum obersten Straßeninspektor Russlands bezahlt werden musste. Petrow erklärte, er sei zwar unzufrieden mit dem Posten, werde aber dennoch bezahlen – doch »Vitali« solle noch mal mit seinen Genossen sprechen.[25] Für westliche Ohren sicher unglaublich, für russische nichts Ungewöhnliches.

Die spanischen Ermittler wunderten sich über mangelnde Kooperationsbereitschaft ihrer russischen Kollegen – hätten die doch eigentlich sehr interessiert an einer Strafverfolgung sein müssen, so zumindest die unbedarfte Sicht der Spanier, wo doch der russische Staat um große Summen gebracht worden war. Aber das Gegenteil war der Fall: Die russischen Behörden verschleppten die Ermittlungen.[26] Nachdem die spanische Justiz Petrow und Malyschew 2010 gegen Kaution auf freien Fuß setzte, kehrten beide nach Russland zurück, wo sie heute unbehelligt leben. Die Ermittlungsverfahren gegen sie in Sankt Petersburg wurden bereits 2007 eingestellt.[27]

Im Rahmen der Abhöraktionen soll auch zu Tage gekommen sein, dass für den UEFA-Cup-Sieg des Petersburger Fußball-Clubs »Zenit« mehrere Gegner des Vereins bestochen wurden – das jedenfalls berichtete der spanische Untersuchungsrichter Baltasar Garzón: Petrow soll sich sogar gerühmt haben, für 50 Millionen Euro die Begegnung »Zenit« gegen Bayern München manipuliert zu haben. Die Bayern verloren damals nach einem 1:1 im Hinspiel auswärts in Petersburg 0:4 und schieden aus. Es war die höchste Niederlage der Bayern im Europapokal seit 31 Jahren, der Münchner Merkur schrieb von einem »Debakel«, einer »Demontage«, »Fahrlässigkeiten in der Defensive« und dem Fehlen eines Aufbäumens. Bayern hatte zuvor nach verpasster Champions-League-Qualifikation den UEFA-Cup als wichtigstes Saisonziel ausgegeben.[28] Die Münchner Staatsanwaltschaft antwortete damals auf Anfrage, ihr sei nichts von den Vorwürfen bekannt, und auch im Steuer-Hinterziehungsprozess gegen Uli Hoeneß wurde das Thema nicht erörtert – obwohl die Herkunft seiner riesigen Geldmittel, aus deren Erträgen er die Steuern hinterzog, vom Gericht nicht einmal ansatzweise untersucht wurde. Zum Erstaunen von beteiligten Beamten, die so ein Vorgehen für sehr ungewöhnlich halten: »Bei jedem normalen Angeklagten wird erst einmal untersucht, wo das Geld herkommt. Bei Hoeneß gab es ein Geständnis vor Gericht, dass da viel mehr Millionen hinterzogen wurden als angenommen. Üblicherweise würde da sofort alles hinterfragt werden, der Prozess würde sich in die Länge ziehen – doch bei Hoeneß wurde in höchster Eile der Prozess abgeschlossen«, so der Beamte, der seinen Namen nicht genannt sehen will: »Man hatte den Eindruck, man wollte da gar nicht genau hinsehen und nur so schnell wie möglich ein Urteil haben.«

Hier könnten noch lange die Verbindungen zwischen Putin und den Männern aus seiner Umgebung in Petersburg, von denen heute viele Schlüsselpositionen in Russland innehaben, und der »Tambow-Mafia« fortgesetzt werden, doch das würde den Rahmen dieses Buches sprengen.

Zu bemerken ist noch die auffällige Häufigkeit von Todesfällen bei potenziellen Zeugen. So war etwa der Putin-Kritiker Alexander Litwinenko aus seiner Zeit beim FSB ein Intim-Kenner der Tambow-Mafia. Er half den spanischen Ermittlern, den geheimen Tresor der Bande zu finden – eingemauert in die Wände einer spanischen Villa. Bei einem Treffen in einem Drittland erzählte er von den Verbindungen des Kremls zu den Mafiosi in Spanien. Sonderermittler José Grinda wollte diese Aussagen nun offiziell bekommen und noch mehr erfahren. Dazu sollte Litwinenko im November 2006 nach Spanien kommen, die Reise dorthin war bereits geplant. Doch über die Verbindungen zwischen Kreml und »Tambow-Mafia« konnte er nichts mehr verraten:[29] Eine Woche vor seiner Aussage wurde Litwinenko in London mit dem radioaktiven Polonium vergiftet. Der Mann, den die britischen Behörden für den Mörder Litwinenkos halten, Andrej Lugowoj, wurde später in Moskau Abgeordneter der Staatsduma und genießt damit Schutz vor Strafverfolgung. Wladimir Putin zeichnete den mutmaßlichen Mörder am 8. März 2015 mit dem »Orden für Verdienste für das Vaterland« aus. Der britische Richter Robert Owen kam in seinem Untersuchungsbericht im Januar 2016 zu dem Schluss, den Giftmord habe der russische Geheimdienst FSB in Auftrag gegeben, und die Operation sei »wahrscheinlich von Präsident Putin gebilligt« worden. Aus Regierungskreisen ist von einem abgehörten Telefonat zu hören, in dem aus der russischen Botschaft in London kurz nach dem Mord in die Zentrale gemeldet wurde, der »Auftrag« sei »ausgeführt«.

Einer Zeugenaussage im Litwinenko-Verfahren in London zufolge soll ein Vertrauter und KGB-Kamerad Putins der Tambow-Mafia geholfen haben, Drogen aus Kolumbien über den Hafen von Sankt Petersburg nach Europa zu schmuggeln: Viktor Iwanow. Putin soll ihn damals »beschützt« haben. Nach dessen Einzug in den Kreml wurde Iwanow Vize-Chef des Präsidialamts, verantwortlich unter anderem für Personalfragen. Ein Schelm, wer Böses dabei denkt, dass Iwanow später zum Leiter der russischen Drogenfahndung aufstieg – ein Amt, das er bis heute innehat.[30] Iwanows Vize an der Spitze der Anti-Drogen-Behörde, Nikolaj Aulow, tauchte wie bereits erwähnt auf der Gehaltsliste der Paten auf. Vielleicht hat es damit zu tun, dass die Behörde mit dem offiziellen Namen »Staatliche Drogenkontrolle« im Volksmund »Staatlicher Drogenhandel« genannt wird.[31]

Wenige Monate nach Litwinenko starb ein anderer Mann, der ein Schlüsselzeuge für die Spanier war: Michail Monastyrski, bekannt als »Mischa Millioner« und »Monja«. Der ehemalige Duma-Abgeordnete hatte seit zehn Jahren in einem luxuriösen Bungalow an der Küste in der

Provinz Madeira gelebt. Auch er war früher Chef der Ölgesellschaft PTK, die auch Putins Datschen-Freund Smirnow leitete, mit dem damaligen Tambow-Paten Kumarin als Vize. Im August 2006 gestand Monastyrski der spanischen Polizei, dass er Mitglied der Tambow-Mafia war – und einer ihrer Anführer. Er erzählte auch von Petrow und den anderen Tambow-Leuten, die in Spanien lebten. Er sagte aus, dass sie ihren Ursprung in Petersburg hatten und ohne Putin nie so stark geworden wären.[32] Ganz freiwillig war er offenbar nicht zu den Ordnungshütern gekommen: Er erzählte, er sei entführt worden und sein Leben sei in Gefahr, und floh nach Frankreich. Am 18. April 2007 wurde er dort unter mysteriösen Umständen in seinem Wagen von einem Zementlaster überfahren und starb.[33]

Für Schlagzeilen sorgte der Tod eines weiteren Mannes, der viel über Wladimir Putin wusste – und ihn auch persönlich gut kannte: Juri Schutow. Der war Abgeordneter in Petersburg. Genauso wie Putin gehörte er zur Mannschaft des Bürgermeisters Anatoli Sobtschak; während viele der »Mitspieler« von damals heute Führungspositionen in Russland besetzen, nahm Juri Schutows Schicksal einen ganz anderen Lauf. Er saß eine lebenslange Haftstrafe ab. Er soll heikle Details aus Putins Vergangenheit gekannt haben. Er werde deswegen nie mehr freikommen, hieß es. Als im November 1999 ein Gericht das Ende seiner Haft anordnete, stürmte ein Sondereinsatzkommando der Polizei den Gerichtssaal und nahm ihn viereinhalb Minuten nach dem Freispruch einfach wieder fest – selbst für russische Verhältnisse ein außerordentlicher Rechtsbruch. Einerseits spricht viel dafür, dass Schutow Verbindungen zum organisierten Verbrechen hatte – was ihn allerdings nicht hinderte, Abgeordneter und Sobtschak-Berater zu werden. Mafia-Verbindungen sind, wie oben dargelegt, eher förderlich für eine Karriere denn ein Grund für eine Festnahme, zumindest wenn es um die Petersburger Mafia und die richtige »Familie« geht. Seine ganze Schuld bestehe darin, dass »er unerbittlich mit diesen Dieben kämpft, die unsere Heimat ausgeraubt haben und unser Volk«, behauptete Schutow selbst, und dies sei »ausreichend, um dafür getötet zu werden«. Schutows Abgeordneten-Kollege Nikolaj Andruschtschenko glaubt, dass das gesamte Verfahren gegen ihn aus politischen Gründen losgetreten wurde und die angeblichen Beweise Fälschungen sind. Tatsächlich schrieb Schutow ein Buch über illegale Privatisierungen in Petersburg und wurde 1996 Leiter einer vom Parlament eingesetzten Arbeitsgruppe, die ergründen sollte, wer für die negativen Ergebnisse der Privatisierungen von 1991 bis 1996 verantwortlich war – also in Putins Amtszeit. Schutow hatte sich insbesondere auf den späteren Präsidenten und dessen Chef Sobtschak eingeschossen. Kurz nach einem Treffen mit Putin 1996, bei dem er ihn offenbar zu den Vorwürfen befragte, wurde Schutow festgenommen. Seine Anwältin Karinna Moskalenko beklagte massive Verletzungen seiner Rechte vor Gericht. So durfte er unter anderem am eigenen Verfahren gar nicht teilnehmen. Im fernen Straßburg verschwanden am Menschenrechtsgerichtshof die Unterlagen zu seinem Fall – entweder beispiellose Schlamperei oder Moskaus lange Hand. Jedenfalls wurde das Verfahren so erfolgreich in die Länge gezogen, bis zu seinem Tod gab es kein Urteil mehr. Schutows zweiter Anwalt, Wladimir Medwedew, gelernter Arzt, sagte, es habe keine Anzeichen für eine ernste Krankheit bei seinem Klienten gegeben. Als er von Schutows angeblicher Krankheit erfahren habe, habe er auf ein Treffen gedrängt, zumal er ja Mediziner sei. Das sei ihm verweigert worden. Gleichzeitig habe man Schutow aus seinem Gefängnis für lebenslange Häftlinge, das als extrem brutal gibt, nicht in ein Krankenhaus überführt. Bei einem der Treffen im Gefängnis habe Schutow zuvor seiner Anwältin Moskalenko gesagt: »Sehen Sie mich aufmerksam an. Wie Sie sehen, bin ich kräftig, gesund, und denken Sie an das, was ich Ihnen sage: Ich will nicht sterben und werde es nicht tun. Sollte ich doch sterben, dann nicht in Folge eines Leidens, obwohl ich genug Leiden habe.«[34] Wenn man ihr einmal sagen werde, er sei an einer Krankheit gestorben, solle sie das bitte nicht glauben, so Schutow zu Moskalenko.

Nachforschungen zu Verbindungen von Putin zur »Tambow-Mafia« sind gefährlich. Ich bekam mehrmals dezente Hinweise, ich solle mich zu diesem Thema nicht äußern, wenn mir mein Leben lieb sei. Nach einer gemeinsamen Recherchereise mit der Journalistin Natalja Morar nach Petersburg 2007 durfte sie nicht mehr nach Russland einreisen – sie hat die moldawische Staatsbürgerschaft, ist aber mit einem Russen verheiratet. Der Ex-Abgeordnete Andruschtschenko wurde wenige Monate nach den Gesprächen mit Morar und mir festgenommen und später in die Psychiatrie eingewiesen. In U-Haft wurde er in einer Zelle bei Temperaturen um die null Grad festgehalten und bekam mehrere Tage keine medizinische Hilfe, obwohl er eine hypertensive Krise hatte, einen kritischen Anstieg des Blutdrucks. Andruschtschenko leidet nach eigener Darstellung bis heute an den gesundheitlichen Folgen. Sowohl er als auch Sonderermittler Sykow berichteten haarsträubende Geschichten, die sie teilweise nicht zitiert sehen wollen. Beide erzählten unabhängig voneinander, dass ihnen von der Polizei ohne jede Rechtsgrundlage Unterlagen gestohlen wurden, die Putin belasten. Andruschtschenko etwa erzählte von einem Foto, das ihm bei einer Hausdurchsuchung abgenommen wurde, auf dem Putin gemeinsam mit dem mutmaßlichen damaligen Paten der »Tambow-Mafia«, Kumarin, zu sehen war – beide mit entblößtem Oberkörper. Auch die Witwe des in London ermordeten Alexander Litwinenko erzählt von einer Hausdurchsuchung vor ihrer Ausreise aus Russland, bei der umfangreiches Material von der Polizei gestohlen wurde.

Die beiden »Tambow«-Paten Kumarin und Petrow haben nach Ansicht der Spanier in den 1980er-Jahren Kontakte zum KGB gehabt. Die Tradition reicht lange zurück. Schon die Bolschewiken setzten von Anfang an auf kriminelle Methoden. Manche von ihnen hatten einen kriminellen Hintergrund – wie Josef Stalin, der Anführer einer kriminellen Schlägerbande war. »Immer wieder schlossen sich den Revolutionären gewöhnliche Kriminelle an, denen es ausschließlich ums Geld ging. Tatsächlich waren die ideologisch motivierten Diebe, die zum Wohl der Revolution stahlen, zuweilen schwer von den Kriminellen zu unterscheiden«, schreibt Oleg Chlewnjuk in seiner Stalin-Biographie.[35] Die sowjetischen Geheimdienste hatten traditionell gute Kontakte zum organisierten Verbrechen. Diese Tradition entstand in der Stalinzeit, als die Schergen des Massenmörders im Kreml mit den Kriminellen in den Arbeitslagern kooperierten, um die Millionen politischer Gefangenen im Zaun zu halten. Die Auswüchse dieser langen und für die russische Gesellschaft fatalen Tradition reichen bis ins heutige Russland und in den Kreml – und über den offenbar bis ins Berliner Kanzleramt, wie später darzulegen ist.

Nach dem Zerfall der Sowjetunion kam es zu einer Allianz zwischen dem Staat, insbesondere dem Geheimdienst, und der Mafia: Einer der wesentlichen Faktoren war dabei die Privatisierung der Staatsbetriebe, bei der unvorstellbare Vermögen in private Hände gerieten – für die Mafia ebenso wie für die privatisierenden Apparatschiks eine gigantische Möglichkeit zur Bereicherung. So wuchs endgültig zusammen, was nicht zusammengehörte. Mord und Totschlag waren bei den brutalen Verteilungskämpfen an der Tagesordnung. Mit Tricks und Gewalt eignete sich die Mafia nach Schätzungen von Kriminalisten die Hälfte des früheren Volksvermögens an. Besonders heftig waren die Kämpfe um das Staatseigentum in Sankt Petersburg, der »kriminellen Hauptstadt von Russland«.

Einem internen Bericht der US-Bundespolizei FBI zufolge fanden in der Jelzin-Zeit 317 Treffen »zwischen Repräsentanten der russischen Mafia und Top-Offiziellen des inneren Kreises« um den russischen Präsidenten statt – allein in den USA, wo der FBI sie verfolgen konnte und die man offenbar als neutralen Ort fernab der Heimat für solche heiklen Begegnungen auswählte; die Gesamtzahl der Treffen weltweit dürfte um eine Größenordnung höher liegen.[36] Das Militär machte in Drogentransporten, Geheimdienst und Polizei in Schutzgelderpressungen, und Ermittlungsunterlagen gingen meistbietend an die Verdächtigen. Waren zu Jelzins Zeiten Polizei, Justiz und Geheimdienste noch unterwandert und überfordert von der Mafia, so hat sich das unter Putin grundlegend geändert. Treffen zwischen Staat und Mafia würden gar keinen Sinn mehr machen: »Der russische Staat ist nicht korrumpiert und nicht mit der organisierten Kriminalität verwoben. Er ist die organisierte Kriminalität, und das verbrecherische Regime ist keine Metapher, sondern die nüchterne Bezeichnung der Sachlage«, schrieb im Januar 2016 der in Berlin lebende russische Autor Nikolai Klimeniouk in der *Frankfurter Allgemeinen Zeitung*: »Das Regime (…) besteht aus Kriminellen, es benimmt sich kriminell und spricht jetzt auch wie ein kleiner Gauner.«[37] Treffender lässt es sich kaum beschreiben.

Auslöser für Klimeniouks Artikel waren mehrere Enthüllungen über Verbindungen der russischen Machtelite und Wladimir Putins zur Mafia, unter anderem ein Film über die unglaublichen kriminellen Machenschaften von Generalstaatsanwalt Juri Tschaika und dessen Familie sowie der Dokumentarstreifen« »Who is Mister Putin« von Valeri Balajan. Dank Internet konnten auch viele Russen diese Filme sehen. Viele der dort erzählten Geschichten waren bereits früher publiziert, sind aber, so Klimeniouk, »nicht zum öffentlichen Bewusstsein vorgedrungen. Denn zusammen ergeben sie ein Bild, das selbst für eine Verschwörungstheorie übertrieben scheint. Zu krass, zu grotesk, um wahr zu sein. Zu schrecklich, um damit ohne weiteres weiterleben zu können.«[38] Tatsächlich herrschte und herrscht in Deutschland eine merkwürdige Verweigerungshaltung in der Öffentlichkeit, was Putins Verbindungen zur organisierten Kriminalität angeht. Angst geht hier fließend in Verdrängung über. Beides ist extrem gefährlich. Der im deutschen Exil lebende russische Politikwissenschaftler Alexander Morosow warnt, »das Problem mit Putins Regime kann nur gelöst werden, wenn es jede Unterstützung in Europa verliert. Es muss bewiesen werden, dass es kein politisches, sondern ein kriminelles Problem für Europa darstellt.«[39]

Jenseits des Atlantiks, wo Putins Lobbyisten weniger Einfluss haben, ist die Sprache klarer. »Russland ist ein Mafia-Staat«, warnt die russisch-amerikanische Journalistin Mascha Gessen: »Nicht nur, weil es wie die Mafia geführt wird, sondern weil es von dem organisierten Verbrechen geführt wird.«[40] Zu der gleichen Einschätzung kommen auch die US-Diplomaten in Moskau in ihren geheimen Lage-Berichten nach Washington, die »Wikileaks« Ende 2010 an die Öffentlichkeit brachte. Dort wird der Kreml als »das Zentrum einer Konstellation offizieller und quasioffizieller Gaunereien« charakterisiert, »brutal und unabänderlich zynisch und korrupt«. Kriminelle stünden de facto unter dem Schutz von Polizei, Geheimdiensten und Staatsanwaltschaft.[41]

In Moskau ist das Thema ein völliges Tabu. Hinter vorgehaltener Hand wird viel darüber geredet, und kaum jemand zweifelt daran. Selbst viele von Putins Anhängern machen sich nichts vor – doch entweder relativieren sie (»ist doch in den USA genauso«) oder sie deuten das Übel um in einen Vorzug (»hat Nachteile, aber dafür steht es für Stärke, und wir können uns wieder wehren«).

Nur ein Kremlkritiker sprach das Thema immer wieder öffentlich an: Die mafiösen Verstrickungen der Führung waren eines der Hauptanliegen des Oppositionsführers und Ex-Vize-Premiers Boris Nemzow. Er sagte unter anderem, eine Mafia-Bande habe den Kreml besetzt und lasse unter dem Deckmantel des Patriotismus das Land ausbluten. Nemzow wurde im Februar 2015 ermordet.

Die Stiftung »Open Russia« des 2013 frei gelassenen Michail Chodorkowski verbreitete Ende 2015 Material zu dem heiklen Thema. So ließ sie etwa die Anklageschrift der spanischen Ermittler ins Russische übersetzen und ins Netz stellen.[42] Ihm wurde später dezent übermittelt, wenn er sich keine Sorgen um seine Gesundheit machen wolle, solle er den Mund halten und auch seine Stiftung dazu anhalten. Chodorkowski hält sich seitdem auffallend zurück.

Als der berühmte Satiriker Viktor Schenderowitsch im Dezember 2015 im Radiosender »Echo Moskaus« das Thema Putin und Mafia anspricht, wird die Aufzeichnung der Sendung später von der Redaktion aus dem Internet genommen. Dabei rühmt sich »Echo« stets damit, eine der letzten Nischen der Meinungsfreiheit in Russland zu sein.

Im Zangengriff der russischen Mafia ist aber nicht nur Russland. Sie breite sich auch in Europa aus und erweitere ihren Einfluss, warnten die US-Diplomaten in ihren Lageberichten, die durch Wikileaks öffentlich wurden: Das organisierte Verbrechen sei genauso zu einem Exportartikel aus Russland geworden wie Öl und Gas. Die französische Zeitung *Le Monde* sprach von einer »Krake, die die Protektion Moskaus besitzt«.[43] Entsprechende Warnungen gibt es schon seit mehr als einem Jahrzehnt – doch sie verhallen. Das organisierte Verbrechen baue sein globales Netzwerk ständig aus, warnte etwa Hermann Lutz, bis 2003 Präsident der Europäischen Polizeigewerkschaften: »Für unsere Demokratie ist diese Bedrohung genauso schlimm wie der Terrorismus, wenn nicht schlimmer. Die kriminellen Unsitten breiten sich aus wie ein Bazillus, unsere Werte drohen untergraben zu werden. Politisch hat der Westen den Kalten Krieg gewonnen. Aber in Fragen von Demokratie und Mafia bin ich mir nicht sicher, welches Modell gewinnt. Ich halte es für möglich, dass wir uns in der Mitte treffen.«[44] Die osteuropäischen Verbrechersyndikate seien klüger geworden, tarnten sich besser als früher.

Die Vernetzung des organisierten Verbrechens aus dem Osten mit deutschen Entscheidungsträgern begann früh und reicht bis tief in die Regionen. Schon im Jahr 2002 berichtete das bayerische Landesamt für Verfassungsschutz, dass in Nordbayern russischstämmige Kriminelle nicht nur in der fernen Heimat enge Kontakte zu hochrangigen Politikern und Geschäftsleuten pflegten, sondern auch zu Persönlichkeiten der deutschen Wirtschaft. Kriminelle Banden kauften demnach schon damals Immobilien, Hotels und Restaurants in Deutschland auf.[45] Oft entstünde auch der Eindruck, dass deutsche Behörden wenig Interesse haben, die Herkunft von verdächtigen Mitteln näher zu untersuchen oder sich die Methoden der »Investoren« genauer anzusehen, klagte schon 2002 ein hochrangiger regionaler Polizeibeamter: »Ich kann mich des Eindrucks nicht erwehren, dass da zuweilen auch aus politischen Gründen Rücksicht genommen wird. Wobei Rücksicht ein freundliches Wort ist. Wenn man böse wäre, könnte man auch vom Dunst der Strafvereitelung sprechen.«[46] Abgesehen von solchen allgemeinen subjektiven Einschätzungen gibt es aber auch konkrete Fakten, die zu denken geben: In der Regierungszeit von Gerhard Schröder wurde die Abteilung zur Bekämpfung der organisierten Kriminalität aus der früheren Sowjetunion im Bundeskriminalamt de facto aufgelöst, wie Beamte erzählen. Personal wurde abgezogen, Strukturen wurden aufgelöst, die Handlungsfähigkeit wurde extrem behindert. Ein Schritt, der das Geschäft für die russische Mafia in Deutschland sicher alles andere als erschwerte. Begründet wurde die Entscheidung intern mit geringen Fallzahlen. Dabei wurden allerdings die Länder der früheren Sowjetunion einzeln betrachtet, was an der Realität vorbeiging, da die Verbrechenssyndikate dort grenzübergreifend agierten und auch russischsprachige deutsche Staatsbürger mit eingebunden sind und waren. Heute ist Schröder für eine Tochter des russischen Staatskonzerns und Schalke-Sponsors Gazprom tätig, den Jürgen Roth, Experte für Wirtschaftskriminalität, ein »Selbstbereicherungssystem« mit »kriminellen Strukturen« nennt. Gazprom sei so mächtig, dass sogar in anderen Ländern Ermittlungen verhindert werden.[47]

Als Bundeskanzler empfing Gerhard Schröder einen russischen Oligarchen im Kanzleramt, dem seit langem enge Verbindungen zur organisierten Kriminalität nachgesagt werden: Oleg Deripaska. Dabei hatte der Bundesnachrichtendienst ausdrücklich vor Deripaska gewarnt. So schrieb ein Beamter des Kanzleramts: »Nach BND-Berichten gibt es Hinweise auf Verbindungen mit der Organisierten Kriminalität, die über das für Spitzenvertreter der russischen Wirtschaft ›normale Maß zweifelhafter Geschäftsmethoden‹ hinausgehen.«[48] Gegen Deripaska gab es US-Einreiseverbote wegen des Verdachts von Mafia-Verbindungen. Der Magnat gehört zur Jelzin-Familie – seine Frau ist die Stieftochter von Jelzins Tochter Tatjana Jumaschewa; er hat ein gutes Verhältnis zu Präsident Putin – und offenbar auch zu den Männern, die Spaniens Ermittler für die Köpfe der Tambow-Mafia halten: Petrow soll über Geschäftsfreunde mit Deripaska verbunden sein, und sein Name taucht auch in den Abhörprotokollen auf.[49] Zugespitzt könnte man sagen: Hier schließt sich ein Kreis von der Tambow-Mafia über Wladimir Putin bis hinein ins Berliner Kanzleramt unter Gerhard Schröder.

Wladimir Putin hat nach Einschätzung der britischen *The Sunday Times* und der tschechischen *Lidové noviny* in den Jahren, die er an der

Macht ist, ein Imperium geschaffen, das knapp 170 Milliarden Euro wert ist. Der »Putin-Clan« ist demnach auf Platz eins der Liste der reichsten »Familien« weltweit – womit keine echten Familien gemeint sind, sondern Clans, die ihren Reichtum aus Korruption schöpfen.[50] Putin sei es gelungen, in den Jahren an der Macht erfolgreich politische und wirtschaftliche Tätigkeit unter einen Hut zu bringen. Der Kreml-Chef sei der reichste Mann der Welt, glaubt auch Sergej Pugatschow, ein Ex-Banker, der lange Jahre als »Putins Privatbankier« galt, dann in Ungnade fiel und heute im Exil in Europa lebt: Alles, was Russland gehöre, betrachte Putin als sein Eigentum.[51] Das deckt sich mit der Einschätzung früherer Regierungsmitglieder, wonach der Kreml-Chef heute Zugriff auf das Vermögen aller Oligarchen in Russland habe, weil sich spätestens nach der Inhaftierung von Michail Chodorkowski 2003 niemand derer, die noch in Russland leben oder dort Aktiva besitzen, trauen würde, ihm eine Bitte abzuschlagen. Das würde auch die privaten Milliardeninvestitionen in Sotschi für die Olympischen Spiele 2014 erklären, die marktwirtschaftlich wenig Sinn zu machen schienen.

Putins Tochter Katerina Tichonowa, die bisher wie ihre Schwester völlig von der Öffentlichkeit abgeschirmt und erst Anfang 2015 durch Journalisten »enttarnt« wurde, leitet, obwohl noch nicht einmal 30 Jahre alt, einen Innovationsfonds und den 1,7 Milliarden US-Dollar teuren Ausbau eines Uni-Campus. Sie ist verheiratet mit Kirill Schamalow, dem Sohn eines von Putins Datschen-Genossen; der 33-Jährige ist Großaktionär des Petrochemiekonzerns »Sibur«.[52] Die milliardenschweren Anteile soll der Schwiegersohn Putins von dessen engem Vertrauten Gennadi Timtschenko erhalten haben, den Kreml-Kritiker für einen Strohmann Putins halten – was dieser bestreitet.[53] Das Unternehmen bekam einen Kredit über 1,56 Milliarden Euro vom russischen Staat zu Schnäppchenbedingungen – für zwei Prozent Jahreszins.[54] Das junge Paar soll auch eine Villa im französischen Biarritz in malerischer Lage im Wert von 3,7 Millionen Dollar besitzen.[55] Mit ihrem Reichtum sind sie keine Ausnahme: Der Nachwuchs der Männer aus dem Putin-Clan – also seiner Datschen-Genossen, Geheimdienst-Kameraden und Jugendfreunde – hat in staatlichen Konzernen und Banken zahlreiche hochdotierte Management- und Aufsichtsratsposten erhalten – und das obwohl sie in den meisten Fällen noch nicht mal 30 Jahre alt sind.[56] Kreml-Kritiker sprechen spöttisch von »Putins Wunderkindern«.

Aber nicht nur die Vertrauten des Präsidenten und ihre Kinder sind ein Staat im Staate. Auch weit niedrigere Chargen sind unantastbar in ihren kriminellen Machenschaften, wie der Fall Magnitski dramatisch belegt. Der 1972 geborene Anwalt und Wirtschaftsprüfer Sergej Magnitski arbeitete für »Hermitage Capital«, eine von dem US-Amerikaner Bill Browder mitgegründete Investmentgesellschaft, die mehrfach Missmanagement und Korruption in russischen Unternehmen und Behörden aufgedeckt und sich so den Unmut des Kremls zugezogen hatte. Der russische Staat versuchte, Hermitage zu zerschlagen – und eine Gruppe von Beamten nutzte das Vorgehen gegen die Investmentgesellschaft zu einem gigantischen Betrug. Die genauen Schemata für die Manipulationen zu beschreiben, würde den Rahmen dieses Buches sprengen; jedenfalls brachten die Beamten offensichtlich mit Hilfe krimineller Strohmänner mehrere Tochterfirmen von Hermitage unter ihre Kontrolle und schafften es, illegale Steuerrückzahlungen an diese in Höhe von sage und schreibe 230 Millionen Dollar zu initiieren. Magnitski stieß auf diese Manipulationen zu Lasten der Staatskasse und zeigte sie an. Kurz darauf leitete einer der von ihm Beschuldigten, ein Oberstleutnant der Polizei, Ermittlungen gegen Magnitski ein und ließ ihn festnehmen – wegen angeblicher Steuerhinterziehung. Im Gefängnis wurde er de facto gefoltert; unter anderem verprügelte man ihn, zwang ihn, Brei mit Insektenlarven zu essen, und hielt ihn in einer Zelle gefangen, in der der Abfluss verstopft war und zentimeterhoch Fäkalien schwammen. Obwohl er in Haft eine schwere Bauchspeicheldrüsen-Entzündung bekam, wurde ihm medizinische Versorgung verweigert. Im November 2009 klagte Magnitskij nach knapp einem Jahr in Untersuchungshaft wieder einmal über Schmerzen; die Wärter reagierten nicht – bzw. seinen Verletzungen nach zu urteilten mit Schlägen. Am 16. November 2009 starb Magnitskij – im Alter von 37 Jahren.

In einem Gutachten des Menschenrechtsrats des russischen Präsidenten hieß es später: »Magnitski war kurz vor seinem Tod jegliche medizinische Hilfe verwehrt worden. Zudem gibt es Verdachtsgründe, dass der Tod von Magnitski durch Misshandlung provoziert worden sein könnte: Seine Angehörigen stellten bei ihm späterhin gebrochene Fingerknöchel und Blutergüsse am Körper fest.«[57] Es kam später zu einem Prozess gegen den Gefängnisdirektor, der mit einem Freispruch endete. Die Beamten, deren Betrug Magnitski aufgedeckt hatte, wurden weder bestraft, noch wurden die 230 Millionen US-Dollar Staatsgelder, die sie sich erschwindelt hatten, eingezogen. Die USA verabschiedeten als Reaktion den so genannten »Magnitski-Akt«: 34 russische Beamte von der Gefängnisärztin bis zum Vize-Generalstaatsanwalt bekamen Einreiseverbot, ihre Konten wurden eingefroren. Moskau antwortete prompt: 18 Beamte aus den USA erhielten Einreiseverbote nach Russland, weil sie für Folter in Guantanamo verantwortlich sein sollen. Während die US-Beamten wohl ohnehin keine Reisen nach Russland planten, hat eine weitere Reaktion weitreichende, ja dramatische Folgen: Der Kreml ließ die Adoption von russischen Kindern an Paare in den USA verbieten. Zahllosen Waisenkindern, darunter vielen zum Teil schwerkranken, wurde so der Weg aus oft desolaten russischen Waisenhäuern in Familien in den USA verbaut. Wladimir Putin verteidigte diese Entscheidung eindringlich: Die jüngsten »antirussischen Tendenzen« in den USA erforderten eine angemessene Antwort.[58] Während die Verantwortlichen für Magnitskis Tod weiter in Amt und Würden blieben, musste Magnitski 2013 in Moskau vor Gericht – vier Jahre nach seinem Tod. Ein einmaliger Vorgang. Postum wurde er für schuldig befunden.

Die gesamte Causa Magnitski, die Bill Browder in seinem bemerkenswerten Buch »Red Notice«[59] fesselnd schildert und wasserdicht belegt, ist ein wichtiges Signal in einem Mafia-Staat: Der Kreml machte hier klar, dass er korrupte Beamte deckt, wenn sie loyal sind – und Bürger, die sich gegen diese Willkür wehren, im Zweifelsfall auch zu Tode gefoltert werden dürfen von den Staatsdienern, ohne dass ihnen eine Bestrafung droht. Die russische Gesellschaft hat nach Jahrzehnten Totalitarismus und Angst vor staatlicher Gewalt feine Antennen für solche Signale. Der Fall Magnitski ist auch ein Musterbeispiel dafür, dass die Realitäten im heutigen Russland so haarsträubend sind, dass sie jenseits des Vorstellungsvermögens der Menschen im Westen liegen und deshalb hierzulande auch nicht allzu viel Beachtung finden.

Putin sei nie Politiker gewesen und auch keiner geworden, Diskussionen hätten ihn noch nie interessiert, er sei ein komplexbeladener Mensch, so der Ex-Banker Pugatschow – der gleichzeitig davor warnt, seinen früheren Weggefährten zu dämonisieren: »Er ist kein böses Genie, der ein kriminelles Regime schaffen wollte, wie wir es heute haben. Er hat sich mit Gesinnungsgenossen umgeben, Kameraden aus dem KGB, die er nicht allzu gut kannte. Und die haben sofort angefangen, sich zu bereichern.«[60] Putin als Getriebener, als Opfer der Geister, die er rief und dann nicht mehr kontrollieren konnte, als jemand, der »hineinschlitterte« in die Kriminalisierung des Staates – eine Interpretation, mit der Pugatschow wohl wegen seiner eigenen Rolle das System Putin schönfärben will. Der Kremlchef steht dem Bankier zufolge heute mit dem Rücken zur Wand und werde bis ans Lebensende an der Macht bleiben, wie Breschnew und Stalin: »Ich sehe niemanden, der ihm Sicherheitsgarantieren geben könnte (nach einem Ausscheiden aus dem Amt), und er selbst sieht auch niemanden.«[61]

Der mafiöse Charakter des Systems Putin böte Stoff für ein eigenes, dickes Buch. Er ist hier so ausführlich dargestellt, weil er ganz entscheidend ist für das Verständnis von Putins Außenpolitik und deren Aggressivität. Es ist der kriminelle Charakter des Systems in Moskau, der eine friedliche Koexistenz mit den westlichen Demokratien längerfristig de facto unmöglich macht – und geradezu zwangsweise zu einer Konfrontation führen musste. Obwohl die amerikanischen und auch europäischen Entscheidungsträger von Anfang an über die Mafia-Verbindungen der neuen Führungsriege im Kreml informiert waren, verschlossen sie weitgehend die Augen und ließen sich auf deren Annäherungsversuche ein – kein Novum in der Weltpolitik, gerade in den USA, die ja auch mit anderen Ländern mit kriminellen Regimen kooperierten, solange sie daraus Nutzen zogen. Warum war die anfangs offensichtlich von beiden Seiten angestrebte Partnerschaft nicht von Dauer? Ganz offensichtlich nicht, weil für den Westen der mafiöse Hintergrund der Kreml-Crew ein Hindernis gewesen wäre. Er machte es aber umgekehrt für Putin und seine Amigos unmöglich, das eigene System zu ändern und, wenn auch nur schrittweise, auf zarte Ansätze von Demokratie, Meinungsfreiheit und Rechtsstaat hinzuarbeiten. Weil es zu viel zu vertuschen gibt, weil jeder Anflug von Unabhängigkeit von Justiz und Medien eine existentielle Bedrohung wäre für ein kriminelles, auf der Missachtung von Gesetzen und Verfassung basierendes System. Wie sollte Putin Pressefreiheit zulassen, wenn diese nahezu zwangsläufig dazu führen würde, dass über kurz oder lang über alle hier beschriebenen Verbindungen berichtet würde, und zwar nicht mehr nur in ein paar auflagenschwachen Nischen-Medien, sondern in den großen Fernsehsendern? Wie sollte Putin eine unabhängige Justiz zulassen, wenn die dann etwa die Ermittlungsversuche der spanischen Kollegen nach bestem Gewissen bearbeiten würde – und damit wohl auch gegen die eigene Staatsspitze ermitteln müsste? Es ist anzunehmen, dass sein italienischer Busenfreund Silvio Berlusconi Putin einige abschreckende Geschichten erzählen konnte. Aber schlimmer noch: Für die ständige Ablenkung von den mafiösen Strukturen, von der immensen sozialen Ungerechtigkeit und den verheerenden Folgen des Ausraubens des eigenen Volks ist es notwendig, dass permanent ein äußerer Feind vorhanden ist, dass man sich ständig im Verteidigungsfall fühlt: dass es jemanden gibt, den man für alle Missstände verantwortlich machen, den man als Anlass nehmen kann, die Leute ständig aufzurufen, sich um ihre Regierenden zu scharen. Mit Hilfe dieses Feindbildes kann man alle Kritiker als Volksverräter und Agenten diskreditieren. Wie anders könnte man erreichen, dass die Menschen die nach und nach durchsickernden Berichte über die kriminellen Machenschaften und die unvorstellbare Bereicherung ihrer Regierenden nicht glauben? Dass sie sie für das Werk ausländischer Propaganda halten? Oder dass die Klügeren zwar verstehen, dass die eigene Führung korrupt und kriminell ist, aber das angesichts der Annahme, das Vaterland werde gerade angegriffen, für nachrangig halten. Die sowjetischen Herrscher nutzten die gleichen Mechanismen, konnten sie aber weitaus sparsamer dosieren, weil ihr System wesentlicher stabiler und der Informationsfluss in den Zeiten vor dem Internet wesentlich besser zu kontrollieren war. Unter Putin wurde die Kriegsrhetorik zur Staatsdoktrin: Das Schüren der Stimmung, in einer belagerten Festung zu leben, von Feinden umzingelt, kurz davor, erobert, erniedrigt und versklavt zu werden. Da schon zu Sowjetzeiten jahrzehntelang diese Ängste geschürt wurden, war es relativ leicht, sie wiederzuerwecken. Dabei gab es nur ein Problem: Während die Sowjetherrscher für heutige Verhältnisse spartanisch lebten und kaum auf den Westen angewiesen waren, verhält sich das heute umgekehrt. Die neuen Kreml-Herren brauchen Zugang zum Westen, um ihren unvorstellbaren Reichtum auskosten zu können. »Sie haben nicht Milliarden gestohlen, um die dann in Nordkorea, Syrien und im Iran zu verprassen, oder irgendwo in Anapa am Schwarzen Meer«, spottet ein Mann, der früher selbst mit Putin in der Petersburger Stadtregierung gearbeitet hat. Das Leben der heutigen russischen Elite ist ganz auf den Westen ausgerichtet: die Villen und Yachten am Mittelmeer, die Bankkonten in der Schweiz, den wirklichen Wohnsitz in London, die Kinder in westlichen Elite-Internaten und Universitäten. Formell hat Putin zwar den Zugang seiner Beamten in den Westen eingeschränkt – das gilt aber nicht für den engsten Kreis. Sein Vertrauter Gennadi Timtschenko etwa hat die finnische Staatsbürgerschaft.

Eben diese Fokussierung auf den Westen ist die Achillessehne von Putins Nomenklatura. Der Kremlchef ist sich dessen bestens bewusst und versucht seit Jahren, seine Umgebung auf mehr Patriotismus einzuschwören. Mit gutem Grund: Er fürchtet, durch ihre West-Orientierung und vor allem ihr Geld und ihre Aktiva im Westen könnten die Männer in den Führungspositionen vom Westen erpressbar sein und ihn im Zweifelsfall verraten. Der Krieg gegen die Ukraine und die Konfrontation mit dem Westen helfen Putin deshalb auch, die eigene Nomenklatura bei der Stange zu halten. Er tut sich jetzt leichter als vor dem »Anschluss« der Krim, sie zum Verzicht auf Geschäfte im Westen zu drängen. Gleichzeitig hat er sich damit massiven Unmut in der politischen und vor allem wirtschaftlichen Führungsschicht zugezogen. »Selbst die KGB-Leute ganz oben sind zwar mit ihrem Herzen ganz auf Seiten Putins, aber ihr Geldbeutel leidet, und sie sind da in einem enormen Zwiespalt«, berichtet ein Kreml-Insider. Eben weil der Rückhalt in der Elite umgekehrt proportional zur Lautstärke der öffentlichen Loyalitätsschwüre sinkt, setzt Putin auf die Popularität beim Volk – während es zu Beginn seiner Zeit im Kreml eher noch umgekehrt war: Damals hatte die Elite die Funktion, ihn gegen möglichen Unmut der Massen zu schützen. Für die Mobilisierung eben dieser Massen aber ist eine aggressive Außenpolitik unerlässlich. Frieden wäre gefährlich für's Geschäft.

DER HYBRIDE KRIEG –
MOSKAUS GRÜNE MÄNNCHEN

Sie waren wohl zu gutgläubig. Die ukrainischen Fluglotsen in dem 29 Meter hohen, weiß-grünen Tower auf dem Krim-Flughafen Simferopol waren etwas verwundert, als am 27. Februar 2014 plötzlich ein russisches Militär-Transportflugzeug vom Typ Iljuschin-76 unangemeldet in ihren Luftraum eindrang und Kurs auf den Militärflughafen Gwardejskoje in ihrer unmittelbaren Nachbarschaft nahm. Die Lage zwischen Russland und der Ukraine war schon so angespannt, dass ein so großes, unangemeldetes Transportflugzeug verdächtig war. Nach den Vorschriften hätten die Lotsen die Iljuschin zum Abdrehen auffordern und im Notfall Abfangjäger anfordern müssen – angesichts des desolaten Zustands der ukrainischen Armee eher eine theoretische Möglichkeit. Zumindest müssten sie den Bodentruppen Bescheid geben, damit die nach der Landung nach dem Rechten sehen.[1] Konnte der unangekündigte Flug womöglich Vorbote einer Invasion sein? Vielleicht gingen den Lotsen solche Gedanken durch den Kopf, denn sicher hatten sie gehört, dass am Morgen Unbekannte das Parlament in ihrer Stadt besetzt hatten. Viel Zeit zum Nachdenken hatten die Männer nicht, weil sich der Pilot der Iljuschin plötzlich mit einem SOS-Signal meldete. Ein Notfall, mit so was treibt man keinen Schindluder, dachten sich die Fluglotsen wohl, und statt zu grübeln waren sie damit beschäftigt, das Flugzeug sicher zur Notlandung zu leiten.

Später besetzten, mitten in der Nacht, schwerbewaffnete Männer den Flughafen von Simferopol, auch den Tower, in dem die Fluglotsen saßen. Sie stellten sich als »Krim-Selbstverteidigungs-Kommando« vor und hatten keine Hoheitsabzeichen auf ihren Uniformen. Für eine spontane Bürgerwehr waren sie viel zu gut ausgerüstet. Die spätere Rekonstruktion ergab, dass es sich um Kämpfer eines Sondereinsatzkommandos des russischen Militärgeheimdiensts GRU handelte. Die Elitesoldaten waren im Bauch der Iljuschin gelandet, die in Wirklichkeit nie in einer Notsituation war. Das SOS war Betrug – und der Auftakt für die russische Besatzung der Krim.

Der Militärgeheimdienst übernahm die Luftraumkontrolle – und nun landete eine Transportmaschine nach der anderen, alle voll beladen mit Kämpfern von Sondereinsatzkommandos und Waffen. So schildert ein Mitglied des Sicherheitsrats in Kiew den Beginn des russischen Überfalls auf die Krim.[2] Auch der Flughafen Belbek bei Sewastopol wird von Bewaffneten in Uniformen ohne Hoheitsabzeichen besetzt. Als die ukrainische Regierung darüber berichtet, weist die Pressestelle der russischen Schwarzmeerflotte auf der Krim zurück, dass es sich bei den Angreifern um russische Soldaten handle.[3] Noch am gleichen Tag landen zahlreiche andere Transportmaschinen und bringen weitere russische Truppen ins Land; laut *Nowaja gaseta* kommen insgesamt 1700 Fallschirmjäger ihren bereits im russischen Flottenstützpunkt Sewastopol stationierten Kameraden aus der Luft zu Hilfe.[4]

Auch an vielen anderen wichtigen Objekten auf der Halbinsel tauchen plötzlich bewaffnete Uniformierte ohne Hoheitsabzeichen auf und besetzen sie: unter anderem die Fernseh- und Radiosender »Krim« und »Jalta«, den Fernsehsender ATP, den Fährhafen in Kertsch sowie Netzknotenpunkte der Telekommunikationsfirma »Ukrtelekom«, woraufhin die Verbindungen zur restlichen Ukraine und das Internet ausfallen.

Schon am Morgen der späteren Notlandung hatten gegen 4.30 Uhr 120 bewaffnete Männer in Masken das Regionalparlament der Krim in Simferopol gestürmt, die russische Fahne auf dem Gebäude gehisst und Barrikaden davor aufgebaut. Die Männer haben keine Hoheitsabzeichen auf ihren Uniformen und antworten auch nicht auf Fragen, woher sie kommen. Im Innenhof des Parlamentsgebäudes stehen Militärlaster der Marke Kamas, ohne Nummernschilder. Genau solche Laster haben Augenzeugen am Tag zuvor auf dem Weg vom russischen Flottenstützpunkt Sewastopol nach Simferopol gesehen, allerdings mit russischen Kennzeichen. Offenbar handelte es sich um eine Vorhut der Sondereinsatztruppen aus Russland, die bereits zuvor getarnt oder unter einem Vorwand an den russischen Marinestützpunkt Sewastopol verlegt wurden.

Der Parlamentsvorsitzende Wladimir Konstantinow ruft eine außerordentliche Sitzung ein. Die Uniformierten entscheiden, welche Abgeordneten sie ins Parlament lassen und welche nicht. Regierungschef Mogiljow darf nicht passieren; er hat sich zur Autonomie der Krim innerhalb der Ukraine bekannt. Die Uniformierten nehmen den Abgeordneten die Handys ab. In geheimer Sitzung wird der 41-jährige Sergej Aksjonow zum neuen Regierungschef gewählt: Er hat den Spitznamen »der Kobold«, seine Gegner sagen ihm Mafia-Verbindungen nach. Seine Partei »Russische Einheit« kam bei den letzten Wahlen nur auf vier Prozent. Wie der Abgeordnete Nikolaj Sumulidi später berichtet, sollen weniger als 40 Abgeordnete bei der Abstimmung zugegen gewesen sein; andere Abgeordnete beklagen, ihre Stimmen seien gezählt worden, obwohl sie abwesend waren.[5] Damit wäre das Parlament nicht beschlussfähig gewesen. Parlamentssprecherin Olga Sulnikowa dagegen berichtet, 53 Abgeordnete hätten abgestimmt.

Frisch gewählt, unterstellt Premier Aksjonow Marine, Polizei und den Katastrophenschutz seinem Befehl. Sodann wendet er sich »aus Verantwortung für das Leben und die Sicherheit der Bürger« an den russischen Präsidenten und bittet diesen »um Beistand beim Sichern des Friedens und der Ruhe auf dem Territorium der Krim«.[6]

Tage zuvor waren rund 150 »Sondertouristen« mit einer gecharterten Iljuschin-76 mit Bordnummer RA76599 vom Militärflughafen Tschkalowski 31 Kilometer nordöstlich von Moskau auf die Krim geflogen worden, angeführt von Franz Klinzewitsch, Abgeordneter und Vize-Chef des Verteidigungsausschusses der Duma, gelernter Oberst, Funktionär im Verband der Afghanistan-Veteranen und berüchtigter Haudrauf. Auf einem im Internet veröffentlichten, aber später entfernten Video ist zu sehen, wie Klinzewitsch die »Sondertouristen« einweist: »Das ist eine humanitäre Aktion, es geht um Kontaktaufnahme, Unterstützung und Hilfe.«[7] Bei den »Sondertouristen« handelt es sich in Wirklichkeit um Afghanistan-Veteranen, die auf der Krim Stimmung machen sollen. Sie scheinen nicht allein gewesen zu sein: Unter den vielen Männern, die später per Geheim-Erlass von Putin Orden für ihren Einsatz beim »Anschluss« der Krim erhielten, waren viele Boxer, Mitglieder rechtsradikaler Verbände, Wachleute, Rocker von den »Nachtwölfen« und Geheimdienstler der längst verblichenen »Demokratischen Republik Afghanistan«. Geehrt wurden auch viele Kriminelle – die also ganz offensichtlich auch im Einsatz waren. Nach Recherchen der *Nowaja gaseta* reichte das Vorstrafenregister der Geehrten von Erpressung und Antiquitätenraub über schwere Körperverletzungen und bewaffnete Raubüberfälle bis zum Mord. Orden bekamen auch Männer, die wegen Bewährungsauflagen gar nicht ihre Heimatregion hätten verlassen dürfen oder zur Fahndung ausgeschrieben waren – und bei denen eigentlich die Handschellen hätten klicken müssen.

Wenn man sich die Liste ansieht, kann man ahnen, wer die nicht ortsansässigen »besorgten Bürger« der Krim waren, die bei Demonstrationen und Besatzungen lautstark einen »Anschluss« der Halbinsel an Moskau forderten. Neben den Okkupanten hatte der Kreml auch gleich die Claqueure für sie einfliegen lassen.[8]

Mit im Spiel war auch ein Mann, der als Moskaus wichtigster Informationskrieger gilt: der öffentlichkeitsscheue Jewgenij Prigoschin – in Moskau auch bekannt unter dem Spitznamen »Putins Gastronom« und »König der Trolle«. Seine Internetkrieger, die als normale Bürger getarnt im Internet Stimmung machen – dazu später noch mehr –, sind auch auf der Krim aktiv. Ebenso Mitarbeiter der Moskauer Agentur »Taini sowetnik« (Geheimer Ratgeber) von Leonid Lewin, Abgeordneter und Ausschussvorsitzender in der Duma. Sie ließen 23 Radio-Spots und genauso viele Fernseh-Beiträge erstellen, die für das Referendum zum »Anschluss« werben; dazu kommen zehn Ausgaben der extra gegründeten Zeitung »Krim 24« mit einer Auflage von 500 000 Exemplaren und ein eigens geschaffenes Lied über das Referendum. Die Mitarbeiter der Agentur waren auch beteiligt an der Aufstellung der Listen, wer im Fernsehen auftreten durfte und wer nicht.[9]

In den vom Kreml gesteuerten Medien ist unisono von einer Bedrohung für die Krim-Bevölkerung die Rede, von Faschisten, die in Kiew die Macht ergriffen hätten und nur darauf warten, Pogrome unter den russischsprachigen Bewohnern der Krim anzurichten. Die russische Gemeinde von Sewastopol wandte sich bereits am 24. Februar mit der Bitte an Putin, den Russen auf der Krim zu Hilfe zu kommen: »Der Punkt, hinter dem es kein Zurück mehr gibt auf dem Weg zum Bürgerkrieg, ist überschritten.«[10] Bald könnten Kräfte der Nato die angeblich friedlichen Demonstranten in Kiew unterstützen, wie in Jugoslawien. Den Bewohnern der Krim drohe ein Genozid, heißt es in dem Appell an Putin weiter. In den russischen Medien wird breit darüber berichtet – so dass bei den meisten Russen der Eindruck entstehen muss, es gehe um Leben und Tod für ihre Landsleute auf der Halbinsel.[11] Unter anderem wird informiert, das Parlament in Kiew habe die russische Sprache verboten.[12] Mit der Wirklichkeit haben diese Schilderungen nichts zu tun. Es gibt keinerlei Anzeichen für eine Gefährdung der russischen Bürger auf der Krim. Am 1. März ermächtigt der russische Föderationsrat Putin einstimmig, die Armee in der gesamten Ukraine einzusetzen. Tags darauf, am 2. März, legen die Leiter des Geheimdiensts, der Polizei und der Grenzpolizei einen Amtseid »auf das Volk der Krim« ab. Aksjonow errichtet ein »Verteidigungsministerium der Krim«.

Die schwerbewaffneten und gut ausgerüsteten Männer, die Uniformen ohne Hoheitszeichen tragen und die Russisch ohne ukrainischen Einschlag sprechen, haben wichtige Positionen auf der ganzen Krim besetzt und blockieren das ukrainische Militär in seinen Stützpunkten. Am 4. März sagt Putin russischen Journalisten, ein Anschluss der Krim an Russland sei nicht geplant.[13] Der Staatschef und sein Verteidigungsminister beteuern, es gebe keine russischen Truppen auf der Krim.

Am 11. März erklärt das Krim-Parlament die Halbinsel für unabhängig. Am 16. März sind die Krim-Bewohner zu einem so genannten Referendum über den Status ihrer Heimat aufgerufen. Es findet unter massiver Militärpräsenz statt.

Vorab wurde die Übertragung von ukrainischen Sendern via Kabel und Antenne unterbunden; stattdessen wurden russische Programme gezeigt, die vor Anschlägen und »ethnischen Säuberungen« durch radikale Westukrainer warnten. Auf dem Stimmzettel haben die Wähler zwei Alternativen: einen Anschluss an Russland oder eine Rückkehr zur Verfassung von 1992. Das jedoch würde den Anschluss an Russland per Parlamentsbeschluss ermöglichen. Faktisch haben die Wähler damit gar keine Chance, den Anschluss zu verhindern.[14] Umschläge für die Stimmzettel sind nicht vorgesehen, und die Wahlurnen sind durchsichtig, so dass von einer geheimen Abstimmung nicht die Rede sein kann.[15] Gegen 20 Uhr verkündet der Wahlkommissions-Chef einen Zwischenstand. Demzufolge waren 1 250 426 Krim-Bewohner wählen gegangen, mit der Stadt Sewastopol, die als eigenständiges Gebiet geführt wird, 1 724 563. Damit müssten in Sewastopol mindestens 474 137 Menschen wählen gegangen sein; die Stadt hat aber nur rund 385 000 Einwohner, inklusive Kindern. Das offizielle Wahlergebnis: 96,77 Prozent für den Anschluss und 83,11 Prozent Wahlbeteiligung. Damit hätten 80 Prozent der Stimmberechtigten auf der Halbinsel für einen »Anschluss« gestimmt – obwohl der Anteil der Russen nur bei 58 Prozent liegt. Die Tataren, die das Referendum boykottierten, und die Ukrainer hätten somit mindestens zu 60 Prozent für den »Anschluss« an das Nachbarland stimmen müssen. Rechnerisch gut möglich, aber alles andere als plausibel. Noch einen Monat zuvor, im Februar 2014, vor der russischen Besatzung, waren einer Umfrage zufolge nur 41 Prozent der Krim-Bewohner dafür, Russland beizutreten.[16]

2015 erklärt Wladimir Putin in dem Film »Die Krim. Weg in die Heimat« stolz, dass er seinem Verteidigungsministerium den Auftrag gegeben hat, »unter dem Vorwand einer Verstärkung der Bewachung unserer Militärobjekte auf der Krim Sondereinheiten der GRU dorthin zu schicken und Marineinfanterie sowie Fallschirmjäger«, damit diese das ukrainische Militär auf der Krim blockieren und entwaffnen.[17] Damit bestätigte Putin selbst explizit, was viele seiner Anhänger im Westen bis heute vehement bestreiten: dass es sich um eine Invasion der Krim handelte. Der Hinweis, Russland habe aufgrund des Vertrags über den Flottenstützpunkt in Sewastopol seine Truppen legal auf der Halbinsel gehabt, ist dreist. Wenn manche westliche Verteidiger des Kremls dieses Argument vorbringen, spricht das nicht für politisches Urteilsvermögen: Der Vertrag zwischen Kiew und Moskau sah zwar vor, dass bis zu 25 000 russische Soldaten auf der Krim sein dürfen. Doch selbstverständlich gab es keine Klausel, wonach diese 25 000 Soldaten das Parlament, den Flughafen und wichtige andere Objekte besetzen und ukrainische Militäreinrichtungen auf der Halbinsel belagern dürfen – genauso wenig wie US-Streitkräfte in Deutschland den Bundestag besetzen dürften.

Viele westliche Medien übernehmen dennoch zu einem erstaunlich großen Teil die russische Sichtweise oder suchen, statt eine klare Position zu beziehen, ihr Heil in der Mitte. Während russische Streitkräfte schon tagelang die strategisch wichtigen Punkte auf der Halbinsel besetzt haben, sind Schlagzeilen zu lesen wie: »Ukraine – Putin will weitere Eskalation verhindern«[18] oder »Putin: Militäreinsatz vorerst nicht notwendig«[19].

Kiewer Intellektuelle wie Alexej Kowschun, Berater der Unicef, wollten ihren Augen und Ohren nicht trauen, wenn sie deutsche Medien verfolgten: »Sehen die Deutschen die Realität nicht, oder wollen sie sie nicht sehen? Wir haben es mit einer militärischen Aggression zu tun! Viele deutsche Medien verhalten sich so wie jemand, der einen Raubüberfall an seinem Nachbarn sieht, aber wegschaut und sich sagt, das ist sicher nur eine Hochzeit, bei der es hoch hergeht.«[20] So war etwa zu lesen: »Die russische Bevölkerung der Krim erhob sich gegen die Zentralregierung, noch bevor Putin Truppen in Marsch setzte.«[21] Oder unter Berufung auf »russische Hacker« – eine unzuverlässigere Quelle kann man sich kaum vorstellen – hieß es, ukrainische Nationalisten hätten die Krimtataren zu Anschlägen gegen Russen aufgefordert.[22]

Vor allem bei Online-Portalen und Nachrichtenagenturen fiel auf, wie schwer sie sich taten, die Meldungen von der Krim einzuschätzen – und wie oft sie der Kreml-Propaganda auf den Leim gingen, während renommierte Zeitungen wie die *Frankfurter Allgemeine* und die *Süddeutsche* und manche öffentlich-rechtlichen Sender zeigten, wie man die Propaganda entlarven konnte.

Viele Ukrainer machten sich auch darüber lustig, wie lange viele deutsche Medien rätselten, woher die Uniformierten stammten, die Regionalparlament und Flughafen besetzt hielten. »Ja, glauben die Deutschen denn, dass es Schweizer waren oder Touristen mit Panzerwagen?«, empörte sich Kowschun: »Da hätte ein Blick in die Geschichtsbücher oder einmal Hinhören genügt, was für einen Dialekt die Jungs sprachen! Jeder sieht doch – das Szenario stammt aus dem Handbuch des KGB.«[23] Dass jeder dies sehe, ist ein frommer Wunsch des ukrainischen Intellektuellen – denn leider scheint das Geschichtsbewusstsein hierzulande zumindest in Sachen KGB stark zu wünschen übrig zu lassen.

Der Newsticker-Journalismus mit seinen Nachrichten-Häppchen wird der Komplexität der Ereignisse nicht gerecht. Aber bereits die Berichterstattung vom Maidan war zuweilen erschreckend eindimensional. In der gedruckten Presse und im Fernsehen dagegen wird ein überwiegend differenziertes Bild der Krim-Krise gezeichnet. Ein weiteres Problem ist, dass sich – nachdem es deutlich weniger Russland-Experten in den Redaktionen gibt als früher – Journalisten zu dem Thema auslassen, die dafür wenig kompetent sind. Während kaum ein Augenarzt es sich zutrauen würde, eine Mandeloperation durchzuführen, haben viele Journalisten kein Problem damit, sich dezidiert zu Themen zu äußern, von denen sie nicht viel verstehen. So ruft der mit einer Arbeit über DJ-Kultur promovierte und damalige stellvertretende *Welt*-Chefredakteur Ulf Poschardt den Westen dazu auf, Putin zu umarmen.[24] Auf *Spiegel online* ermuntert Roland Nelles den Westen, nach dem Motto »der Klügere gibt nach« zu handeln statt darüber zu streiten, wer schuld sei.[25] »Nelles wünsche ich, dass jemand ein Zimmer seiner Wohnung besetzt, dann soll er sich nach seinen eigenen Ratschlägen verhalten«, kommentierte Kowschun in Kiew diese Forderung verärgert.

Es ist so wichtig, Russlands Besetzung der Krim und die Reaktionen darauf in Deutschland gründlich zu untersuchen, weil Putins Vorgehen für seine neue Art der Kriegsführung steht. Was auf der Krim und später in der Ostukraine passiert ist, hätten die Verantwortlichen im Westen schon ein Jahr vor dem Beginn der Operation auf der Halbinsel nachlesen können – zumindest die Taktik. Generalstabschef Valeri Gerassimow hielt Ende Januar 2013 einen Vortrag bei der Akademie für Militärwissenschaften in Moskau. Die nur einem engen Kreis von Fachleuten bekannte Zeitschrift »Wojenno-promyschlenni kurjer WPK«, auf Deutsch »Kurier des militärisch-industriellen Komplexes WPK«, veröffentlichte in ihrer Ausgabe vom 27. Februar 2013 »die wichtigsten Momente« aus der Rede. Auch wenn nicht auszuschließen ist, dass Gerassimow noch viel deutlicher wurde als in den abgedruckten Stellen, reichen diese doch vollends aus, um sich ein Bild zu machen. Der Titel ist in der typisch gestelzten Apparatschik-Sprache gehalten mit der unvermeidlichen Häufung von Genitiven: »Die grundlegenden Tendenzen der Formen und Methoden der Anwendung der Streitkräfte, die aktuellen Aufgaben der militärischen Wissenschaften und ihre Vervollkommnung«.[26] Derart hinter Bürokratensprache versteckt, stellte Gerassimow die neue Art der Kriegsführung vor: »Nichtlinear« heißt sie auf Russisch, im Westen wurde das mit »hybrid« übersetzt.

Gerassimow machte deutlich, dass die »Farbenrevolutionen« – so nennt man in Russland den »Arabischen Frühling« ebenso wie die friedlichen Umstürze in Georgien, der Ukraine und Kirgisien – Auslöser der neuen Doktrin sind. Gerassimow geht davon aus, diese Revolutionen stünden für eine neue Art der Kriegsführung – auf die man in Form einer russischen Variante antworte. Dass bei diesen Revolutionen auch spontane Bürgerproteste Auslöser gewesen sein könnten, kam den Autoren der neuen Militärdoktrin offensichtlich nicht in den Sinn. »Es ist leichter zu sagen, der ›Arabische Frühling‹ sei kein Krieg gewesen … Aber vielleicht ist es umgekehrt? Vielleicht sind just diese Ereignisse der typische Krieg des 21. Jahrhunderts?«, so die rhetorische Frage des Generalstabschefs. »Ein völlig wohlbehaltener Staat kann binnen weniger Monate oder sogar Tage zum Schauplatz erbitterter kriegerischer Auseinandersetzungen werden, zum Opfer einer militärischen Intervention, kann in den Strudel des Chaos, einer humanitären Katastrophe oder eines Bürgerkriegs geraten.«

Die neuen Herausforderungen bedingten »ein Umdenken bei den Formen und Methoden der Kriegsführung«, mahnte Gerassimow: »Im 21. Jahrhundert verwischen die Grenzen zwischen Krieg und Frieden. Kriege werden nicht mehr erklärt, und wenn sie einmal begonnen haben, verlaufen sie nach einem ungewohnten Muster«.

Was das Ausmaß der Opfer und Zerstörungen, die katastrophalen sozialen, ökonomischen und wirtschaftlichen Folgen angehe, seien diese Konflikte neuen Typs vergleichbar mit den Folgen eines echten Krieges, so der Oberste Militär Russlands: »Die Rolle der nicht-militärischen Mittel beim Durchsetzen von politischen und strategischen Zielen ist gewachsen; in einigen Fällen ist ihre Durchschlagskraft deutlich höher als die von Waffen.« Der Schwerpunkt bei der Wahl der Mittel liege »beim breit gestreuten Einsatz von politischen, ökonomischen, humanitären und anderen nicht-militärischen Maßnahmen, die unter Zuhilfenahme des Protest-Potentials der Bevölkerung zu realisieren sind«. Genau diese Maßnahmen wurden auf der Krim und werden bis heute in der Ostukraine umgesetzt – bis hin zu den legendären Hilfskonvois, von denen einige Dutzende aus Russland in die Ostukraine rollten und weiter rollen, oft mit viel zu wenig Fracht für den in den Lastern verfügbaren Frachtraum. Viele westliche Beobachter wurden nicht schlau aus ihnen – dabei hätten Gerassimows Worte helfen können, den Sinn dieser Lastwagenkonvois zu verstehen.

Eingesetzt werden daneben Gerassimow zufolge auch »Kriegsmaßnahmen von verdecktem Charakter, darunter die Realisierung von Maßnahmen für den Informationskampf und Einsätze von Kräften für Spezialoperationen«. Was mit dem Informationskampf gemeint ist, dürfte klar sein: die Hoheit an der Nachrichtenfront, etwa durch gezielte Desinformation. »Spezialoperationen« sind ein im Westen kaum bekannter und in Russland allgegenwärtiger Begriff für Geheimdienst-Aktionen, wie es etwa die Besetzung des Parlaments oder der Fernseh- und Radiosender durch Bewaffnete ohne Hoheitsabzeichen auf der Krim waren. Die Palette der »Spezialoperationen« unter Wladimir Putin reicht von der feindlichen Übernahme von Oppositionsparteien auf deren Parteitagen, indem Ordner und Delegierte ausgetauscht werden, über gefälschte Beweise gegen Regimegegner, um diese hinter Gitter zu bringen, bis hin zur Manipulation von Wahlen. Kremlkritiker monieren, unter dem KGB-Mann Wladimir Putin gebe es keine Politik mehr in Russland, an ihre Stelle seien »Spezialoperationen« getreten. Dazu passt, dass sich Wladimir Putin schon im Juli 2006 vom Föderationsrat in Moskau ermächtigen ließ, die Sondereinsatzkommandos der Geheimdienste und der Streitkräfte auch im Ausland einzusetzen – übrigens wenige Monate vor dem Mord an Alexander Litwinenko in London. Offiziell bezieht sich die Vollmacht zwar auf den Kampf gegen Terrorismus – doch die Grenze zwischen diesem und Kreml-Kritik ist in den Augen der Machthaber fließend.[27]

Eine weite Verbreitung, so Gerassimow weiter, haben »asymmetrische Aktionen bekommen, die es erlauben, die Überlegenheit des Gegners in der militärischen Auseinandersetzung auszugleichen«. Dazu gehören neben den erwähnten Spezialoperationen »auch der Einsatz von inländischer Opposition für die Schaffung einer Front, die immer in Aktion ist, und gleichzeitig Einwirkung durch Informationen, deren Formen und Methoden ständig perfektioniert werden«.

Gewalt wird offen erst in einer späteren Etappe eingesetzt, so Gerassimow, um den endgültigen Sieg zu erreichen und oft unter dem Vorwand von »friedensschaffenden Maßnahmen« oder »Krisenbewältigung«.

Gerassimow wirft all das, was er als »asymmetrische Kriegsführung« beschreibt und von seiner Armee einfordert, zwar den anderen Staaten vor, insbesondere den USA. In seinen Augen ist die neue Strategie nur eine Antwort auf entsprechende Methoden des Westens. Wie aber die Geschichte mit dem Eindringen in das Hirn von Ex-Außenministerin Madeleine Albright zeigt, neigt die Moskauer Führung zu Verfolgungswahn und unterstellt ihren Widersachern regelmäßig Dinge, die absurd sind – oder die in Wirklichkeit ihren eigenen Absichten entsprechen. Diese Projektion ist bei den Männern in der Moskauer Führung allgegenwärtig. Wenn man sie als Erklärungsversuch für ihre Aussagen hernimmt, wird man in vielen Dingen Recht behalten und kann genau das, was Putin und seine Genossen den USA und Europa unterstellen, als ihre eigenen Absichten ausmachen.

Obwohl dank einer Gesetzesänderung aus dem Jahr 2009 die russischen Streitkräfte auch im Ausland eingesetzt werden dürfen, seien weitere Vollmachten nötig, mahnt Gerassimow: Es fehlten »vereinfachte

Prozeduren zum Überschreiten von Staatsgrenzen und zur Nutzung von ausländischem Luftraum und Gewässern«. Russland brauche ein System, um seine Interessen auch jenseits seiner Grenzen mit Waffengewalt zu verteidigen. Worte, die insbesondere in Georgien und in der Ukraine ungute Gefühle wecken dürften – die Militäraktionen in beiden Ländern rechtfertigte Moskau mit dem Schutz eigener Bürger bzw. russischsprachiger Einwohner.

Den machte Moskau auch als Begründung für seine Invasion auf der Krim geltend. Dabei war die Militäraktion dort offenbar gründlich geplant. Unter anderem bei dem Manöver »Sapad«, auf deutsch »Westen«, das 2013 in der Region Kaliningrad stattfand, einer russischen Enklave zwischen Polen und Litauen. Offiziell übten die russischen Soldaten gemeinsam mit weißrussischen Kameraden, wie man sich gegen »illegal bewaffnete Truppen« wehrt. Mit einem Trick wurde verhindert, dass Nato-Beobachter vor Ort waren: Die Zahl der Teilnehmer wurde um mehr als das Fünffache geringer angegeben. Damit blieb das Manöver offiziell unterhalb der Größe, bei der nach internationalen Verträgen Beobachter vorgeschrieben sind. Nach dem Manöverplan sollten »illegale bewaffnete Gruppen« aus Litauen »in Weißrussland Operationen gegen den Staat durchführen und dabei ihren unterdrückten ethnischen Landsleuten zu Hilfe eilen« – die es dort in Wirklichkeit gar nicht gibt. »Jene russischen Einheiten, die gemäß dem Manöverdrehbuch die Angreifer spielten, haben einen Einsatz geübt, wie wir ihn später auf der Krim und heute im Osten der Ukraine erleben«, zitiert die *Frankfurter Allgemeine*[28] den US-Militärwissenschaftler und Russlandkenner Stephen Blank. Und genau diese Bataillone aus dem Manöver waren dann später auch auf der Krim. Ausgelegt war das Manöver nicht nur auf die Halbinsel, sondern auf eine ähnliche Militäraktion im gesamten Baltikum: »Zu den Manöverelementen gehörten eine große Landeoperation von der Ostsee her, Kämpfe im städtischen Umfeld sowie Angriffe von Land mit Infanterie, Panzern und Kurzstreckenraketen, die nuklear bestückt werden können.«[29]

Generalstabschef Gerassimow konnte es sich bei seiner Rede vor der Akademie nicht verkneifen, die »militärtheoretische Schule« unter Stalin zu loben – die viel besser gewesen sei als die heutige. Gerassimow erzählte von dem Militärwissenschaftler Georgi Isserson, der 1940 in seinem Buch »Die neuen Formen des Kampfs« die Taktik Hitlers bei seinem

Überfall auf die Sowjetunion vorausgesagt hatte. Doch Stalin und die Militärführung hörten nicht auf ihn. Die Sowjetunion habe für diesen Fehler einen hohen Blutzoll bezahlen müssen, mahnte Gerassimow. Das Beispiel zeige, dass es unzulässig sei, »neue Ideen und ungewöhnliche Methoden« in der Kriegsführung nicht ernst zu nehmen.

Eine Mahnung, die auch wir ernstnehmen sollten. Und untersuchen, wo wir Methoden der »hybriden Kriegsführung« bei uns feststellen.

RUSSLANDS FREUNDE –
DIE KORRUMPIERUNG DER ELITE

Die Staatsgäste beim Petersburger Gipfel der GUS-Staaten 2008 müssen nicht schlecht gestaunt haben, als Wladimir Putin sie in den Weinkeller seiner Residenz, des Konstantinpalasts, führte. Auffällig zufällig begegnete ihnen da im Gewölbe plötzlich ein Mann, den sie alle nur zu gut kannten: kein Geringerer als Gerhard Schröder. Der Kreml-Chef bat seinen Duzfreund, die hochrangigen Gäste zu begrüßen und einen Trinkspruch zu halten. Danach durfte er wieder gehen – so schildert der ehemalige georgische Präsident Michail Saakaschwili seine unheimliche Begegnung mit Gerhard Schröder, wie Michail Sygar in seinem Buch »Endspiel« schildert.[1] Ein Jahr später habe sich das gleiche Schauspiel wiederholt, mit den Gästen des Petersburger Wirtschaftsgipfels – zu seinem großen Erstaunen, so der Ex-Präsident: Putin präsentiere Schröder seinen Gästen gerne »wie ein teures Souvenir«.[2]

Ein Altkanzler als Grüßaugust eines Autokraten – das ist ein neuer Tiefpunkt in der deutschen Geschichte. Dass Regierungschefs enge Kontakte mit nicht lupenreinen Demokraten pflegen, kam zwar auch früher schon vor – nicht aber, dass sie sich derart vereinnahmen ließen. Russische Regimekritiker bezeichnen Schröder als Einflussagenten Putins in Europa – oder schlicht als dessen Sprecher. Der Altkanzler ist der wichtigste Lobbyist des Kremls in Deutschland. Er steht damit in einer Reihe von europäischen Politikern – auch wenn er aus dieser deutlich hervorragt. Igor Jakowenko, früher Duma-Abgeordneter und Sekretär des russischen Journalistenverbandes und heute Publizist in Moskau, spricht gar von einer »Schröderisierung der westlichen Eliten«, die wesentlich dazu beiträgt, dass die Machenschaften und Täuschungsmanöver des Kremls hierzulande oft nur schwer als solche zu erkennen sind. »Ich verfolge aufmerksam, was westliche Politiker und Experten über Putin schreiben, und ich höre nicht auf, mich zu wundern, wie falsch sie diesen Menschen verstehen«, klagt Jakowenko.³

Putin habe eine neue »Internationale« geschaffen, die sich von allen anderen wie etwa der »Komintern«, der Kommunistischen Internationale, dadurch unterscheide, dass sie keine Ideologie habe. Putins Internationale sei auf Geld gegründet – und davon habe der Kreml-Chef genug, weil er im Gegensatz etwa zum US-Präsidenten unbegrenzt und nach Belieben über das Budget seines Landes entscheiden kann. Anders als bei ihren Vorgängern sei bei Putins Internationale wie bei einem Eisberg nur die Spitze sichtbar, so Jakowenko: »Sie besteht aus drei Strukturen: der Propaganda (Russia Today und andere Auslandsdienste), Intellektuellen und Experten (vor allem der Waldaj-Club) und dem Außenministerium (das die Fäden zieht). Sie schicken Metastasen in alle Poren des Staatsapparates, der politischen Strukturen und der Bürgergesellschaft von praktisch allen Staaten der Welt.«⁴ Im Westen funktioniere die Putin'sche Internationale wie die extraintestinale, also außerhalb des Körpers stattfindende Verdauung bei Spinnen; »nur dass statt Magensaft Geld in die Länder gepumpt werde und Politiker, Experten, Personen des öffentlichen Lebens und Journalisten mitsamt ihren Wurzeln gekauft werden.«⁵

Es lohnt sich, den Mann genauer anzusehen, der für das von Jakowenko geprägte neue russische Fremdwort »Schröderisierung« Pate stand. Wladimir Putin und Gerhard Schröder, beide in einfachsten Verhältnissen aufgewachsen, sprechen beide eher schlecht Englisch und unterhielten sich während der Unterbrechungen des offiziellen Programms bei den G8-Gipfeln auf Deutsch und kamen sich so näher, wie Diplomaten berichteten. Die Vertrautheit soll dann nach und nach in vier-Augen-Gesprächen zugenommen haben, über deren Inhalte in Geheimdienstkreisen einiges gemunkelt wird. Während der Kremlchef die Kanzlerin achtet, weil sie Stärke zeigt, geht er mit Schröder eher um wie mit einem Angestellten, wie Kreml-Insider berichten: wohlwollend, aber ohne zu vergessen, wer der Chef ist und wer wessen Brötchen isst.

Auf Schröders Vorwärtsverteidigung konnte sich Putin stets verlassen. Wiederholt verteidigte er die Einschränkung von demokratischen Rechten in Russland. Putin betreibe eine Wiederherstellung der Staatlichkeit, so Schröder im Herbst 2004: »Der Staat muss seine Schutzfunktion wieder erfüllen, ohne dass man Schutz vor mafiösen Elementen kaufen muss.«[6] Er bescheinigte ihm auf Nachfrage, ein lupenreiner Demokrat zu sein, lobte sein Vorgehen in Tschetschenien und bemerkte in der Yukos-Affäre »keine Anhaltspunkte, dass das nicht mit rechtsstaatlichen Mitteln vor sich geht«.[7]

Doch nicht nur verbal tat Gerhard Schröder Gutes für Putin. »Schröder erlässt Putin 7,1 Milliarden Euro Schulden«, titelte im April 2002 die *Welt*. Es handelte sich um sogenannte »Transferrubel«: Schulden der ehemaligen Sowjetunion für Warenlieferungen aus der DDR. »Wir haben einfach eine Paketlösung gemacht«, sagte Schröder damals.[8] Worin genau die bestand, wurde nicht klar.

Gut drei Jahre später trat Schröder in die Dienste von Gazprom. Er wurde Vorsitzender des Aktionärsausschusses einer Tochterfirma des Staatskonzerns, die die umstrittene Ostseepipeline bauen und betreiben sollte: »Nord Stream«. An der Spitze der Firma arbeitet er mit dem früheren Stasi-Offizier und Putin-Vertrauten Matthias Warnig zusammen. In den letzten Monaten seiner Kanzlerschaft wurde das Projekt massiv gefördert und schließlich erreicht, dass es bei einem eigentlich für nach der Wahl geplanten und dann vorgezogenen Besuch von Putin in Deutschland besiegelt wurde – zehn Tage vor seiner Abwahl.

Kritiker bemängeln, dass der Transport des Gases auf dem Meeresgrund deutlich teurer ist als auf dem Landweg und damit die deutschen Gaskunden die Zeche für Putins aggressive Außenpolitik zahlen. Denn mit dem Weg durch die Ostsee will er sich unabhängig machen von den Transitländern wie Weißrussland, der Ukraine und Polen. Dort löste das Projekt einen Aufschrei aus. Es erinnere an den Hitler-Stalin-Pakt, mit dem die Diktatoren sich 1939 Polen untereinander aufteilten, polterte Polens Verteidigungsminister Radek Sikorski: »Wir sind besonders sensibel, wenn es um Korridore geht und darum, den Osten Europas anders zu behandeln als den Westen. Das erinnert an Locarno und an den Molotow-Ribbentrop-Pakt. Das ist 20. Jahrhundert.«[9]

»Der Fall hat auch noch eine geopolitische Dimension«, mahnte auch der tschechische Journalist und frühere Dissident Jan Machacek schon 2006: »Der Vertrag über die Gasleitung liefert Mitteleuropa weiter den Erpressungen Russlands in Sachen Gaspreis aus. Schröder lacht (…) Polen oder die Ukraine aus.«[10] Kiewer Politiker behaupten, wenn Putin nicht dank der Ostseepipeline sehr viel unabhängiger vom Transit durch die Ukraine gewesen wäre als zuvor, hätte er sich den Angriff auf das Land kaum leisten können.

Durch die Zustimmung von Schröders Regierung wurde noch in den letzten Tagen seiner Amtszeit eine Milliarden-Bürgschaft an Gazprom bewilligt – die Firma, für die er kurze Zeit später selbst tätig wurde. Schröder behauptete, nichts von der Milliarden-Bürgschaft gewusst zu haben. Gazprom verzichtete schließlich auf die Bürgschaft.

Gerhard Schröder habe Deutschland schweren Schaden zugefügt, mahnte Cicero-Chefredakteur Christoph Schwennicke: »In einer Mischung aus geostrategischer Naivität, Sentimentalität und persönlicher Eingenommenheit legte er die energiepolitische Zukunft seines Landes in die Hände von Wladimir Putins Russland. Als Kanzler legte er politisch den Grundstein für die Abhängigkeit Deutschlands vom russischen Gas. Als Privat- und Geschäftsmann für Gazprom und die Pipeline Nordstream setzte er sie dann zum eigenen Nutzen um.«[11]

Schröder nutzt seinen engen Draht zum System Putins auch anderweitig: Nach dem Ukraine-Krieg waren seine Kontakte gefragter denn je. »Viele Briefe« stapeln sich seit Ausbruch der Krise in Schröders Büro, sagt sein Freund Heino Wiese, früher SPD-Parlamentarier und heute Unternehmensberater und jüngst zum Honorarkonsul Putins in Hannover ernannt. Vor allem Mittelständler würden den Altkanzler um Rat bitten. Wenn eine Firma in der Klemme stecke, greife Schröder schon mal selbst zum Hörer, so Jens Böhlmann von der deutsch-russischen Auslandshandelskammer. Probleme durch den direkten Draht nach oben zu lösen in einem Umfeld von Rechtlosigkeit – das erinnert an sizilianische Geschäftsmodelle.

Noch weitaus verwunderlicher als das moralische Versagen eines Einzelnen ist die Tatsache, dass der Fall Schröder in Deutschland in den Medien mehr oder weniger ausgeklammert wird. Obwohl in der bundesdeutschen Erregungskultur selbst kleinste Fehler in der Wortwahl zu wochenlangen Debatten führen können und der damalige Bundespräsident Christian Wulff sich vor der Justiz verantworten musste wegen einer vermeintlichen Vorteilsnahme im Wert von unter 1000 Euro, scheint das Verhalten Schröders in Deutschland kaum jemand für beachtenswert zu halten. Ganz anders in den USA: Der demokratische US-Abgeordnete Tom Lantos sagte 2007 bei der Einweihung eines Denkmals für die Opfer des Kommunismus, er würde Schröder gern einen »politischen Prostituierten« nennen, »jetzt da er von Putin dicke Schecks kassiert. Aber die Prostituierten in meinem Wahlbezirk fühlen sich beleidigt.«[12] Angela Merkels Sprecher Ulrich Wilhelm empörte sich über die »Entgleisung«. In der SPD herrschte helles Entsetzen. Lantos richte sich selbst, wetterte Außenminister Frank-Walter Steinmeier. SPD-Generalsekretär Hubertus Heil sprach von einem »Zeichen politischer Dummheit und Geschmacklosigkeit«.[13] So robust der Prostituierten-Vergleich von Lantos gewesen sein mag – die SPD würde gut daran tun, ihre Aufregung auf Schröders Tätigkeit zu richten statt auf diejenigen, die ihn kritisieren.

Schröders Verhalten widerspricht in vielen Belangen was den Ideen und den Idealen der Sozialdemokratie. Doch statt sich von Schröder zu distanzieren, wandelt die Partei in Sachen Russland weiter auf seinen Spuren: Außenminister Steinmeier merkt man noch in vielerlei Hinsicht an, dass er ein enger Vertrauter Schröders ist, auf dessen Drängen er 2005 Außenminister wurde. Bei Treffen mit seinem Moskauer Amtskollegen Sergej Lawrow ließ er sich nach Angaben von Diplomaten auch schon von diesem auf das Übelste beschimpfen – und lächelte einfach weiter, als sei nichts geschehen. Als der Außenamtschef seinem russischen Kollegen lange und freudig erklärte, er sehe jetzt in der Ukraine »Licht am Ende des Tunnels«, antwortete Lawrow, Licht am Ende des Tunnels sei da, wo die Exkremente aus dem Körper kommen – wobei Putins Minister weitaus weniger druckreife Worte verwendete. »Die Russen nehmen ihn nicht ernst«, erzählt ein Minister-Kollege Steinmeiers aus einem Nachbarland Deutschlands, der öfter mit ihm gemeinsam Verhandlungen geführt hat: »Wachsweich ist noch hart im Vergleich zu dem, wie Steinmeier mit der russischen Führung umgeht.« Nach den Wahlen 2013 setzte Steinmeier durch, dass der kremlkritische Russlandbeauftragte der Bundesregierung Andreas Schockenhoff (CDU) durch Gernot Erler (SPD) ersetzt wurde, der dieses Amt bereits von 2003 bis 2006 innehatte und bis zur Besetzung der Krim für einen partnerschaftlichen Umgang mit Putin stand. So nannte er etwa die Freilassung von Putins Erzfeind Michail Chodorkowski aus dem Gefängnis Ende 2013 die »Krönung eines erfolgreichen Jahres für Putin«. Die Personalentscheidung für Erler machte erneut klar, dass die SPD Schröders Russlandpolitik fortsetzt, statt sie aufzuarbeiten.

SPD-Chef Sigmar Gabriel – auch er aus dem niedersächsischen Landesverband der SPD wie Schröder und Steinmeier – reiste im Oktober

2015 nach Moskau, um sich mit Putin zu treffen, und fiel dort seiner Kanzlerin in den Rücken. Er stellte die Sanktionen gegen Russland in Frage – und lobte Putin. Es sei ihm »völlig unklar«, was Deutschland und Russland so auseinanderbringen konnte, meinte Gabriel gegenüber dem Kreml-Chef; die »Situation um die Ukraine« – so nannte er den Angriff Putins auf das Nachbarland – sei nur ein Symptom, nicht der Grund für die Probleme.[14] Eine bemerkenswerte Blindheit. Gabriel betonte, er habe als Privatmann gesprochen. »Kann ein Vizekanzler in schwierigen Zeiten nach Moskau reisen und dort seine Privatmeinung ins Spiel bringen, die nicht die Haltung der Bundesregierung ist?«, fragte Markus Sambale im WDR-Rundfunk.[15] Neben den Schmeicheleinheiten für den Diktator fädelte Gabriel – Sanktionen hin oder her – ein neues Energiegeschäft mit Russland ein, und zwar ein hochbrisantes: den Ausbau der umstrittenen Ostseepipeline von zwei auf vier Leitungen. Merkwürdig war auch Gabriels Reaktion auf den Abschuss eines russischen Kampfbombers durch die Türkei – der erfolgte, nachdem Ankara wiederholt gegen die russische Bombardierung der turkmenischen Minderheit im Nachbarland Syrien protestiert und der Jet türkischen Luftraum verletzt hatte. »Erst mal zeigt der Zwischenfall, dass wir einen Spieler dabeihaben, der (...) unkalkulierbar ist: Das ist die Türkei und damit nicht die Russen«[16] – diese Stellungnahme Gabriels klang, als käme sie aus einem Satelliten-Staat Moskaus und nicht einem Nato-Partnerland der Türkei. Über die vorherigen, wiederholten Scheinangriffe Moskaus auf Nato-Länder – allein 2014 mussten Nato-Flieger deswegen allein im Baltikum 150 Mal zu Abfangaktionen starten – hatte Gabriel dagegen öffentlich nie ein Wort verloren.

Der Dissident Wladimir Bukowski will nicht glauben, dass die Nähe der Sozialdemokraten zu Moskau nur auf einem Fehltritt Schröders beruht. Nach seinen Recherchen arbeiten viele Sozialdemokraten in Deutschland und anderen Ländern schon seit Jahrzehnten viel enger mit Moskau zusammen, als es statthaft wäre. Bukowski nahm 1992 auf Einladung des damaligen Präsidenten Boris Jelzin als Experte am Prozess um das Verbot der KPdSU teil. Dafür bekam er Zugang zu geheimen Dokumenten im Sonderarchiv des Kremls, unter anderem aus dem Politbüro. Heimlich scannte er rund 15 000 Seiten und veröffentlichte sie im Internet. Leider wurde dieser Schatz an Geheimwissen, über den er auch sein Buch »Abrechnung mit Moskau« schrieb, nicht so gewürdigt, wie es nötig wäre, um die nötigen Lektionen aus der Geschichte zu ziehen. Vieles von dem, was Bukowski beschreibt, erinnert an das, was wir heute erleben. Fast genauso merkwürdig wie die Enthüllungen Bukowskis ist die Tatsache, dass sie kaum auf Resonanz stießen. Das ist vermutlich auf ähnliche Verhaltensmuster zurückzuführen, wie wir sie heute im Umgang mit Putin sehen: Lieber werden Kleinigkeiten zum Skandal aufgebauscht als grundlegende Missstände beleuchtet, die beunruhigend wären und unser Grundvertrauen erschüttern könnten.

Bukowski kritisiert die weit verbreitete Anbiederung gegenüber der Sowjetmacht zu Zeiten des Kalten Krieges. Seiner Ansicht nach war die westliche Politik gegenüber der UdSSR de facto passiv und defensiv – und nicht aggressiv, wie die Propaganda des Kremls damals wie heute erfolgreich behauptet. Wenn Moskau eine Atempause brauchte, habe der Westen jede Friedensinitiative angenommen, und Moskau habe Kraft holen können, bis es in der Lage gewesen sei, eine neue Aggression wie etwa den Einmarsch in Afghanistan zu starten, so die These von Bukowski: »Wie eine Affenherde, der ein Tiger eine Äffin geraubt hat, gerieten die westlichen Länder für kurze Zeit in helle Aufregung, beruhigten sich dann wieder, und alles begann von vorn, mit dem einzigen Unterschied, dass die Zyklen mit der Zeit kürzer wurden.«[17]

Einer der Sozialdemokraten, die schon früh einen freundlichen Umgang mit den kommunistischen Regimen pflegten, war Gerhard Schröder. Er hatte der DDR-Führung Ende der 1980er-Jahre angeboten, sich für die Schließung der Zentralen Erfassungsstelle in Salzgitter einzusetzen, wie das ARD-Magazin »Fakt« im Juni 2015 aufdeckte.[18] Diese war 1961 auf Betreiben von Willy Brandt in Salzgitter gegründet worden, um Informationen über politisches Unrecht in der DDR zu sammeln, wie etwa die Tötung von Flüchtlingen an der Grenze, Misshandlung von Gefangenen in Gefängnissen und Menschenraub. Bei einem Treffen mit Politbüro-Chef Honecker fragte der spätere Bundeskanzler laut Gesprächsprotokoll, »ob es von Wert sei, dass die Stadt Salzgitter, die von der SPD regiert wird, eine Städtepartnerschaft mit der DDR unter der Bedingung aufnimmt, dass die Erfassungsstelle aufgelöst wird«.[19] Es habe immer die Hoffnung bestanden, »dass mancher Grenzer deshalb nicht gezielt auf Menschen schießt, auf Flüchtlinge, weil er Angst haben muss, dass es registriert wird«, zitierte »Fakt« den früheren Leiter der Behörde, Hans-Jürgen Grasemann. Stephan Hilsberg, Mitbegründer der

Ost-SPD und Staatssekretär unter Kanzler Schröder, war »Fakt« zufolge fassungslos, als er über das Angebot seines Ex-Chefs von damals erfuhr: Es sei »Verrat gegenüber den politischen Häftlingen in der DDR«. Die Anerkennung der DDR sei Schröder wichtiger gewesen als der Unrechtscharakter dieses Staates. Außerdem habe er damit die sozialdemokratische Identität verraten, so Hilsberg.[20] Schröder selbst wollte sich zu dem Thema nicht äußern. Schon als Bundestagsabgeordneter reiste Schröder 1985 nach Ostberlin. »Ist seine Reise also nichts weiter als eine Good-Will-Tour? Oder ist die DDR inzwischen so wichtig, dass Gespräche dort der Vorbereitung auf ein höheres politisches Amt dienen?«, fragte die *Zeit* damals. Und zitierte Schröder: »Ich fahre aus Interesse am Land, und weil ich aus meiner Zeit als Juso-Vorsitzender eine Reihe von Politikern dort kenne. (...) Und außerdem folge ich einer Einladung Erich Honeckers, den ich für einen außergewöhnlich interessanten Mann halte.« Und weiter: »Ich habe die Einladung eines wirklich bedeutenden Mannes.«[21] Insgesamt reiste Schröder elf Mal in die DDR. Die Stasi beobachtete ihn und vermerkte in ihren Akten, er halte sich für »eine Art besonderer Mensch«, seine »Kollektivhaltung« diene der »Durchsetzung seiner Interessen« und er sei »sehr von sich eingenommen«. Im niedersächsischen Landtag sorgte Schröder als Oppositionsführer im Mai 1989, mitten in der Perestroika, für einen Eklat, als er eine Wiedervereinigung als pure Illusion abtat. Nach 40 Jahren Bundesrepublik sollte man eine neue Generation in Deutschland nicht über die Chancen einer Wiedervereinigung belügen, sagte er im Juni 1989 in der *Bild*: »Es gibt sie nicht. Und es gibt wichtigere Fragen der deutschen Politik in Europa.« Noch wenige Wochen vor dem Mauerfall sagte er am 27. September 1989 der *Hannoverschen Allgemeinen Zeitung*, eine auf Wiedervereinigung gerichtete Politik sei »reaktionär und hochgradig gefährlich«.[22] Oskar Lafontaine blieb sogar nach dem Mauerfall bei dieser Meinung und sagte am 18. Dezember 1989 beim Parteitag der SPD ausgerechnet in Berlin zu Gesprächen über eine Wiedervereinigung: »Was für ein historischer Schwachsinn!«[23] Ich selbst hatte damals die gleiche Ansicht wie die Zitierten – war allerdings noch nicht bzw. gerade volljährig und hatte so gut wie keine Erfahrung mit der DDR. Ich führe diese Zitate nicht an, um ihre Autoren zu beschuldigen – sondern um zu zeigen, wie sehr sich das scheinbar Unveränderbare regelrecht über Nacht um 180 Grad wandeln kann.

An dieser Stelle muss gesagt werden, dass viele große Sozialdemokraten für ihre Politik, auch Moskau gegenüber, Hochachtung verdienen und sich als unverkäuflich und hartnäckig erwiesen. Dafür liefert ausgerechnet das Bukowski-Archiv Beweise – in einer streng geheimen Dienstanweisung an die KGB-Residenten 9. 4. 1985 zur Bearbeitung der Sozialistischen Internationale (SI). Dort wird ganz klar unterschieden zwischen den Freunden Moskaus unter den Sozialdemokraten und den Gegnern. Unter anderem heißt es, selbst in der SPD, die den Nato-Doppelbeschluss unterstützt habe, wachse das Gefühl dafür, dass »die Lösung der globalen Probleme der Welt« notwendig sei – eine Umschreibung für die Unterstützung der Moskauer Initiativen. Auch bei der britischen Labour-Party und den nordeuropäischen Sozialdemokraten sei das so. Aber diese Kräfte würden innerhalb der SI als »Radikale« bezeichnet, und ihnen widersetze sich »die so genannte romanische Fraktion«, die die Sozialisten aus Frankreich, Italien und Portugal vereinigt. »Die Führung von diesen, die sich in vielen Fragen an die Vorgaben der Nato hält, blockiert »die Versuche der ›Radikalen‹, im Namen der SI Initiativen zur Gesundung der Beziehungen zwischen Ost und West zu starten.«[24] Viele Führer von sozialdemokratischen Parteien seien weiter Antikommunisten, heißt es klagend in dem Dokument.

Interessant ist das Geheimdokument auch, weil es belegt, wie der KGB sich in internationale Organisationen einnistete. So ist etwa die Rede davon, dass »die bestehenden operativen Möglichkeiten« im Büro der SI und in den Führungen der sozialdemokratischen Partei »effektiver genützt« und »ausgeweitet werden« müssten. Weiter heißt es, die »operativen Positionen« innerhalb der sozialdemokratischen Parteien, die an der Regierung seien, müssten mit »besonderer Mühe gestärkt« werden, um »nicht nur Fragen der Sozialistischen Internationale, sondern auch andere Probleme der internationalen Politik zu lösen«. In der Übersetzung in die Nicht-Geheimdienstsprache heißt dies, dass die in den Parteien platzierten KGB-Mitarbeiter bzw. Zuträger und Einflussagenten noch aktiver werden und man ihre Karrieren besser fördern müsse, damit sie die Politik ihrer Länder zu Gunsten Moskaus beeinflussen. Auch in den Jugendorganisationen, so die Mahnung in der KGB-Dienstanweisung, müsse aktiver gearbeitet werden, vor allem mit den »Aktivisten«, die »interessant sind im Hinblick auf Perspektiven« – gemeint ist also die Anwerbung von Hoffnungsträgern in Jugendorganisationen wie etwa den Jusos. Die KGB-Residenten werden dann noch aufgefordert, ihre »Gedanken und Vorschläge« einzubringen »für die Nutzung der vorhandenen und Schaffung zusätzlicher Positionen im Bereich Agenten und Operativaktionen«. Auch sollen sie berichten, welche Möglichkeiten für »Aktivmaßnahmen« durch die vorhandenen Residenten vor Ort bestehen und welche durch Nutzung des »Zentrums« und anderer Auslandsdienste bestünden. Klarer lässt sich die Unterwanderung ausländischer Parteien durch den KGB nicht mehr belegen.

In manchen Fällen mussten auch gar nicht einzelne Mitglieder von Parteien verpflichtet werden. Bukowski belegt etwa, wie die japanischen Sozialisten über Firmen und Kooperativen, die der Partei gehörten, illegale finanzielle Hilfe aus Moskau erhielten. In den Geheimunterlagen wurden sie dezent »Firmen von Freunden« genannt. Angefangen hatte alles damit, dass die Partei – die größte Oppositionskraft im Parlament in Tokio – 1967 in eine Schuldenkrise geriet. In der Not wandte sie sich mit einem Hilferuf an Moskau, und über dunkle Geschäfte mit Holz und Textilien füllte der Kreml die Parteikassen auf der fernen Insel. Die Sozialisten gewöhnten sich an die Unterstützung, und in den 1970er-Jahren gab es kräftige Zuschüsse zu den Wahlkämpfen. Obwohl die Finanzierung illegal war, habe es an der Enthüllung kein Interesse gegeben, weder von der Presse in Japan noch von der Justiz, klagt Bukowski.[25]

Putin sieht den Nachfolger FSB klar in der Tradition des KGB. Es spricht nichts dagegen, dass nicht auch die Tradition des Unterwanderns ausländischer Parteien und Organisationen fortgesetzt wird. Aus der Sicht Putins wäre ein Unterlassen einer solchen Infiltrierung – die er ja auch selbst den USA unterstellt – völlig unlogisch, ja fahrlässig. Während der KGB noch auf Überzeugungstäter setzen konnte, wenn es um die Anwerbung von Agenten und Mitarbeitern ging, ist an die Stelle von politischen Überzeugungen heute Geld als wichtigstes Lockmittel getreten. Das spielte zwar auch schon zu Sowjetzeiten eine Rolle, war aber nicht ausreichend vorhanden, um etwa ausländische Ex-Regierungschefs zu viel Geld zu bringen. Ein weiteres klassisches Mittel der Anwerbung ist die Erpressung. Kompromittierende Fotos etwa, insbesondere von Frauen- oder Männergeschichten, waren damals wie heute ein probates Mittel. Legendär ist in Moskauer Insiderkreisen die Reise eines deutschen Bundesministers, der vor einigen Jahren ein wirtschaftliches Problem, das hier näher nicht benannt sei, um die Intimsphäre des Mannes zu wahren, lösen sollte und dazu nach Moskau flog. Er staunte nicht schlecht, als man ihm dort unfeine Bilder aus einem ebenso unfeinen Etablissement in seiner Heimatstadt vorlegte, die geeignet waren, sein Ansehen nachhaltig zu erschüttern. Der Minister gab schnell den Forderungen der russischen Seite nach und berichtete zu Hause, es habe sich nichts machen lassen. Ähnliche Methoden nutzt der FSB auch im Inland. So wurde etwa bei dem prominenten Oppositionspolitiker Wladimir Ryschkow in der Wohnung eine Überwachungskamera installiert. Als sich Ryschkow trotz »freundlicher Warnungen« nicht von seiner ebenso lautstarken wie kritischen Haltung gegenüber dem Kreml abbringen ließ, tauchte plötzlich im Internet ein Video auf, das ihn auf der heimischen Couch bei der Selbstbefriedigung zeigte. Ryschkow erkrankte daraufhin schwer und lief mit seiner Kremlkritik nie mehr zur alten Form auf.

Neben Erpressung setzt der FSB Unterwanderung gegen die Opposition ein. Nachzuweisen ist diese in der Regel schwer, aber die Verdachtsmomente sind allgegenwärtig – und haben eine zersetzende Wirkung auf die Kreml-Kritiker. So glauben viele Oppositionelle etwa, dass Konstantin Lebedew, langjähriger Mitstreiter der Oppositionsbewegung »Linke Front«, dort in Wirklichkeit nicht für seine Ideen, sondern für den Geheimdienst arbeitete. Er sorgte jedenfalls dafür, dass der Anführer der radikalen und kremlkritischen Bewegung, Sergej Udalzow, und sein Mitstreiter Leonid Raswosschajew im Juli 2014 in Moskau zu jeweils viereinhalb Jahren Straflager verurteilt wurden – wegen angeblicher Anstiftung zu »Massenunruhen«. Gemeint war damit die anfangs friedliche Demonstration gegen Putin am Tag seiner Amtseinführung im Mai 2012, bei der es offenbar durch Provokationen zu Gewalttätigkeiten zwischen Polizei und Demonstranten gekommen war. Raswosschajew war wegen der Ermittlungen in die Ukraine geflüchtet. Von dort wurde er in einem seit Zusammenbruch der Sowjetunion einzigartigen Fall vom Geheimdienst entführt und im Kofferraum eines Autos über die Grenze nach Russland geschmuggelt, wo er sofort in Haft kam.[26] Das Kidnapping fand neben der Vertretung des UN-Hochkommissariats für Flüchtlinge statt, wo Raswosschajew vorsprechen wollte. Entscheidend für die Verurteilung bzw. deren halbwegs legitimen Anschein – denn die Entscheidungen über die Urteilssprüche fallen im Zweifelsfall im Kreml – waren die belastenden Aussagen von Lebedew. Er hatte zuvor ein konspiratives Treffen seiner vermeintlichen Mitstreiter mit einem georgischen Politiker heimlich auf

Video aufgezeichnet, das ihnen später als Vaterlandsverrat ausgelegt wurde. Lebedew wurde wegen »Organisation von Massenunruhen« zu zweieinhalb Jahren Haft verurteilt, verbrachte aber nur 13 Monate im Gefängnis und wurde dann vorzeitig entlassen. Offiziell saß er im Moskauer FSB-Gefängnis Lefortowo ein – ein ungewöhnlicher Haftort für ein solches Verfahren. Ob Lebedew ein Spitzel war oder später gebrochen wurde, wird wohl erst zu erfahren sein, wenn später einmal die Archive des FSB geöffnet werden sollten.

Wie weit die Bespitzelung reichte, zeigt das Beispiel des KGB-Schwestergeheimdiensts Stasi: Die Dissidentin Vera Lengsfeld wurde von ihrem eigenen Ehemann, Knut Wollenberger, ausspioniert – er war als Inoffizieller Mitarbeiter (IM) »Donald« für die Stasi tätig. Der Geheimdienst hatte es buchstäblich bis ins Bett seiner Widersacher geschafft. Die Einwirkung auf Ehepartner ist eine Stalin'sche Tradition: Der Massenmörder im Kreml ließ die Ehefrauen von engsten Vertrauten in den GULAG schicken und arbeitete mit ihren Männern weiter, als sei nichts gewesen. So wusste er, dass er sie völlig in der Hand hatte. Prominentestes Beispiel war Michail Kalinin, nach dem heute das frühere Königsberg benannt ist. Er war von 1923 bis 1946 unter Stalin formell Staatsoberhaupt der Sowjetunion – und konnte nichts dagegen unternehmen, dass seine Frau von 1938 bis 1944 interniert war.

Diese vielen Exkurse in die Geschichte sind notwendig, weil sie leider weitgehend vergessen ist und viele im Westen geneigt sind, die Wurzeln von Putin und seinen KGB-Kameraden im Kreml im totalitären System zu vergessen oder zu verdrängen – ebenso wie die Tatsache, dass es in Russland nie eine Aufarbeitung dieses Systems gegeben hat, geschweige denn eine Ächtung seiner Methoden. Im Gegenteil: Es wird wieder glorifiziert. Putin sieht sich selbst in der Tradition der Tscheka, einer blutigen Mörder-Organisation und KGB-Vorläuferin, für die der Zweck jegliche Mittel heiligte. Der KGB steht für eine Menschenverachtung und einen Zynismus, den wir im Westen und heutzutage uns nicht einmal mehr in Ansätzen vorstellen können. Manche Mittel haben sich mit den Jahrzehnten gewandelt. Sie sind geschmeidiger geworden, weniger brutal. Man greift bevorzugt zur Geldbörse statt wie früher zur Eisenstange (ohne auf diese freilich ganz zu verzichten). Der Journalist und Ex-Abgeordnete Jakowenko geht etwa so weit, den von Putin zum Austausch mit ausländischen Politikern und Experten geschaffenen »Waldaj-Club«

als eine »Bande des organisierten Verbrechens« zu bezeichnen, die ihre Netzwerke bis weit in die westlichen Gesellschaften und Staatsstrukturen ausbreitet.[27] Zu dem nach der Stadt Waldaj in Zentralrussland benannten Club – »Putins Internationaler« – gehören unter anderem die Ex-Regierungschefs Wolfgang Schüssel (Österreich), Romano Prodi (Italien), Dominique de Villepin (Frankreich), Václav Klaus (Tschechien), Ján Čarnogurský (Slowakei) sowie zahlreiche prominente Minister und politische Schwergewichte aus der ganzen Welt. Auch Ex-Verteidigungsminister Volker Rühe (CDU) war früher in dem erlauchten Kreis. Außer den Prominenten sind Journalisten, Experten und Politikwissenschaftler im Waldaj-Club, die laut Jakowenko versuchen sollen, »den Putin-Kult im Ausland zu verbreiten, oder zumindest in Russland den Eindruck erwecken, dass es diesen gäbe«. Neben den Schwer- und Leichtgewichten stützt sich der Kreml laut Jakowenko auf »nützliche Idioten«, wie Lenin einst blauäugige Unterstützer seiner Politik im Westen nannte.[28] Zumindest was diesen Ausspruch angeht, bewies der Revolutionsführer erstaunliche Weisheit, ebenso wie mit seiner Voraussage, dass die Kapitalisten den Sowjets noch die Stricke verkaufen würden, mit denen man sie aufhängen wird. Die nützlichen Idioten, so Jakowenko, »muss man nicht mal kaufen. Man muss sie nur bei der Hand nehmen, ihnen geheimnisvoll ins Auge schauen und flüstern: »Ru-ss-la--nd … damit sie tot werden … und glauben, sie würden mit Dostojewski sprechen.«[29] Als ersten Anwärter auf die Nominierung zum »nützlichsten Idioten des Jahres 2015« schlägt Jakowenko US-Außenminister John Kerry vor, »der es fertigbrachte, sich mit Lawrow auf Räuberschach einzulassen, alle Partien zu verlieren, und es so Putin ermöglichte, in Syrien und der Ukraine weiter den großen Zampano zu geben«.[30] Ex-Schachweltmeister Kasparow scherzt, man dürfe Kerry und Lawrow nicht lange in einem Raum lassen, weil sonst die Gefahr bestünde, dass er Alaska an Russland zurückgebe (der US-Bundesstaat gehörte früher zu Russland, bevor er vom Zaren an Washington verkauft wurde).[31]

So überspitzt Jakowenkos Bezeichnung des Waldaj-Clubs als Verbrecherbande auch ist – so zutreffend beschreibt er die Mechanismen, mit denen Putin im Westen Einfluss nimmt. Politiker wie der verstorbene Ex-Chef der Jungen Union Philipp Mißfelder schienen geradezu Schlange zu stehen, um Moskau ihre Aufwartung zu machen. Mißfelder war für seine enge Beziehung zum Kreml heftig in Kritik geraten, unter anderem nach seiner Teilnahme an der pompösen Geburtstagsfeier von Gerhard Schröder mit Wladimir Putin im April 2014 in Sankt Petersburg – zu einer Zeit, als in der Ost-Ukraine deutsche OSZE-Beobachter als Geiseln gehalten wurden.

Geleakte Unterlagen aus Russland belegen, wie Mißfelder sich in Moskau anbiederte. Die »Anonyme Internationale«, eine Art Wikileaks auf Russisch, hat Tausende Briefwechsel des Duma-Abgeordneten und Kreml-Hardliners Robert Schlegel ins Internet gestellt. Sie belegen nicht nur die schmutzigen Methoden des Hetzers – sie zeigen auch, wie der außenpolitische Sprecher der Unionsfraktion im Bundestag mitten in der Ukraine-Krise über die unionsnahe Konrad-Adenauer-Stiftung (KAS) um die Gunst des berüchtigten Scharfmachers warb. »Auf besondere Bitte von Philipp« sendete Thomas Schneider, Leiter des KAS-»Regionalprojekts EU-Russland-Dialog«, den geleakten Briefwechseln zufolge am 4. März 2014 die russische Übersetzung einer Presseerklärung Mißfelders an Schlegel. Darin verurteilte der Christdemokrat auf dem Höhepunkt der Krim-Krise angeblichen Antisemitismus in der Ukraine – ganz im Sinne des Kremls. Hohe Vertreter der jüdischen Gemeinschaften in der Ukraine konnten dagegen keinen zunehmenden Antisemitismus in ihrem Land erkennen.[32]

Dem Scharfmacher Schlegel, dessen Initiativen zuweilen sogar dem KGB-Nachfolger FSB zu weit gehen und von diesem schon als »absurd« und »verfassungswidrig« eingestuft wurden, ging Mißfelders Engagement offenbar nicht weit genug. Er schrieb am 5.3.2014 zurück: »Hallo Thomas, frage Philipp, ob die ›demokratische Regierung‹ der Ukraine nicht auch das weißrussische, tatarische und andere Völker auf ihrem Territorium verteidigen muss? Wer verteidigt die Russischsprachigen vor der Regierung der Neofaschisten? Seine Erklärung sieht einseitig aus.«

Schmidt beschwichtigte daraufhin: »Beim Thema jüdische Minderheit kritisiert Philipp die ukrainische Regierung. Seine persönliche Besorgnis gilt allen nationalen Minderheiten, aber verstehe bitte, dass wir, die Deutschen, eine besondere Beziehung zum Schutz der Juden haben. Für seine negativen Äußerungen über die neue Regierung in Kiew musste Philipp schon Kritik einstecken – von Seiten der deutschen Opposition.«

In einer weiteren Mail schickt Schlegel einen Link über ein abgehörtes Telefonat des estnischen Außenministers mit EU-Außenpolitikerin

Catherine Ashton: »Ich bitte dich, diese Neuigkeit Philipp zu zeigen. Das ist keine Propaganda, das hat das estnische Außenministerium bestätigt. Nicht die Polizei hat die Menschen auf dem Maidan erschossen.« Tatsächlich ist das betreffende Telefonat alles andere als aussagekräftig. Der estnische Minister gibt darin lediglich Gerüchte weiter, die er von einer Ärztin in Kiew gehört hat. Schmidt schreibt zurück: »Lieber Robert, danke für den Link! Diese Information ist heute in allen deutschen Nachrichten. Das ist ein Skandal, obwohl es mich nicht wundert, denn solche Gerüchte gibt es seit Tagen. Diese Information bringt uns noch mehr Besorgnis, mit was für Ansprechpartnern wir es da jetzt zu tun haben.« Im Postskriptum wird dann noch ein Treffen in Moskau oder Petersburg in Aussicht gestellt.

Schmidt versandte auch per Rundmail russische Übersetzungen von Aussagen Mißfelders, die in Moskau sicher auf Gefallen stießen: Etwa, dass sich der Unionspolitiker gegen »voreilige Hilfen von Weltwährungsfonds und EU an die Ukraine ausgesprochen« hat.

Schlegel war einer der Anführer der Kreml-Jugendorganisation »Naschi«, deren Hasskampagnen ihr den Beinamen »Putin-Jugend« einbrachten. Unter Mißfelder arbeitete die »Junge Union« mit »Naschi« zusammen. Die Organisation diffamierte unter anderem Kreml-Kritiker als Faschisten; sie hetzte gegen den oppositionellen Journalisten Oleg Kaschin und rief dazu auf, ihn zu »bestrafen«. Kaschin wurde daraufhin brutal verprügelt und dabei lebensgefährlich verletzt.

Die geleakten Briefwechsel zeigen, wie Mißfelders offensichtlicher Duzfreund Schlegel Medien und Unternehmer denunzierte sowie Blogger beauftragte, gesteuerte kremlfreundliche Kommentare in westlichen Medien zu publizieren. In den Mails werden Kreml-Kritiker als »Faschisten«, »Verräter« und »Gauner« bezeichnet. Schlegel wurde in Russland bekannt durch seine regelmäßigen Forderungen nach Verschärfung der Zensur im Internet; das berüchtigte Anti-Blogger-Gesetz geht auf seine Initiative zurück; es besagt, dass Blogger so streng wie Massenmedien kontrolliert werden und schon bei kleinsten Verstößen Strafen von bis zu 10 000 Euro drohen.[33] Die Unterlagen belegen auch Schlegels Autorenschaft eines apokalyptischen Hassvideos gegen den Westen. Dort steht unter einem Bild, das Gorbatschow und Reagan bei einer Vertragsunterzeichnung zeigt: »Vor 20 Jahren hat das Böse gesiegt«; US-Präsident Obama wird als Zombie gezeigt; »das Böse« – Amerika – bringe Menschen in der ganzen Welt um. Doch »das Gute« – gezeigt wird Putin – kämpfe dagegen.

Der außenpolitische Sprecher der Union warb aber offenbar nicht nur um die Sympathien des Hardliners Schlegel, sondern auch um die von Gazprom. Während sich bei der Eröffnung einer von Gazprom Germania gesponserten Fotoausstellung von Yurgis Zanarevsky im April 2014 in Berlin keine Polit-Prominenz sehen ließ, erschien Mißfelder demonstrativ – versteckte sich dann aber eher verschämt, als er bemerkte, dass Journalisten anwesend waren.[34]

Mißfelder warnte noch vor einigen Jahren, »dass die russische Diktatur versuchen wird, immer mehr Einfluss auf Deutschland zu nehmen«. Danach wurde er im »Deutsch-Russischen Forum« und in »Deutschland-Russland – Die neue Generation e. V.« engagiert – Vereinen, die als Lobby-Organisationen gelten. Seit April 2014 war er auch im Vorstand des Deutsch-Turkmenischen Forums. Turkmenistan gilt als lupenreine Diktatur.

Das Beispiel Mißfelders ist deshalb so interessant, weil es einer der ganz wenigen Fälle ist, in denen sich die Anbiederei westlicher Politiker an Putins Machtsystem hinter den Kulissen belegen lässt. Die geleakten Dokumente sind sehr detailliert und authentisch, so dass an ihrer Echtheit keine Zweifel bestehen können. Dass in Deutschland darüber bislang nie berichtet wurde, liegt wohl am großen Umfang der russischsprachigen Dokumente, in denen der Mißfelder-Briefwechsel schwer zu finden ist, wenn man nicht gezielt danach sucht oder einen entsprechenden Tipp erhält.

Mißfelder war ein Musterbeispiel für die problematische Nähe von Politikern aus demokratischen Ländern zu den Verantwortlichen in einer Diktatur. Der Kreml setzt die Männer und Frauen, die er um den Finger wickelt, einkauft oder die sich selbst verkaufen, aber nicht nur für allgemeine Lobbyarbeit ein. Ihre Aufgaben sind viel konkreter. Und viel gefährlicher für unsere Demokratie.

STASI UND SED – GESCHICHTE ZWEIER UNTOTER

Der Hilferuf aus Berlin war vertraulich und extrem heikel, aber umso dringender und dramatischer. »Eine echte Katastrophe« drohte, so die Warnung aus Deutschland. »Allen Mitgliedern des Zentralkomitees zur Abstimmung senden«, steht denn auch auf dem Deckblatt des Dokuments aus dem Archiv der Kommunistischen Partei in Moskau, das den Vermerk »Streng geheim« trug.[1] »Konfidentiell«, so schrieb da Nikolai Portugalow, Deutschland-Fachmann und Gorbatschow-Berater, ans Zentralkomitee, habe er sich in Berlin mit seinem Kontaktmann getroffen. Der »bittet inständig die sowjetische Führung, solange noch Zeit dafür ist, Druck auf Helmut Kohl auszuüben«. Es war PDS-Chef Gregor Gysi, der sich da so streng vertraulich an Moskau wandte, und das Geheimpapier stammt vom 13. März 1991. Gysis große Sorge gilt der geplanten Öffnung des Parteiarchivs der SED für Historiker – die »außerordentlich unerwünschte Folgen nicht nur für die PDS, sondern auch für die KPdSU« haben würde. Unter anderem seien dort Informationen zu finden über die Tätigkeit illegaler kommunistischer Parteien, die von der SED materiell unterstützt wurden, und auch über die »finanzielle Hilfe durch die SED für progressive Organisationen in der BRD vor der Vereinigung«. Gysi empfahl Moskau dem Schreiben zufolge, auf eine Rückgabe des Archivs an die PDS oder seine Vernichtung zu drängen. In dem Schreiben heißt es auch, Gysi stelle diese Bitte bereits zum zweiten Mal, und beim ersten Versuch habe sich auf persönliche Anweisung Gorbatschows die sowjetische Botschaft vertraulich ans Kanzleramt in Bonn gewandt – erfolglos. Gysi glaube, der einzige Weg zur Lösung der Frage sei, sie beim nächsten Telefonat zwischen Kohl und Gorbatschow auf die Tagesordnung zu setzen.[2]

Als in Deutschland über diese Bitte Gysis an Moskau berichtet wurde, wies die PDS dies als »verdrehte Wahrheiten« zurück.³ Als der *Spiegel* dieses Dementi im November 1991 unter Verweis auf den Portugalow-Brief als unwahr bezeichnete, setzte Gysi den Abdruck einer Gegendarstellung durch, in der es unter anderem hieß: »Von einer ›Katastrophe‹ oder einer Vernichtung des Archivs war nur in Bezug auf die persönlichen Daten von Mitgliedern illegaler Parteien in anderen Ländern die Rede, gegen die zum Teil Todesurteile vollstreckt werden sollen.«⁴

Der Brief zeigt nicht nur, wie Gysi mit der Vergangenheit der SED umgeht – so bestreitet er bis heute vehement, ein Stasi-Mitarbeiter gewesen zu sein, das Schreiben zeigt auch Gysis Nähe zu Moskau. Die dürfte nicht von ungefähr kommen. Nachdem Michail Gorbatschow 1985 in den Kreml eingezogen war und später Glasnost und Perestroika startete, wurde ihm die halsstarrige Führung in Ostberlin immer mehr ein Dorn im Auge. Der Kreml begann, sich nach Kadern in Ostberlin umzusehen, die Moskau treu verbunden waren und für eine sozialistische Wende in der DDR sorgen sollten. Die bis heute legendenumworbene KGB-Operation »Lutsch« in der DDR soll dieses Ziel gehabt haben; zu diesem Zweck warb Moskau junge Nachwuchs-Kader an. Dissidenten gehen davon aus, dass der legendäre Chef des Auslandsspionage Markus Wolf 1987 aus seinem Amt ausschied, weil er als mögliche Alternative zu Honecker aufgebaut werden sollte.⁵ Im März 1987 kam es im Gästehaus der SED-Bezirksleitung Dresden »Zum weißen Hirsch« zu einem konspirativen Treffen von Wolf, seinem Freund, dem damaligen zweiten und später ersten Mann im KGB, Wladimir Krjutschkow, und Hans Modrow. Krjutschkows Besuch wurde als Urlaubsreise getarnt. Das angebliche Ziel: ein Putsch gegen Honecker. Der Einfluss von Wolf reichte aber nicht aus, insbesondere konnte er offenbar das Militär nicht für den Wechsel an der Spitze gewinnen.⁶ Außerdem gab es außer Wolf und Modrow niemanden, auf den sich Moskau verlassen könne, berichtete KGB-Vize Krjutschkow später Gorbatschow. Man beschloss, mit dem Machtwechsel bis zum nächsten Parteitag zu warten, der für 1990 geplant war.⁷

Wolf war im Moskauer Exil aufgewachsen und galt als besonders kremltreu. Ausgerechnet Wolf tauchte später auf Veranstaltungen von Oppositionsgruppen auf – wie übrigens viele Männer, die vorher brav in den Diensten des Systems standen und sich von einem Tag auf den anderen besonders stark in der Opposition engagierten. Zwei Umweltschützer, die nicht genannt werden möchten, erinnern sich, dass etwa Matthias Platzeck, später SPD-Chef und heute Vorsitzender des Deutsch-Russischen Forums, damals überraschend in Erscheinung trat: »Keiner kannte ihn, aber er lud engagiert nach Potsdam ein. Misstrauen kam nicht auf, weil jeder dachte: ›Zwar kenne ich ihn nicht, doch sicher die anderen.‹ Er wirkte Vertrauen erweckend.« Die Situation war wie bei einer Hochzeitsfeier – jeder meint, der Unbekannte müsse wohl zur anderen Familie gehören. Solche »ungeladenen Hochzeitsgäste« gab es vermehrt. Sie stellten sich nicht vor und fragten, ob und wie sie mitmachen konnten, wie das erwartbare Verhalten für engagierte Neulinge gewesen wäre, stattdessen schlichen sie sich quasi ein. Wolf sprach bei der Großdemonstration auf dem Alexanderplatz in Berlin am 4. November 1989 zu den Protestierenden und präsentierte sich als Gegner der politischen Führung – wurde aber so vehement ausgepfiffen, dass klar war: Er konnte keine Spitzenposition mehr übernehmen. Kurz zuvor hatte der neue Staatsratschef Egon Krenz bei seinem Antrittsbesuch in Moskau der dortigen Führung versichert, Wolfs geplanter Auftritt erfolge nach Absprache mit Stasi-Chef Erich Mielke.

Nachdem das Politbüro Erich Honecker im Oktober 1989 entmachtet hatte und Egon Krenz an seine Stelle trat, wurde Hans Modrow im November 1989 zum Ministerpräsidenten gewählt. Aus der SED wurde die SED-PDS; ein bis dahin nur einem kleinen Kreis bekannter Gregor Gysi übernahm den Vorsitz. Mit dem Rücktritt des Zentralkomitees und von Krenz im Dezember wurde Modrow zur Schlüsselfigur in Ostberlin. Der gelernte Maschinenschlosser war von 1945 bis 1949 in sowjetischer Kriegsgefangenschaft und besuchte in dieser Zeit eine Antifaschistische Frontschule. Diese wurden auf Initiative der Komintern gegründet – der Organisation, mit der Moskau seinen weltweiten Einfluss sichern und ausweiten wollte. Dass Modrow wie beschrieben 1987 gemeinsam mit dem KGB die Möglichkeiten für einen Putsch gegen Honecker auslotete, ist nicht anders zu erklären als damit, dass er sehr, sehr gute, enge und vertrauensvolle Kontakte zu dem Moskauer Geheimdienst hatte – und diese vorsichtige Formulierung ist nur gewählt, um juristische Schritte zu vermeiden.

Am 30. Januar 1990 reist Modrow mit Genossen nach Moskau zum Besuch zu Gorbatschow. Man nennt sie die »Moskowiter« – die Truppe, die innerhalb der SED Front gegen die Altkader gemacht hat und eng mit den Moskauer Genossen kooperierte. Sie hoffen, dass Gorbatschow für sie die Veto-Karte der UdSSR ausspielt und eine Wiedervereinigung wenn nicht verhindert, so doch mit Hilfe eines »Stufenplans« erst einmal aufschiebt und ihnen die DDR überlässt. Doch Gorbatschow stößt sie vor den Kopf: Er macht deutlich, dass Modrow mit seinen Plänen, die DDR zu modernisieren, »eindeutig zu spät« komme, dass er die DDR aufgeben und einer Wiedervereinigung Deutschlands zustimmen werde.[8] »Gorbatschow hat unsere Interessen aufgegeben«, klagt Modrow später und geißelt den »Verrat aus Unfähigkeit«.[9] Drei Tage nach Modrow reist am 2. Februar Gregor Gysi nach Moskau und trifft sich ebenfalls mit Gorbatschow. Aus Moskauer Quellen heißt es aber, dass Gorbatschow seinen Getreuen aus der DDR als Zuckerbrot versprach, sie würden eine wichtige Rolle im neuen Deutschland spielen, wie immer es auch aussehen würde, und sie würden auch weiter unter Moskaus schützender Hand stehen – was die zu Beginn dieses Kapitels beschriebenen Bitten Gysis an Moskau wegen der Parteiarchive erklärt, die wirken wie der Hilfeschrei eines in Not geratenen Sparkassen-Filialleiters an die Hauptgeschäftsstelle.

Entscheidend ist, dass die Führung der PDS maßgeblich aus den »Moskowitern« bestand – den Kadern, die mit Hilfe vom Großen Bruder nach oben katapultiert wurden. Der Kontakt nach Russland blieb rege. So flog Gysi etwa am 19. Oktober 1990 wieder einmal nach Moskau – in höchster Not: Einen Tag zuvor hatte die Polizei die Parteizentrale und die Wohnung eines Genossen durchsucht. Die Operation »Putnik« war aufgeflogen. So nannte sich die dubiose Moskauer Handelsfirma, über die die PDS 107 Millionen D-Mark aus dem gesperrten Vermögen ihrer Vorgängerpartei SED außer Landes geschafft hatte. Der *Spiegel* sprach von einer »richtigen Geldmafia«.[10] »Konspirativ, als befände sich die Partei illegal in Feindesland, hatten sie Mittel und Wege gefunden«, die Kommission hinters Licht zu führen, die über das gesperrte SED-Vermögen wachte.[11] In Moskau wollte Gysi die Genossen dazu bringen, die Legende zu bestätigen, wonach es sich bei den Geldflüssen nur um Rückzahlungen alter Schulden an die Schwesterpartei KPdSU handelte. Unter anderem sollen demnach 70 Millionen D-Mark für die Ausbildung von Studenten in der Dritten Welt und zwölf Millionen D-Mark ebenfalls dort für die Behandlung von Augenkrankheiten geflossen sein – was alles erfunden war. Die Version mit der alten Finanzschuld verbreitete Gregor Gysi eine Woche lang; die Parteispitze empörte sich über »Polizei- und Justizwillkür«, nachdem der Skandal ans Licht kam: Die Razzia diene »offenkundig« dem Ziel, »eine Atmosphäre der Angst und Verunsicherung um die PDS zu erzeugen. Unsere Partei braucht das Licht der Öffentlichkeit nicht zu scheuen«, zitierte der *Spiegel* Gysi.[12] Funktionäre verglichen die Razzia gar mit Durchsuchungen 1933.[13] Später erklärte Gysi, er habe mit dem ganzen Schwindel nichts zu tun. Dabei war er, wie der *Spiegel* schrieb, nach Aussage von Genossen »förmlich am Boden zerstört«, als ihm die Sowjetführung beim Krisenbesuch eröffnete, dass sie die Lüge nicht decken könne. Gorbatschow wollte das ohnehin niedrige Ansehen der eigenen Partei in diesen unsicheren Zeiten nicht noch weiter ramponieren und war sich der Loyalität Gysis wohl auch so sicher.

Der gesamte Geldtransfer böte Stoff für einen Thriller, mit Tarnfirmen, KGB-Agenten und rätselhaften Todesfällen; alles zu schildern, würde den Rahmen dieses Buches sprengen. Akteure waren PDS-Kassenwart Wolfgang Langnitschke sowie ein PDS-Funktionär aus Sachsen-Anhalt. Auf russischer Seite war einer der Beteiligten ein Manager des Tourismuskonzerns »Intourist«, der seit 14 Jahren für den KGB arbeitete und den ein KGB-Oberstleutnant mit dem Funktionär aus Sachsen-Anhalt zusammenbrachte. Die drei trafen sich mehrfach in Moskau. Gysi behauptete, er kenne den Funktionär gar nicht – eine Lokalzeitung druckte aber ein Foto, auf dem beide gemeinsam zu sehen sind.[14] Als es später zu einem Untersuchungsausschuss kam, bestritt die Parteispitze jedes Wissen über die Transaktion. Parteichef Gysi, der Ehrenvorsitzende Modrow und Vize André Brie verweigerten die Aussage. Nur Kassenwart Langnitschke äußerte sich zur Sache. Lange konnte er nicht reden. Er kam bei einem Verkehrsunfall ums Leben: ausgerechnet auf einem Zebrastreifen im idyllischen Lugano in der Schweiz.[15] Im Zuge des Skandals kamen interessante Details ans Licht: So waren etwa die Safes in der PDS-Zentrale so ausgerüstet, dass ihr Inhalt beim Versuch, sie zu knacken, binnen zwei Sekunden vernichtet wird.[16] Auch ein anderer Verdächtiger in Sachen Verstecken von Parteivermögen, der einstige DDR-Geschäftsmann und Stasi-Agent Günther Forgber, kam auf die gleiche Weise ums Leben wie Kassenwart Langnitschke: Er wurde ebenfalls auf der Straße überfahren, in Valencia.[17]

Insgesamt hat die im Juni 1990 gegründete »Unabhängige Kommission zur Überprüfung des Vermögens der Parteien und Massenorganisationen der DDR« während ihres 16-jährigen Bestehens 1,6 Milliarden Euro eingetrieben, einen Großteil davon an SED-Vermögen. Die Suche war schwierig; hohe Millionenbeträge waren an Genossen übertragen und weltweit versteckt worden, um sie über die Wende zu retten. Die PDS »hat gezielt und systematisch versucht, riesige Millionenbeträge vor dem staatlichen Zugriff zu sichern«, urteilte der Kommissionsvorsitzende Christian von Hammerstein. Statt zu kooperieren, musste die Partei »regelmäßig eher gezwungen werden, als dass sie den gesetzlichen Verpflichtungen von sich aus nachgekommen wäre.«[18] Da verschwand schon mal ein Fonds mit 148 Millionen Schweizer Franken – mit ihm hatte der später in Valencia überfahrene Stasi-Mann Forgber zu tun. Wie viel Geld versteckt blieb und wie die Finanzflüsse heute aussehen, kann man nur schätzen. Ein ehemaliger Chef einer deutschen Sicherheitsbehörde, der anonym bleiben möchte, geht nach umfassenden Recherchen von bis zu zwei Milliarden D-Mark aus, die über Österreich und diverse Länder in Osteuropa nach Spanien verschoben wurden, wo die deutschen Behörden ihre Spur verloren. Die Parteiführung verstand es meisterlich, sich als Opfer auszugeben. Der Streit um das Parteivermögen zog sich noch über Jahre hin. So ketteten sich etwa 1994 Gregor Gysi und Lothar Bisky im Büro der Untersuchungskommission an und drohten gar mit einem Hungerstreik wegen Steuerforderungen in Höhe von 67 Millionen D-Mark, die sie angeblich nicht bezahlen konnten. Wer wusste schon, dass die Partei noch Vermögen im Wert von 1,8 Milliarden D-Mark hatte? 1995 verzichtete die PDS bis auf fünf Objekte auf sämtliche ihrer Immobilien, und im Gegenzug verzichtete die Bundesrepublik auf die Rückforderung der Gelder, die die PDS 1990 beiseitegeschafft hatte.[19]

Die Kontakte nach Moskau blieben auch nach der Wende eng. Selbst in dem 1998 erschienenen und laut Dissidenten moskaufreundlichen Buch »Im Kreml ist noch Licht« über die Kontakte von SED und PDS mit Russland sind für die Zeit zwischen November 1989 und Januar 1991 42 Dokumente über Gespräche, Kontakte, Vorlagen und dergleichen zu finden – fast drei pro Monat.[20] In einem Bericht über Zusammenkünfte von Modrow mit Valentin Falin und anderen Genossen vom Zentralkomitee heißt es dort etwa: »Gen. Falin würdigte die Wahlergebnisse der PDS im Dezember 1990 und unterstrich dabei, dass sie umso höher zu bewerten sind, da sie trotz aller Angriffe des Gegners und seiner Versuche, die Partei mundtot zu machen, erzielt wurden.« Oder: »Gen. Modrow informierte zunächst über die wichtigsten inhaltlichen und organisatorischen Aspekte der Vorbereitung des 2. Parteitages der PDS.« Ellenlang berichtet Modrow den Moskauern über die Pläne und Strategien der PDS – in einer Art und Weise, wie Untergebene ihren Vorgesetzten Rechenschaft ablegen. So bietet Modrow an, die Partei könne »Initiativen entwickeln, die im Interesse der Förderung einer sachlichen und gedeihlichen ökonomischen Zusammenarbeit liegen«. Oder: »Stärker gilt es auch in die Offensive zu kommen, bei der Darstellung der Geschichte. 40 Jahre der DDR (…) sind auch 40 Jahre der Beziehungen zweier deutscher Staaten mit der UdSSR. (…) Es wurde angeregt, die Kontakte mit der SU-Botschaft in Bonn zu intensivieren.« Falin befürchtet Attacken »der bürgerlichen westdeutschen Propaganda« und mahnt Gegenwehr an: »In all diesen Fragen könnte die PDS aktiv wirksam werden.«[21] Es bedarf keiner großen Phantasie, um sich vorzustellen, welche Wünsche Moskau heute wohl bei Treffen mit Vertretern der Partei an diese heranträgt. Jedenfalls sind Gysi & Co. auffallend oft zur Stelle, wenn Moskau der Schuh drückt – ob sie nun lautstark Putins Teilnahme am G7-Gipfel in Elmau forderten, ein Ende der Sanktionen anmahnten oder dem Westen die »Hauptschuld« in der Ukraine-Krise zusprachen. Die »Linke« wird oft als SED-Nachfolgepartei oder gar als Neugründung bezeichnet, was den Eindruck erweckt, die SED sei aufgelöst worden. Das war aber nie der Fall, die »Linke« ist nur ein neuer Name für die Partei von Walter Ulbricht und Erich Honecker. Bundesschatzmeister Karl Holluba erklärte 2009 im Zuge eines Prozesses vor dem Berliner Landgericht: »›Die Linke‹ ist rechtsidentisch mit der ›Linkspartei.PDS‹, die es seit 2005 gab, und der PDS, die es vorher gab, und der SED, die es vorher gab.«[22] Bis heute hat es die Partei nicht geschafft, sich von der DDR als Unrechtssystem zu distanzieren.[23] Die ausführliche Beschäftigung mit der Geschichte der PDS bzw. »Linken« und insbesondere mit ihrer Nähe zu Moskau ist notwendig, um ihr heutiges Agieren zu verstehen und insbesondere ihre oft befremdliche Nibelungentreue zu verstehen: Sie hat zwar heute keine wirkliche Schwesterpartei mehr in Russland – aber wesentliche Kräfte in ihrer Führung sehen sich heute noch als treue Interessenwahrer, was absurd ist angesichts der Tatsache, dass Wladimir Putin für einen rechten, neoliberalen Kurs steht. Die »Linke« tritt seit der Annexion der Krim durch Russland auf wie eine PR-Agentur des Kremls. Was auch immer Russland tat – stets waren ein oder mehrere Mitglieder der Parteispitze umgehend zur Stelle mit Lob, Rechtfertigung oder Relativierung. Gysi und Fraktionschef Dietmar Bartsch wirken wie Pressesprecher des Kremlchefs. »Wladimir Putin hat nur noch wenige Freunde in Berlin – doch auf die Linken kann sich Russlands Präsident verlassen. Sahra Wagenknecht und andere Genossen zeigen tiefes Verständnis für seinen Krim-Kurs«, schrieb *Spiegel Online* im März 2014.[24] Wagenknechts Urteil: »Eine Putschregierung, der Neofaschisten und Antisemiten angehören, kommt mit dem Segen von Merkel und Steinmeier ins Amt, das Verhältnis zu Russland hat sich dramatisch verschlechtert, in der Region droht ein Bürgerkrieg, die US-Diplomatie reibt sich die Hände.«[25] Sigmar Gabriel konterte: Wagenknechts Äußerungen erinnerten ihn »an die krampfhaften Rechtfertigungsreflexe kommunistischer Sekten in den siebziger und achtziger Jahren für jedwedes Unrecht, das damals von der Sowjetunion begangen wurde«.[26] Die Linke liefere »ignorante Argumente« und plappere »dumme Propagandalügen des russischen Staatsfernsehens« nach. Die Grünen-Politikerin Katrin Göring-Eckardt postete in den sozialen Netzwerken eine Fotomontage Wagenknechts neben russischen Truppen auf der Krim, mit dem Text: »Jetzt neu: Linkspartei erstmals für Auslandseinsätze.« Zwei Linken-Abgeordnete aus Schwerin reisten gar als Wahlbeobachter zu dem illegalen Referendum auf die Krim – gemeinsam mit rechtsextremen Politikern aus anderen Ländern.[27] Selbst auf den Mord an dem Putin-Gegner Boris Nemzow im Februar 2015 reagierte Gysi mit der für ihn typischen Relativierung: »In vielen Ländern müssen aktive Kritikerinnen und Kritiker von Regierungen um ihre Sicherheit und ihr Leben fürchten. Dass Russland hier keine Ausnahme darstellt, zeigt auch demokratische Defizite. Jede der fünf Vetomächte der Vereinten Nationen muss höchste moralische Maßstäbe zuallererst an sich selbst anlegen. Ich appelliere inständig an alle Seiten, den Mord nicht im aktuellen Ost-West-Konflikt zu instrumentalisieren.«[28]

Es gebe zwar seit 25 Jahren keine SED und keine KPdSU mehr, »aber die alten Reflexe sind geblieben, wie die prorussischen Sprüche der Linken zur Ukraine beweisen«, schreibt Josef Joffe in der *Zeit*: »Als Hammer und Sichel noch wehten, haben die kommunistischen Parteien mit ihrer verlässlichen Apologetik jede Wende des großen Bruders nachvollzogen: den stalinistischen Terror der dreißiger Jahre, den Hitler-Stalin-

Pakt, den Umsturz in Prag und Warschau in den Vierzigern und dann wieder die Entspannungspolitik der siebziger Jahre. So läuft es auch heute zwischen der deutschen Linken und dem Kreml-Staatskapitalismus, den ›links‹ zu nennen ein Doppelsalto des Agitprop wäre.«[29]

Man muss sich davor hüten, die »Linke« generell als fünfte Kolonne Moskaus zu bezeichnen. Viele Mitglieder sind sicher aus hehren Zielen in der Partei tätig, und viele Anhänger glauben an ihre politischen Grundsätze, die sich ja auf dem Papier wunderbar lesen. Große Teile der Führung aber sind stramm auf Moskauer Kurs und können mit gutem Gewissen als »Putins fünfte Kolonne« in Deutschland betrachtet werden. Auffällig ist, dass viele von ihnen in ihrer Biographie einen Bezug zu Russland haben: Ob das Gregor Gysis in Russland geborene Mutter ist, Hans Modrows Ausbildung an der Antifa-Schule in Russland, Dietmar Bartsch, der in Moskau promovierte, oder die neue Parteichefin Katja Kipping, die ein »freiwilliges soziales Jahr« in Russland absolvierte, um nur die Prominentesten zu nennen. Für Menschen, die keine persönlichen Erfahrungen mit dem russischen Machtapparat gemacht haben, mag dies bedeutungslos erscheinen. Wer jedoch die Funktionsweise der Moskauer Dienste kennt, kommt nicht umhin, sich seine Gedanken zu machen, wenn ausgerechnet Politiker mit Bezug zum System Russland stramm auf der Linie Putins stehen – während Menschen, für die Land und Leute im Vordergrund stehen, die Führung im Kreml mit großer Skepsis betrachten.

Zumindest im Westen der Bundesrepublik sind sich heute viele Menschen nicht mehr bewusst, dass es sich bei der »Linken« um die SED handelt. Vor allem der geniale Schachzug, den Begriff »links« zu besetzen, hat dabei maßgeblich geholfen – auch ein Versäumnis der anderen Parteien. Tatsächlich stehen Teile der »Linken« in der Tradition von einem der größten Massenmörder in der Menschheitsgeschichte: Josef Stalin. Es ist zynisch, dass die schrecklichen Verbrechen Adolf Hitlers regelmäßig missbraucht und instrumentalisiert werden, um die Verbrechen seines Bruders im Geiste, Josef Stalin, zu relativieren. Stalin war, frei nach Kurt Schumacher, ein rot lackierter Faschist. Seine Zusammenarbeit mit Hitler in den ersten beiden Jahren des Zweiten Weltkrigs wird leider auch in Deutschland weitgehend aus dem historischen Bewusstsein ausgeblendet. Die DDR und die SED waren Kreationen Stalins. Dass diese Partei, die nie wirklich tiefgreifend und glaubwürdig mit dem

Unrechtssystem DDR gebrochen hat,[30] heute in der Mitte der Gesellschaft angekommen zu sein scheint, dass einer ihrer lautstärksten und dubiosesten Vertreter, Gregor Gysi, heute ein Medienstar und beinahe allgegenwärtig in den Talkshows der Republik ist, zeigt, dass die Bundesrepublik bei der Aufarbeitung der DDR-Vergangenheit versagt hat. Sahra Wagenknecht ist ein besonders drastisches Beispiel: Sie nannte den Stalinismus »alternativlos«, pries zwei Jahre nach der Wende die Errungenschaften und »beeindruckenden Leistungen« des Diktators, und die Besetzung Osteuropas durch Moskau lobte sie als »Ausweitung sozialistischer Gesellschaftsverhältnisse über den halben europäischen Kontinent«. Das »in der Sowjetunion während der Stalinzeit entstandene und später von den osteuropäischen Ländern in den Grundzügen übernommene Gesellschaftsmodell« sei die »einzig mögliche Form eines realisierten Sozialismus. Nicht der Stalinismus habe sich als tödlich erwiesen für die sozialistische Gesellschaftsordnung, sondern die »reformistische Sozialdemokratie«.[31] Die Aufstellung eines Gedenksteins für die Opfer des Stalinismus in Berlin bezeichnete sie als »Provokation für viele Sozialisten und Kommunisten«.[32] Dass heute im deutschen Bundestag eine Frau Oppositionsführerin ist, die Stalin in höchsten Tönen lobte und sich davon nie distanzierte, dass diese Stalin-Versteherin heute bestens in das politische Leben integriert ist, zeugt davon, dass der Massenmörder im Kreml bis heute im Bewusstsein eines großen Teils der Deutschen nicht so geächtet ist, wie dies dringend erforderlich wäre. Nur rechte Radikale zu ächten und Linken gegenüber blind zu sein, ist sehr gefährlich. Eben diese Verschiebung des politischen Kompasses ist einer der Gründe dafür, dass Wladimir Putin mit seiner Propaganda in Deutschland so erfolgreich ist. Hätten wir den Stalinismus und die DDR ausreichend aufgearbeitet, hätten die Alarmglocken bei uns schon vor Jahren klingeln müssen. Wir hätten dann deutlich erkannt, wie stark sich Putin auf das Stalin'sche System bezieht.

Hätten wir die Lehre aus der DDR-Vergangenheit gezogen und diese aufmerksamer studiert, würden wir viele Taktiken Moskaus verstehen. Statt Hinweise als Verschwörungstheorie zu verlachen, würden wir erkennen, dass sie nicht neu sind. Wer erinnert sich heute noch, dass während der Wende plötzlich Rechtsanwälte und mit Ausnahme des Kommunikationskünstlers Gysis eher graue Gestalten nach oben kamen, die in der freien politischen Wildbahn und gerade in einer revolutionären

Situation eher nicht die Macher sind, die sich nach ganz oben durchbeißen: Männer wie Wolfgang Schnur, Mitbegründer des »Demokratischen Aufbruchs«, der monatelang als künftiger Ministerpräsident der DDR gehandelt wurde – bis wenige Tage vor der ersten freien Wahl der Volkskammer plötzlich – und wohl auch nicht ganz zufällig – seine Stasi-Akte auftauchte. Andere wiederum sahen den gelernten Bibliothekar Ibrahim Böhme bereits als künftigen Regierungschef. Er führte Anfang März 1990 schon Sondierungsgespräche mit der sowjetischen Führung. Ende März wurde dann auch er als Stasi-Spitzel enttarnt. Premierminister wurde dann Lothar de Maizière, ein bis dahin kaum bekannter Abgeordneter und – wie erstaunlich! – Stellvertreter von keinem anderen als Gregor Gysi im Kollegium der Berliner Rechtsanwälte. Der Sohn des früheren SA- und NSDAP-Mitglieds und späteren Stasi-Mitarbeiters Clemens de Maizière entpuppte sich später ebenfalls als Stasi-Mitarbeiter und musste zwei Monate nach der Wiedervereinigung im Dezember 1990 als Bundesminister zurücktreten. Später war er lange Zeit als Vorsitzender des Petersburger Dialogs eine der Schlüsselfiguren im deutsch-russischen Verhältnis, zeigte sich dabei als treuer Verfechter der Interessen Wladimir Putins und blockte dort jede Form der Kritik ab.[33] Auch Manfred Stolpe war einer der Männer, die damals rasch nach oben kamen – und der bei der Stasi als »IM Sekretär« geführt wurde; zwölf Jahre lang war er Ministerpräsident von Brandenburg, dann drei Jahre Bundesverkehrsminister. Auch Stolpe verteidigte Putin. Ein weiterer Mann, der recht unvermittelt in den Kreisen der Bürgerrechtler auftauchte, war Matthias Platzeck; er war 1988 politisch aktiv geworden und dann noch der Blockpartei LDPR beigetreten. Seine Pro-Putin-Positionen wirken zuweilen radikal. Etwa, als er im Dezember 2014 forderte, die Annexion der Krim müsse »nachträglich völkerrechtlich geregelt werden, so dass sie für alle hinnehmbar ist«, – und sich damit klar gegen die Position der Bundesregierung stellte. »Hat es je einen absurderen Vorschlag gegeben?«, empörte sich Christian Neef, einer der großen Russland-Kenner in Deutschland, im *Spiegel*. Sein Fazit: »Bei Platzeck aber verwundert eines immer wieder: die politische Naivität, wenn es um Russland geht.«[34] Platzeck selbst erklärt seine Nähe zu Putin unter anderem mit Kindheitserinnerungen und positiven Erlebnissen mit russischen Militärs.

Der letzte Innenminister der DDR, der mehrfach in Skandale verwickelte Peter-Michael Diestel (CDU), warnte, wichtige Drahtzieher fänden sich in den heute vorhandenen Stasi-Akten nicht wieder, und diese dürften deshalb nicht überbewertet werden. Diestel zufolge wurde den damaligen DDR-Bürgerkomitees nur das übergeben, »was man übergeben wollte«. Dafür hätten die »Nachfolgestrukturen von Honecker und Krenz« ein Dreivierteljahr Zeit gehabt: »Man hat seine eigenen Leute geschützt durch zielgerichtetes Aussortieren von Akten. Man kann heute fast sagen: Wen die Staatssicherheit ans Messer liefern wollte, dessen Unterlagen hat sie übergeben.« Wen sie »im Herzen getragen« habe, dessen Unterlagen seien während der Wende beiseitegeschafft worden, so Diestel: »Der nachrichtendienstlich bedeutendste Teil wurde vernichtet, ausgegliedert und ehemals befreundeten Geheimdiensten übergeben.«[35] Vielleicht hat Diestel intime Kenntnisse. Werfen ihm doch Kritiker vor, in seiner Amtszeit als DDR-Innenminister seien viele Stasi-Daten vernichtet worden. Später vertrat der in jungen Jahren als »verdienter Melker des Volkes« ausgezeichnete Jurist als Anwalt zahlreiche frühere Stasi-Mitarbeiter; mit seinen Aussagen wollte er wohl seine These belegen, man hätte nach der Wende alle Stasi-Unterlagen vernichten sollen. Diestel allein wäre deshalb als Kronzeuge nicht tauglich. Aber es gibt viele weitere Zeitzeugen, die von einer massiven Vernichtung und Verschiebung von Stasi-Unterlagen berichten. Der Prominenteste, dem zumindest in diesem Fall kein Motiv für eine Täuschung zu unterstellen ist, heißt – Wladimir Putin. Er schreibt in dem im Jahr 2000 erschienenen Buch »Aus erster Hand« über die Wendezeit, die er in der KGB-Residenz in Dresden erlebte: »Wir haben alles vernichtet, alle unsere Verbindungen, unser ganzes Agentennetz. Ich persönlich verbrannte eine riesige Menge von Unterlagen. Wir verbrannten so viel, dass der Ofen platzte. Wir verbrannten Tag und Nacht. Und all das, was am wertvollsten war, haben wir nach Moskau gebracht.«[36] Man kann es also nicht leichtfertig von der Hand weisen, wenn Diestel behauptete, die wichtigsten Aktivposten der Stasi seien nie enttarnt worden: »Die Wichtigen, die Großen, die Hauptamtlichen in den Konzernen, in den bundesdeutschen Politikzentren, die kommen vor Lachen nicht in den Schlaf.«[37]

Diese Darstellung stützt der Berliner Historiker und Stasi-Forscher Hubertus Knabe. Er beklagt, dass in Westdeutschland eine umfassende Aufarbeitung von Stasi-Verflechtungen unterblieb, obwohl Parteien, Gewerkschaften, Universitäten, Medien und andere Organisationen offenbar massiv unterwandert waren. »Die Bereitschaft, den Stasi-Verstrickungen in der alten Bundesrepublik nachzugehen, ist gering«, bemängelte Knabe bereits 1999: »Aus Unwissenheit, Unbehagen und bewusster Verdrängung wird das Stasi-Thema den neuen Bundesländern überlassen.«[38] Allein die Spionageabteilung des Ministeriums für Staatssicherheit (MfS) bearbeitete Knabe zufolge mehr als 1000 Zielobjekte in Westdeutschland: Hochschulen, Parteien, Verbände, Militär, Geheimdienste und moderne Technologien. Bei insgesamt 153 »feindlichen« Gruppen sollte die Stasi auf Befehl ihres Chefs Erich Mielke von 1985 in die »Ausgangsbasen und Führungsgremien eindringen«: von der Alternativen Liste bis zu den Zeugen Jehovas. Von einigen Zehntausend früheren Stasi-Mitarbeitern im Westen war die Rede, die Angst vor einer Enttarnung haben müssten. Doch entgegen den Erwartungen wurden nur sehr wenige Namen bekannt.[39]

»An einer einzigen (namentlich nicht bekannten) Universität agierten damals 37 IM, darunter neun Professoren und zwei Dozenten«, schreibt Knabe: »Zählungen haben ergeben, dass in den übrig gebliebenen Karteikarten des MfS etwa 20 000 Bundesbürger als IM registriert sind. Tausende der einstmals Verzeichneten fehlen jedoch, weil die Spionageabteilung des MfS ihre Karten 1990 entfernte.«[40] Forscher der Stasi-Unterlagenbehörde gehen dagegen von einer Zahl von insgesamt 12 000 IM in Westdeutschland aus, von denen zuletzt noch 3000 bis 4000 aktiv waren. Anders als die Akten von Mitarbeitern in der DDR selbst sind die Unterlagen für die Stasi-Leute im Ausland nicht erhalten bzw. liegen in Moskau. Der zuständigen HVA war es, anders als dem Rest der Stasi, gelungen, die Bürgerrechtler an der Nase herumzuführen. Wohl auch mit der Hilfe des KGB. Täglich seien drei Lastwagen voll mit Stasi-Akten nach Berlin-Karlshorst gefahren worden, in die weltweit größte Zentrale des sowjetischen Geheimdienstes außerhalb Russlands, wie später ein ranghoher Überläufer berichtete. »Wenn es irgendwo eine Gnade der westdeutschen Geburt gibt, dann bei den Stasi-Verstrickungen. Die Interessen der HVA trafen sich dabei durchaus mit denen der westdeutschen Eliten. Der Schock über die ›Oktoberrevolution‹ in Ostdeutschland traf auch Bonner Führungskreise. »Dass die Ausforschungsergebnisse der Staatssicherheit über den Westen veröffentlicht werden könnten, war für viele Politiker eine beängstigende Vorstellung«, so der Historiker Knabe.[41] Er hält es für keinen Zufall, dass 1990 im Einigungsvertrag eine Öffnung der Stasi-Akten nicht vereinbart war – obwohl die

Volkskammer diese bereits vorher beschlossen hatte. Erst der Hungerstreik von Bürgerrechtlern vor der Stasi-Zentrale brachte die Wende.

Schon bei seinem Besuch bei Gorbatschow im Januar 1990 soll Hans Modrow angeboten haben, die von Wolf geleitete Hauptverwaltung A Moskau zu übergeben, wie der BND damals aus zuverlässiger Quelle notierte. Der Staatschef habe, ohne sichtbare Überraschung, Interesse bekundet, schreibt Ilko-Sascha Kowalczuk, Forscher und Mitarbeiter der Stasi-Unterlagenbehörde in Berlin, in seinem sehr lesenswerten Buch »Stasi konkret: Überwachung und Repression in der DDR«.[42] Markus Wolf, der legendäre frühere Chef der Auslandsaufklärung in Ostberlin und Moskaus Mann in der Stasi, sei in dieser Sache Modrows Berater gewesen. Wenige Tage später kam die Information, dass nicht nur der Apparat, also die offiziellen Mitarbeiter, sondern auch das Agentennetz an Moskau übergeben werden sollten. Wolf habe begonnen, dem KGB Unterlagen zu übergeben. Durch die Selbstauflösung der HVA, deren Schwerpunkt die Bundesrepublik war, gingen laut Kowalczuk fast »alle Akten, die ihre Arbeit betrafen, verloren. Sie wurden vernichtet oder anderswo hingebracht.«[43] Die Bundesregierung hätte die Selbstauflösung der HVA stoppen müssen, da es »um zentrale Fragen der inneren Sicherheit« ging, so der Forscher: »Warum dies unterblieb, kann (...) nicht beantwortet werden.« Bekannt ist, dass Ministerpräsident Modrow 1990 einen streng geheimen Brief von HVA-Mitarbeitern nach Bonn übergab, in dem diese drohten, sie wüssten sehr viel über die bundesdeutschen Geheimdienste, und »bei Offenlegung dieses Wissens (...) kann mit einer Destabilisierung der Lage auch in der BRD (...) gerechnet werden«.[44]

Schon ab 1987 soll der KGB angefangen haben, von der Stasi entpflichtete Mitarbeiter zu übernehmen, um für alle Eventualitäten gerüstet zu sein. Der Verfassungsschutz deckte 1990 und 1991 diverse Versuche auf, Stasi-Mitarbeiter an den KGB zu »übergeben«. So dreist waren die Schlapphüte aus Moskau, dass sie selbst Dissidenten wie den Biermann-Freund und Ex-Häftling Jürgen Fuchs im Westberliner Exil ansprachen. »Bei wem alles werden sie es dann wohl noch versucht haben und, im Unterschied zur Anfrage bei Fuchs, womöglich mit Erfolg und Konsequenzen bis heute?«, fragte Marko Martin im November 2014 in der *Welt*.[45]

Unter anderem konnte Stasi-General Heinz Engelhardt am runden Tisch die Zustimmung zur Zerstörung von Magnetspeicherbändern mit einem gigantischen Schatz an Daten durchsetzen – mit der Lüge, alle Angaben seien auch auf Papier vorhanden. So wurden Kowalczuk zufolge 10 000 Magnetbänder, 5000 Disketten und 500 Wechselplattenspeicher zerstört – Datensätze zu über sieben Millionen Personen, darunter alle hauptamtlichen Stasi-Mitarbeiter mitsamt Angehörigen. »In Absprache mit Modrow waren zuvor Zehntausende Datensätze herausgezogen worden, weil das MfS hoffte, mit den betroffenen Personen (nicht nur IM) künftig verdeckt weiterarbeiten zu können«, schreibt Kowalczuk.[46]

Die Aktenvernichtung ging Historiker Knabe zufolge unvermindert weiter, als 1990 im letzten Jahr der DDR mit Peter-Michael Diestel ein Innenminister der CDU für die Unterlagen verantwortlich wurde – genau der Mann, der nach der Wende wie oben beschrieben klagte, die wichtigen Stasi-Leute im Westen seien unbehelligt davongekommen und würden beruhigt schlafen können.[47] Doch viel spricht dafür, dass dieser Schlaf nicht ewig währte. Es wäre weitaus verwunderlicher, wenn Wladimir Putin die alten Geheimdienst-Kontakte nicht wiederbelebt hätte, als wenn er sie hätte ruhen lassen. Da, wie er selbst berichtete, die wichtigsten Unterlagen nach Moskau ausgeflogen wurden – und zwar nicht nur bei ihm in Dresden, sondern DDR-weit –, hätte Moskau auch genügend Druckmittel, um seine alten, nicht enttarnten (Einfluss-)Agenten im Westen wiederzubeleben. Jeder von ihnen wäre allein dadurch erpressbar, dass im Zweifelsfall Material über seine Verstrickungen mit der Stasi an die Öffentlichkeit gespielt werden könnte.

Vor diesem Hintergrund ist interessant, dass Markus Wolf nach Putins Machtübernahme weitaus häufiger nach Moskau reiste, als das bei einem damals fast 80-jährigen Rentner aus Nostalgiegründen zu erwarten gewesen wäre. Wolf, der seine Kindheit im Moskauer Exil verbracht hatte, akzentfrei Russisch sprach und bis 1951 sowjetischer Staatsbürger war, wurde in der russischen Hauptstadt stets in allen Ehren empfangen. Schon am Flughafen standen Mitarbeiter des Geheimdiensts FSB, um ihn zu begrüßen und in die Stadt zu geleiten, und selbst beim Bootsausflug auf dem Baikal-See war stets ein Begleitschiff mit FSB-Leuten in der Nähe, um die Sicherheit des Rentners zu gewährleisten. Putin wollte denn auch den 80. Geburtstag von Markus Wolf mit ihm ganz persönlich im Kreml feiern – was dann aber an einer Erkältung Wolfs scheiterte. Putin hat panische Angst vor Ansteckungen mit grippalen Effekten und lässt selbst beim leichtesten Husten Audienzen absagen oder unterbrechen und den Besucher heimschicken.[48] Wolf fühlte sich bis zu seinem Tod im November 2006 Moskau eng verbunden und hatte nach eigenen Angaben ein Angebot des CIA abgelehnt, einen siebenstelligen Betrag, eine neue Identität und ein Haus in Florida zu bekommen. Die rege Reisetätigkeit und das Hofieren des Rentners Wolf durch Putin ergibt nur dann wirklich Sinn, wenn er sein enormes Wissen in den Dienst des FSB stellte – insbesondere seine Kenntnisse über die Agentennetze, Arbeitsweise und Techniken.

Merkwürdig ist auch der Umgang mit den so genannten Rosenholz-Dateien. So werden die Karteikarten der HVA genannt, die der CIA 1990 auf dubiosem Wege beschaffen und in die USA bringen konnte. Laut Gesetz müssten sie in der Berliner Stasi-Akten-Behörde gelagert werden, so Knabe, aber sie würden der Forschung nur sehr eingeschränkt zugänglich gemacht, unter anderem mit Hinweis auf rechtliche Bedenken. Eine Forschergruppe stellte fest, dass auf einer »unbestimmten Zahl« von Karteikarten »Namen, Zahlen und insbesondere Registriernummern« offensichtlich manipuliert worden waren. »Möglicherweise von der CIA?« fragte die *Zeit*.[49] – Bevor die Forscher diesem Verdacht nachgehen konnten, wurde ihnen der Zugang zu den Daten verboten, sie mussten ihr Büro räumen. Die Rosenholz-Akten und der Umgang mit ihnen sind ein hochspannendes und wichtiges Thema, das leider weitgehend unter dem Radar der Medien blieb.

Ein Mitarbeiter der Bundesbehörde für die Stasi-Akten sprach von einer immensen Brisanz der Unterlagen: »Wir haben anhand *einer* Legislaturperiode des Bundestages untersucht, ob es so etwas gab wie eine MfS-Fraktion. Nach dem Ergebnis haben wir die Frage neu formuliert – ob das MfS irgendwann einmal nicht in Fraktionsstärke im Bundestag saß.« Später nannte der Mitarbeiter dann Zahlen: »Für die 6. Wahlperiode von 1969 bis 1972 gab es bei 43 Abgeordneten Hinweise auf Stasi-Kontakte, 30 bei der SPD, zehn bei der CDU und drei bei der FDP.«[50] Später musste der Mann widerrufen, Mitarbeiter der Behörde bezeichnen seine Aussagen inoffiziell als »totalen Quatsch«.

Nachdem die SPD jahrelang Versuche von Bundestagspräsident Norbert Lammert gestoppt hatte, die Stasi-Verstrickungen des Parlaments wissenschaftlich aufarbeiten zu lassen, konnte Lammert unter der schwarz-gelben Koalition 2010 ein entsprechendes Gutachten in Auftrag geben. Im März 2013 legte der Bundesbeauftragte für die Stasi-Unterlagen Roland Jahn das Ergebnis vor. Auf 400 Seiten werden dort die Versuche der Stasi verfasst, Einfluss auf Bundestagsabgeordnete zu nehmen.[51] Von insgesamt 2190 Bundestagsabgeordneten in den Jahren 1949 bis 1989 waren knapp die Hälfte in »Rosenholz« verzeichnet – der allergrößte Teil jedoch lediglich als Zielperson. 132 Abgeordnete waren auf so genannten »IM-Vorgängen« der Stasi registriert, was aber kein Nachweis für eine Spitzeltätigkeit ist, sondern für Spitzel in ihrem Umfeld. Dem Gutachten zufolge waren nur neun Abgeordnete nachweislich und bewusst für die Stasi tätig, quer durch die Parteien; in elf weiteren Fällen sei die Lage »problematisch« und es liege »die Schlussfolgerung nahe, dass zwischen den jeweiligen Abgeordneten und der HVA in bemerkenswertem Umfang kontinuierlich Informationen geflossen sind«. In zehn von elf dieser Fälle sind Sozialdemokraten betroffen. Obwohl die Verdachtsmomente schwer wiegend sind, reichen die vorliegenden Dokumente für eine abschließende Beurteilung nicht aus.[52]

Im Bundestag saßen den Ergebnissen des Gutachtens zufolge »fast durchgängig« ein oder mehrere Stasi-Mitarbeiter. Der Staatssicherheit gelang es häufig auch, »Abgeordnete durch Personen aus ihrem Umfeld ausspionieren zu lassen«, wie der Bundestag bei Vorstellung des Gutachtens 2013 mitteilte: »Mitarbeiter von Abgeordneten wie Sekretärinnen oder Referenten, aber auch Journalisten mit Kontakt zu den Parlamentariern, arbeiteten in weitaus größerer Anzahl für die Stasi als Abgeordnete. Auch qualitativ erwies sich das Umfeld der Abgeordneten bei der Spionage gegen den Bundestag und seine Mitglieder als sehr viel ergiebiger.« Tausende Berichte liefen in Ostberlin ein; Mitte der achtziger Jahre war der Informationsfluss am aktivsten. Informationen gab es zu »allen Themen, die zum jeweiligen Zeitpunkt im Bundestag verhandelt wurden«, heißt es in der Studie: »Dazu gehören geheime und vertrauliche Papiere aus Bundestagsausschüssen ebenso wie Insiderinformationen über fraktionsinterne Differenzen.« In der Studie werden mehrfach weiterführende Untersuchungen empfohlen, insbesondere bei den besonders betroffenen Sozialdemokraten.[53] In der deutschen Öffentlichkeit waren das Bundestags-Gutachten und die Stasi-Tätigkeit im Bundestag nur ein Randthema – wie allgemein die DDR-Vergangenheit. Ein Mantel des Schweigens legt sich über das Thema und befördert die Verklärung. Der im Frühjahr 1989 in die Bundesrepublik übergesiedelte Schriftsteller Marko Martin fragt, weshalb das Thema der verschwundenen SED-Milliarden und die »Parteimafia-Fakten« in den »Medien nur ab und zu auftauchen, voneinander isoliert und damit schnell vergessen? Weshalb hat sich bislang kein Dokumentarfilmer darangemacht, diesen Gesellschaftskrimi ins Fernsehen zu bringen?« Die Antwort könnte darin liegen, dass die alten Seilschaften noch gut funktionieren, deutet Martin an: »Vielleicht könnte man ja mal die MDR-Intendantin Karola Wille danach fragen, die als SED-Juristin noch im Sommer 1989 den bundesdeutschen Rechtsstaat als bourgeoises Possenspiel denunziert hatte, ehe auch für sie der große Karriereschub begann.«[54] DDR-Dissidenten klagen, seit dem Aufstieg der SED-Juristin in die Spitze des MDR sei eine kritische Aufarbeitung der DDR-Vergangenheit bei dem Sender kaum noch gefragt. Seit Januar 2016 ist Wille als MDR-Chefin ARD-Vorsitzende. Im Westen denke man zu kleinteilig, was die alten DDR-Seilschaften angehe, bemängelt Martin: »Erst als sich kürzlich die mit Russland verbandelten Wirtschaftsvertreter im ehemaligen MfS-Hotel ›Neptun‹ in Rostock-Warnemünde trafen, um Gerhard Schröder zu feiern und sich Strategien gegen die gegenwärtigen Sanktionen auszudenken, fiel es so manchem Beobachter auf: Sie sind ja wieder da.«[55]

Aus all den aufgeführten Gründen spricht sehr viel dafür, dass alte, bei der Wende nicht enttarnte einzelne Stasi-Leute und auch ganze Seilschaften bis heute nicht nur agieren, sondern wieder aktiviert wurden und auch für Moskau arbeiten – im Zweifelsfall auch aus vorauseilendem Gehorsam. Führt man sich all diese Zusammenhänge vor Augen, stimmt es nachdenklich, wenn auch namhafte westliche Politiker, Militärs und Journalisten reihenweise und teilweise fast über Nacht zu lautstarken Putin-Befürwortern wurden und man manchmal den Eindruck bekam, den Kreml-Chef zu rechtfertigen, sei einer der wichtigsten Punkte ihrer politischen Agenda. Einer der bekanntesten deutschen Politiker ließ sich früher mehrfach von mir über die Zustände in Putins Demokratur informieren und zeigte sich entsetzt – nur um etwas später schlagartig zu einem vehementen Putin-Verteidiger zu werden. Betrachtet man, wie frühere hochrangige Vertreter unseres Staates wie etwa der Ex-Verteidigungsstaatssekretär Willy Wimmer (CDU), der frühere Bundeswehr-Generalinspekteur und ehemalige Vorsitzende des Nato-Militärausschusses Harald Kujat oder der Ex-Kanzlerberater Horst Teltschik – um nur einige zu nennen – auftreten, als seien sie Putin-Sprecher, kommt man ins Grübeln. Aber so gefährlich es ist, den Einfluss der

Moskauer Geheimdienste weiter völlig zu unterschätzen, wie das bisher passierte: Es wäre noch gefährlicher, hinter jedem vehementen Putin-Unterstützer einen Einflussagenten zu sehen.

Indizien für eine rege Tätigkeit von russischen Agenten in Deutschland und Europa gibt es zuhauf. So wie sich einst der *Stern*-Fotograf Harald Schmitt wunderte, dass seine Negative auf mysteriöse Weise aus dem *Stern*-Archiv verschwunden waren, als ihm im März 1982 das seltene Kunststück gelungen war, Fotos von Spionage-Chef Markus Wolf zu schießen (bei der Beerdigung von dessen Bruder am Friedhof Berlin-Friedrichsfelde), so wundern sich heute Redakteure bei öffentlich-rechtlichen Rundfunksendern, dass Konzepte für ihre Sendungen in Moskau bekannt sind – weil man dort auf ihre Interviewanfrage hin sofort den bislang noch gar nicht veröffentlichten Arbeitstitel der Sendung kennt.[56] Oder dass im Europäischen Menschengerichtshof plötzlich im oben geschilderten Falle des Putin-Intimfeinds Schutow die Akten verschwinden, was den Prozess erheblich in die Länge zieht, woraufhin er im Gefängnis verstirbt. Oder dass, wie Europa-Abgeordnete berichten, schon mal nach Besprechungen genau die für Moskau unangenehmen Passagen in der am nächsten Tag vorgelegten Schriftfassung fehlen. Oder wenn Klagen aus den Sicherheitsbehörden kommen, dass Unterlagen, die sie ans Kanzleramt geben und die dem Kreml nicht ins Konzept passen, zuweilen liegen bleiben und nicht weitergeleitet werden. Oder gar in Moskau landen? Allein in Berlin soll es nach Einschätzung von Agenten jährlich mehr als hundert Anwerbeversuche durch den russischen Geheimdienst geben.[57] Die Fälle, die bekannt werden, sind wohl nur die Spitze des Eisbergs: Wie etwa die Agenten mit den Decknamen »Tina« und »Pit«, die als Hausfrau bzw. Ingenieur mehr als zwanzig Jahre in Deutschland lebten und für den SWR arbeiteten, der als KGB-Nachfolger für die Auslandsspionage zuständig ist, während der FSB das Inland »betreut«. Das Ehepaar führte von Oktober 2008 bis 2011 einen Diplomaten aus dem niederländischen Außenministerium, der Hunderte vertrauliche Dokumente übergab und dafür mindestens 72 200 Euro erhielt.[58] Auch der Hackerangriff auf die Computersysteme des Bundestags 2015 geht nach Überzeugung deutscher Sicherheitsbehörden auf einen Auftrag der russischen Regierung zurück, wie im Januar 2016 bekannt wurde.[59] Die Hacker konnten sich auf insgesamt 14 Server des deutschen Parlaments Zugriff verschaffen, darunter auch auf den Hauptserver, auf dem sämtliche Zugangsdaten zum Bundestag lagen.[60] Schockierender als der Angriff selbst war die Reaktion in Deutschland: Als die Attacke bekannt wurde, erfolgte nicht etwa eine sofortige Abschaltung aller Systeme. Tagelang konnten die Angreifer weiter spionieren und Daten klauen, empört sich ein Bundestagsabgeordneter, der nicht genannt werden will. Statt sofort das zuständige »Bundesamt für Sicherheit in der Informationstechnik« zu Gegenmaßnahmen heranzuziehen, sei diesem sogar der Zugriff verweigert worden, empört sich ein Mann aus den Sicherheitsdiensten. Als Begründung wurden demnach Datenschutzgründe aufgeführt – geradezu zynisch. Ausschlaggebend dafür sei ausgerechnet die Linken-Abgeordnete Petra Pau gewesen, Vize-Präsidentin des Bundestags und Chefin der IT-Kommission. Petra Pau war eine von 27 der insgesamt 76 Bundestagsabgeordneten der Linken, die unter Beobachtung des Verfassungsschutzes standen – was Politiker aller Parteien heftig kritisierten.[61] Gegen Petra Pau waren auch Vorwürfe lautgeworden, sie stünde in Verbindung zu Organisationen von Ex-Stasi-Mitarbeitern, die sie aber als »absurd« zurückwies.[62] Beachtenswert ist, dass der Hacker-Angriff auf das Herz der deutschen Demokratie aus Russland im Vergleich zu den Enthüllungen über die NSA-Abhöraktionen in der deutschen Öffentlichkeit nur auf sehr wenig Interesse stieß und kaum für Aufregung sorgte.

Die russischen Spionageaktivitäten haben in der jüngsten Zeit zugenommen, berichten deutsche Sicherheitsbehörden. Auch Mitarbeiter russischer Firmen, wie Aeroflot oder Nachrichtenagenturen, sind demnach für russische Dienste aktiv und werden von Moskaus Botschaft in Berlin aus geführt. Als Quellen dienten zudem Journalisten, auch ausländische.[63] In diesem Zusammenhang ist die völlig entgegengesetzte Wahrnehmung in Deutschland und Russland beachtenswert: Während in Moskau Auslandskorrespondenten per se als Agenten gelten und mir in meinen 16 Jahren in Russland kaum jemand glauben wollte, dass ich nicht für einen Dienst arbeite, kann sich hierzulande kaum jemand vorstellen, dass Journalisten als Agenten tätig sind.

Hauptziel der russischen Spionage in Deutschland ist die Politik. Außen- und Sicherheitspolitik, Europapolitik, Finanz- und Energiepolitik sind die bevorzugt ausgespähten Gebiete, wie die *Frankfurter Allgemeine* im Januar 2016 schrieb: »Gespeist wird das Interesse auch von aktuellen Entwicklungen. Derzeit ist es ein Ziel, die Haltung von Politikern, Parteien und gesellschaftlichen Gruppen zu den Wirtschaftssanktionen der EU gegen Russland zu erkunden.«[64] Ziel seien etwa Abgeordnete oder Ministerien. Statt den Politiker selbst spreche man eher Mitarbeiter an, über deren Schreibtisch viele wichtige Dinge liefen.

Angesichts solcher Tatsachen ist es umso erstaunlicher, was sich in den deutschen Sicherheitsbehörden tut. Nachdem Bundeskanzler Gerhard Schröder Anfang der 2000er-Jahre die BND-Zentrale in Pullach bei München besuchte, wurde kurz darauf die für Gegenspionage zuständige Abteilung aufgelöst – sehr zur Verwunderung der Beamten. In Moskau müssen wohl die Krimsekt-Korken geknallt haben. Erst Jahre später wurde die Gegenspionage wiederaufgebaut, mit mäßigem Erfolg; behördenintern galt sie jahrelang als »Entsorgungsstelle für personelle Problemfälle«. Auch die Kapazitäten des Verfassungsschutzes in der Spionageabwehr sind bescheiden. »Es ist geradezu lächerlich, wie wir mit ein paar Hanseln mit der materiell und personell sehr gut ausgestatteten Gegenseite mithalten sollen. Die lachen sich krumm«, beklagt ein Beamter.

So sehr wir uns hüten müssen, in Verfolgungswahn zu verfallen – Hand aufs Herz: Was halten Sie für wahrscheinlicher? Dass Wladimir Putin die alten Netzwerke von Stasi und KGB in Deutschland einfach ignoriert und aus einem tief verwurzelten Hang zum Fair Play heraus auf ihre Nutzung verzichtet? Oder dass er diese einsetzt – aus dem Verständnis heraus, dass selbst mit einer ganz geringen Zahl von Leuten an den richtigen Stellen viel zu bewirken ist?

DESINFORMATION – EINE HOHE KUNST

Die Lage in Deutschland ist ernst. Sehr ernst sogar. Zu diesem Schluss jedenfalls müssen die Leser der Internetausgabe der größten russischen Boulevardzeitung kommen, der kremlnahen *Komsomolskaja Prawda* (KP): Diese erreichte Ende 2013 rund 22 Millionen Menschen, davon sicher auch sehr viele Russischsprachige in Deutschland.[1] Im September 2015 erschien dort folgender Beitrag einer Frau namens Galina, die angeblich in Deutschland lebt und ausführlich von ihren Erlebnissen hierzulande berichtet. Galinas Bericht wurde von mehr als 40 anderen Internetmedien aufgegriffen bzw. übernommen. Hier Auszüge aus dem Beitrag:[2]

Fast alle Aufzeichnungen Galinas (der Autorin) sind streng dokumentarisch: Sie versieht sie mit Links auf die wichtigsten Medien Deutschlands und Aussagen von Amtsträgern. Das ist eine wahrhaftige Chronik des Untergangs Europas:

4. Januar:

»Heute diskutiert das deutsche Internet eine Erklärung der Bundesregierung, wonach Migranten aus allen Krisengebieten der Welt nach Deutschland kommen sollen. Bevorzugt werden dabei junge Moslems aus Afrika und dem Nahen Osten: In einer Erklärung des Bundestags ist die Rede von starken Händen, die Deutschlands Wirtschaft retten sollen. Aber wenn man auch nur die Frage stellt, wo diese ›ungebildeten, nicht Deutsch sprechenden Männer arbeiten sollen‹, bekommt man sofort den Stempel ›Rassist‹ oder ›Islamhasser‹ aufgedrückt.

Und das, wo noch gestern erklärt wurde, dass die Regierung das Rentenalter auf 70 Jahre anheben will. Die Alten werden also bis 70 auf ihren Arbeitsplätzen sitzen, aber wo werden da die jungen Deutschen arbeiten? Wenn die Arbeitslosigkeit jetzt schon bei 30 Prozent liegt?

Die Sahne auf der Torte: Die katholische Kirche hat sich entschlossen, die Sitte, Babys zu taufen, zu beenden. Der Grund: Man darf einem Menschen seinen Glauben nicht aufdrängen, er soll selbst entscheiden, wenn er erwachsen ist. Es ist witzig, zuzusehen, mit welcher Geschwindigkeit sich Europa selbst zugrunde richtet. Besorgen Sie sich genug Popcorn!«

5. Januar:
»Die Zerstörung Europas geschieht mit so einer Geschwindigkeit, dass sogar bärtige Conchitas (Wurst) und Ehen von Schwulen schon harmlos wirken. Die Deutschen selbst zerhacken jeden, der für eine Begrenzung der Migration eintritt.«

6. Januar:
»Bei uns ist es nicht langweilig. Jeden Tag Spannendes. Jeden Tag wachst Du auf und fragst Dich: ›Was haben Merkel und ihre kleinen Merkelein sich noch ausgedacht?‹ Das erinnert immer mehr an Gorbatschow.
P. S.: In den Kommentaren werde ich gefragt: Werden jetzt auch Ehen mit Paarhufern erlaubt? Ich antworte: Nein, nur Bordelle mit ihnen. Das ist schon ein, zwei Jahre so.«

20. Juli:
»Aus den Nachrichten: ›Auf 100 Arbeitssuchende kommen in Deutschland 5 freie Stellen.‹ Nächstes: ›Lehrstellen werden in erster Linie Flüchtlinge bekommen‹.
Das bedeutet, es gibt keine Arbeitsplätze für Deutsche. Dabei beträgt die Arbeitslosigkeit in Deutschland nach neuesten Daten 70 Prozent.«

25. Juli:
»Die Propaganda ›für Flüchtlinge‹ in den deutschen Medien übertrifft in ihrer Intensität und ihrer dummen Verlogenheit die Propaganda der DDR um ein Vielfaches. Das verstehen natürlich nur die Ostdeutschen, die Westdeutschen glauben alles.
Stellen Sie sich das vor, wir haben hier JEDEN Tag Nachrichten wie diese: ›Der arme Flüchtling Mohammed Abdalle ging über die Straße und fand 1700 Euro (1300, 1250, 1000) und brachte sie zur Polizei.‹ So verhalten sich echte Pioniere.«

26. Juli:
»In Deutschland wurde begonnen, Menschen für kritische facebook-Posts und Kommentare zu feuern.«

14. August:
»Die Idiotie der Deutschen kennt keine Grenzen. Ab dem neuen Semester dürfen afrikanische und osmanische Flüchtlinge ohne Notenbeschränkung auf die Universitäten. Alle anderen brauchen dazu super Zeugnisse, super Beurteilungen und Bestätigungen, dass sie kostenlos zum Wohl des Staates gearbeitet und ein Praktikum gemacht haben – und selbst dann müssen sie noch ein, zwei Semester auf einen Studienplatz warten.«

22. August:
»Man überlegt, ob Polizistinnen in Deutschland ein Kopftuch tragen sollen. Es ist Zeit, Ganzkörperschleier anzulegen!«

23. August:
»In Deutschland beginnt man wieder Bücher zu verbrennen. Verbrannt werden müssen alle Bücher, in denen das Wort ›Neger‹ vorkommt.
Wir fahren zwischenzeitlich auf die Datscha. Das Leben inmitten von absolut unverschämten und unzurechnungsfähigen Ausländern und Zigeunern ist einfach unmöglich. Wir haben uns entschieden, ein Zeichen zu setzen, wenn schon gefordert wird, dass man seine Wohnung für Afrikaner räumt. Ja, genau darum wurde ich gebeten. Weil ich eine städtische Wohnung mit mehr Platz habe, als mir zusteht. Vertrieben wird man aus der eigenen Wohnung nicht ins Nichts, sondern in Zimmer in solchen Unterkünften, die überhaupt nicht geeignet sind fürs Überleben: weit weg, heruntergekommen oder nur Bettplätze. Klar, Afrikaner kann man so nicht einquartieren, sonst wird man von den Menschenrechtlern zerfleischt. Aber Weiße kann man so unterbringen.«

27. August:
»Der deutsche Justizminister Maas fordert von facebook entschiedene Schritte gegen Kommentare gegen Flüchtlinge. Jetzt kann ich mir in etwa vorstellen, wie die Leute zu Beginn der 1930er-Jahre gelebt haben. Die Menschen haben Angst, vor Kindern offen zu sprechen. Alle kritischen

Kommentare im Internet werden gelöscht, die Deutschen bleiben mutterseelenallein mit ihren eigenen Gefühlen zu dem, was passiert. Heute wurde den Menschen verboten, sich auf der Straße zu treffen. Mehr als drei dürfen nicht mehr zusammenstehen. Im September wird ein neues Gesetz gegen die Unzufriedenen erlassen werden, also gegen uns ...«

Anschließend folgt noch ein Kommentar von einem prominenten Redakteur der Zeitung. Er schreibt: Die Autorin habe die Übertreibungen in der deutschen Flüchtlingspolitik satt. Es könne schon sein, dass sie »irgendetwas zu schwarz sieht« – aber ohne Feuer kein Rauch. Und selbst wenn einige der »Fakten«, die die Autorin aufzähle, »nicht ganz typisch« seien, ändere das doch nicht das Gesamtbild. Europa begehe einen »Ritual-Selbstmord«.[3]

Solche Berichte sind in den russischen Medien nicht die Ausnahme, sondern die Regel. Europa werde an der Flüchtlingswelle zugrunde gehen, der Islam werde den Kontinent erobern, und nur Russland werde widerstehen – das zumindest mussten im September 2015 die Zuschauer des russischen Kanals NTW erfahren, der prominent von einer entsprechenden »Vorhersage« der Wahrsagerin Wanga vor dreißig Jahren berichtete. Der sehr beliebte, vom Kreml gesteuerte Sender ist eine Tochter des Gazprom-Konzerns. Auch bei vielen der Millionen Russischsprachigen in Deutschland ist NTW beliebt. Der Sender zitiert die Wahrsagerin Wanga wie folgt: »Das Unglück wird von überall kommen, alle Völker erfassen. Die Menschen werden ohne Schuhe und Kleidung laufen, ohne Essen und Licht leben. Alles, was vereint war, wird in Fetzen zerfliegen. Und passieren wird das nicht weit von Europa.«[4]

»Hat Wanga damals wirklich die Attacke der Migranten und das Zittern der EU unter diesem Ansturm vorhergesagt, stimmt es, dass die Flüchtlings-Massen einen schrecklichen Virus mit sich bringen, der Europa leerfegt, und was sind die Folgen für Russland?« – so die Frage vor laufender Kamera, die dann ein alter Wanga-Bekannter mit Ja beantwortet – und die Treffsicherheit der Hellseherin beschwört: »Das Ganze ist auf Jahrhunderte geplant. Der Islam erobert Europa. Aber nicht Russland. Wanga hat gesagt: Russland wird die Mutter für Bulgarien, Mazedonien, Griechenland und den Balkan.« Wanga habe gesagt, der Islam werde Europa regieren, heißt es weiter.[5]

Sodann wird in dem Beitrag gewarnt, Flüchtlinge seien gefährlich für die Gesundheit – wie eine »bakteriologische Bombe«. Nicht nur die Terroristen unter den Einwanderern bedrohten uns, so die Botschaft: »Millionen Europäer können ohne eine einzige Explosion oder einen Schuss sterben.« Wladislaw Schemtschugow, »führender Virologe Russlands«, warnt: Die Flüchtlinge kommen aus einem Kriegsgebiet, »das ist ein Paradies für Mikroben: Typhus, Hepatitis A, Rotaviren, Cholera. Man kann Dutzende Krankheiten aufführen, die diese Menschen in ihrem Darm mit sich bringen können.« Weiter warnt Schemtschugow: »Die Cholera-Epidemie im scheinbar weit entfernten Irak muss man als bakteriologische Bombe betrachten, die über Europa hängt. Die Gäste aus dem Osten können schwere Infektionen leichter überstehen als Europäer.« Zu sehen ist eine Mutter, eine junge Witwe, die im Krieg alles verloren hat, mit ihrer kleinen, hübschen Tochter, der einzigen Überlebenden außer ihr. Der Sprecher: »Sie ahnt gar nicht, dass ihre fünfjährige Martha möglicherweise eine gefährliche Waffe nach Europa bringen kann ...«

Berichte wie dieser, die an Volksverhetzung grenzen, sind allgegenwärtig in den russischen Medien. Regelmäßig bekomme ich Anrufe von Freunden und Bekannten aus Moskau, die sich um mich Sorgen machen und fragen, ob ich noch sicher sei in Deutschland. Mit Warnungen vor den Auswirkungen dieser Propaganda hierzulande stieß man bis Januar 2016 auf taube Ohren. Dann machten traurige Ereignisse deutlich, wie stark die Berichte auch in die Bundesrepublik hineinwirken.

Es begann alles mit einer Vermisstenmeldung der Feuerwehr Berlin-Falkenberg, veröffentlicht am 12. 1. 2016 auf facebook. Darin war zu lesen, dass die 13-jährige Lisa gesucht wird. Die Meldung verbreitete sich schnell im Internet, allerdings in veränderter Form. In roter Leuchtschrift waren darüber folgende Worte zu lesen: »VERGEWALTIGT – FESTGEHALTEN – GEDEMÜTIGT«. Seiten, die dem rechten Spektrum zuzuordnen sind, verbreiten, mindestens fünf Männer hätten das Mädchen dreißig Stunden lang vergewaltigt – und die Polizei schweige.[6] Es sind kaum 24 Stunden nach dem Verschwinden Lisas vergangen, da kleben in Marzahn schon professionell gemachte Vermisstenplakate. Auf ihnen ist ein Bild zu sehen, auf dem Lisa viel kindlicher wirkt, als sie wirklich bereits ist. Auf Bildern aus den sozialen Netzwerken trägt sie Lippenstift und gefärbte Haare. Das mutet merkwürdig an, denn normalerweise verwendet man aktuelle Bilder mit hohem Wiedererkennungswert, wenn man jemanden sucht. Später wird bekannt, dass die Mutter von Lisa im Internet einen Aufruf zu einer Pegida-nahen Demonstration postete und forderte, Asylbewerber abzuschieben.

Am 16. 1. 2016 berichtet der wichtigste russische TV-Sender, der *Erste Kanal*, groß und ausführlich über den Fall Lisa. In Deutschland vergewaltigten Migranten Minderjährige, die Behörden täten nichts dagegen, die Täter würden nicht bestraft – »so sieht die neue Ordnung in Deutschland aus« – so kündigt die Nachrichtensprecherin die Reportage aus Deutschland an, die Hauptnachricht des Samstagabends. Dann berichtet eine Frau, die als Tante der 13-jährigen Lisa vorgestellt wird, das Mädchen sei von drei arabischen Flüchtlingen auf dem Schulweg in ein Auto gelockt, in eine Wohnung verschleppt und dort 24 Stunden abwechselnd geschlagen und vergewaltigt worden. Danach hätten sie das Kind einfach auf die Straße geschmissen. Die Polizei in Berlin weigere sich, eine Anzeige zu dem Vorfall aufzunehmen – nachdem sie das Mädchen drei Stunden lang allein, ohne Eltern, verhört habe. »Die Polizisten haben sie gezwungen, zu sagen, dass sie das alles selbst wollte. Dass sie wohl die Männer verführt hat! Das sind Tiere«, klagt der Onkel von Lisa. Die Eltern stünden derart unter Schock, dass sie die Geschichte gar nicht erzählen könnten. Das tat dafür die Tante. Sie sagte, dass die Familie Angst habe, dass ihr das Jugendamt die Tochter aus Rache wegnehme. In Berlin sei es zu einer spontanen Protestkundgebung der russischen Diaspora gekommen, heißt es in dem Bericht. Die Bilder, die gezeigt werden, stammen in Wirklichkeit von einer Demonstration der rechtsradikalen NPD, die sie regelmäßig abhält. Diesmal nehmen auch ein paar aufgebrachte Russlanddeutsche teil. Eine von ihnen berichtet vor der Kamera, dass sie das Opfer persönlich kennen. Es werde ständig vergewaltigt, sagt ein besorgter russischer Bürger – und droht an, mit Gewalt zu antworten. »Ich schlafe seit drei Tagen nicht mehr, weil mein Kind auf dem Schulweg an einem Flüchtlingsheim vorbeilaufen muss«, klagt eine Frau heulend. Der Moderator im *Ersten* schürt Gedanken an Gewalt: Es sei zu hoffen, dass Betroffene zum Telefonhörer greifen, und nicht zu etwas anderem – wo doch das Vertrauen zur Polizei fehle.

In dem Bericht ist statt deutscher schwedische Polizei zu sehen, mit der Aufschrift »Polis« auf den Uniformen; es wird ein Film gezeigt, in dem sich angebliche Migranten mit der Vergewaltigung von Deutschen brüsten – der Streifen kursiert aber schon seit Jahren im Internet. Dass die

Polizei nicht für eine Stellungnahme zu erreichen gewesen sein soll, klingt merkwürdig. In dem Beitrag des *Ersten* ist dann noch ein anderer angeblicher Migrant zu sehen, der in gutem Deutsch prahlt, eine Jungfrau vergewaltigt zu haben – unter zustimmenden Lauten seiner Freunde.[7] Das Video stammt von einer falschen Anonymus-Seite, die seit langem russische Propaganda postet. Diese Seite hat auch den Beitrag des *Ersten Kanals* mit deutschen Untertiteln versehen und ins Netz gestellt. Er wurde 1,7 Millionen Mal angesehen. Zu lesen ist dort: »Wer erfahren möchte, welche Kapitalverbrechen der von Angela Merkel herangeschleppte, testosterongesteuerte und hochkriminelle Migranten-Mob mittlerweile in Deutschland verübt, erfährt dies unter anderem im GEZ-freien russischen Fernsehen.«[8]

Die Berliner Polizei ist in ihren ersten Stellungnahmen ausgesprochen zurückhaltend. »Nach den derzeitigen Ermittlungen unseres LKA gab es weder eine Entführung noch eine Vergewaltigung«, heißt es, »nähere Angaben« könne man »insbesondere zum Schutz des Mädchens und ihrer Familie nicht machen«.[9]

Bei einer NPD-Kundgebung in Marzahn spricht eine Frau, die sich als Kousine Lisas vorstellt: Sie möchte »hiermit bestätigen«, dass es sich nicht um Propaganda handele. Weiter beteuert sie: »Diese Tat wurde wirklich begangen.« Die Täter seien »definitiv« Ausländer. Dann erhebt sie schwere Vorwürfe gegen die Polizei: »Ein minderjähriges Mädchen wurde drei Stunden lang alleine verhört. Sie wurde ausgelacht.« Gegen Ende der Vernehmung sei Lisa zusammengebrochen und habe »einfach behauptet, dass es so stimmt, wie die Polizei es gern hätte«, behauptet die angebliche Kousine.[10]

Als ein Konstanzer Anwalt bei der Berliner Staatsanwaltschaft Anzeige wegen Volksverhetzung gegen den Korrespondenten des *Ersten Kanals* erstattet, wird er im russischen Fernsehen und von der russischen Botschaft massiv angegriffen – auch unter der Gürtellinie: Die Anzeige ähnele einem »Versuch eines politischen Versagers, mit der billigen PR-Aktion wieder auf sich aufmerksam zu machen«, spottet Botschaftssprecher Sergej Beljajew unter Anspielung auf eine erfolglose Oberbürgermeister-Kandidatur des Anwalts 2012. Der Diplomat beklagt einen massiven Angriff auf die Pressefreiheit – durch eine private Strafanzeige: »Mit seinem Affront setzt der Anwalt den russischen Journalisten unter Druck und versucht, die deutschen Behörden dazu zu provozieren, die

Tätigkeit des Journalisten einzuschränken. Das ist nicht annehmbar.«[11] Wäre der Anlass nicht so traurig – man könnte über solche Realsatire lachen.

Tagelang bauschen die vom Kreml gesteuerten russischen Medien den Fall auf; die Flüchtlingskrise wird zur scheinbar wichtigsten Nachricht – als gäbe es nicht die Wirtschaftskrise im eigenen Land. Verzweiflung in Europa – das ist die Botschaft, die etwa der Sender REN verbreitet, der von einem Putin-Vertrauten kontrolliert wird: »Die Bewohner einer Reihe von Ländern wissen nicht mehr, wie sie auf die Übergriffe von Migranten reagieren sollen, die die Frauen vergewaltigen, Menschen umbringen, Drogen konsumieren und ihre Notdurft direkt in der U-Bahn verrichten.«[12] Es folgt eine lange Aufzählung von Schauergeschichten. Der *Fünfte Kanal* versucht mit Lügen den tragischen Tod einer Studentin in Berlin auszuschlachten, die von einem psychisch Kranken vor die U-Bahn gestoßen wurden: Der russische Sender bezeichnet den in Hamburg geborenen Mann als »Flüchtling«.[13] Entscheidend: Solche Berichte sind keine Ausnahme, sondern allgegenwärtig. Wer das Moskauer Fernsehen anschaut, bekommt den Eindruck, Russland sei eine Oase der Stabilität und in Europa beginne die Apokalypse.

Für Samstag, den 23. Januar 2016, meldet ein bis dahin kaum bekannter »Internationaler Konvent der Russlanddeutschen« zu einer Demonstration unter dem Motto »Sexuelle Übergriffe von Flüchtlingen gegen Frauen und Kinder bekämpfen« vor dem Berliner Kanzleramt auf. Unterstützt wird die Kundgebung von der fremdenfeindlichen »Bärgida«, der Berliner »Pegida«-Zwillingsschwester. Rund 700 Menschen, vor allem Russlanddeutsche, ziehen vor Angela Merkels Dienstsitz.

Auf den ersten Blick wirkt die Kundgebung wie eine ganz normale Demonstration. So berichten auch viele deutsche Medien darüber. Wer jedoch aus Moskau die von der Regierung orchestrierten Versammlungen kennt, erlebt mitten im Herzen von Berlin ein Déjà-vu. Rechtsextreme, putinnahe Verbände und Ordner, die wirken wie aus dem Kriminellen-Milieu. Es sind die Details, die entscheidend sind: Der Herr mit der Boxernase, der mit zwei Leibwächtern kommt und bei dem alle sofort ehrerbietig zur Seite schreiten oder ihm Bericht erstatten. Einer der Organisatoren gibt per Funk Anweisungen: »Jetzt die Jungs bitte, die für die Disziplin zuständig sind.« Die Plakate wirken sehr einheitlich; offenbar gab es eine Anweisung, sie sollten nicht gedruckt sein, wie früher bei solchen Demonstrationen in Moskau, sondern von Hand geschrieben. Aber sie sind alle in einer Handschrift geschrieben. »Lisa helfen«, steht da – als ob der 13-Jährigen die Namensnennung nicht noch weiter schaden würde. Es sind keine gekauften Demonstranten wie in Moskau, die Leute sind aus eigenem Antrieb da, haben Sorgen. Sind aufgehetzt von der russischen TV-Propaganda, die sie hier in Deutschland konsumieren. Umso straffer ist die Organisation. Als einer der Organisatoren seinen Geldbeutel aufmacht, um seine Visitenkarten herzugeben, sind zwei Zentimeter dick 100-Euro-Scheine zu sehen. Einer der Männer kündigte in einem Interview einen Bürgerkrieg in Deutschland an. Heinrich Groth, der sich »Führer« der Russlanddeutschen nennt, zu den Demonstranten: »Ich denke, dass unsere Kundgebung heute ein Schritt sein wird, dass die deutsche Regierung von ihren Debatten zu realistischen Änderungen kommt. Wenn nicht, müssen wir alles selbst ändern!«[14]

Milen Radev, ein aus Bulgarien stammender Berliner Blogger und Putin-Kritiker, kritisiert, dass die öffentlich-rechtlichen Sender zunächst kaum über die Aktion in Berlin berichteten: »All das hätte ich gerne in unseren Medien gesehen. Etwa in der Tagesschau, auf heute.de oder tagesschau.de. Dafür berichtet das russische Fernsehen ganz groß, als erste Meldung in den Abendnachrichten, fünfeinhalb Minuten lang – und immer noch ist von einer Gruppenvergewaltigung die Rede, während Moskaus Auslandsmedien diese Version bereits haben fallen lassen. Der gleiche Reporter ist zu sehen, gegen den Anzeige wegen Volksverhetzung erstattet wurde, und klagt über eine Hetzjagd auf ihn – in Berlin. Millionen Russischsprachiger in Deutschland sehen das – und viele werden auch bemerken, dass es im deutschen Fernsehen nicht läuft.« Weiter schreibt Radev über die Kundgebung: »Einige auffällige Gruppen, die sich teilweise durchmischten: kräftige, locker gekleidete kampfsportgestählte deutsche Zuhälter-/Rockertypen und ebensolche russische Mafiafiguren. Dazu die tschetschenischen (Kadyrow'schen) Fußvolkgestalten und einige feine Herren in Mantel, Schal und Krawatte von der Art ›russische Botschaftsangehörige‹ am Rande. Das alles vor dem Hintergrund von ›Merkel muss weg!‹-Rufen, von antiamerikanischer Hetze und von (wörtlich) Forderungen wie ›Wir brauchen ein anderes System hier, eine andere Politik!‹. Und der ganze Spuk direkt vor dem Tor des Bundeskanzleramtes! Und dazu einzelne stadtbekannte

Pegi-/Bärgidisten mit wirrem Blick und wehender deutscher Flagge. Auffällig: keine einzige russische Flagge und keine Schilder und Spruchbänder auf Russisch! Alles ganz loyal, voller Sorge um Deutschland, obwohl schätzungsweise die Hälfte keine Spur von deutschen Wurzeln aufweisen könnte.«[15]

Schon vor der Berliner Demonstration bekamen unzählige Russischsprachige in Deutschland Kettenbriefe per SMS, whatsapp und soziale Netzwerke, die Panik schürten und zu Demonstrationen am Sonntag, den 24. 1. 2016, aufriefen. Hier ein Beispiel für einen solchen Brief, den viele gleich mehrfach erhielten:

»Achtung! Wir befinden uns im Krieg!

In Berlin ist ein 13-jähriges Mädchen vergewaltigt worden. Die korrupte Regierung und ihre gehorsamen Kettenhunde in der Polizei versuchen die Tat zu vertuschen, die Presse schweigt seit einer Woche. Am Sonntag, 24. 1. 16, von 14 bis 16 Uhr, müssen alle Russischsprachigen auf die zentralen Plätze oder vor die Rathäusern, in allen Orten in Deutschland! Alle zusammen, zur gleichen Zeit! Wer das ignoriert, der muss wissen, dass die Vergewaltigung auf sein Gewissen geht. Das ist der erste, friedliche Protest zur Warnung der Regierung! Wir stehen an einer Grenze. Wenn wir uns nicht zusammenschließen und Deutschland nicht verteidigen, werden wir zerdrückt werden wie Ratten, jeder in seiner Höhle. Verbreiten Sie diese Nachricht …«[16]

In vielen deutschen Städten folgen Menschen diesem Aufruf und versammeln sich auf den zentralen Plätzen. In den regionalen Zeitungen wird darüber ausführlich und umfassend berichtet, auch zeitnah im Internet. Nicht so in den überregionalen Medien. Kaum jemand kommt offenbar auf die Idee, die Teilnehmerzahlen aus den vielen Presseberichten, die im Netz stehen, zusammenzuzählen. Dann wäre man auf mehr als 10 000 Teilnehmer deutschlandweit gekommen. Dpa, als führende deutsche Nachrichtenagentur ein Leitmedium, meldete am Abend des 24. 1.: »Hunderte Russlanddeutsche haben am Sonntag in mehreren Städten gegen eine aus ihrer Sicht ausufernde Gewalt von Ausländern demonstriert.«[17]

In Augsburg klagt ein Demonstrant, dass es Deutschland mit seiner Toleranz »übertreibt« und die Russlanddeutschen gefordert seien, die »deutschen und christlichen Eigenschaften« gegen die muslimischen Zuwanderer zu beschützen: »Die können sich nicht integrieren und akzeptieren hiesige Werte nicht, anders als wir.« Sich selbst sehen viele der Demonstranten als Patrioten, die laut aussprechen, was Medien, Polizei und Politiker aus falsch verstandener Angst vor Nazi-Vorwürfen sich nicht trauen würden zu sagen. Er habe den Eindruck, dass Russland »derzeit demokratischer als Deutschland« sei, sagt ein Demonstrant. »Die können sich nicht integrieren und akzeptieren hiesige Werte nicht, anders als wir«, sagt der Mann, der zum Schutz der »deutschen und christlichen Eigenschaften« vor Muslimen aufrief. Die Anwesenden und die Organisatoren sprechen Russisch miteinander.[18] Zu sehen sind auf den Demonstrationen Plakate mit Aufschriften wie »Frieden für unsere Kinder« und »Merkel tritt zurück«. Nirgends sind russische Fahnen zu sehen, vieles an den Aktionen in den unterschiedlichen Städten wirkt auffällig synchron, wie gesteuert. Auffällig ist auch, dass die Plakate und Luftballons, sofern vorhanden, gelb sind – wie am Tag zuvor in Berlin. Die Einladungen in den unterschiedlichen Städten waren weitgehend identisch. Die vom Kreml gesteuerte Zeitung *Sowerschenno sekretno* schreibt: »Das russische Deutschland erhebt sich zur Verteidigung des toleranten Europas«.[19] Im Sender REN heißt es: »Merkel wurde (von den Demonstranten) erklärt, was in Deutschland nach der Vergewaltigung einer 13-Jährigen durch eine Masse von Migranten passieren wird.« Dabei ist erneut von einer 30-stündigen Vergewaltigung des Berliner Mädchens durch Araber die Rede – obwohl diese Vorwürfe selbst der Anwalt der Familie zurückgezogen hat. Der *Erste Kanal* berichtet, in Deutschland seien nach Regierungsangaben 600 000 Migranten spurlos verschwunden.[20]

Die Polizei verrät derweil weitere Einzelheiten im Fall Lisa. Sie betont erneut, es habe weder eine Entführung noch eine Vergewaltigung gegeben, lediglich einen Sexualkontakt. Der sei zwar strafbar aufgrund des Alters der 13-Jährigen, sei jedoch einverständlich erfolgt.[21] Während russischsprachige Moskauer Medien weiterhin von einer Vergewaltigung reden, zeigen sich Moskaus Auslandsorgane wie *Sputnik* bereits deutlich vorsichtiger und berichten, es bestehe kein Verdacht einer Vergewaltigung mehr.[22] Außenminister Lawrow und seine Umgebung beachten die eigenen Auslandsmedien wohl nicht, oder sie haben einfach ein Kommando aus dem Kreml, als sie am Dienstag, den 24. 1., zur politischen Attacke übergehen: Putins Chefdiplomat wirft Berlin im Fall Lisa »Vertuschung« vor: »Es ist klar, dass das Mädchen auf keinen Fall freiwillig für 30 Stunden verschwunden war«, sagt der Minister. Er hoffe, dass es keine weiteren Fälle geben werde wie mit »unserer Lisa«, so Lawrow.[23] Das lässt aufhorchen: Nicht nur, dass er eine deutsche Staatsangehörige als »unsere« bezeichnet – es ist auch zynisch, ihren Namen zu nennen und das Kind damit preiszugeben.[24] Wenn Moskau bisher andere Länder vor »Wiederholungen« in solchen Fällen warnte, die es in der Propaganda ausschlachtete, wiederholten sich oft auch – natürlich aus reinem Zufall. Außenminister Steinmeier reagiert zunächst nicht und lässt seine Presseabteilung erklären, er werde die Aussagen Lawrows nicht kommentieren. Am nächsten Tag kommt dann die Kehrtwende. Es gebe keine Rechtfertigung dafür, den Fall »für politische Propaganda zu nutzen und hier auf eine ohnehin schwierige innerdeutsche Migrationsdebatte Einfluss zu nehmen und sie anzuheizen«, so die Mahnung Steinmeiers. Er kündigt an, man werde den russischen Botschafter noch am gleichen Tag »mit den nötigen Informationen ausstatten«. Regierungssprecher Seibert warnt vor »Instrumentalisierung« der angeblichen Vergewaltigung.[25] Lawrow keilt noch einmal zurück: Migrationsprobleme dürften nicht »zu Versuchen führen, die Realität aus innenpolitischen Gründen heraus politisch korrekt zu retuschieren«, mahnt er am Donnerstag, den 25. Januar aus dem 4000 Kilometer entfernten Turkmenistan: Auch hätten die Berliner Ermittler Moskau mit erheblicher Verzögerung über das Verschwinden »unseres Mädchens« in Kenntnis gesetzt.[26]

Am Freitag bricht dann das Lügengebäude der Moskauer Propaganda in sich zusammen: Anhand der Chats vom Handy der 13-Jährigen konnte die Polizei rekonstruieren, dass sie die Nacht, in der sie vermeintlich in der Gewalt von Entführern war, bei einem 19-jährigen Freund verbrachte. Lisa habe sich nicht nach Hause getraut und vor ihren Eltern verstecken wollen, weil diese wegen schulischer Probleme zu einem Elterngespräch an ihrer Schule gebeten worden waren. Insgesamt erzählte Lisa der Polizei vier verschiedene Geschichten über ihr Verschwinden – darunter auch die mit der Vergewaltigung und Entführung durch südländisch anmutende Männer.[27] Die gewaltige internationale Resonanz setzte Lisa stark zu. »Meiner Tochter geht es sehr schlecht«, berichtete ihre Mutter nach der Aufklärung des Falls: Lisa befinde sich in »stationärer psychiatrischer Behandlung«. Für Lawrow hatte der Fall dagegen keine Folgen: In einem Telefonat mit Steinmeier vereinbarten die beiden, die Sache auf sich beruhen zu lassen.

Der Fall Lisa ist geradezu prototypisch für die Desinformationspolitik Moskaus unter Wladimir Putin. Instinktsicher legen die Kreml-Propagandisten ihren Finger in die Wunde – die Angst vor Fremden und sexualisierter Gewalt, die in Deutschland nach den Ereignissen von Köln stark angestiegen ist.

Um die Horrorgeschichten über Deutschland glaubwürdig erscheinen zu lassen, setzen die russischen Fernsehsender auch Laienschauspieler ein. Ein russischer Bekannter aus Norddeutschland erzählte mir vor kurzem, dass er von einer in Deutschland lebenden TV-Producerin ein Angebot bekommen hatte, gegen Bezahlung nach Moskau zu fliegen und dort in einer Fernseh-Show Schauermärchen zu erzählen. Er lehnte empört ab. Nachdem ich die Geschichte öffentlich gemacht hatte, wollte mein russischer Kollege Roman Dobrochotow vom Internet-Portal »The Insider« es wissen. Sein Plan in Wallraff-Manier: Er wollte sich als russischer TV-Journalist zu erkennen geben und die TV-Producerin anrufen, um über sie einen Laienschauspieler fürs Moskauer Fernsehen zu buchen. Natalja, wie die Frau heißt, hilft offenbar regelmäßig mit, Lügenstorys mit »Augenzeugen« abzusichern. Mal tritt sie selbst auf, mal filmt sie Interviews mit anderen. Auf die Frage Dobrochotows, ob es auch möglich sei, dass er selbst das Drehbuch schreibe und sie oder ihre Laiendarsteller dann ihren Part nur vortragen, »mehr oder weniger natürlich«, antwortete Natalja: »Selbstverständlich. Ich sage alles, was Sie wollen!« Sie könne alles problemlos erledigen. Dann fragte Natalja, wie alt der »Augenzeuge« sein solle und ob man einen oder mehrere brauche. Der Preis hänge auch davon ab, ob es nur ein Interview werden solle oder ein ganzer Einspieler. Dobrochotow sagte, er kenne die Preise nicht, und fragte, was die anderen Kanäle ihr gezahlt hätten: Der Sender *Swesda* 500 Euro, der *Erste Kanal* genauso viel, der Sender *Ren* 300 Euro, aber manchmal gebe es auch 1000 Euro, oder auch nur 250, erzählt Natalja.[28] In dem Beitrag im Kanal *Swesda* erzählt sie am 14. 1. 2016 unter dem Namen »Viktoria Schmidt«: »Mein Mann hat mir gesagt, dass ich unbedingt jeden Tag ein Tränengasspray in der Tasche haben muss.«[29] Der »Einfall der Migranten« habe das Leben der Familie Schmidt so verändert, dass es ein »Vorher« und ein »Nachher« gebe, so der Sprecher. »Die Situation ist sehr schwer für mich«, sagt dann Natalja alias Viktoria mit sehr ernstem Blick: »Ich denke, wenn das so weitergeht, dann werden mein Mann und ich nach Russland zurückkehren. Weil es gefährlich wird, hier zu leben.«[30] Die Sendung vermittelt den Eindruck, in Deutschland herrsche Chaos und Gewalt. »Das ist nicht Libyen und nicht Syrien, das ist Deutschland«, sagt der Sprecher – und stellt das Abfeuern von Neujahrsraketen, das auf verwischten, hektischen, chaotischen Bildern zu sehen ist, damit in einen Zusammenhang mit Bürgerkrieg.[31] Natalja alias Viktoria erzählt eine schreckliche Geschichte: Eine Frau habe »geputzt an einem Ort, an dem Migranten lebten, und ihre Familie sollte zu ihrem 45. Geburtstag aus Russland zu Besuch kommen, aber sie wurde nicht nur getötet, sondern vorher auch noch vergewaltigt. Ihre Familie kam nicht zur Geburtstagsfeier, sondern zur Beerdigung.«[32] Der Polizei in Hannover, wo Natalja lebt, ist kein solcher Fall bekannt.[33] Kein Wunder: Hatte sich die junge Frau doch im Gespräch mit Dobrochotow damit gebrüstet, für diesen Beitrag alles selbst erfunden zu haben, was sie sagt.

»Die zentralen TV-Sender wie *Rossija 1* oder NTW besitzen jetzt eigene Redaktionen, die für Propaganda-Projekte zuständig sind«, zitiert Stefan Scholl, einer der erfahrensten deutschen Moskau-Korrespondenten, einen PR-Offizier der Sicherheitsorgane.[34] Diese Spezialisten bringen im Handumdrehen Männer oder Frauen vor die Kamera und lassen sie dort die gewünschten Zitate sprechen, und sie sorgen auch für die benötigten Bilder, mit denen sich vermeintliche Gräueltaten inszenieren lassen. Dabei greifen sie auch auf Archivbilder aus ganz anderen Kriegen zurück, wenn es darum geht, etwa Massengräber glaubhaft darzustellen. Der PR-Offizier erzählt weiter: »Die Staatsjournalisten entwickeln durchaus Eigeninitiative, aber ihre Vorschläge müssen vom Kreml abgesegnet werden, um zur Kampagne zu werden.« Dabei machen dann auch Auslandsmedien wie *Russia Today* oder *Sputnik* mit.[35] »Kronzeugen« aus dem Westen wie der frühere *F.A.Z.*-Journalist Udo Ulfkotte, der mit dem Buch »Gekaufte Journalisten« einen Bestseller landete, verbreiten über die russischen Medien Aussagen, die wortwörtlich mit den Moskauer Verschwörungstheorien übereinstimmen: »Ich wurde ausgebildet, um zu lügen und zu betrügen, nicht um der Öffentlichkeit die Wahrheit zu sagen.«[36] Bei allen problematischen Entwicklungen in den deutschen Medien – wer sie auch nur etwas von innen kennt, weiß, wie absurd so eine Behauptung ist. Russland betreibe »längst einen Propagandakrieg auch gegen Europa«, klagt Ader Muschdabajew, früher Redakteur der Zeitung Moskowski Komsomoljez und heute im Exil in Kiew. Das Ziel sei, »die politische Lage in wichtigen Ländern wie der Bundesrepublik zu destabilisieren und die EU zu desintegrieren«.[37]

Anders als seine Vorgänger kann Putin heute bei solcher Desinformation auf einen Faktor setzen, den es zu Sowjetzeiten noch nicht gab: Millionen Russischsprachige in Deutschland, allen voran die rund 2,5 Millionen Russlanddeutschen, aber auch Kontingentflüchtlinge und sehr viele Menschen aus der früheren Sowjetunion. Insgesamt sind es laut Schätzungen rund drei Millionen Menschen – genaue Zahlen liegen nicht vor, unter anderem, weil die Russlanddeutschen in den amtlichen Statistiken nicht gesondert geführt werden. Moskau versuche, die Russlanddeutschen ähnlich zu manipulieren wie im Krieg gegen die Ukraine die ethnischen Russen im Donbass, berichtet der Journalist Ader Muschdabajew: »Beide schauen ja vor allem russisches Staats-TV.«[38] Die deutsche Politik hat den gleichen Fehler gemacht wie die Verantwortlichen in den baltischen Staaten. Sie dachten, es sei der Integration abträglich, ein russischsprachiges Fernsehprogramm anzubieten. Diese Denkweise hätte vielleicht noch vor Jahrzehnten funktioniert, als es noch keine Satellitenschüsseln und kein Fernsehen via Kabel und Internet gab. In der modernen Welt führte der Verzicht auf eigene russischsprachige Programme dazu, dass viele der Muttersprachler auf die Sender aus ihrer früheren Heimat auswichen. Solange das Fernsehen wie unter Boris Jelzin noch halbwegs unterschiedliche Meinungen sendete, war das kein allzu großes Problem. Bis es unter Putin zu einem Instrument von Propaganda und Hass wurde. Das Thema wurde in Deutschland dennoch fast völlig verkannt. Wenn man darauf hinwies, wurde man schräg angesehen. Dabei ist die Situation so ernst, dass sie manche Familien regelrecht entzweit: auf der einen Seite die Putin-Anhänger, die meistens treue Zuschauer des Kreml-TVs und meist älter sind, auf der anderen Seite die meistens eher jungen und gut in Deutschland Integrierten, die Putin kritisch hinterfragen. Oft geht es so weit, dass in Familien nicht mehr über Politik geredet wird, zuweilen ist es so, dass man gar nicht mehr miteinander redet. In Deutschland wurde das Thema Russlanddeutsche lange vernachlässigt; viele von ihnen fühlen sich und ihre Geschichte in der öffentlichen Debatte in Deutschland ausgeklammert. »Lieber lassen wir uns instrumentalisieren als ignorieren« – so drastisch habe eine Russlanddeutsche ihre Position beschrieben, berichtet Viktor Krieger, Lehrbeauftragter an der Forschungsstelle Geschichte und Kultur der Deutschen in Russland der Universität Heidelberg. Krieger beklagt, dass kaum zum Thema Russlanddeutsche geforscht wird: »Man hat einfach gedacht, sie sind da, und werden einfach Deutsche. Und das war's. Aber man hat nicht das Maß des nationalen Selbstverständnisses ins Auge genommen. Dass es nach 200 Jahren Hintergründe gibt, die sich nicht mit den Erfahrungen in der Bundesrepublik und der DDR überschneiden.«[39] Besonders dramatisch ist, wie stark die Moskauer Propaganda auch auf jene Russischsprachigen wirkt, die nicht an sie glauben – und zwar indirekt: Viele von ihnen fühlen sich nun ihrerseits durch pauschalierende Berichterstattung in den deutschen Medien oder Politikeraussagen vor den Kopf gestoßen, die sie als diskriminierend empfinden – etwa, wenn Russlanddeutsche pauschal als »Moskaus fünfte Kolonne« bezeichnet werden.

Dabei zielt Putins Desinformation nicht nur auf Russischsprachige. Wenn man die Arbeit von KGB und Stasi genauer untersucht, entdeckt man viele Parallelen zum heutigen Wirken Moskaus. Wichtigstes Ziel der kommunistischen Geheimdienste war es, auf die Politik westlicher Staaten Einfluss zu nehmen, etwa durch gezielte Falschinformationen, die helfen sollten, die Lage zu destabilisieren. Dass das Aidsvirus in einem US-Labor entstanden sei, ist einer der Mythen, die durch tatkräftiges Wirken von Stasi bzw. KGB entstanden sind – ebenso wie die angebliche Verwicklung von CIA und rechtsextremen Kreisen in die Kennedy-Ermordung.[40] Im KGB gab es die Sektion D »Desinformation«, die für die Verbreitung falscher oder irreführender Informationen im Ausland zuständig war.[41] Bei der Stasi übernahm die Abteilung X der HVA diese Aufgabe. So streute sie etwa die Lüge, Westdeutschland produziere heimlich ABC-Waffen. Die Spezialisten aus Moskau und Ostberlin mischten Wahres mit Unwahrem. So reicherten sie etwa das Protokoll eines abgehörten Telefongesprächs des CSU-Vorsitzenden Strauß um brisante, aber frei erfundene Zitate an und spielten das Ergebnis an die westdeutschen Medien.[42] Als Informanten waren für die Abteilung X oft westliche Journalisten tätig, die als Einflussagenten erwünschte Berichte veröffentlichten oder konspirativ gen Osten meldeten, was sie bei ihrer Arbeit von westdeutschen Politikern gehört hatten. Diskret spielte die Stasi Redaktionen Material zu, ohne dass diese den Absender erahnten. Die »Kundenliste« liest sich, wie die *Neue Zürcher Zeitung* schreibt, wie ein »Who is who? der linksliberalen Medienszene der Bundesrepublik«: Insbesondere der *Stern* entwickelte »wie kein anderes Massenblatt in Westdeutschland eine ungewöhnliche politische Affinität zu den kommunistischen Diktaturen«, schreibt Hubertus Knabe, der dem Thema »Stasi und Westmedien« ein ganzes Buch gewidmet hat.[43] Das umfassende Werk beleuchtet, wie stark die westdeutschen Medien unterwandert waren und wie es der DDR gelang, ihr Bild dort vom verabscheuten »rotlackierten Faschismus« in den fünfziger Jahren zum anerkannten »zehntstärksten Industriestaat der Welt« zu wandeln. Möglich habe dies vor allem die Schwäche der westlicher Journalisten gemacht: So habe der *Stern* 1963 in einem Tabubruch Walter Ulbricht wohlwollend Raum für ein Propaganda-Interview gegeben, zwei Jahre nachdem dieser den Mauerbau angeordnet hatte. Auf diese Weise, so Knabe, habe sich die »Westpresse zum Multiplikator der DDR-Ideologen gemacht«, um sich peinlich »zahme« Reportagereisen durch die DDR zu sichern.[44]

Gegen die Zeitschrift *Quick* brachte die Stasi bei der Konkurrenz in Umlauf, auf ihrem Chefsessel sitze ein Geheimdienstler. So wollte Ostberlin die strikte Position des Blattes gegen die Ostverträge von Willy Brandt in den siebziger Jahren unterminieren. Zielstrebig wurden informelle Mitarbeiter in die Redaktionen im Westen eingepflanzt, »geltungs- und geldsüchtige Journalisten fanden sich überall«, so Knabe.[45]

Die Abteilung X der Stasi führte darüber hinaus Politiker, Professoren bis hin zu hohen Nato-Offizieren und lancierte über Strohmänner Informationen, die im Westen verbreitet wurden. Der westdeutsche Verfassungsschutz warnte zwar vor den Aktivitäten der Stasi, entsprechende Berichte wurden jedoch als Propaganda kalter Krieger abgetan oder als störend für die Entspannungspolitik.[46] All diese Beschreibungen könnten auch auf die heutige Situation übertragen werden.

So sorgten etwa Mitschnitte eines abgehörten Telefonats der Europabeauftragten des US-Außenministers, Victoria Nuland, 2014 auf dem Höhepunkt der Krim-Krise europaweit für Aufregung und Empörung, unter anderem, weil sie darin »Fuck the EU« sagt und Personalwünsche für die künftige ukrainische Regierung äußert.[47] Ob das Nuland-Zitat gefälscht, entstellt oder korrekt war, werden wir wohl erst erfahren, wenn irgendwann einmal die FSB-Akten geöffnet werden. Genauso wie wir erst nach Öffnung der Stasi-Unterlagen erfuhren, dass die spektakulären Telefonabhöraffären um Franz Josef Strauß und Helmut Kohl mit verfälschten Protokollen ausgelöst wurden. Bundestag, Parteien, Geheimdienste und Untersuchungskommissionen beschäftigten sich jahrelang mit ihnen.[48]

Die Methode sei einfach, berichteten zwei frühere Desinformations-Spezialisten der Stasi 1991 im *Spiegel*: »Die aus dem Westen kommenden geheimen Informationen wurden nach ›sachdienlicher Bearbeitung‹ in den Westen zurückgespielt und funktionierten dort ›nach dem Zeitbombenprinzip‹. Würden ›Stoßrichtung, Zeitpunkt, begünstigende Umstände‹ der Lancierung richtig kalkuliert, sei die ›moralische Wirkung ungeheuer‹.«[49] Dieses Prinzip wendet Moskau etwa bei dem US-Whistleblower Edward Snowden an, der heute im Moskauer Exil lebt. Für die These, Snowden sei bereits vor seiner Flucht aus den USA von Moskau angeworben worden, gibt es keine Belege. Aber so unzulässig eine Verurteilung ohne Belege wäre, so naiv wäre es, mögliche Zusammenhänge gänzlich auszuschließen – vor allem, wenn man betrachtet, wie erfolgreich der KGB mit der Anwerbung von US-Amerikanern für seine Dienste in der Vergangenheit war. »Gibt es hinter den NSA-Enthüllungen eine Instanz, einen Lenker und Urheber? Das ist und wird immer deutlicher eine berechtigte Frage«, kommentiert denn auch Sandro Gaycken, Direktor des Digital Society Institute in Berlin, im Juli 2015 in der Frankfurter Allgemeinen: »Denn die vielen Enthüllungen über CIA und NSA – ob durch Snowden oder Wikileaks – belasten das europäisch-amerikanische Verhältnis inzwischen stetig und strategisch relevant. Das ist eine Wirkung, ein sicherheitspolitischer Effekt, und bei derartigen Effekten ist es strategisch geboten, Spekulationen anzustellen, wer davon in welcher Weise profitiert – und ob ein geheimer Lenker in Frage kommt.«[50] Gaycken hält China und Russland für potenzielle Drahtzieher: Sie seien »in Geheimdienstkreisen berühmt und berüchtigt für ihre große Gewichtung und hervorragende Beherrschung des Feldes der ›Information Operations‹ oder auch ›Psychological Operations‹, bei denen man Narrative und Wahrnehmungen aufbaut, um langfristige strategische Wirkungen zu erzielen«.[51] Weiter fragt Gaycken: »Wie konnte ein mittlerer Mitarbeiter eines Contractors als Einzeltäter jemals so unglaublich viele geheime und streng geheime Dokumente zu sich kanalisieren und unbemerkt exfiltrieren? Vielleicht ist das eine furchtbare Panne – auch das ist plausibel. Vielleicht gab es aber auch professionelle Helfer.«[52] Merkwürdig findet der IT-Experte auch, dass vor allem Dokumente aufgetaucht sind, die das europäisch-russische Verhältnis belasten, aber keine, die Russland, China oder deren Verbündete im Mittleren Osten betreffen.

Auch wenn Snowden auf eigene Faust gehandelt hat, ist auffällig, dass »viele Leaks in hoher Synchronizität mit diplomatischen Begegnungen und Vorfällen standen. Vor bestimmten Verhandlungen etwa oder begleitend in bestimmten Momenten wichtiger Krisen«, wie Gaycken ausführt.[53] Tatsächlich haben die Snowden-Enthüllungen über die Lauschangriffe des NSA bis hin zur Kanzlerin das deutsch-amerikanische Verhältnis erschüttert wie nur wenige Ereignisse in der Nachkriegszeit. Die Wahrnehmung des Nato-Partners diesseits des Atlantiks hat sich in Deutschland sehr weitgehend verändert. Ganz neu ist das nicht: 1975 veröffentlichte der *Stern* unter der Überschrift »Die Abhör-Affäre« das vermeintliche von einem US-Geheimdienst angefertigte Abhörprotokoll eines Telefonats von CDU-Chef Kohl mit seinem Generalsekretär Kurt Biedenkopf – getippt auf einem Formular des in Kaiserslautern stationierten US-Army-Geheimdienstes. Die Empörung war groß. Hörte Washington die eigenen Verbündeten ab? Nach der Wende kommentierte der Ex-Stasi-Mann Günter Bohnsack im *Spiegel* den Bericht: »Das Telefonat haben in Wirklichkeit wir abgehört. Wir haben es dem ›Stern‹ zugespielt. Um Unruhe zu schüren, haben wir den Anschein erweckt, die Amerikaner hätten abgehört. Der ›Stern‹ ist prompt darauf reingefallen.«[54]

Mangels Beweisen müssen wir davon ausgehen, dass Edward Snowden seinen Weg nach Moskau selbst fand. Unbestritten ist aber, dass seine Ankunft dort für Wladimir Putin und seine Pläne wie ein Gewinn des Super-Jackpots im Lotto war. Wäre ihm wie in russischen Märchen ein Wunderfisch an die Angel gegangen und hätte er einen Wunsch freigehabt – er hätte sich wohl jemanden wie Snowden gewünscht.

Moskaus Desinformation ist erschreckend erfolgreich. In vielen Bereichen gelang es dank der Propaganda, ihre Sichtweise wichtiger Politik-Aspekte sehr weit durchzusetzen. So glauben heute viele Menschen im Westen, es habe bei der Wiedervereinigung Deutschlands ein Versprechen an die Sowjetunion gegeben, die Nato nicht nach Osten zu erweitern. Das ist schlicht Unsinn. Niemand rechnete 1990 mit dem baldigen Zusammenbruch des Warschauer Paktes, und die sowjetische Staatsführung war klug genug zu wissen, dass eine solche Zusage nur dann wirksam gewesen wäre, wenn sie schriftlich erfolgt und von den

Parlamenten ratifiziert worden wäre. Selbst Michail Gorbatschow sieht in der Erweiterung keinen Wortbruch und bestätigt, es habe keine entsprechende Zusage gegeben.[55] Aber selbst wenn das der Fall gewesen wäre, wie die russische Propaganda mit dem Holzhammer zu vermitteln versucht – die Sowjetunion, der gegenüber die Zusage erfolgt wäre, gibt es nicht mehr, und drei ihrer Nachfolgestaaten sind selbst in die Nato eingetreten – Litauen, Lettland und Estland. Oft ist auch davon die Rede, Kohl und/oder Genscher hätten die Zusage gegeben – als ob sie für die gesamte Nato hätten sprechen können.

Eine weitere Legende, die Moskaus Propaganda recht erfolgreich im Westen verankern konnte, ist die angebliche »Demütigung« Russlands nach dem Zerfall der Sowjetunion. Dabei ist diese Darstellung nicht nur falsch – sie verdreht die Fakten geradezu ins Gegenteil. Als die Sowjetunion Ende der 1980er-Jahre in einer schweren wirtschaftlichen Krise steckte, war es der Westen, der half. Staatlich ebenso wie privat. Zu Beginn der 1990er-Jahre gab es massive Lebensmittelhilfe, durch private Pakete ebenso wie durch Programme aus Brüssel. Ende 1990 kündigte US-Präsident George Bush senior 1,3 Milliarden US-Dollar an Krediten und Kreditgarantien an, vier Monate später gab Washington weitere Kreditgarantien in Höhe von 1,5 Milliarden US-Dollar frei. Im März 1993 beschlossen die G7 ein 43 Milliarden US-Dollar schweres Hilfspaket. Die Weltbank vergab den größten Einzelkredit seit Bestehen – 610 Millionen US-Dollar für die Ölindustrie. Darüber hinaus zahlte der Westen Milliarden, um die sowjetischen Atomwaffen zu sichern.[56] Es spricht viel dafür, dass eine noch weiter gehende Hilfe, eine Art Marshallplan, sinnvoll, ja nötig gewesen wäre. Es mag durchaus sein, dass sich viele Russen erniedrigt fühlten, weil ihr Land auf die Hilfe des einstigen Klassenfeindes angewiesen war. Daraus aber zu konstruieren, der Westen hätte das Land wirklich erniedrigt, ist absurd.

Auch ist hier zu bemerken, dass Moskau bereits unter Boris Jelzin den Terminus vom »nahen Ausland« wiedereinführte und damit auch den Anspruch auf eine Vorherrschaft in den früheren Sowjetrepubliken. Jelzin startete auch, vorrangig zur Sicherung der eigenen Macht, einen blutigen Krieg in Tschetschenien, den der Westen zwar verbal verurteilte, aber nicht mit realen Schritten wie etwa Sanktionen beantwortete. Tatsächlich liegt das Problem darin, dass Russland weiterhin wie eine Großmacht behandelt werden wollte, aber keine mehr war. Wer deswegen von »Erniedrigung« spricht, ist derjenige, der Russland wirklich erniedrigt: Denn die Alternative wäre ja gewesen, mit Moskau nicht so umzugehen, wie es seiner realen, geschrumpften Bedeutung entsprach. Dann hätte man es behandelt wie ein Psychiater einen greisen Boxer oder Politiker, der nicht mit dem Verlust seiner alten Stärke oder Macht klarkommt und den man deshalb hätschelt und so tut, als sei er weiter wichtig, um zu vermeiden, dass er aus Frust sich selbst oder anderen Leid zufügt.

Sehr erfolgreich konnte Moskau auch seine Narrative des Ukraine-Krieges verbreiten. Viele im Westen glaubten tatsächlich, in Kiew seien Faschisten an der Macht – obwohl bei den Präsidentschaftswahlen 2014 die rechtsextremen Kräfte nur auf knapp über zwei Prozent kamen – deutlich weniger als in manchen deutschen Bundesländern, von Frankreich gar nicht zu sprechen. Der Historiker Timothy Snyder bringt die Widersprüche der russischen Propaganda am Beispiel Ukraine gut auf den Punkt: »Einerseits hört man, es gebe keinen ukrainischen Staat, andererseits hört man aber auch, der ukrainische Staat ist sehr repressiv. Man hört, es gebe gar keine ukrainische Nation, aber auch, die Ukrainer seien alle Nationalisten. Man hört, es gibt keine ukrainische Sprache, aber man hört auch, Russen würden gezwungen, ukrainisch zu sprechen. Man hört, Russland führe diesen Krieg, um die Welt vor dem Faschismus zu retten, aber man hört auch, dass Faschismus gar keine so schlechte Sache ist. Seien wir ehrlich: Wie weit haben wir verstanden, dass die ganze Propaganda nicht nur falsch, sondern so widersprüchlich ist? Ehrlich – wie viel davon war uns sofort klar? Überraschend und erschreckend wenig.«[57]

Warum ist die Moskauer Propaganda auch bei uns so wirksam? Um das zu verstehen, ist eine genauere Betrachtung ihrer Mechanismen bei uns notwendig.

ENTSCHLOSSEN UNENTSCHLOSSEN – DIE DEUTSCHEN MEDIEN

Die Atmosphäre hatte etwas von einem Bunker. Das Restaurant »Budwar«, auf Deutsch Budweiser, befindet sich im Keller eines grauen, hässlichen Plattenbaus im Herzen Moskaus, an der Taganka, einem der geschichtsträchtigsten Viertel der Hauptstadt. So unscheinbar das »Budwar« von außen wirkt, so entpuppt es sich im Inneren doch als kleine Oase westeuropäischer Bierseligkeit. Der Mann, mit dem ich mich hier zum Mittagessen traf, kam mit einer West-Limousine mit Blaulicht vorgefahren, direkt aus dem Kreml. Sein Chauffeur sprang hastig aus dem Wagen, um ihm die Tür zu öffnen. Die Augen der Kellnerinnen strahlten, kaum war er durch die Tür des »Budwar« gekommen – sie kannten ihn aus dem Fernsehen. Er war ganz nah dran an Wladimir Putin, dem Mann, der damals erst das zweite Jahr im Kreml war und dem man seine Unsicherheit ansehen konnte – nicht auf den Fernsehbildern, die sorgfältig inszeniert und gefiltert wurden, sondern wenn man ihn aus nächster Nähe sah, wenn man beobachten konnte, wie er hinter dem Rednerpult nervös mit Füßen und Händen spielte. Mein Gast war so bekannt, dass ihm die Kellnerin sofort eine Rabatt-Karte für das »Budwar« schenkte – was mir etwas sauer aufstieß, denn mir als Stammgast wurde noch nie so ein Angebot gemacht.

Beim zweiten Glas Bier stimmte der Mann aus dem Kreml das übliche Klagelied an: »Warum ist Russland so unbeliebt im Westen? Warum kommen wir so schlecht an? Was machen wir bloß falsch?« Mit »Russland« meinte er seinen Chef, Wladimir Putin.

»Ihr setzt immer noch auf die alten sowjetischen Methoden! Sperrig, unflexibel, mit dem Holzhammer«, antwortete ich.

Er nahm einen Schluck: »Was machen die Amerikaner besser als wir?«

Ich nippte an meinem Bier: »Es gibt diesen blöden Witz, in dem sich die Ratte beim Hamster beklagt: ›Wir sind doch enge Verwandte, von einer Art – aber euch Hamster lieben die Menschen, halten euch als Haustiere. Uns dagegen hassen sie, versuchen uns zu vergiften. Warum?‹ Der Hamster lacht: ›Weil wir die bessere PR haben.‹ Aber dieser Witz ist Unsinn. Das beste Parfum hilft nicht, wenn man sich nicht manchmal wäscht. Ihr müsst die Realität verändern und nicht das Spiegelbild!«

Er sah mich interessiert an: »Nein! Das mit dem Hamster, das bringt es auf den Punkt! Die Realität ist nirgends rosig. Man muss sie überall lackieren, in allen Ländern. Wichtig ist es, das gut zu machen! Die Amis schaffen das. Wir müssen das auch hinkriegen!«

Ich schüttelte den Kopf: »Wir wissen beide, wie viel hier im Argen ist. Man kann einen Lada nicht als Mercedes verkaufen, das geht nicht.«

Er blickte mich verschmitzt an: »Da bin ich mir nicht so sicher! Die Sowjetunion hatte weltweit Anhänger. Und die Amis schaffen es auch. Wir müssen uns nur anpassen. Euer Wissen anzapfen. Mit Euren Fachleuten, mit PR-Spezialisten, mit Euren Methoden!«

Ich lachte: »Na, da wünsche ich viel Spaß! Der Lada wird ein Lada bleiben, und jeder wird das sehen.«

Jetzt, fast anderthalb Jahrzehnte später, ist mir das Lachen im Halse steckengeblieben. Nie hätte ich gedacht, dass diese Taktik, über die ich damals noch gelacht habe, erfolgreich sein könnte: dass Moskau mit einer Mischung aus alten sowjetischen Methoden, insbesondere des KGB, und moderner amerikanischer PR-Technologie weltweit so viel Sympathie und Verständnis für sein autoritäres und aggressives Politikmodell gewinnen könnte.

Dabei gab es genügend Warnungen. Mitte der 2000er-Jahre erzählte mir ein Freund, der bestens im Kreml vernetzt ist, eher beiläufig von »Informationsgruppen«, die jetzt für die wichtigsten Länder gegründet würden: Fachleute aus dem Auslandsgeheimdienst SWR, aus dem Außenministerium und aus dem Kreml säßen da zusammen, um die Nachrichtenlage in den jeweiligen Ländern zu beobachten und dann Einfluss auf sie zu nehmen. Ich antwortete ihm mit dem Parfüm-Vergleich – dass selbst die beste Propaganda Gestank nicht zu einem Wohlgeruch machen könne. Er lächelte: »Abwarten! Da wird viel investiert, es ist Chefsache, und die haben auch beste Drähte in die jeweiligen Länder, die aktivieren die alten Netzwerke!« Er zwinkerte mit den Augen

»Die alten Geheimdienstnetzwerke?«, fragte ich.

»Ich habe nichts gesagt«, konterte er leicht erschrocken. »Aber Dein Deutschland ist Schwerpunkt. Es wird ein Informationskrieg!«

Das Wort »Informationskrieg« klang für mich überzogen – damals. Aber in vielen Jahren hatten sich die Aussagen meines Freundes immer bis ins Detail bewahrheitet, auch in sensiblen Bereichen. So hatte er mir etwa den Wechsel von Gerhard Schröder zum Gazprom-Konzern bereits Monate vor der Wahl 2005 vorausgesagt. Es gab also keinen Grund, an seinem Bericht zu zweifeln; allerdings auch nicht genügend Handfestes, um darüber zu berichten. Genauso war es, als er mir 2011 leicht triumphierend vorhielt: »Du sagst doch immer, ihr in Deutschland seid nicht so käuflich wie wir! Pustekuchen! Wir können uns inzwischen sogar ins deutsche Fernsehen einkaufen und dort Filme platzieren!« Er sagte konkret – und wie sich später herausstellte, auch korrekt – voraus, welcher Dokumentarfilm in welchem öffentlich-rechtlichen Kanal erscheinen werde, wie er finanziert würde und dass der Film vor der Ausstrahlung von einer PR-Agentur des Kremls in Brüssel abgenommen werde, damit er auch wirklich im Sinne Putins ausfalle. Er berichtete auch, welcher bekannte deutsche Politiker den Kontakt hergestellt habe. Die Details und den Namen des tatsächlich gesendeten Films kann ich aus juristischen Gründen leider nicht aufführen – ich halte die Information aber für zu brisant, um sie zu verschweigen.

Seinen »Informationskrieg« hat Wladimir Putin schon kurz nach seinem Einzug in den Kreml an Silvester 1999 begonnen – im Inland, mit seiner Attacke auf den damals noch kremlkritischen Fernsehsender NTW und dessen feindlicher Übernahme. Langsam, aber zielstrebig ließ Putin die wichtigsten Medien im Lande gleichschalten – mit List und Tücke, alten KGB-Methoden und vor allem auch viel Geld. Offiziell war oft von einem »Eigentümer-Streit« die Rede, wenn kremlkritische Sender, Zeitungen oder Internetseiten von Männern übernommen wurden, die Putin nahestanden. So erreichte der Kreml-Herr eine totale Kontrolle über die wichtigsten Medien im Lande, allen voran die zentralen Fernsehkanäle. Dabei verstand er es geschickt, immer auch ein paar »Feigenblätter« übrig zu lassen, wie etwa den Kabelkanal *Doschd* (auf deutsch »Regen«), den Radiosender *Echo Moskaus* oder die Zeitung *Nowaja gaseta*. Sie alle können in einem zwar deutlich abgesteckten, aber doch recht breiten Rahmen kritisch berichten. Ihnen allen ist aber gemeinsam, dass sie nur ein sehr begrenztes Publikum erreichen, also nur Nischen der Gesellschaft. Sie erfüllen damit eine doppelte Funktion: Zum einen wirken sie wie ein Ventil, über das die Unzufriedenen im Land Dampf ablassen können; zum anderen lassen sie sich hervorragend als Kronzeugen gegen den Vorwurf der totalen Kontrolle und Gleichschaltung der Medien anführen. »Was wollen Sie denn? Schauen Sie doch, was für kritische Medien es bei uns gibt!« ist denn auch ein Standard-Satz von Putins Propagandisten im In- und Ausland – die dabei geflissentlich verschweigen, dass nur ein geringer Prozentsatz der Russen diese kritischen Medien nutzt bzw. überhaupt Zugang hat, für den abseits der Metropolen Internet und Medienkompetenz erforderlich sind. Ganz abgesehen davon, dass die Journalisten, die in diesen kritischen Medien arbeiten, Repressionen ausgesetzt sind und zuweilen sogar um ihr Leben fürchten müssen, wie das Beispiel von Anna Politkowskaja zeigt, die bis zu ihrer Ermordung im Oktober 2006 für die *Nowaja gaseta* arbeitete.

Auch die russische Version des Nachrichtenkanals *Euronews* ist nach Ansicht von russischen Oppositionellen nicht immer unabhängig. Schon 2005 berichtete die *Nowaja gaseta*, dass in der russischen Version des Programmes kritische Beiträge fehlten bzw. die Übersetzung ins Russische weniger kritisch ausfalle; ein Vertreter von Euronews wies das zurück.[1] Auch in der Ukraine-Krise gab es solche Vorwürfe. 53 Prozent des lange mit Steuergeldern aus der EU subventionierten Senders übernahm 2015 der ägyptische Milliardär Naguib Sawiris. Dessen *Global Telecom Holding* wurde 2010 von dem russischen Mobilfunkkonzern »Vimpelcom« übernommen, dessen wichtigster Anteilhalter die Moskauer Alpha Group ist. Einer von deren Gründern ist Pjotr Awen – der Mann, der als Außenhandelsminister Putin wie beschrieben im Korruptionsskandal um Lebensmittelimporte nach Petersburg rettete. Sawiris kündigte nach der Übernahme an, er werde »widerstehen gegen Druck von beiden Seiten, repressiven Systemen und Europäischen Politikern, die fordern, westliche Medien müssten ein Gegengewicht zum kremlkontrollierten Russia Today bilden«. Sein Senderchef Michael Peters assistierte: »Wir haben Probleme mit manchen Europäern, die wollen, dass die russische Version von Euronews europäische Propaganda wiedergibt.«[2]

Mit ihrer »Feigenblatt-Strategie« unterscheidet sich die Putinsche Medienpolitik grundlegend von der sowjetischen, wo jegliche widersprüchliche Meinung unterdrückt wurde. Diese Medienpolitik ist einer der

Grundpfeiler für die moderne Version einer Diktatur, die Putin geschaffen hat: der Demokratur, die zumindest pro forma den Anspruch einer Demokratie aufrechterhalten möchte und dabei wesentlich erfolgreicher ist als ihre Vorgänger wie die UdSSR und die DDR, deren demokratische Fassaden brüchig waren.

»Diese neue Form von Autoritarismus ist brillant«, sagt der britische Wissenschaftler und Russland-Experte Peter Pomerantsev. »Anstatt die Opposition zu unterdrücken, wie das in verschiedenen Erscheinungsformen des zwanzigsten Jahrhunderts der Fall war, dringt er direkt in die Ideologien und Bewegungen vor und kehrt sie von innen ins Absurde.« Auflehnung, Proteste, Dekadenz und Verschwörungstheorien werden aggressiv inszeniert, Realität wird von hochrangigen PR-Managern stürmisch umdefiniert, in »eine groß angelegte Realityshow russischer Politik«.[3]

Wie bereits erwähnt, war die Stasi über ihre Mitarbeiter in den unterschiedlichsten Bereichen der Bundesrepublik aktiv – unter anderem auch in der Presse. So arbeitete etwa der langjährige Moskau-Korrespondent Uwe Engelbrecht, der unter anderem für den *Tagesspiegel* und den *Kölner Stadtanzeiger* aus Moskau berichtete, neben seinem offiziellen Journalistenjob auch noch als Inoffizieller Mitarbeiter der Stasi.[4] Die ARD legte 2008 eine große Studie vor, die zeigte, wie die Stasi Journalisten in Ost und West beeinflussen wollte. Die *Frankfurter Allgemeine* spricht von einem »Abwehrkampf gegen die Wahrheit, geführt von SED und Staatssicherheit«, für den »vergeblich Strategien ersonnen wurden, die eine freie Berichterstattung verhindern oder wenigstens beeinträchtigen sollten«.[5] So lieferte etwa der Leiter der Kölner Journalistenschule Heinz D. Stuckmann nicht nur Nachrichten nach Ostberlin, sondern versuchte auch, »das heimische Publikum mit einer Reportage über die kuschelige Menschengemeinschaft eines Rostocker Plattenbauviertels vom segensreichen Miteinander im sozialistischen Osten zu überzeugen« – und stellte das »Porträt einer eiskalten Weststadt« gegenüber.[6] Auch der Enthüllungsjournalist Günter Wallraff soll Verbindungen zur Stasi gehabt haben. Die Karteikarten des MfS jedenfalls enthalten entsprechende Verdachtsmomente. Wallraff streitet eine wissentliche und willentliche Zusammenarbeit ab.[7] Die *Welt* dagegen stellte in einer Schlagzeile gar die Frage: »Schrieb die Stasi bei Wallraffs ›Ganz unten‹ mit?«[8] Der Chef der Stasi-HVA X für Desinformation, Rolf Wagenbreth, bei der Wallraff jahrelang als IM »Wagner« geführt wurde, wollte nach der Wende nicht mit Journalisten sprechen. *Spiegel*-Reportern sagte er nur so viel: »Wir hatten viele dieser Wallraffs.«[9]

Belegt wird Wagenbreths Aussage durch eine »streng geheime« Resolution des Zentralkomitees in Moskau vom 28. September 1990, die folgende Anweisung enthält: »In der Parteipresse und in anderen Medien systematisch Berichte über die Verfolgung und die Hetzjagd gegen frühere SED-Mitglieder organisieren, gegen ihre politisch bedingten Kündigungen, und diese Schritte als Verstoß gegen die demokratischen Prinzipien und die Menschenrechte qualifizieren.«[10] Und weiter: »In Berichten zur Wiedervereinigung besondere Aufmerksamkeit dem Wirken der PDS widmen.« Das Geheimpapier ist sehr entlarvend: Moskau gibt damit indirekt zu, dass es auch außerhalb der Parteipresse »systematisch Berichte organisieren« kann in den Medien und dabei auch vorgeben, worum sich diese drehen. Und all das nicht in alten Kalter-Krieg-Zeiten, sondern fünf Tage vor der Wiedervereinigung. Es ist erstaunlich, dass wir im Westen in den 25 Jahren, die seither vergangen sind, so naiv geworden sind und uns so eine Beeinflussung und Manipulation der Medien gar nicht mehr vorstellen können.

Wenn wir nicht naiv sein wollen, müssen wir uns bewusst machen: Es spricht wenig dagegen und viel dafür, dass es Putin heute nicht anders hält als seine sowjetischen Vorbilder. Mehr noch: Er hat weitaus mehr Geld als Stasi und KGB; Tarnung und Konspiration wären zudem im Zeitalter von »Partnerschaft« und Internet weitaus einfacher als zu Zeiten der Kalten Krieger. Da erst 25 Jahre vergangen sind seit der Wende und dem oben zitierten geheimen Schreiben, ist davon auszugehen, dass ein nicht geringer Teil derjenigen, die damals solche Berichterstattung in den Medien »organisierten«, auch heute noch fest im Berufsleben steht, manche von ihnen auch auf hohe Posten aufgestiegen sind und einige auch im Ruhestand noch in einflussreichen Netzwerken agieren.

Man könnte sich unter diesem Aspekt auffällig auf Kremllinie liegende Berichte und Talkshow-Auftritte einzelner Journalisten ansehen und würde dann auch zu manchem Verdachtsmoment kommen, aber das wäre kontraproduktiv und würde die Meinungsfreiheit gefährden. Es geht nicht um Einzelpersonen. Für jeden muss per se die Unschuldsvermutung gelten. Aber genauso verhängnisvoll wie es wäre, Einzelne zu verdächtigen, genauso fatal wäre es, sich nicht das Phänomen als solches bewusst zu machen: dass die Wahrscheinlichkeit nicht gering ist, dass Putin auf unlautere Art Einfluss nimmt auf unsere Medien und auch heute noch »viele Wallraffs« in den Redaktionen sitzen, um die Worte des Stasi-Desinformations-Chefs Wagenbreth zu verwenden.

So fällt es etwa auf, dass ein anderer Staatsmann, der Putin in vielem gleicht, etwa mit seinem Hang zum Autoritären und zu Methoden aus der Vergangenheit, hierzulande keine nennenswerte Unterstützung hat: Recep Erdoğan. Anders als im Falle Putins gibt es so gut wie keine »Erdoğan-Versteher«. Kaum jemand ergreift hierzulande öffentlich und laut für ihn Partei, Anhänger von ihm sind nicht regelmäßig in Talkshows zu sehen, auch staatliche Propagandisten aus Istanbul schaffen es kaum ins Fernsehen. Es liegen auch nicht reihenweise Bücher in den Buchhandlungen, die erklären, warum der türkische Staatschef doch Recht hat. Dabei steht Erdoğan Putin in Sachen Autoritarismus deutlich nach; die Wahlen etwa in der Türkei haben im Gegensatz zu denen in Russland wirklich noch Elemente von Wahlfreiheit, und das Ergebnis steht nicht vorab fest. Erdoğan fehlt neben anderem auch die KGB-Schule. Deren Methoden in Sachen Propaganda hat Putin fast schon genial mit Neuem vermischt. Wichtigstes Ziel scheint es, die Grenzen zwischen Wahrheit und Lüge zu verwischen. Putin lässt so viele Informations-Nebelkerzen streuen, dass am Ende niemand mehr durchblickt und der Eindruck entsteht, alle würden lügen und die Wahrheit werde sicher irgendwo in der Mitte liegen. Ein Musterbeispiel ist der Abschuss der malaysischen Boeing MH-17 über der Ostukraine, bei dem alle 298 Menschen an Bord ums Leben kamen. Die Beweislast ist erdrückend, dass das Flugzeug von einer russischen Luftabwehr-Rakete abgeschossen wurde. Aber schon kurz nach dem Abschuss streuten Moskauer Medien die abstrusesten Gerüchte – etwa, dass bereits beim Start nur Leichen an Bord gewesen seien, dass ukrainische Abfangjäger den Jet abgeschossen oder dass Kiew das Flugzeug mit Putins Präsidentenmaschine verwechselt hätte – als ob der zur Paranoia neigende Staatschef über ein Kriegsgebiet fliegen würde.

Der britische Russland-Experte Peter Pomerantsev spricht von einer neuen Form der Meinungsmanipulation, die weiter reiche als klassische Propaganda. In seinem Buch »Nichts ist wahr und alles ist möglich« beschreibt der in London lebende Sohn russischer Emigranten brillant die neue Politik- und Medienstrategie des Kremls. Statt einfach die Opposition zu unterdrücken, mache Russland sich alle Ideologien und Bewegungen zu eigen, beute sie aus und verändere sie ins Absurde.[11] Für die Sowjet-Führer sei die Wahrheit noch wichtig gewesen, sogar dann, wenn sie gelogen hatten. Ihre Propaganda-Leute hätten sich immer höchste Mühen gegeben, dass ihre Lügen wie Tatsachen aussahen, so Pomerantsev: »Das ist im heutigen Russland anders.« Heute gehe es eher darum, die westlichen Narrative zu zerstören, als Leser und Zuschauer von einer eigenen Erzählung zu überzeugen. Ziel sei die maximale Verunsicherung, in Russland wie im Ausland. Wenn alle lügen, kann man niemandem mehr trauen.[12] »Ein Teil der russischen Propaganda aber zielt nicht auf die Verbreitung einer positiven Botschaft, sondern auf die Unterminierung des Vertrauens, dass überhaupt so etwas wie eine Wahrheit oder wenigstens eine Annäherung daran existiert«, meint Reinhard Veser, Osteuropa-Experte bei der *Frankfurter Allgemeinen*.

Diese Taktik ist erschreckend erfolgreich – und zwar wohl deshalb, weil sie einen schwachen Punkt in unserem System aufgreift und Putin damit offene Türen einrennt. In den 25 Jahren nach Ende des Kalten Krieges hat der postmoderne Relativismus bei uns Einzug gehalten: Bloß keine Position beziehen, bloß nicht festlegen, immer schön in der Mitte bleiben – das scheint heute ein weit verbreiteter Grundsatz nicht nur in den Medien zu sein, sobald es nicht um eines der Themen geht, in dem die Rollen zwischen »Gut« und »Böse« schön klar verteilt sind und man nicht viel falsch machen kann, wenn man Stellung bezieht. So ehrenwert und notwendig der Kampf gegen Rechtsradikale in Zeitungen und im Fernsehen ist – er sollte eine Selbstverständlichkeit sein und erfordert nicht gerade große Meinungsfreudigkeit und Mut. Diese sind hingegen notwendig, wenn ein Journalist die Dinge in Sachen Russland und Ukraine beim Namen nennen will und etwa zutreffend von »besetzten Gebieten« in der Ostukraine schreibt und nicht im Moskauer Duktus »Separatisten-Gebiete«. Die mutige ARD-Korrespondentin in Moskau, Golineh Atai, beklagte sich im Februar 2015: »Während der Zuschauer Vertrauen in mich verliert, verliere ich Vertrauen in die Heimatredaktionen, in langjährige Kollegen, in journalistische und intellektuelle Vorbilder. Ich erlebe, wie die Angst in das Programm hineinspielt. Ich höre jeden Tag von den Kollegen in Deutschland, dass sie bestimmte Wortmeldungen und Formulierungen vermeiden, ›wegen der Beschwerden‹. Ich bekomme nun auch Anfeindungen (aus Deutschland) und Programmbeschwerden, wenn ich über die russische Opposition berichte. Über die russische Opposition!«[13] Noch beachtlicher als dieser Notruf ist, dass er so gut wie keine Reaktion in Deutschland hervorrief. Der Intendant eines großen deutschen Senders rief bei einer Feierlichkeit in Moskau ganz offen dazu auf, die Aufgabe seines Hauses sei es, Brücken zu bauen. Eine Einstellung, die vielleicht für Botschaften zutrifft oder Stiftungen, die aber nichts mit Journalismus gemein hat, erst recht mit gebührenfinanziertem, und umso mehr im Umgang mit einer Diktatur. Kritischen Korrespondenten wird schon mal dezent zu verstehen gegeben, es wäre für ihre Karriere förderlich, wenn sie etwas leiser berichten würden. Weil man keinen Ärger haben wolle, mit Programmbeschwerden und den lautstarken Protesten »besorgter Bürger«, die immer sofort dann auf die Sender einprasseln, wenn Putin kritisiert wird. Keine Zensur, aber dezente Winks. Bloß keinen Ärger! Golineh Atai schildert die Folgen dieses vorauseilenden Einknickens drastisch: »Angst habe ich, wenn ich sehe, wie die Angst, die Zweifel, die Beschwerden, die Anfeindungen uns verändern und wie die Kollegen nicht wahrnehmen, dass jemand mit ihren Ängsten spielt.«[14] Dieser Druck geht so weit, dass bei einer der großen deutschen Tageszeitungen, die sehr viel auf ihren kritischen Journalismus hält, der Moskau-Korrespondent lange Zeit keine Kommentare mehr schreiben durfte, weil seine Meinung nicht genehm war.[15] Von den Problemen, mit kritischen Berichten über Moskau Gehör zu finden, kann ich selbst ein Lied singen. Als sich zum Beispiel der Kreml-Kritiker und Ex-Schach-Weltmeister Garry Kasparow im Februar 2014 in seinem einzigen Interview für deutschsprachige Medien zu den Olympischen Spielen in Sotschi äußerte und dabei Putin heftig kritisierte, wollte keine der großen zentralen Zeitungen in Deutschland dieses abdrucken. Es sei »zu heftig«, wurde dezent signalisiert. Ganz anders in der Schweiz: Die *Basler Zeitung* druckte das Interview sofort ab.

Wenn wir überall die Wahrheit in der Mitte suchen, müssen Propagandisten nur ihre falsche Version der Wahrheit immer mehr ins Absurde steigern, und die von uns gesuchte Mitte verschiebt sich immer mehr. Hätten wir solche Maßstäbe früher angelegt, wäre als Mitte zwischen »Berliner Mauer« und »antifaschistischem Schutzwall«, wie sie in der DDR genannt wurde, wohl der Begriff »antifaschistische Mauer« zum Standardausdruck geworden. Und man hätte bei Berichten über Todesschüsse an der innerdeutschen Grenze immer hinzufügen müssen, dass sie nach Angaben der DDR-Führer Notmaßnahmen gegen Kriminelle waren, die die Staatsgrenze verletzen wollten. Wir haben den Umgang mit dreister Lüge verlernt, wie sie die Sowjetunion und auch die DDR auszeichnete und auch heute wieder allgegenwärtig ist bei Wladimir Putin und seinen Propaganda-Helfern – angefangen von den »grünen Männchen« auf der Krim, die keine russischen Soldaten sein sollten, bis hin zur Behauptung, es seien keine russischen Militärs in der Ostukraine. 1953 wäre kein halbwegs zurechnungsfähiger Beobachter auf die Idee gekommen, den Arbeiteraufstand in der DDR als faschistischen Putsch zu sehen, wie es die DDR-Führung weismachen wollte, oder die so genannten Wahlen in der DDR als echte Wahlen aufzufassen. 25 Jahre später glaubten viele naiv, das so genannte »Referendum« auf der Krim sei eine ganz normale Abstimmung, dabei war es kaum demokratischer als die Volkskammer-Wahlen. Hier denkt man unwillkürlich an das Wegsehen zu DDR-Zeiten. »Als der Westen sich betrügen lassen wollte«, lautete die Überschrift eines Artikels, in dem sich die *Neue Zürcher Zeitung* darüber wundert, »wie lange sich die westliche Öffentlichkeit weigerte«, die Desinformation aus dem Osten »zur Kenntnis zu nehmen« und »entsprechende Berichte als Propaganda kalter Krieger abgetan oder als inopportun für die Entspannung zwischen Ost und West betrachtet« hat.[16]

Neben Ängstlichkeit oder Druck von oben ist mangelnde Qualifikation ein Grund für die Defizite in der Berichterstattung. Aufgrund des Sparzwangs in den Reaktionen wurden viele Korrespondentenstellen in Moskau gestrichen; viele erfahrene, kompetente Russlandexperten wurden aufs Altenteil verabschiedet oder einfach wegrationalisiert. In den Zentralredaktionen fehlt oft die Kompetenz für Russland – das sich so grundlegend von den anderen europäischen bzw. westlichen Ländern unterscheidet, dass man ohne gute Sprachkenntnisse und längere Aufenthalte vor Ort nur wenig Chancen hat, es auch nur halbwegs zu verstehen. Die Lebenswirklichkeit in Russland unterscheidet sich derart grundlegend von unserer in Deutschland, dass sie in vielem außerhalb unserer Vorstellungskraft steht. Als ich ein Manuskript für einen Russland-Roman bei einem deutschen Verlag einreichte, hieß es, er sei zu weit weg von der Realität, zu überzogen. Dabei war er authentisch, im Gegenteil, vieles war noch entschärft, um es für die westlichen Leser verständlich zu machen. Diese gewaltigen Unterschiede scheinen nicht allzu bekannt zu sein, da regelmäßig Experten in den deutschen Medien präsentiert werden, die kein oder nur sehr schlecht Russisch sprechen und nie oder vor langer Zeit in dem Land gelebt haben. Während selbst für eine Mopedfahrt ein Führerschein erforderlich ist, gibt es für »Experten« oft keinerlei Qualifikationsnachweis, und die mangelnde Expertise ist für den Leser oder Zuschauer oft auch nicht ersichtlich. Übrigens ein Phänomen, das sich nicht nur auf die Russland-Berichterstattung beschränkt. Und das Wladimir Putin geschickt nutzt, indem er etwa seine wenigen Interviews für ausländische Medien in der Regel nur noch Journalisten gibt, die aus dem Ausland anreisen und nicht im Land leben, weil sie sonst aus ihrer eigenen Erfahrung heraus ganz anders nachfragen und Paroli bieten könnten.

Besonders erfolgreich war die russische Propaganda zu Beginn der Krim-Krise. Leitmedien wie die Nachrichtenagentur *dpa* klangen zuweilen wie russische Sender. »Moskau schlägt Alarm – US-Soldaten in der Ukraine?«, titelte die Agentur noch im März 2015. In dem Bericht über ein gemeinsames amerikanisch-ukrainisches Manöver bekam man den Eindruck, das Verbrechen sei nicht, dass Russland die Ukraine angreift – sondern dass die USA dem Land bei der Verteidigung helfen wollen: »Schwere Vorwürfe aus Moskau: US-Soldaten sollen als Ausbilder für das ukrainische Militär in das krisengeschüttelte Land gereist sein. (…) Droht die ohnehin angespannte Situation zwischen Russland und den USA zu eskalieren? (…) Die militärischen Drohgebärden des Westens und die in den USA diskutierten Waffenlieferungen für die Ukraine seien eine Gefahr für den Friedensprozess, warnt Russland.(…)Lässt sich Obama weiter vorführen?«[17] Dieser Tenor war eher Regel als Ausnahme. In anderen Berichten bekam man den Eindruck, die von Moskau angestachelten und gesteuerten »Separatisten« in der Ost-Ukraine gehörten zu einer Graswurzelbewegung, die mangels Medien Flugblätter verteilen muss. Das vor Ort zu sehende russische Fernsehen mit seiner massiven Propaganda wurde ebenso ignoriert wie der Terror der Separatisten gegen die Zivilbevölkerung.[18] Die Liste der Beispiele ließe sich lange fortsetzen. Die Richtlinien des Presserats zu solchen Interessenkonflikten sind schwammig und biegbar. Sie werden den Anforderungen unserer Zeit nicht gerecht. Es handelt sich auch um ein strukturelles Problem, weil immer weniger Medien sich festangestellte Auslandskorrespondenten leisten können. Moskau fördert diesen Prozess durch Schikanen, wie etwa den Wegfall der Zollvergünstigungen, der dazu führte, dass bei Umzug eines Korrespondenten nach Moskau allein 20 000 Euro Zoll fällig wurden. Viele Medien setzen deshalb auf freie Journalisten, die oft sehr schlecht bezahlt werden und deshalb zur Existenzsicherung auf andere Tätigkeiten angewiesen sind. Diese Entwicklung geht übrigens weit über die Auslandsberichterstattung hinaus und wird zunehmend zu einem generellen Problem unserer Medien: Journalisten, die wie Tagelöhner behandelt werden, keine wirtschaftlichen Sicherheiten haben und einfach keine Aufträge mehr bekommen können, wenn ihre Artikel nicht den Wünschen der Redaktion entsprechen, können kaum noch den Auftrag der Presse als »Vierte Gewalt« erfüllen. Diese Entwicklung weg von der Festanstellung zur freien und oft sehr losen Mitarbeit nimmt immer heftigere Züge an.

Strukturelle Probleme traten auch bei den Talkshows zu Tage. Da tauchten zu Beginn des Krim-Konflikts reihenweise Propagandisten des Kremls auf, die als »Journalisten« vorgestellt wurden – obwohl sie eher Informationskrieger sind. Die russischen Medien beschreiben eben nicht nur die russische Seite von Konflikten, sondern sie erfüllen im Rahmen der Kremlstrategie zur Destabilisierung anderer Länder – früher der Ukraine, jetzt auch Deutschlands und der EU – einen Propaganda-militärischen Auftrag. Dies wird auch dadurch deutlich, dass Wladimir Putin im April 2014 nach der Besetzung der Krim hunderte Journalisten geheim mit diversen Orden, unter anderem »Für Verdienste um das Vaterland« und »Für Tapferkeit«, ausgezeichnet hat – für »hohe Professionalität und Objektivität«.[19] Tapferkeit brauchten auch Putins Informationskrieger in den deutschen Talkshows. Gehört doch ganz offensichtlich zu ihren Aufgaben, dreiste Lügen im Brustton der Überzeugung vorzutragen und die Zuschauer mit Floskeln, die man gerne hört, einzulullen – wie etwa »wir brauchen Dialog«. Als ob irgendjemand das Gegenteil sagen könnte. Talkshows sind ein Format, das im Umgang mit Propaganda erhebliche Schwächen hat. Bis auf »Hart aber fair« mit seinem Faktencheck – den aber wohl nur ein kleinerer Teil der Zuschauer nachträglich liest – gibt es keine Mechanismen, um dreiste Lügen als solche zu entlarven – auch wenn die Moderatoren noch so gut vorbereitet sind. Als Gast in Talkshows machte ich immer die Erfahrung, dass mir abenteuerliche Behauptungen an den Kopf geschmissen wurden und ein Russland-Bild vermittelt wurde, das nichts mit der Realität zu tun hat. Offenbar ist die zentrale Maxime, den Eindruck zu vermitteln, als sei in Russland im Großen und Ganzen alles in Ordnung, und die Probleme, die es natürlich auch gäbe, würden von westlichen Medien aufgebauscht. So stritt etwa Ivan Rodionov in der *Phoenix*-Runde ab, die russischen Fernsehsender würden ebenso wie sein Sender RT massiv gegen Flüchtlinge in Deutschland hetzen. Ebenso vehement wird bestritten, dass Russland kein Rechtstaat sei, dass Unterdrückung und Steuerung der Medien Alltag seien. Solche Propaganda fällt vor allem dann auf fruchtbaren Boden, wenn niemand mit in der Talkrunde ist, der eigene, umfangreiche Erfahrungen vor Ort hat. Russische Oppositionelle, die der Propaganda Paroli bieten könnten, kommen ganz selten zu Wort. Dafür umso regelmäßiger Pseudo-Experten, oft mit verdächtiger Nähe zum Kreml – während die eigenen Korrespondenten von ARD und ZDF so gut wie nie in die Talkshows eingeladen werden. Der Erkenntnisgewinn für die Zuschauer wäre sicher weitaus größer als der Verlust, zwei Tage nicht vor Ort in Moskau zu sein. Teile der Branche zeigten aber gute Fähigkeiten zur Selbstkorrektur und reagierten auf die Fehlentwicklungen. Kreml-Propagandisten werden heute oft nicht mehr als »Journalisten« vorgestellt, und es kommen vermehrt Kreml-Kritiker zu Wort.

Mancherorts sind die Maßstäbe aber noch verrückt. So strahlte das ZDF im Dezember 2015 die Doku »Machtmensch Putin« aus, in der auch ich als Experte zu sehen war. Der Streifen löste im Kreml massive Verärgerung aus, Putins Chef-Propagandist Dmitri Kisseljow behauptete im Staatsfernsehen, der Mainzer Sender sei einem falschen Zeugen aufgesessen. Das Verbandsblatt des Deutschen Journalistenverbands *Journalist* nahm sich im Februar 2016 der Vorwürfe an. Der in dem Film als russischer Kämpfer in der Ostukraine vorgestellte 27-jährige Russe Juri Labyskin sei in Wirklichkeit gar nie in dem Nachbarland gewesen, und das ZDF habe sich in dem Streifen diverse Ungenauigkeiten erlaubt, legt der Artikel nahe, übereinstimmend mit der Moskauer Version. Die angeblichen Fehler des ZDF werden in dem Beitrag ausführlich geschildert, und auch Labyskin kommt breit zu Wort. Dass ihn der russische Geheimdienst nach seinem Interview mit dem ZDF festgenommen hat, dass er ihn vor die Wahl stellte, entweder bis zu 18 Jahre wegen Landesverrats ins Gefängnis zu kommen oder mit dem KGB-Nachfolger FSB zu kooperieren – das ist in dem Beitrag nur ein Randaspekt. Dort heißt es eher beiläufig, Labyskin stehe unter Kontrolle des Geheimdienstes, dieser habe ihn ins Staatsfernsehen »gelotst«, wo er die Aussagen gegen das

ZDF machte – sichtlich verängstigt, was in dem Beitrag aber nicht thematisiert wird.[20] Eine Geschichte mit einem vom FSB kontrollierten Zeugen ist ohne Wissen und zumindest schweigende Zustimmung des FSB nicht möglich. Entspricht es der journalistischen Ethik, auf diese Weise zumindest indirekt mit dem russischen Geheimdienst zusammenzuarbeiten? Wie glaubwürdig sind Aussagen eines Zeugen, der vom FSB erpresst und kontrolliert wird? Kann man dessen Bekannte und Freunde interviewen, die mit großer Wahrscheinlichkeit unter FSB-Aufsicht stehen? Müsste nicht thematisiert werden, welche Glaubwürdigkeit die Aussagen aus einem vom FSB-kontrollierten Umfeld noch für eine journalistische Recherche haben können?

Wenn sich das ZDF möglicherweise hat hereinlegen lassen, muss das aufgeklärt werden. Fehler passieren, und es muss dann gefragt werden, wie es zu diesen Fehlern gekommen ist. Aber Schwerpunkt eines Berichts in der Causa Labyskin müsste nach journalistischen Maßstäben eindeutig sein, dass russisches Fernsehen und Geheimdienst Hand in Hand einen jungen Mann erpressen und dann als Kronzeugen vor laufender Kamera vorführen. Gerade der *Journalist* als Stimme des Journalistenverbandes hätte hier eine besondere Verantwortung. Aber auch das ZDF hätte nach so einem Beitrag Flagge bekennen und sich zu Wort melden müssen, anstatt sich wegzuducken.

Einer der Autoren des Artikels im *Journalist* hatte bereits zuvor von sich reden gemacht, unter anderem, als er in einem Artikel die in Moskau zu Haftstrafen verurteilten Mitglieder der Punkband »Pussy Riot« in einer der größten deutschen Zeitungen mit den Terroristen der RAF verglich.[21] Zum Höhepunkt der Krim-Krise war er als Gast-Editor für die kremlfinanzierte Zeitungsbeilage »Russland heute« tätig, weswegen etwa *Zeit Online*, als es von dieser Tätigkeit erfuhr, die Zusammenarbeit aufkündigte; andere Medien sahen trotz des offensichtlichen Interessenkonfliktes kein Problem mit dessen Berichterstattung, und auch zahlreiche Kollegen machten sich für den Geschassten stark und kritisierten *Zeit Online*.

Das Beispiel mit dem *Journalist* zeigt: Ein aggressives politisches System, das auf Propaganda setzt, stellt unsere journalistischen Grundsätze vor enorme Herausforderungen. Denn diese sind auf »Schönwetter« ausgerichtet. Der Newsticker-Journalismus, der ganz bieder jedes Zitat von jeder Seite weitergibt wie einen Fakt, wird der neuen Situation nicht gerecht, ebenso wenig wie das Lavieren und Vermeiden von klaren Positionen. Wir brauchen Klartext. Unschuldsvermutungen im Umgang mit Diktaturen sind kein Zeichen von Neutralität – sie sind eine Kapitulationserklärung des Journalismus. Wer russische Propaganda unkommentiert wiedergibt, wie das oft geschieht, lässt sich zum Handlanger machen. Der Hang zu Äquidistanz, also zum gleichen Abstand zu beiden Seiten, wirkt fast wie Selbst-Kastration und führt in die falsche Richtung: Die amerikanischen Fox news sind trotz aller Mängel eben nicht das Gleiche wie Kremlpropaganda, und auch Radio Free Europe kann man nicht mit Russia Today gleichsetzen.

Die Neue Zürcher Zeitung bietet ein Beispiel für Standhaftigkeit. In einem exzellenten Beitrag zwei Monate nach Putins Annexion der Krim unter dem Titel »Wladimir Putins braune Lehrmeister« stellte sie fest, die »Eroberung« der Halbinsel »durch Russland weise verhängnisvolle Parallelen zu den Raubzügen Hitlerdeutschlands auf«. Damals, so schrieb das Schweizer Blatt weiter, habe es »mit viel Mut den Pfad einer insgesamt ausgewogenen Berichterstattung verlassen«, weil »für eine falsch verstandene Neutralität(…) in der Zeitung kein Platz mehr« war.[22]

Golineh Atai, die ARD-Korrespondentin in Moskau, hat mit viel Mut und Courage vorgemacht, wie die richtige Antwort auf den Informationskrieg aussehen kann. Was umso bemerkenswerter ist, als sie Russland, über das sie seit Februar 2013 berichtet, vorher kaum kannte. Es waren wohl die persönlichen Erfahrungen mit einem autoritären Land, nämlich ihrem Geburtsland Iran, die sie sensibilisierten. Viele andere Kollegen vor Ort stehen ihr in nichts nach. Die beste Investition in die Zukunft wäre es, wieder mehr Kollegen im Land zu haben, mehr Korrespondentenstellen und mehr Redaktionsbüros. In Zeiten, in denen vor allem die Printpresse ums Überleben kämpft, droht das aber ein frommer Wunsch zu bleiben.

UNSICHTBARE KRIEGER – PUTINS TROLL-ARMEE

Die Reaktion war fast immer die gleiche. Ungläubige, leicht amüsierte Blicke und Worte wie »Unsinn« und »Verschwörungstheorie«. Bis ins Frühjahr 2014 hinein wollte kaum jemand in Deutschland glauben, dass Moskau Internet-Kommentare steuert und gezielt verbreiten lässt. Auf moskaunahen Webseiten und in Kommentaren wurde man für diese These mit Spott und Hohn überschüttet und bekam »Wahnvorstellungen« attestiert – was pikanterweise ein weiteres Indiz für die These war. Das Wort »Trolle« war damals nur Insidern bekannt. Es stammt aus dem Nordgermanischen und stand ursprünglich für übernatürliche, unheimliche Wesen. Im Internet-Jargon bezeichnete man damit ursprünglich Leute, die Diskussionen mit destruktivem Verhalten stören, die provozieren und beleidigen. Diese Bedeutung gilt auch heute noch – hinzu kommt aber, dass »Troll« jetzt auch für Propagandakrieger steht.

Ich war schon Jahre zuvor in Moskau auf das Phänomen gestoßen. Es muss irgendwann Mitte der 2000er-Jahre gewesen sein, als auf Übersetzungen meiner Artikel ins Russische immer gleich ein ganzer Schwall von negativen Kommentaren folgte. Sie waren meist ziemlich ähnlich, es ging um Beschimpfungen und Drohungen mit Wörtern aus dem analen und sexuellen Bereich, Antisemitismus und den Vorwurf der Käuflichkeit. Auf der staatlichen Internetseite »Inosmi« wurde ich als »Judensau« beschimpft (einer der häufigsten Ausdrücke), die »begeistert den Hintern der deutschen Bürokraten küsst«, um zu beweisen, was für ein guter Deutscher ich sei, und als »Laus-Ei«, ein gängiges Schimpfwort zwischen Wladiwostok und Kaliningrad. »So ein Vieh«, meinte ein anderer Kommentator, gehöre »umgebracht«. »Inosmi« gehörte damals zur staatlichen Nachrichtenagentur RIA Nowosti. Das alles sei kein Zufall, sagten mir Kollegen und Kreml-Kritiker. Das Moskauer »Zentrum für Journalismus in Extremsituationen« hatte schon 2003 eine Studie veröffentlicht mit dem Titel »Das virtuelle Auge des großen Bruders«. Die kam zu dem Ergebnis, dass die kremltreuen Stimmen im Internet oft vom Geheimdienst gesteuert seien und regelrechte »Brigaden« vor den Computern säßen. Das Wort »Troll« war damals noch unbekannt, zumindest in Moskau, und an solche gesteuerten Kommentare wollten nur wenige glauben. Die Autoren der Studie erforschten Indizien wie Semantik, Verlauf und technische Details der Einträge. Sie kamen zu folgendem Schluss: Wortwahl und Stilistik der einzelnen Einträge stimmten weitgehend überein; auch das Strickmuster der Kommentare sei meist ähnlich: Das Verunglimpfen jeder Kritik als Werk des »Feindes«, eine oft obszöne, militarisierte Sprache, die persönliche Diffamierung von Widersachern, Propagandamethoden wie schnelles Ablenken von heiklen Themen, Chauvinismus und eine sehr spezifische Gedankenwelt legten den Schluss nahe, dass die Verfasser in allen Foren gleiche Methoden der Beeinflussung nutzen. Der KGB, die Sowjetunion und Putin werden demnach um jeden Preis verteidigt. Die »ideologische Brigade« sei rund um die Uhr am Arbeiten, selbst in den Nachtstunden würden liberale Einträge sofort erwidert. Auffallend sei auch, dass die Kommentarzahl immer dann besonders groß sei, wenn das Thema der Regierung besonders am Herzen liege und »operative Maßnahmen« liefen, wie etwa die Fehden der Kreml-Administration mit ihren Widersachern. Als etwa in der Duma ein Gesetz über den Ankauf und die Entsorgung von radioaktivem Müll aus dem Ausland in Russland erörtert wurde, wimmelte es in den Kommentaren geradezu von hartnäckigen Verfechtern der Atomindustrie, die die anderen Leser vom »zweifellosen Nutzen, Vorteilhaftigkeit, dem Gewinn und der Sicherheit« beim Aufkauf von Atommüll zu überzeugen versuchten.[1]

2007 sah ich Trolle in Aktion. Bei den Recherchen über die kremlnahe Jugendorganisation Rumol (Junges Russland) traf ich mich mit Roman Sadychow, einem 18-Jährigen, der sich bei Rumol eingeschlichen hatte und dann deren Methoden enthüllte. Etwa die Ausbildung für den Straßenkampf – aber eben auch den Propaganda-Kampf im Internet mit Hilfe von Trollen. Die säßen in der Rumol-Zentrale in einem eigenen Raum, erzählte er. Bei einem Besuch derselben sah ich mich dort unauffällig um – und traute meinen Augen nicht, als ich die betreffende Tür öffnete und dahinter einen ganzen Saal mit einem Computer neben dem anderen sah, an denen rund 50 junge Männer und Frauen saßen und kräftig in die Tastaturen hämmerten. Einer sprang sofort auf, nachdem ich die Türe aufgemacht hatte, und fragte mich nervös, wer ich sei und was ich wolle. Als ich mich korrekt vorstellte, bat er mich höflich, aber entschieden, weiterzugehen. Zwischenzeitlich hatte mich auch schon der Aufpasser von Rumol eingeholt. »Ich habe Sie verloren und mich verlaufen«, entschuldigte ich mich. Es schien ihm völlig egal zu sein.

Parallel zu den Attacken in Russland nahmen auch in Deutschland die virtuellen Angriffe zu – wobei auffiel, dass besonders viele böse Kommentare aus der Schweiz kamen. Damals maß ich dem keine Bedeutung zu – während heute die Ursache klar scheint, aber dazu später mehr, wenn es um die Unterwanderung geht. Die Angriffe und Anfeindungen werden mit der Zeit zur Gewohnheit, man stumpft ab, gewöhnt sich und fragt sich, ob man etwas falsch gemacht hat, wenn es plötzlich weniger negative Reaktionen gibt. Zuweilen geben die Trolle auch Anlass zum Lachen – etwa, als einmal unter einem Gastbeitrag eines bekannten Putin-Verteidigers ein böser Kommentar stand, mit dem Tenor, der Autor sei »russophob« – offenbar hatte der Absender den Artikel gar nicht gelesen und war überzeugt, wenn er beim *Focus* zu lesen sei, dessen Korrespondent ich damals war, müsse er auch kremlkritisch sein.

Insofern war es für mich keine Überraschung, als plötzlich im Februar 2014, als Putin die Krim überfiel, eine ganze Welle von negativen Briefen und Kommentaren über die deutschen Medien hereinschlug – und sie völlig unvorbereitet traf. »Eine Protestwelle schwappt seit einigen Wochen in die Redaktionen. Teils unflätig, teils höflich beschweren sich die Leser und Zuschauer über einseitige Berichterstattung«, wundert sich das Medienmagazin des NDR, Zapp, im April 2014: »Viele Menschen vertreten eine deutlich andere Meinung als die, die vonseiten der Politik etabliert oder von Medien abgebildet wird. Beim Thema Russland scheint es eine große Kluft zu geben zwischen dem, was Journalisten schreiben, und dem, was viele Leser denken. Eine Erklärung vieler Journalisten: Die Menschen sehen ›die Bösen‹ mittlerweile nicht mehr im Osten, sondern im Westen, in Washington, bei der NSA, im Pentagon. Deswegen verteidigen sie Russland. Aber vielleicht ist die Berichterstattung tatsächlich ein wenig einseitig.«[2] Ein namhafter Journalist eines großen öffentlichen Senders kommt in dem Zapp-Beitrag zu Wort: »Das Volumen der Leserpost, die wir erhalten, ist fünf- bis zehnmal so hoch wie in normalen Zeiten. Und die Intensität ist anders. Sie ist teilweise sehr aggressiv. Das habe ich selten erlebt.(...) Ja, das muss man ernstnehmen. Ich bin lange genug dabei, um zu sagen, wenn eine gewisse Quantität erreicht ist, und eine bestimmte Intensität, diese Aggressivität, da würde ich schon daraus schließen, dass in beachtlichen Teilen der Bevölkerung eine andere Meinung gegenüber der Politik und gegenüber Russland vorherrscht, als das insgesamt von den meisten Medien transportiert wird.« Auch Umfragen würden dies »andeuten«, sagt dann der Sprecher, ohne die Umfragen zu benennen: »Beim Thema Russland hat sich eine Kluft aufgetan zwischen dem, was Journalisten schreiben, und dem, was viele Deutschen denken.« Tatsächlich besagt eine wenig später veröffentlichte Umfrage des Allensbach-Instituts, dass nur acht Prozent der Deutschen »eine gute Meinung von Putin« haben – in etwa so viele, wie die Linkspartei bei der Bundestagswahl 2013 Stimmen bekam. 70 Prozent der Deutschen haben einer Emnid-Umfrage zufolge kein Verständnis für den russischen Präsidenten. »Die Kommentarflut aber«, schreibt die *Süddeutsche Zeitung* später, »erweckt den Eindruck, man stehe mit seiner Meinung alleine da, wenn man die Annexion der Krim als solche verurteilt – ein auffälliges Missverhältnis.«[3]

Der Journalist im Zapp-Beitrag bringt dann eine ungewöhnliche Erklärung für die Flut an Putin-freundlicher Leserpost: Es liege wohl daran, dass diese Menschen Angst hätten, die Ukraine würde in die EU aufgenommen. Bei Zapp kommt als Kronzeugin Gabriele Krone-Schmalz zu Wort, die von 1987 bis 1991 im Moskauer ARD-Studio arbeitete und damals in Russland lebte. Laut klagt sie über einseitige und von ihr als unprofessionell wahrgenommene Berichterstattung – und führt als Beispiel an, »alle haben sofort den Begriff Annexion gebraucht«, und der sei falsch. Die Wortwahl suggeriere, Russland sei aggressiv, Russland sei schuld, so der Sprecher: »Dass die Krim-Bevölkerung in einem Referendum ganz überwiegend für den Beitritt zu Russland gestimmt hat, wird vernachlässigt!«[4] Wobei der Sprecher vernachlässigt, dass das Referendum illegal war, davor massiv Druck ausgeübt wurde, mit Waffengewalt, und dass die Abstimmungsergebnisse ganz offensichtlich gefälscht waren. Dann behauptet der Sprecher, in den Talkshows sei »die Prämisse immer die gleiche, Putins Russland ist gefährlich, die Ukraine das Opfer«.[5] Dabei zeigen Statistiken, dass damals kaum Ukrainer zu Wort kamen, dafür umso mehr russische Propagandisten und kremlfreundliche »Experten« wie Krone-Schmalz – die mehrfach mit Vorträgen und Moderationen für kremlnahe Unternehmen tätig war, darunter Wingas, eine Beteiligung von Gazprom. Der gesamte Zapp-Beitrag wirkt, als sei er in Moskau geschrieben. Ist er natürlich nicht. Ein längeres Gespräch mit dem Autor machte mir klar: Er war wohlmeinend, aber einfach nur blauäugig und sachkenntnisfrei, was Russland angeht. Mein Hinweis auf Trolle entlockte ihm nur ein heiteres Lächeln.

Das Beispiel zeigt, wie erfolgreich die Propaganda-Attacken in Deutschland Anfang 2014 waren – aufgrund erschütternder Ahnungslosigkeit und Naivität. Eine freie Presse wie die deutsche hat jedoch den enormen Vorteil, dass sie im Zusammenspiel der Kräfte auf Fehler reagieren und sie kontrollieren kann. Erste Zweifel kamen Skeptikern, als das russische Außenministerium versehentlich auf Twitter eine Netzbotschaft öffentlich machte, in der es die Infokrieger aufforderte, einen kremlgenehmen Artikel im *Spiegel* auf Facebook und Twitter gutzuheißen und für seine weitere Verbreitung zu sorgen: »Bitte auf FB (Facebook, der Autor) und Twitter reserviert die gute Analyse loben spiegel.de/politik/auslan ... (+ Erwähnung in @mestngaset (Lokalzeitungen) und @vlastei (Behörden) am Ende des Tweets«, so der Originaltext der amtlichen Dienstanweisung an die Agenten im sozialen Netz, die kurz darauf gelöscht wurde. Offensichtlich hatte jemand die falsche Taste gedrückt. Das Außenministerium am Smolensker Platz in Moskau sah sich später aufgrund des großen Aufsehens, für das der Fauxpas gesorgt hatte, sogar genötigt, zu reagieren – es bestätigte die Echtheit der Anweisung, versuchte aber, sich mit Ironie aus der Affäre zu ziehen: Es habe sich bei der Anweisung um eine simple Methode gehandelt, »passendes Material zu verbreiten«.[6]

Die Warner vor den Trollen, in Deutschland immer noch einsame Rufer in der Wüste, erhielten weiteren Rückenwind, als Hacker im Mai 2014 interne Protokolle einer so genannten »Trollfabrik« ins Internet stellten – erstmals waren da auch Nachweise für Troll-Aktionen Richtung Westen zu finden. Das Moskauer Internet-Portal »The Insider« veröffentlichte ein großes Enthüllungsstück mit dem Titel: »Patriotismus im Export. Wie der Kreml Ausländer trollt.«[7] Als Schlüsselfigur entpuppte sich demnach ein Mann, der als Moskaus wichtigster Informationskrieger gilt: der öffentlichkeitsscheue Jewgenij Prigoschin – bekannt unter dem Spitznamen »Putins Gastronom«. Kennengelernt haben sich die beiden in den frühen 1990er-Jahren, in denen Putin als Vizebürgermeister für das Glücksspiel zuständig war und Prigoschin just in diesem Metier sein Vermögen machte. Nachdem Putin an die Macht kam, blühten Prigoschins Geschäfte auf – der Catering- und Restaurant-Unternehmer kocht für Putin ebenso wie für das Verteidigungsministerium. Inzwischen gilt Prigoschin als »König der Trolle«.[8] Der Mann, der wie ein Bruder Putins mit noch höherer Stirn aussieht, betreibt einen regelrechten Troll-Konzern mit dem Namen »Agentur für Internet-Forschungen« (AII). Deren Aufgabe laut »The Insider«: Kampf gegen die Kreml-Gegner im Internet. Vermutungen, dass nicht nur die russischen sozialen Netzwerke und Foren zugemüllt werden, sondern auch ausländische, gab es schon lange – so fielen etwa der britischen Zeitung *The Guardian* gleichartige Negativ-Kommentare zum Ukraine-Konflikt auf. Die im Mai 2014 geleakten Unterlagen erlaubten erstmals einen Einblick, wie diese Troll-Arbeit bei ausländischen Medien und sozialen Netzwerken funktioniert, welche Aufgaben die Trolle haben und wer ihre Ziele sind. Die Mitarbeiter der »Auslandsabteilung der AII (intern wird das Projekt »Übersetzer« genannt) – sind in vier Richtungen tätig: Soziale Netzwerke (Twitter und Facebook), YouTube, Foren und Kommentare unter den Artikeln ausländischer Medien. Die »Auslandsabteilung« hatte relativ wenig Mitarbeiter – im März 2014 waren es 30, jedoch wurde aktiv Verstärkung angestellt. Damit lag die Zahl der Männer und Frauen im Auslandseinsatz zehnmal niedriger als die ihrer Kollegen für den russischsprachigen Bereich. Dafür sind die Durchschnittsgehälter höher: Sie liegen bei 50 000 Rubel – damals rund 1000 Euro – für normale Blogger und 60 000 für »Spezialisten« – offenbar ein Bonus für Sprachkenntnisse.[9]

Auftrag der Trolle ist das Verbreiten von positiven Meldungen über Russland und negativen über seine Feinde, sowie eine Beeinflussung der öffentlichen Meinung. Wie die Troll-Kommentare aussehen, davon kann man sich anhand der Video-Drehbücher eine Vorstellung machen. Igor Osadatschin, der Leiter des Projekts »Übersetzer« mit einem Gehalt von 100 000 Rubel, lässt sich dabei wie folgt aus (Satzbau und Interpunktion wie im Original): »Amerika, sehr schmutzige Bilder, harte Musik, traurige, Obdachlose, Hängematten, Dicke, Prostituierte, Drogenabhängige, unglückliches Büro-Plankton, das von Krediten gequält wird, und eine im Fett schwimmende Oberschicht an der Macht als Kontrast, Text mit statistischen Daten und Ziffern. Schluss-Text: ›American dream?‹«[10]

Und weiter: »Krim Vereinigung, patriotischer Sound, Bilder, Leute auf der Krim laufen mit russischen Flaggen, Massenmarsch durch die Straßen mit Rufen nach einer Vereinigung mit Russland, Bilder Unterschrift Vertrag über Beitritt der Krim, Applaus, Freude Glück Menschen auf der Krim, auf dem Höhepunkt ein Musikstück (für Gänsehaut). Herr Putin riesig, ruhig ehrwürdig großartig schaut in die Ferne. Schluss-Slogan.«[11]

Auf Facebook, Twitter und in ihren Kommentaren nutzen die Trolle gefälschte, also Fake-Accounts. Sie geben dann etwa an, Amerikaner zu sein. Beim Einrichten solcher Accounts gehen sie viel aufwändiger und sorgfältiger zur Sache als in russischen sozialen Netzen; der Auslands-»Troll« macht brav alle Angaben zu seinen Hobbys, die abgefragt werden, schreibt regelmäßig Bemerkungen zu unverdächtigen, »neutralen«, Themen, bemüht sich, sein einseitiges Engagement nicht allzu offensichtlich werden zu lassen, nimmt an Diskussionen teil und gibt sich Mühe, nicht allzu grob zu sein, so »The Insider«. In den geleakten Unterlagen findet sich auch der Plan für den Aufbau eines gefälschten Facebook-Accounts. »Ziel: Schaffung einer Informations-Plattform in Englisch mit einzigartigem Content. Anfangs – neutrale Position und Kommentare zu laufenden Ereignissen. Danach: Langsamer Wechsel in Richtung der gestellten Aufgaben.«

Ziffernwerte zum 30. April:

Anzahl der Abonnenten (neben eigenen Accounts) – nicht weniger als 500.

Posts pro Tag: – 5 (1 Freizeit, 1 Diskussion, 1 Nachricht, 1 Frage, 1 situationsbedingt).

Diskussion zu jedem Post: Nicht weniger als zehn Kommentare und nicht weniger als 5 Mal ›Teilen‹.[12]

Diese Enthüllungen wertet die Süddeutsche aus – und im Juni 2014 wird erstmals in einer großen deutschen Zeitung das Thema ›Trolle‹ aus Moskau prominent aufgegriffen: »Aus den mehr als 138 Megabyte Daten, die die *Süddeutsche Zeitung* ausgewertet hat, ergibt sich erstmals ein umfassendes Bild davon, wie Scharen bezahlter Manipulatoren vorgehen, um die Meinung in den Kommentar-Bereichen großer Nachrichtenportale zu dominieren, Debatten in sozialen Netzwerken zu stören und Communitys der Gegenseite zu zersetzen. Im Schutz der Anonymität sind sie von gewöhnlichen Diskutanten und einfachen Provokateuren – sogenannten Trollen – kaum zu unterscheiden.« Ein Geschäftsführer der AII,

Michail Burtschik, bestätigte im Gespräch mit der *Süddeutschen Zeitung* die Authentizität des geleakten Materials. Damit war das, was kurz zuvor noch als Verschwörungstheorie galt, für die man milde belächelt wurde, quasi offiziell.

Im Frühjahr 2015 packt ein »Troll« aus. Die junge Russin Ljudmilla Sawtschuk hat sich als Mitarbeiterin in eine »Trollfabrik« in der Sankt Petersburger Sawuschkina-Straße 55 eingeschleust und dort gearbeitet. Die Bilder von dem Bürogebäude und den hastig hineinstürmenden Mitarbeitern gingen um die Welt. Die Eile rührt daher, dass Verspätungen mit Lohnabzügen bestraft werden, so Sawtschuk. Sie berichtete detailliert über die Arbeitsweise der Trollfabrik. Etwa über ihr Vorstellungsgespräch: »Man hat den Eindruck, dass sie jeden nehmen, der russisch sprechen und schreiben kann. Dabei bekommt man keinerlei Informationen darüber, wo man gelandet ist: Es heißt, eine Mediaholding, einige Seiten, man muss den Datenverkehr bearbeiten, überdurchschnittlicher Lohn.« Sawtschuk bearbeitet vor allem angebliche »ukrainische« Seiten, die in Wirklichkeit in Petersburg gemacht werden.[13] »Ich war jeden Tag im Schockzustand, als ich verstand, was für einen Umfang diese Arbeit hat, wie viele Trolle da sind, sogar wenn man nur diese einzelne Fabrik nennt. Mich hat das Ausmaß dieser Arbeiten schockiert, und dass sie völlig straffrei bleiben. Manchmal lief ich durch die Gänge und bin stehengeblieben vor Verwunderung. Ich brauchte eine Weile, bis ich wieder zu mir kam«, erinnerte sich Sawtschuk. Gearbeitet wird in zwei Schichten à 12 Stunden, also rund um die Uhr, auf vier Stockwerken. Neben den Abteilungen für Kommentare gibt es unter anderem eine für die Produktion von Falschmeldungen. Auch YouTube-Videos werden ständig gedreht, so Sawtschuk: »Jeden Tag kommt eine ›technische Anweisung‹. Da steht, was zu tun ist, in welcher Form, wenn man loben soll, wenn beschimpfen, und zu welchen Schlussfolgerungen man den Leser bringen soll.«[14]

Die Arbeitsnorm lag bei hundert Kommentaren pro Tag und Mitarbeiter. Im April 2014 waren 313 Mitarbeiter im »Informationsblock« tätig, also beim Kommentieren. Zusammen machte das rund 31 300 Kommentare pro Tag. Das monatliche Budget der AIF lag im April 2014 bei 33 Millionen Rubeln, nach damaligem Kurs rund 660 000 Euro – im Monat.[15]

Deutlich wahrnehmbar statt unsichtbar wie die Trolle sind Putins offizielle Medienkrieger: Die Kreml-»Journalisten« im Westen. Sie arbeiten mit den gleichen Methoden wie ihre unsichtbaren Waffenbrüder an der Informationsfront. Sie stellen zum Teil ebenso haarsträubende wie dreiste Behauptungen auf, die die Realität auf den Kopf stellen, aber eben doch bei vielen Zweifel säen, die die Zustände in Russland nicht selbst verfolgen können. Wie etwa Ivan Rodionov, Deutschland-Chef von *Rossija segodnja*, der Moskauer Propaganda-Zentrale, zu der auch RT gehört, das frühere *Russia Today*, der etwa behauptet, im russischen Fernsehen werde das Thema Flüchtlinge in Deutschland nicht aufgebauscht, vielmehr sei es der Zustand der deutschen Medien, der Sorgen mache.[16] Früher haben die Vertreter der russischen Staatsmedien in deutschen Talkshows vehement die Existenz russischer Soldaten in der Ostukraine verneint – bis Wladimir Putin dies im Dezember 2015 selbst zugab.

RT und *Rossija Segodnja* (Russland heute) hatten allein im Jahr 2015 ein Budget von 20 Milliarden Rubel, umgerechnet rund 260 Millionen Euro.[17] Im Zuge der Finanzkrise wurde diese Summe für das laufende Jahr auf umgerechnet 340 Millionen Euro erhöht, so die Berliner Journalistin und Osteuropa-Historikerin Susanne Spahn bei einem Vortrag in der Deutschen Gesellschaft für Auswärtige Politik in Berlin im Dezember 2015: »Das unterstreicht die Bedeutung, die der Kreml der ausländischen Medienpolitik zumisst.«[18] Die Bundesrepublik sei dabei ein Schwerpunkt der internationalen Moskauer Aktivitäten, so Spahn. Insgesamt möchte die neugegründete Agentur *Rossija Segodnja* in 34 Ländern in 30 Sprachen senden. *Rossija Segodnja* ging aus der Nachrichtenagentur RIA *Novosti* und dem Auslandsradio *Stimme Russlands* hervor, zusammen mit dem Auslandsfernsehen RT sind sie die wichtigsten russischen Auslandsmedien. »Die Informationspolitik des Kreml ist Teil der hybriden Kriegsführung, die seit Anfang 2014 in der Ukraine-Krise zu beachten ist«, so Spahn: »Chefredakteurin Simonjan bezeichnete RT als ›Verteidigungsministerium‹ des Kreml, ›als eine Waffe wie jede andere auch‹.« Im »Fokus des Informationskrieges« stünden die USA, die als »Gegner in einem fortgesetzten Kalten Krieg und Drahtzieher des Machtwechsels in der Ukraine« im Februar 2014 gelten, sowie ihre Bündnispartner, allen voran Deutschland.[19]

Der deutsche Ableger des Auslandsfernsehens RT, RT *Deutsch*, dem Rodionov vorsteht, berichtet auffällig oft und lange von Demonstrationen der antiislamischen Pegida. Dort sind Töne wie diese zu hören –

vom Aushängeschild des Senders, der jungen Ansagerin Jasmin Kosubek: »Manche Deutsche machen sich Sorgen, Sorgen aufgrund der Überfremdung, zu viele Fremde, die unsere Kultur zerstören und unser Land zu einem Kriegsgebiet machen. Der Flüchtling als Waffe.«[20] Man könnte hier eine sehr lange Liste von dubiosen Beiträgen und fragwürdigen Experten aufführen, die bei *Russia Today* und dem Internetportal von *Rossija Segodnja*, *Sputnik*, zu sehen und zu lesen sind. Aber jeder kann sich hier selbst ein Bild machen und ein Urteil fällen – wobei hier das Grundprinzip der neuen Kreml-Medien fürs Ausland zu berücksichtigen ist, das sie von ihren eher tumben Vorläufern aus Sowjetzeiten unterscheidet, die ohne Mithilfe von US-PR-Agenturen auskommen mussten: Die dubiosen Beiträge werden umrandet von vielen neutralen Nachrichten, die dem Ganzen einen seriösen Anstrich geben sollen, die Propaganda wird dezent verpackt, und oft werden ganz andere Beiträge gesendet als in den russischen Medien fürs Inland. Lenin habe Russland auf dem Gewissen, sagte der Kremlchef etwa Ende Januar 2016 – in Russland, wo links out ist.[21] »Putin sympathisiert mit den kommunistischen Ideen«, meldete kurz darauf *Sputnik* – auf Deutsch.[22] Für jedes Publikum eine maßgeschneiderte Botschaft. Ähnlich war es im Fall der erfundenen Vergewaltigung der 13-jährigen Lisa in Berlin: *Sputnik* berichtet am 22.1.2016, dass es keine Vergewaltigung war – auf Deutsch.[23] Die russischsprachigen Kreml-Medien vermittelten noch tagelang den gegenteiligen Eindruck.[24] Die Botschaften werden maßgeschneidert. So vermeldete etwa die dänische Version des Kreml-Organs *Sputnik* im Februar 2016: »500 000 Russlanddeutsche möchten zurück nach Russland«, wegen der schwierigen Lage infolge des »Zustroms von Flüchtlingen«. Offenbar war man sich bei *Sputnik* bewusst, dass dies für die deutsche Ausgabe zu dick aufgetragen wäre. In Russland lief die Meldung mit dieser Zahl breit durch die Medien. »Sputnik berichtet über das, worüber andere schweigen« – so lautet die Eigenwerbung des Kreml-Portals.

Sputnik versuchte auch, auf deutsche Kanäle Einfluss zu nehmen. Im vergangenen August erhielten deutsche Radiosender ein verlockendes Angebot. Der Kreml-Ableger bot an, für gutes Geld ein bis zwei Stunden Sendezeit pro Tag oder wahlweise »einige Nachrichtenblöcke von jeweils 20 Minuten« quasi »anzumieten«.[25]

»Die russische Führung will mit ihrer Informationspolitik in Deutschland Verständnis für russische Positionen wecken und eine Gegenöffentlichkeit zu den aus ihrer Sicht manipulierten Mainstream-Medien schaffen«, so das Fazit der Osteuropa-Historikerin Spahn: »Dabei will sie die Opposition zur Russland-Politik der Regierung stärken und diese unter Druck setzen. So wird beispielsweise die Sanktionspolitik heftig kritisiert und der Regierung nahegelegt, ihren Kurs zu revidieren. Die russische Informationspolitik ist ein Kampfinstrument gegen die deutsche Regierung, die etablierten Medien und Putin-kritische Kreise der Gesellschaft.« Ziel der russischen Informationspolitik sei, so Spahn, »ein weitgehender Vertrauensverlust« der Menschen in Deutschland gegenüber Regierung, Nato, EU, Medien und Demokratie. Das bittere Fazit der Wissenschaftlerin: »Während im autoritär regierten Russland die Informationen größtenteils kontrolliert werden, nutzt die russische Führung offene Gesellschaften wie die deutsche, um Zweifel und Unsicherheit zu säen.«[26]

Hauptwerkzeug ist dabei eine unselige Allianz von Radikalen von links und rechts, die durch ein ebenso großes wie verzweigtes Netzwerk vor allem in den sozialen Medien angefeuert wird. Sicher ist jeder schon einmal mit Teilen davon in Berührung gekommen – aber erst bei sehr genauer Betrachtung und beim Zusammenlegen der Puzzleteile erkennt man das große Bild.

DIE QUERFRONT – MOSKAUS FÜNFTE KOLONNE

Ahnungslose Internet-Nutzer haben nur wenig Chancen. Wer auf die deutsche Facebook-Seite »Anonymous« stößt und dort die Grinsemaske von Guy Fawkes mit der Aufschrift »We are anonymous« findet, denkt an das weltweite lose Netzwerk, das unter anderem der Terrororganisation IS den (Netz-)Krieg erklärt hat, und an den Kampf für Meinungsfreiheit im Netz. Das Problem ist nur: Diese »Anonymous«-Seite hat mit all dem nichts zu tun. Ihr richtiger Name ist »Anonymous-Kollektiv«. Dass die Seite dennoch im Februar 2016 sage und schreibe 1,8 Millionen »Likes« bei Facebook hatte, dürfte vor allem auf der gelungenen Maskerade beruhen. Hat eine Seite so regen Zuspruch, sorgen bei Facebook die Algorithmen dafür, dass sie besonders oft angezeigt wird – ein Lawineneffekt. Das echte Anonymous-Netzwerk ist ein loser Zusammenschluss verschiedener Gruppen. Dazu gehörte einst auch die Seite »Anonymous-Kollektiv«. Sie wurde 2012 gehackt bzw. gekapert: Ein Administrator hat offenbar alle anderen Administratoren ausgeschlossen und die Seite damit privatisiert.[1] Zu finden sind auf der Seite Videos wie eines mit dem Titel »Nachricht an die deutsche Bevölkerung«. »Darin wird in völkischem Tonfall die Erhebung des deutschen Volkes gefordert«, schreibt die *taz*: »Eine Computerstimme hetzt in den schwer erträglichen zehn Minuten einmal durchs rechtsextreme Vokabular. Ausgesprochen wird sich gegen ›Massaneinwanderung und Multikultiwahn‹, ›politische Korrektheit‹ und die ›sexuelle Umerziehung unserer Kinder‹. Schließlich fordert sie die Auflösung der ›BRD GmbH‹ – eine Vorstellung, die die Bundesrepublik als Firma begreift, die aus den USA gelenkt wird. Fehlen darf auch nicht das Eintreten gegen eine ›EU-Diktatur‹, die mit dem Kürzel ›EUSSR‹ versehen wird.«[2]

Die falsche Anonymous-Seite fällt neben ihrer stramm rechten Orientierung dadurch auf, dass Russland ihr Hauptthema ist, ihr Duktus penetrant an den der Kreml-Propaganda erinnert und sie mit anderen kremlfreundlichen Medien bestens vernetzt scheint. Hier könnte sich der Kreis schließen: Die Tarnung und Übernahme fremder Marken ist ein Markenzeichen der Taktiken Putins im Umgang mit den Medien und Kritikern. »Anonymous-Kollektiv« wirkt nicht nur wie eine zentrale Stelle im Troll-Netzwerk aus kremlnahen Internet-Medien hierzulande – sondern auch als Schnittstelle zu den Rechtsradikalen. Wenn man die Seite und ihre Verbindungen unter die Lupe nimmt, tritt Erstaunliches zu Tage.

»Wo Anonymous draufsteht, ist Pegida drin«, titelte *Stern Online* im November 2015: »Nachdem Anonymous dem IS den Krieg erklärte, steigt die Zahl der Facebook-Fans. Dumm nur, dass die beliebteste deutsche Facebook-Seite gar nichts mit Anonymous zu tun hat – dafür aber umso mehr mit rechter Hetze. (...) Stramm Pro-Russland, gegen den Islam, Zuwanderung und ›die da oben‹ und natürlich die Lügenpresse wird da gewettert.«[3] Die Seite »Netz-gegen-nazis.de« warnt, das »Anonymous-Kollektiv« sei eine »rechtspopulistische Seite« und trete »nicht für Freiheitsrechte ein«.[4] Am 30. Januar 2016 veröffentlichte das rechte Netzwerk folgenden Aufruf: »Da die deutsche Politik Facebook mittlerweile dazu zwingt, Inhalte auf Zuruf zu löschen, und tagtäglich Videos und Beiträge spurlos und ohne Angaben von Gründen von unserer Seite verschwinden, möchten wir unsere Unterstützer hiermit noch einmal eindringlich dazu aufrufen, uns ab sofort im Netzwerk VKontake zu folgen. Vorteile: Russisches Netzwerk deutschsprachig Server in Russland Zensur von Beiträgen und Kommentaren findet nicht statt ›keine Datenhehlerei‹«[5]

Vor allem der Hinweis auf fehlende Zensur in Russland wirkt wie Hohn. Es fällt auf, wie stark die falsche Anonymous-Seite und russische Medien Hand in Hand arbeiten. Es war diese Seite, die den Skandal um die erfundene Vergewaltigung der 13-jährigen Lisa in Deutschland verbreitete: »Entarteter Migranten-Mob vergewaltigte in Berlin über 30 Stunden lang ein 13-jähriges Mädchen – Polizei weigert sich nach Vergewaltigern zu suchen!«, so begann am 17. Januar 2016 die Meldung auf der Seite, in einer Sprache, die an finstere Zeiten erinnert. Darunter prangte auf einem Bild Angela Merkel mit verzerrten Gesichtszügen, neben ihr ein Kind, das sich wie ein Häufchen Elend zusammenkauert. Der Beitrag erschien um 6.03 Uhr morgens – nur kurz, nachdem das russische Staatsfernsehen über den Fall Lisa berichtet hatte.[6] Er wurde fast 30 000 Mal

»geteilt«, also weiterverbreitet. Kurz darauf erschien auf der Seite auch der Beitrag aus dem russischen Fernsehen mit deutschen Untertiteln.

Als im April 2014, nach Putins Annexion der Krim, die Kommentarspalten vieler deutscher Medien mit vorgefertigten Beiträgen bombardiert werden, wonach die Presse »Blut an den Händen« habe wegen ihrer Berichterstattung über den Ukraine-Konflikt, dass sie zu russlandkritisch sei und die »Montagsdemonstrationen« ignoriere, führen die Spuren laut *Spiegel* zur falschen Anonymous-Seite.[7]

Kritiker werfen der Seite vor, sie mache Stimmung gegen Flüchtlinge, glorifiziere Russland, verteufle die USA und liebäugele mit Pegida. Ob »Lügenpresse«, »Gutmenschen« oder »entartet« – der Wortschatz des »Anonymous-Kollektivs« erinnert klar an das, was man sonst bei »Pegida« hört. Das »Anonymous-Kollektiv« rief etwa dazu auf, an Demonstrationen gegen die Flüchtlingspolitik in Thüringen mitzumachen, die von der AfD organisiert wurden.[8]

Die Verbindung nach Thüringen ist interessant. Denn der Mann, den manche mit der falschen Seite in Verbindung bringen, ist laut Recherchen von Internet-Aktivisten kein Unbekannter: Mario R. – der selbst eine Verbindung zu der Seite abstreitet – ist aus Erfurt, sehr bekannt in der rechtsradikalen Szene. Der *Spiegel* nannte ihn einen »Fan-Dealer«, weil er sein Geld mit dem Verkauf von »Klicks« gemacht haben soll: Gegen Bezahlung sorgte er dafür, dass Facebook-Seiten etwa von Unternehmen viele »Likes« bekommen: »100 weltweite Facebook-Fans gibt es bei ihm schon für 10 Euro. Für 10 000 Deutsche müssen Kunden 669 Euro berappen. Bei den hochpreisigen Angeboten können die Kunden angeblich sogar Alter und Geschlecht der neuen Anhänger auswählen.«[9] Mario R. spielte auch eine Rolle bei der Übernahme der »Mahnwachen« bzw. »Montagsdemonstrationen« in Erfurt durch die Rechten – eine Kaperung ganz in dem Stil, in dem auch die Anonymous-Seite gekapert wurde. In der Thüringer Landeshauptstadt tauchte 2014 plötzlich eine zweite »Mahnwache« auf, die das örtliche Original nachahmte. Die neue Gruppe argumentierte, es seien »aktive Mitglieder der Partei Die Linke sowie der Piratenpartei unter den Verantwortlichen der derzeitigen Demo-Organisation«, und meldete zur exakt gleichen Zeit am identischen Ort eine Konkurrenzveranstaltung an. Zeitgleich streute das »Anonymous-Kollektiv« den Verdacht, die früheren Organisatoren hätten Kontakte zum Verfassungsschutz. Neuer Organisationschef war Mario R.[10] Die *taz* sprach von einem »Putsch«.

Kein Einzelfall: Die Neuauflage der »Montagsdemonstrationen« war ursprünglich eine Aktion von Gegnern der Hartz-Reformen für den Arbeitsmarkt, schreibt der *Spiegel*: »Mittlerweile aber ist der Begriff offenbar mancherorts von einer seltsamen Mischung aus Esoterikern und rechten Verschwörungstheoretikern vereinnahmt worden.« Der Vollständigkeit halber sei erwähnt, dass dieser Prozess zeitgleich mit Putins Krim-Aktionen startete – und zwar zentral von Berlin aus. Startschuss für die »Friedensbewegung 2014« war der 17. März 2014, ein Tag nach dem Referendum auf der Halbinsel; als Organisatoren traten ausschließlich Privatpersonen auf. Ihre These: Die internationale Finanzmafia entfache einen neuen Weltkrieg gegen Russland und werde dabei von einer »Medien-Mafia« unterstützt. Woher der Wind weht, zeigt das Beispiel Erfurt: Zur ersten Veranstaltung dort nach dem Putsch durch Mario R. wurde ausgerechnet Jürgen Elsässer als Redner geladen – den die *Zeit* als »Kremlpropagandist« bezeichnet und der laut *Tagesspiegel* »kaum eine Verschwörungstheorie unverbreitet lässt«. Er ist genauer zu betrachten.[11]

Elsässer ist Chefredakteur des rechten Magazins *Compact*, das auf der falschen »Anonymous-Seite« Dauerthema ist. Es wird oft verlinkt und auch wärmstens empfohlen. *Compact* sei ein »alternatives Nachrichtenmagazin«, das »publizistische Sturmgewehr des Volkes«, heißt es auf der Seite, die auch Werbung für AfD-Landeschef Björn Höcke gemacht hat, der mit seinen stramm nationalistischen Tönen bundesweit bekannt wurde.[12] Mario R. tritt schon mal als Studiogast im Gespräch mit Elsässer im *Compact* TV auf – wobei ihn Elsässer dort als einen der Organisatoren der bundesweiten Montagsdemos vorstellte –, er weiß da offenbar mehr als andere. Diskutiert wurde in der Gesprächsrunde im Dezember 2015 das aktuelle Titelblatt von *Compact*, auf dem Angela Merkel hinter Gittern zu sehen ist, neben dem Text: »Merkel? Verhaften!« Unter den Fragen: Wie realistisch ist eine Festnahme Merkels?[13] Vielleicht kommt die Fixierung auf Festnahmen nicht von ungefähr: Im Februar 2016 befassten sich eine Taskforce sowie Cybercrime-Experten des Landeskriminalamts Düsseldorf mit der falschen Anonymous-Seite und *Compact*. Auf dem neuen Ableger im russischen Netzwerk »vk« hatte die Seite geheime Polizeiberichte veröffentlicht, um gegen Migranten zu hetzen. Sie schrieb: »Ein 20-seitiger, als Verschlusssache eingestufter Bericht der Polizei, der uns über das *Compact*-Magazin aus dem Innenministerium NRW zugespielt wurde, belegt, dass Politik, Medien und Polizeiführung das deutsche Volk systematisch belügen.«[14] Das Anonymous-Profil sei offenbar mit Elsässers *Compact*-Magazin verbunden, so der Rückschluss des Düsseldorfer Innenministeriums, das nun nach einem Maulwurf in den eigenen Sicherheitsbehörden sucht.

Elsässer war in jungen Jahren Mitglied des sowjetfreundlichen »Kommunistischen Bunds«. Er arbeitete als Lehrer im Schwäbischen, bevor er seiner Berufung folgte, die Stelle aufgab und nach Berlin umzog. Er wandelte seine Ansichten nach der Wende rapide; er konnte sich aber vor Gericht erfolgreich gegen den Vorwurf von Jutta Ditfurth durchsetzen, er sei ein »glühender Antisemit«. Elsässer bestreitet ein Abdriften nach rechts und sieht sich als Antifaschist, wie er bei einer Rede auf einer »Montagsdemo« im April 2014 in Berlin ausführte: Die Rechten, das habe die Geschichte gezeigt, wollten Krieg. Wer Frieden wolle, so wie er und seine Mitstreiter, sei dagegen links. Er gehe gegen einen »dritten Weltkrieg« auf die Straße, so Elsässer: »Der wirkliche Antifaschismus steht hier auf dem Platz!« Unten im Publikum stand der Berliner NPD-Vorsitzende Sebastian Schmidtke.[15]

Elsässers Argumentationsmuster gleichen auffällig der Kreml-Sichtweise; so sprach er von den »Nato-Faschisten« und von der Kiewer »Putschregierung«, die mit Hilfe der USA an die Macht gekommen sei. Den Vereinigten Staaten, den deutschen Medien und der Politik unterstellte er, sie wollten einen »Krieg gegen Russland« und in der Ukraine werde eine »Endlösung der Russenfrage« vorbereitet.[16]

Seit fünf Jahren engagiert sich Elsässer gegen die EU und den Euro. Seine Veranstaltungen fanden auffallend oft im Russischen Haus in Berlin statt, das zur Staatsagentur Rossotrudnitschestwo gehört, die eine Schlüsselrolle bei Moskaus Netzwerken im Ausland spielt. 2008 nahm Elsässer im Russischen Haus an der Podiumsdiskussion »11. September – Inszenierter Terrorismus« teil – ein Thema, das in der *Russia-Today*-Berichterstattung über die USA allgegenwärtig ist. 2014 stellte Elsässer dort eine *Compact*-Sonderausgabe vor: »Eine Veranstaltung, die dem russischen Botschaftsvertreter Sergej Beljajew wichtig genug war, um dort zu verkünden, es werde bald ein deutschsprachiges Programm des Propagandasenders RT geben«, wie die *Zeit* schreibt.[17]

Compact liest sich denn auch wie Putins Prawda auf Deutsch; die Verteidigung seines Kurses wirkt wie das wichtigste Anliegen der Redaktion. Ein Schelm, wer hier an das 1955 gegründete Politmagazin *Konkret* denkt, das von der DDR finanziert wurde und dessen Chefredakteur Klaus Rainer Röhl im Kontakt mit Ostberlin stand. Hier einige Zitate von den *Compact*-Titelblättern in den vergangenen beiden Jahren: »Dossier: Frieden mit Russland«, »Plädoyers für eine Achse Berlin-Paris-Moskau«, »Stoppt Putin die Nato – Ein Mann will Frieden«, »Putin libertär – die Alternative zur EU«, »Nemzow-Mord – Models und Mafiosi«, »Ukraine – Warten auf den Krieg«, »Russland-Versteher – Promis für den Frieden«, »Ukraine – Deutsche Partisanin für den Frieden«, »Feindbilder – Russen im Hollywood-Film«, »Odessa – Massaker ohne Medien«, »Nato-Killer – Terminator Timoschenko und der 3. Weltkrieg«, »Scharfschützen – Agenten auf dem Maidan«, »Klitschko – Matsch in der Birne«, »Sotschi – Bombenstimmung bei Olympia«, »EUkraine – Blut in Kiew«. Auch hier ist ganz deutlich ein Bruch zu bemerken. So wie die Montagsdemos seit dem Überfall Putins auf die Krim plötzlich in neuer Form auftauchten, so erwachte auch das Mega-Interesse von *Compact* zur gleichen Zeit. Bei den Heften vor 2014 war Russland auf dem Titel nur selten Thema. Im April 2014, als Putin gerade die Krim annektiert hatte und seinen Angriff auf die Ostukraine begann, zierte sein Bild die Titelseite, und daneben stand in großen Lettern: »Krieg gegen Putin«. Die Putin-Liebe reicht so weit, dass es sogar eine Sonderausgabe von *Compact* mit »Putin-Originaltexten« auf Deutsch gab, mit 120 Seiten. »Was der russische Präsident wirklich sagte«, stand auf dem Titel. Wie weit so ein Heft auf den Verkaufserfolg am Kiosk schielte und wie sehr auf Zufriedenheit im Kreml, sei dahingestellt. Ständig anzutreffen sind in *Compact* Begriffe wie »Lügenpresse«, »Deutschland schafft sich ab«, Warnungen vor einem Bürgerkrieg, vor Islamisierung, vor Überfremdung, vor Flüchtlingen und »Asyl-Flut«. Die Agenda von *Compact* und die Agenda von Moskau ähneln sich sehr. Auffällig ist auch, dass das Magazin in den besten Verkaufspositionen in Bahnhofskiosken ausgelegt wird, ganz nah an der Kasse, gut sichtbar. Plätze, die laut Insidern nicht umsonst zu haben sind und die sich ansonsten nur Publikationen mit breitem Verkaufserfolg leisten.

Auffällig ist die Nähe zu Russland auch bei den Konferenzen, die *Compact* veranstaltet. Die wurden gemeinsam mehrfach mit dem russischen Institut für Demokratie und Zusammenarbeit mit Sitz in Paris organisiert, das Kreml-Kritiker für eine Organisation zur Unterwanderung des Westens halten; *Russia Today* war schon einmal »Medienpartner«. Es sprachen unter anderem Putin-Anhänger wie die berüchtigte ultrakonservative Hardlinerin und Duma-Abgeordnete Jelena Misulina sowie die radikal nationalistische Historikerin Natalja Narotschnizkaja.[18] Diese kritisierte die »Ideologie der Menschenrechte« als neues Kommunistisches Manifest und Totalitarismus der Neuzeit. Im Westen herrsche »militanter Linksliberalismus« wie der Marxismus in der Sowjetunion. Dagegen seien die russischen Konservativen »Verteidiger der Freiheit«. Misulina wiederum behauptete, in Russland gebe es reale Meinungsfreiheit und in Europa »Lüge und Verleumdung«.[19] Ebenso unter den Gästen war ein Mann, der in diesem Buch bereits mehrfach auftauchte in den alten KPdSU-Geheimunterlagen, in denen es darum geht, Moskaus Einfluss auf Deutschland zu sichern: Ex-Botschafter Valentin Falin, früher im Zentralkomitee zuständig für die Bundesrepublik. Ebenso dabei: Peter Scholl-Latour und Thilo Sarrazin. Mit von der Partie auch Willy Wimmer, Ex-Staatssekretär im Verteidigungsministerium und heute lautstarker Putin-Verteidiger und Kritiker der Zustände in Deutschland. Laut Programm sollte er die »Besatzungsmacht USA« analysieren – gemeinsam mit Andreas von Bülow, SPD-Bundesminister unter Helmut Schmidt, der die These aufstellte, die US-Regierung habe die Anschläge vom 11. September 2001 geplant und dann vom CIA zusammen mit dem israelischen Mossad ausführen lassen.[20] Unter den Gästen war auch Alexander Rahr, dem eine Schlüsselrolle in Putins Lobby-Netzwerk in Deutschland zukommt. Auch zugegen: Alexander Gauland, Fraktionsvorsitzender der AfD in Brandenburg und Vize-Chef der Partei, gerne gesehener Gast in der russischen Botschaft in Berlin und stets für ein Pro-Putin-Zitat zu haben. Ein weiterer Besucher der kruden Konferenz sorgte für einige Verwunderung: »Egon Bahr und die Verschwörungstheoretiker«, titelte der Berliner *Tagesspiegel*: »Die USA vergiften die Welt, Netanjahu ist ein Völkermörder und der Westen immer der Aggressor: Bei der *Compact*-Konferenz kamen krude Theoretiker auf ihre Kosten. Mit dabei war auch ein Überraschungsgast«: der Architekt der Entspannungspolitik und Moskau-Freund Bahr. Auch dabei: der russische Eisenbahn-Präsident Wladimir Jakunin, enger Putin-Vertrauter und Gründungsmitglied der Datschen-Kooperative »Osero«.[21] »Dabei gibt es nicht wirklich Neues zu hören«, berichtet *Zeit Online* von der Konferenz 2014: »Im Grunde vertreten die Redner nur immer wieder die These, Amerika versuche, Russland in einen Krieg zu verwickeln, um dessen Ressourcen an sich zu reißen und schließlich die Weltherrschaft zu erlangen. Der ehemalige

Staatsrechtsprofessor Karl Albrecht Schachtschneider legt dar, warum die Annexion der Krim durch Russland völkerrechtlich einwandfrei verlaufen sei und eben gar keine Annexion, sondern eine Sezession, also eine freiwillige Abspaltung gewesen sei.«[22]

Bemerkenswert ist die enge Zusammenarbeit von Elsässer mit *Russia Today* und russischsprachigen Medien. Während er in Deutschland nur einem kleinen Kreis bekannt ist, dürfte er in Russland dank seiner zahlreichen Auftritte, in denen er die Zustände in der Bundesrepublik geißelt, zu den bekanntesten Deutschen zählen.

Geschäftsführer des Compact-Verlags ist Kai Homilius, in dessen »Kai Homilius Verlag« auch Elsässers Bücher erscheinen und Werke wie »Faktencheck 9/11«, »Bye bye USA«, »Iran – Fakten gegen westliche Propaganda«, »Die Lügen um 9/11«, »Die Dunkle Seite des Westens«, »Die MH-17-Falle«, »Die Pearl-Harbour-Lüge«, »Gaza – die Kriegsverbrechen Israels« etc. Der Verlag wurde 1994 gegründet; Thema waren zunächst Reiseziele in Ostdeutschland. Später verlegte Homilius Bücher und Erinnerungen von früher hochrangigen Stasi-Offizieren wie Karli Coburger, Leiter der für Observation und Festnahmen zuständigen Hauptabteilung VIII, und Heinz Geyer, Stabschef der Hauptverwaltung Aufklärung.

Zwischen *Compact* und/oder der falschen Anonymous-Seite gibt es wiederum Querverbindungen zu zahlreichen anderen Akteuren und Gruppen, die im Internet und in den Medien sehr aktiv sind, durch ihre Putin-Freundlichkeit und Fixierung auf die Themen Russland und Ukraine auffallen oder rund um den Zeitpunkt der Krim-Annexion wie Pilze aus dem Boden sprießen. Von einem »Netzwerk für Putin und Pegida« spricht der *Tagesspiegel*: »Jürgen Elsässer (...) spielt sich die Bälle zu mit Pegida, der AfD, Politikern der Linkspartei oder dem ehemaligen Radiomoderator Ken Jebsen (›Ken FM‹). Er betätigt sich als Agitator für den Kreml, schmiedet Allianzen aber auch zu Vertretern etablierter Parteien. Eng vernetzt ist Elsässer auch mit den Organisatoren des ›Friedenswinter‹ und der ›Montagsmahnwachen‹.«[23] Die gewerkschaftsnahe Otto-Brenner-Stiftung hat in einer Studie die Akteure im Umfeld von *Compact* untersucht. Der Titel: »›Querfront‹ – Karriere eines politisch-publizistischen Netzwerks«.[24] Der Begriff »Querfront« stammt aus der Weimarer Republik und bezeichnet eine Strategie der Rechtsextremen, Bündnisse und eine Verknüpfung von rechten und linken Ideen, von nationalem und sozialistischem Gedankengut. Vorbilder dieser Denkschule sind die Unterstützung Lenins durch die Oberste Heeresleitung in Berlin – quasi ein Ur-Vorläufer der hybriden Kriegsführung, und der Vertrag von Rapallo 1922, in dem sich mit Lenins Russland und Deutschland zwei Geächtete der Weltpolitik zusammenschlossen. Eine der Ideen der Querfront war eine Öffnung Deutschlands gegenüber der Sowjetunion und die Abkehr von westlichen Werten und den USA. Die Studie der Stiftung erkennt klare Linien in dem Netzwerk Elsässers: »Volk gegen Eliten, Wahrheit gegen Lügenpresse, pro Nation und contra EU, gegen die USA und für Putin.«[25]

Besonders ins Auge stechen die Querverbindungen Elsässers zu Pegida und Co.: »*Compact* konzentriert sich laut Brenner-Studie unter anderem auf eine positive Darstellung von Pegida- und Hooligan-Demonstrationen, im Januar war Elsässer Redner beim Ableger Legida in Leipzig«, schreibt der *Tagesspiegel*: »In einer der jüngsten Ausgaben wurde Pegida eine Titelgeschichte gewidmet, laut der Kritik an der Anti-Islam-Bewegung wegen angeblicher Ausländerfeindlichkeit ›eine regelrechte Hetzkampagne‹ ist. ›Pegida-Kopf Lutz Bachmann‹ bekomme in dem Text Bestnoten für seine organisatorische und politische Umsicht. Auch der – besonders putinfreundliche – AfD-Flügel um Alexander Gauland werde von *Compact* unterstützt.«[26] Die aktuelle Politik der ungarischen Regierung, Wladimir Putin und den Front National beurteilen Elsässer und seine Kampfgefährten als gut.[27] Dem Netzwerk sei es gelungen, so das Ergebnis der Studie, »ein über-Jahre hinweg stabiles publizistisch-politisches Medien-Angebot aufzubauen«. Sie böten »insgesamt gesehen dem potenziellen Publikum inzwischen eine kommunikative Vollversorgung, bestehend aus täglichen Online-Diensten, Newslettern, Blogs, Videos, Internet-TV, einem Monatsmagazin, Büchern, Veranstaltungen, Konferenzen bis hin zu ›montäglichen Kundgebungen und Demonstrationen‹«.[28]

So fällt auf, wie gekonnt *Compact*, Anonymous, RT und Co. sich etwa mit der »Propagandschau« und der »Ständigen Publikumskonferenz« gegenseitig medial die Bälle zuspielen. Die »Ständige Publikumskonferenz« ist ein privater Verein mit offiziell wirkendem Namen. Gegründet hat ihn die Leipzigerin Maren Müller. Der Verein konzentriert sich auf das Einreichen von Programmbeschwerden beim öffentlich-rechtlichen Rundfunk – mit einem auffallenden Fokus auf Russlandthemen. Klickt man auf der Homepage die Übersichtsseiten für die Programmbeschwerden an, haben von den 25 Anträgen pro Seite bis zu 22 einen Bezug zu Russland bzw. der Ukraine – und liegen auf Kreml-Kurs.[29] Für eine private Initiative aus Deutschland, die keinen Bezug zu Russland hat, eine erstaunliche Zahl; nicht minder erstaunlich auch das Fachwissen über Russland, das zu Tage tritt. Der kleine Verein, der sich nach eigenen Angaben nur aus Mitgliedsbeiträgen finanziert, ist inzwischen zu einem Albtraum für ARD und ZDF geworden – weil die Beschwerden formal so gehalten sind, dass jede einen aufwändigen Verwaltungsakt auslöst. Journalisten werden schon mal dezent gebeten, »aufzupassen« bei ihrer Berichterstattung, damit kein Ärger mit Maren Müller und Co. droht.

Die schmutzige Schwester der »Ständigen Publikumskonferenz« ist die *Propagandaschau*. Die Internet-Seite hetzt ganz massiv, anonym und auf einem Niveau, das mit seinen Verleumdungen an den *Stürmer* erinnert, gegen Journalisten, die kritisch über Putin schreiben. Auffällig ist, wie extrem gut sie in den Suchergebnissen auf Google platziert ist. Auch die Arbeit der *Propagandschau* wirkt ausgesprochen professionell. Auffällig professionell für eine reine Freiwilligen-Truppe, die sich aus Privatspenden finanziert, oder gar Einzelpersonen. Durch Server in den USA kann sich die *Propagandaschau* um die Angabe eines Impressums drücken und bleibt so anonym und geschützt vor der deutschen Justiz. Auffällig ist, dass etwa das Portal »Sinovjev-info«, das mit dem staatlichen Propagandakonzern *Rossija Segodnja* (RT) verbandelt ist, schon mal Meldungen der *Propagandaschau* aufgreift – von vermeintlichen Hobbybloggern.[30] Maren Müller wiederum, die Frau hinter der von RT hoch gelobten »Ständigen Publikumskonferenzen« war früher bei den Leipziger »Linken« aktiv – ebenso wie der Anwalt Alexej Danckwarth, eine der treibenden Figuren im Fall der 13-Jährigen Lisa, der auf Facebook über Angela Merkel schreibt: »Ach, ist das eine schöne Vorstellung, wie diese Frau, die so viel unglaublich Böses getan und so viele schwerwiegende Verbrechen zu verantworten hat, halbnackt durch halb Deutschland sprinten muss, um sich vor wütenden Massen zu retten.« Er sorgte mit seiner übereifrigen Putin-Verteidigung für mehrere Eklats; unter anderem behauptete er: »Die EU betreibt in der Ukraine die Lebensraumpolitik Hitlers.«[31] Klagen oder auch nur Kritik der »Ständigen Publikumskonferenz« über RT, *Sputnik* und Co. sind nicht bekannt, obwohl die Kreml-Medien systematisch desinformieren – ARD und ZDF werden dagegen mit Kritik und Programmbeschwerden überhäuft.

Zahlreiche weitere Blogs bewegen sich im gleichen Dunstkreis wie die erwähnten: Die »Nachdenkseiten« von Alfred Müller, dem früheren Planungschef im Bundeskanzleramt, die zur Hetze gegen Journalisten aufrufen. Müller wiederum ist »Partner« von Ken Jebsen, der sogar von einem Texte-Austausch und »von einer Art ›Allianz‹« spricht:[32] Der deutsch-iranische Fernseh- und Radiomoderator wurde beim Radio Berlin Brandenburg nach Antisemitismus-Vorwürfen, die er zurückwies, geschasst, als »KenFM« hat er heute allein bei Facebook 238 000 Likes und damit auch Follower bzw. Abonnenten. Bekannt wurde der Müller-Partner unter anderem durch seinen Ausspruch »die meisten Pressevertreter gehören hinter Gitter« sowie seine Aussagen über eine angebliche »Holocaust-Industrie«. Jebsen war häufiger Gesprächs- und Interviewpartner bei Elsässer und trat regelmäßig bei *Compact*-Veranstaltungen auf und bei den Montagsmahnwachen von Lars Mährholz.[33] Dem wird nachgesagt, er bewege sich »im Spektrum der Neuen Rechten und obskurer Verschwörungstheoretiker«. Er nutzt sein Facebook-Profil auch für AfD-Werbung.[34] Und er hat Querverbindungen zu Mario R., dem Mann, der hinter der falschen »Anonymous«-Seite stehen soll. Das Umfeld der Montagsdemos, die in den russischen Medien als große, ernstzunehmende Protestbewegung in Deutschland dargestellt werden, bekam Unterstützung unter anderem vom Linken-Parteichef Bernd Riexinger und mehreren Bundestagsabgeordneten wie etwa dem Linken-Obmann im Auswärtigen Ausschuss, Wolfgang Gehrcke. Der frühere DKP-Funktionär war wiederum Interviewpartner von »Ken FM«; in einem Interview mit *Sputnik* forderte er 2015, Wladimir Putin im Bundestag sprechen zu lassen; im Ukraine-Konflikt reiste er in den besetzten Donbass.[35] In Moskau nahm er auf dem Höhepunkt des Konflikts an einer interparlamentarischen Konferenz der Duma teil. »Die Linke hat in Moskau einen guten Ruf, das müssen wir nutzen«, zitiert ihn die *Frankfurter Allgemeine*: »Auch an die Zeit in der Schule der Kommunistischen Internationalen in Moskau erinnert sich Gehrcke, Ende der siebziger Jahre war das.«[36]

Verbindungen gibt es auch zu dem für seinen Hang zu Verschwörungstheorien bekannten Kopp-Verlag. Ken Jebsen interviewt Autoren, die dort veröffentlichen und in *Compact* schreiben. Der Kopp-Verlag seinerseits schaltet Reklame in *Compact* und bewirbt in seinen Verlagsprospekten das Magazin und andere *Compact*-Produkte.[37]

Eine wichtige Rolle in Putins Propaganda in Deutschland spielt auch die so genannte Nachrichtenagentur »Anna-news« – eine Abkürzung für »Abkhazian Network News Agency«. Sie gilt als Kreml-Organ fürs Grobe, dezent im formell unabhängigen Abchasien am Schwarzen Meer platziert. »Anna-news« versorgt die anderen Medien des Netzwerks mit dubiosen Nachrichten – wie etwa Berichten des Deutschen Mirko M., der unter dem Pseudonym Mark Bartalmai angebliche Enthüllungsgeschichten aus der Ostukraine erzählt – und auch im russischen Fernsehen als Kronzeuge in der Rolle eines ehrenhaften Journalisten auftritt.

Bemerkenswert ist die Fülle von putinfreundlichen Büchern und Nachrichtenportalen in Deutschland. Rein marktwirtschaftlich ist sie schwer zu erklären. Auch hier tun sich merkwürdige Verbindungen auf. Die Website »Rationalgalerie« etwa wird herausgegeben von Uli Gellermann. Er wird auf der »Sputnik«-Seite als Autor geführt;[38] vor der Wende arbeitete er mit dem Verlag »Pahl-Rugenstein« zusammen. Der wurde einem SED-Vermerk zufolge durch ein DKP-Mitglied geleitet und verwirklichte sein Verlagsprogramm »in Absprache mit der Führung der Bruderpartei«. Finanziert wurde »Pahl-Rubelschein« – so der Spitzname – aus der DDR. Der Verlag verlegte unter anderem die kirchenkritische Zeitschrift »Neue Stimme« und brachte Bücher heraus wie »Die Bedrohungslüge«.[39] Bei Pahl-Rugenstein publizierten auch die »Generäle für den Frieden«. Unter diesem Titel hatten sich um den später als Stasi- und KGB-Agenten enttarnten Geschäftsführer Gerhard Kade ehemalige Nato-Generäle zusammengeschlossen, darunter auch Gert Bastian.[40] Nach den Forschungen des Historikers Knabe handelte es sich bei der Organisation um eine Schöpfung der Stasi; sie erhielt jedes Jahr 100 000 DM aus Ostberlin. Gellermann befindet sich unter den *Sputnik*-Autoren in guter Gesellschaft: Ebenfalls aufgeführt ist dort Rüdiger Göbel, der noch 22 Jahre nach dem Ende der DDR massiv den Mauerbau verteidigte.[41] Mit von der Propaganda-Partie ist auch Arnold Schölzel, der 1967 aus der Bundeswehr in die DDR desertierte und als Spitzel der Staatssicherheit seine Freunde ausspionierte. Der Chefredakteur des DDR-Nostalgieblatts *Junge Welt*, des früheren Propaganda-Organs der »Freien Deutschen Jugend«, ist heute ebenfalls stramm auf Putin-Kurs.[42] In seiner Zeitung ließ er im Januar 2011 einen Beitrag der 1982 in der DDR untergetauchten RAF-Terroristen Inge Viett abdrucken, in dem sie Anschläge auf Bundeswehrfahrzeuge und andere »militante Aktionen« als legitim bezeichnete.[43]

Schölzel wird bei der *Stimme Russlands*, der Vorgängerin von *Sputnik*, als Autor geführt.

In Moskaus Propaganda-Netz spielen neben Stasi-Männern auch erfundene »deutsche Massenmedien« eine besondere Rolle, glaubt Alexej Kowaljow, der mit Gleichgesinnten in dem Portal »noodleremover.news« die russische Propaganda verfolgt und entlarvt. »Deutsche-wirtschaftsnachrichten.de« (DWN) heißt etwa ganz seriös eine Propaganda-Plattform. Wie erfolgreich sie ist, kann man bei »10000flies.de« sehen, einer Internet-Seite, auf der die Relevanz in sozialen Medien nachzulesen ist. DWN kommt in Deutschland auf den 17. Platz – während die offiziellen russischen Propaganda-Seiten *Sputnik* und RT *Deutsch* nur auf die Plätze 23 und 24 kommen.[44] »Die Deutschen Wirtschafts-Nachrichten« sind der Kopp-Verlag für ›irgendwas mit Wirtschaft‹«, schreibt das Internetportal *netzpolitik.org*.[45] Nach Ansicht von Gemma Pörzgen von »Reporter ohne Grenzen« verbreitet das von anderen Seiten aus dem Netzwerk gerne verlinkte Portal ebenso wie *Compact* die »Argumentationsmuster der Moskauer Staatsführung« im Netz.[46]

Kowaljow glaubt, die gegenwärtige Phase der Informationsschlacht habe Ende 2013 begonnen, als die Nachrichtenagentur *Ria Nowosti*, bei der er selbst arbeitete, dem neuen Propaganda-Konzern *Rossija Segodnja* einverleibt wurde. Heute untersucht Kowaljow unter anderem, wie in russischen Medien »deutsche Experten« zu Wort kommen, die hierzulande entweder gänzlich unbekannt sind oder nur im einschlägig rechten Milieu einen Namen haben, wie Manuel Ochsenreiter von der Zeitschrift *Zuerst!*.[47]

Die weiteren Verzweigungen des Netzwerks ließen sich noch lange darlegen und könnten mehr als ein Buch füllen. Das erübrigt sich aber, da die Muster anhand der aufgeführten Beispiele offensichtlich sind.

Es wäre abstrus, zu glauben, das geschilderte Netzwerk sei auf einen Masterplan von Wladimir Putin zurückzuführen. Jürgen Elsässer wäre sicher auch mit seinen kruden Ansichten aktiv, wenn in Russland ein demokratisches System herrschen würde, das gute Beziehungen zum Westen unterhielte. Das Gleiche gilt sicher auch für die meisten anderen hier Genannten – potenzielle Erpressungsopfer und/oder Ex-Stasi-Mitarbeiter oder vorwiegend materiell Motivierte ausgeschlossen. Es ist aber offensichtlich, dass Moskau den vorhandenen Unmut geschickt nutzt und Öl bzw. Geld in das Feuer gießt. Ohne professionelle Hilfe,

Koordination und Organisation hätte das »Netzwerk für Putin (…)« (*Tagesspiegel*) nie so groß werden können, wie es jetzt ist – und seine Protagonisten wären so marginal, wie es ihre geistigen Vorfahren in der alten Bundesrepublik waren.

Für Moskau kommt so einem Netzwerk eine wichtige Rolle zu, wie Alexander Bordunow schrieb, Kommissar und damit Vize-Chef des 25 000 Mitglieder zählenden »Eurasischen Jugendbundes«, der Dugin-Jugend: »Für die Internet-Kriege brauchen wir Organisations- und Informations-Netzwerke. (…) Man kann versuchen, selbst eigene Netzwerke auf dem Territorium des Gegners zu schaffen, das ist schwieriger, aber es werden unsere Netzwerke sein, die von Anfang an von uns kontrolliert werden. Der Konflikt zwischen Russland und dem Westen hat zwei Dimensionen: eine geopolitische und eine zivilisatorische. In Anbetracht der völligen Inkompatibilität der grundlegenden Einstellung zueinander und zu Dritten kann die Endlösung eines jeden Zivilisationskonflikt nur in der Vernichtung von einem der Beteiligten bestehen.«[48]

Bordunows Chef Juri Kofner traf sich am 22. April 2014 zu einem *Compact*-Talk mit Jürgen Elsässer.[49] Die beiden konnten sich ohne Übersetzer unterhalten, der Russe spricht fließend deutsch. Kofners oberster Boss, »Putins Rasputin« Dugin, hatte zwei Monate zuvor, im Februar 2014, per E-Mail an einen Vertrauten und Netzwerker in der russischen Botschaft in Athen eine Liste von Personen aus unterschiedlichen Ländern geschickt, die er für geeignet hielt, einen »Eliteklub« zu schaffen oder »eine Gruppe zur Beeinflussung der Information im Sinne von ›Russland Heute‹«, dem Kreml-Propaganda-Organ. Unter Deutschland listet der Mann, der Moskaus rechte Netzwerke in Europa koordiniert, unter anderem Jürgen Elsässer und Manuel Ochsenreiter auf.[50]

RECHT(S) RADIKAL –
PUTINS UNHEILIGE ALLIANZ

Es war ein fröhlicher Tag in Wien. Fabelwesen waren mitten in der Stadt unterwegs am letzten Mai-Samstag 2014, Blumen und Insekten – oder genauer gesagt Menschen, die als solche kostümiert waren. Die schrägen und schillernden Outfits gehörten zum »Life Ball«, der den »Garten der Lüste« vor dem Rathaus in ein Blumenmeer verwandelte. Zehntausende Menschen feierten mit bei dem größten Benefizkonzert für HIV-Infizierte und Aids-Kranke in Europa. Schwule und Lesben tanzten zwischen den Blumen, und der Höhepunkt des Programms war ein Auftritt des frisch gebackenen Eurovision-Song-Contest-Siegers und Travestiekünstlers Conchita Wurst.

Die Szenen dürften ein Albtraum gewesen sein für die vielen Herren und eher wenigen Frauen, die sich zur selben Zeit nicht weit davon im Stadtpalais des Fürsten Liechtenstein trafen: Rechtspopulisten, christliche Fundamentalisten, Nationalisten, Unternehmer, Aristokraten und russische Eurasier, die sich heftig den Kopf zerbrechen über die Rettung Europas vor der Schwulenlobby und dem Liberalismus. »Gipfeltreffen mit Putins fünfter Kolonne«,[1] titelte der Züricher *Tagesanzeiger*, der das Treffen aufdeckte – trotz strengster Geheimhaltung und zugezogenen Gardinen. Das Ziel: die Wiederherstellung der gottgegebenen Ordnung.

Offizielles Thema sei laut Einladung der historische Wiener Kongress gewesen, der vor 200 Jahren mit Gründung der »Heiligen Allianz« Europa »ein Jahrhundert der relativen Ruhe und des geopolitischen Gleichgewichts« gebracht habe, berichtete das eidgenössische Blatt unter Berufung auf zwei voneinander unabhängige Quellen. »Tatsächlich wurde aber im prunkvollen Festsaal des Palais wenig über Geschichte und viel über die Zukunft gesprochen. Denn heute stünden Europäer und Christen vor historischen und geopolitischen Bedingungen, die es notwendig machten, ›den Geist der Heiligen Allianz aufleben zu lassen‹.«[2]

Eingeladen hatte der russische Oligarch Konstantin Malofejew über seine Stiftung Sankt Basilius der Große. Der als »orthodoxer Bisnismen« bekannte 42-Jährige war wegen dubioser Geschäftspraktiken in Verruf und wurde schon mal festgenommen, Wohnungsdurchsuchung inklusive – wegen Betrugsverdachts. Es ging um 250 Millionen Dollar. Dank gutem Draht bis ganz nach oben kam der Russe, der mit seinem runden Gesicht und dem Vollbart ungeschminkt in jeder Tolstoi-Verfilmung mitspielen könnte, wieder auf freien Fuß und brachte es zu Milliarden. Über Vater Tichon, den vorne erwähnten Beichtvater Putins mit den radikalen Ideen, hat er Zugang zum Präsidenten. Malofejews Freund und langjähriger PR-Berater Alexander Borodaj sowie sein Mitarbeiter Igor Girkin waren Schlüsselfiguren bei Russlands hybridem Angriff auf die Ukraine 2014: Beide stammen aus den Geheimdiensten und haben Kriegserfahrung. Borodaj wurde später Premierminister der selbstproklamierten »Volksrepublik Donezk«, Girkin Verteidigungsminister. Malofejews Stiftung Sankt Basilius der Große, die auch die Zusammenkunft in Wien organisierte, leistete in dem Konflikt unter anderem Kosakentruppen Unterstützung. Die ukrainischen Ermittlungsbehörden haben ein Verfahren eingeleitet wegen Bildung einer illegalen militärischen Vereinigung gegen den bestens vernetzten Unternehmer, der in der Heimat als frommer Patriot zählt. Malofejew gilt als der geistige Schöpfer eines Strategiepapiers, das im Februar 2014 der Kremladministration vorgelegt wurde und in dem teilweise bis in die Details das spätere Vorgehen der russischen Kräfte im Osten der Ukraine vorhergesagt wurde. Kritiker gehen davon aus, dass es sich dabei um Putins Drehbuch gehandelt habe und Malofejew das »Hirn« hinter der Aktion war und auch die »Muskeln« lieferte, da seine Männer vor Ort waren. Jedenfalls ist er die zentrale Figur bei Putins hybridem Krieg in der Ostukraine. Malofejew hat demzufolge nur in letzter Minute Donezk statt dem ursprünglich ins Visier genommenen Charkiw als zweites Ziel neben Luhansk gewählt, weil in der nördlicheren Stadt der lokale Widerstand zu groß war.[3] »Auf staatlicher Seite wurde die Krim durch die russische Armee annektiert – und auf der privaten Seite durch die Leute des Oligarchen Malofejew«, schrieb der Moskauer Journalist Oleg Kaschin.[4]

Malofejew stand damals noch nicht auf der Sanktionsliste der EU. Auf die wurde er erst am 30. Juli 2014 gesetzt. Vielleicht ist er zu wichtig. Jedenfalls konnte er ungehindert zu dem Treffen mit Gleichgesinnten nach Wien reisen. Als Stargast brachte er Alexander Dugin mit, der als einer der Vordenker in Putins Russland gilt und sich für ein europäisch-asiatisches Bündnis unter Führung Russlands stark macht. Der Radikale, der von Putin zur Feier des »Anschlusses« der Krim in den Kreml eingeladen war, hatte in einer Fernsehansprache im April 2014 vorgeschlagen, Europa zu einem russischen Protektorat zu machen und es damit vor Homoehen, Pussy Riot und vor sich selbst zu schützen: »Wir müssen Europa erobern und anschließen.« Dazu, so lautete schon früher sein Vorschlag, müsse man nicht nur das Militär, sondern auch Strategien der »Subversion, Desinformation und Destabilisierung« nutzen und darauf hinarbeiten, Europa über geeignete westliche Partner parlamentarisch zu unterwandern. Es stehe fest, meinte Dugin in der Fernsehansprache weiter, »dass uns eine prorussische fünfte Kolonne in Europa unterstützt. Das sind europäische Intellektuelle, die ihre Identität stärken wollen.«[5]

Bei dem Treffen in Wien jedenfalls mangelte es nicht an Unterstützung. Aus Frankreich kamen Abgeordnete des Front National: Marion Maréchal-Le Pen, die Enkelin des Parteigründers und Nichte von Marine Le Pen, sowie der Historiker und Front-National-Angehörige Aymeric Chauprade, so der *Tagesanzeiger*. »Aus Spanien reiste Prinz Sixtus Henri von Bourbon-Parma an, Anführer der katholisch-monarchistischen Carlisten-Bewegung, aus der Schweiz Serge de Pahlen, Direktor eines Genfer Finanzunternehmens und Ehemann der Fiat-Erbin Margherita Agnelli de Pahlen. Aus Österreich nahmen der Vorsitzende der rechtspopulistischen FPÖ, Heinz-Christian Strache, sein Stellvertreter Johann Gudenus und der Wiener FPÖ-Politiker Johann Herzog teil, Vorsitzender und Gründer der rechtsextremen Partei Ataka. Weiter anwesend waren Rechtsextremisten aus Kroatien, Adelige aus Georgien und Russland sowie ein katholischer Priester.«[6] Mit dabei auch der italienische Historiker Roberto de Mattei, der das Erdbeben und den Tsunami in Japan als Strafe Gottes betrachtet und den Untergang des Römischen Reichs mit dessen Tolerierung der Homosexualität erklärte, sowie der Bulgare Siderow, dessen Partei sich als Bollwerk gegen den Vormarsch von Türken und Juden in Europa sieht.[7]

Für Sicherheit und Geheimhaltung auf dem Treffen sollte ein privater Wachdienst sorgen, Fotografieren war streng verboten. Als FPÖ-Chef

Strache mit seinem Handy einen Schnappschuss machen wollte, wurde er von Malofejew selbst abgemahnt. So gibt es denn nur Erzählungen darüber, in welch höchsten Tönen die Teilnehmer Putin lobten: Ein Redner erblickte im Kreml-Chef gar den »Erlöser« und die Reinkarnation des Zaren Alexander des Ersten. Der war Architekt der »Heiligen Allianz« gegen Napoleon.[8]

Bei Dugin schließt sich der Kreis zu Putins Netzwerk in Deutschland. Jürgen Elsässers Vision ist ein »Europa freier Völker von Lissabon bis Wladiwostok«, so formulierte er es in dem erwähnten »Compact-Talk« mit Juri Kofner, dem Chef der Eurasischen Jugendbewegung und Leiter des Moskauer Zentrums für Eurasisch-Europäische Zusammenarbeit. Die gleiche Formulierung, die im November 2010 Putin gebraucht hatte. »Gemeint war jedoch weniger ein liberaler Handelspakt zwischen Russland und Europa als ein antiamerikanisches Bündnis von West- und Osteuropäern sowie die westliche Akzeptanz für eine aus Moskau geleitete eurasische Union«, so Andreas Umland und Thomas Korn auf der Homepage der Böll-Stiftung.[9] Eurasien ist auch das Lieblingsthema Dugins, der natürlich auch in »Compact« eine Plattform bekam. Dugin schilderte im April 2014 seine Vision: »Russland hört hier nicht auf, sondern trägt Aktivitäten nach Europa, die das Hauptelement der Europäischen Konservativen Revolution darstellen werden. Europa beginnt zu zerfallen: Einige Länder stehen hinter den USA, aber mehr und mehr werden auf Russland hören. (…) Ein neuer großer Kontinentalbund formiert sich als Konföderation von Europa und Eurasien (…) Von Lissabon bis Wladiwostok.«[10]

Ähnlich konspirativ wie bei dem Treffen in Wien ging es zehn Monate später in Sankt Petersburg zu. »Neonazi-Treffen in Russland: Moskaus rechtsradikale Internationale« – so beschrieb *Spiegel Online* die Zusammenkunft von Vertretern von mehr als zehn europäischen Rechtsparteien im Hotel Holiday Inn: des »Russischen Konservativen Forums«. Amerika müsse man gemeinsam bekämpfen, so die ausgegebene Parole. Stargast: Udo Voigt, der frühere NPD-Chef und heutige Europaabgeordnete der rechtsradikalen Partei, deren Wahlslogan lautete: »Gas geben«. Voigt macht zwar aus seinen Sympathien für das »Dritte Reich« kaum einen Hehl und bezeichnet Hitler als »zweifellos großen Staatsmann«. Alexej Schurawljow, Abgeordneter der Putin-Partei »Einiges Russland« in der Duma, erklärt ihn dennoch via Twitter zum »Antifaschisten«. In Russland regte sich denn auch prompt Unmut, dass Vogt ausgerechnet in einer Stadt derart hofiert wurde, die wie kaum eine andere unter Hitlers Krieg gelitten hat und in der die 27-monatige Belagerung durch die Wehrmacht von September 1941 bis Januar 1943 eine grausame Hungerkatastrophe auslöste, bei der allein über 600 000 Menschen verhungerten. Die Föderation der jüdischen Gemeinden Russlands erklärte, man sei »tief besorgt und befremdet«.[11]

Der derart auf historischem Boden reingewaschene Vogt dankte die Absolution prompt, indem er für Putins Politik warb und »Kriegstreiberei« des Westens in der Ukraine-Krise feststellte. Organisiert wurde das Treffen von der stramm nationalistischen Partei »Rodina« (Heimat), deren Gründer Dmitri Rogosin Vize-Premierminister von Russland ist. So wirkte denn die spätere Rechtfertigung von Kreml-Sympathisanten, es habe sich um eine private Veranstaltung gehandelt, eher absurd: zumal in Russland Oppositionsparteien keine Hotels für Großveranstaltungen anmieten geschweige denn problemlos ohne massive Störmanöver tagen können. Besprochen werden sollte auf der Zusammenkunft nach dem Motto »Rechtsradikale aller Länder, vereinigt euch«, wie man gemeinsam gegen die Sanktionen vorgehen könne. Schließlich waren bei den Europawahlen viele Rechtsradikale in das Straßburger Parlament eingezogen. Offiziell war das Ziel des Kongresses, »die national-konservativen Kräfte« angesichts des Drucks auf Europa und Russland seitens der USA zu vereinigen. Gast auf dem Kongress war auch der berüchtigte russische Neonazi Alexej Miltschakow, der früher mit Hakenkreuzfahne posierte und bekannt wurde, weil er als 20-Jähriger einem Hundewelpen den Kopf abschnitt und die Bilder dieser Gräueltat online stellte. Später schloss er sich den russischen Donbass-Kämpfern an.[12]

Putins Sprecher Dmitri Peskow erklärte, im Kreml habe man von der Konferenz gewusst und auch Putin habe die Presseberichte darüber vorgelegt bekommen, aber er, Peskow, könne sie nicht kommentieren.[13]

Solche Schlagzeilen über Putins »Internationale der Rechtsextremen« dürften wohl die Ausnahme sein. Die Beteiligten bemühen sich um Diskretion. So war es sicher ein Betriebsunfall, als – offenbar aus Geheimdienstquellen – bekannt wurde, dass Moskau den rechtsradikalen Front National in Frankreich finanziell unterstützt. Die »Erste tschechisch-russische Bank« gewährte der Partei von Marine Le Pen einen Kredit von über neun Millionen Euro – wie später sogar die russischen Staatsmedien einräumen mussten.[14] Mitbeteiligt an der Bank: der Energie-Unternehmer Gennadi Timtschenko, ein enger Vertrauter Putins, den Kritiker für seinen Strohmann bzw. »Geldbeutel« halten. Die Finanzspritze, die geheim bleiben sollte, hatte sich der Front National verdient: Nach Moskaus Überfall auf die Krim reiste deren Abgeordnete Aymeric Chauprade auf die Halbinsel, trat gemeinsam mit anderen rechtsradikalen Abgeordneten als »Wahlbeobachter« bei dem Referendum auf und bescheinigte ihm schließlich Legitimität – was wohl ebenso wahrhaftig ist wie die Beteuerung, der NPD-Mann Voigt sei Antifaschist. Front-National-Chefin Le Pen zollte Putin »eine gewisse Bewunderung« und attestierte nach der Annexion der Krim bewundernd: »Ich glaube, Putin handelte praktisch fehlerfrei«.[15] Sie sondierte auch schon das Feld in Moskau, wo sie der Duma-Vorsitzende und Putin-Vertraute Sergej Naryschkin empfing, formell der viertmächtigste Mann im Staat.[16] »Es gibt eine gemeinsame ideologische Vision«, glaubt der Politikwissenschaftler Yves Camus: »Für den Front National und den Kreml ist der Westen korrupt und dekadent.«[17]

Der Front National ist keine Ausnahme: Aus allen Ecken Europas werden auffallende Kontakte zwischen Rechtsextremen und Putin gemeldet. Da ist Bela Kovacs. Er sitzt für Jobbik, die rechtsextreme Partei aus Ungarn, im Europaparlament; er pflegt gute Kontakte nach Moskau, ist zufälligerweise Schatzmeister einer Allianz europäischer Rechtsradikaler und hat am MGIMO in Moskau studiert, einer Kaderschmiede russischer Agenten und Diplomaten.[18] Kovacs sitzt just in solchen Parlaments-Ausschüssen, die für Russland von Interesse sind: Energie sowie Zusammenarbeit mit Osteuropa, auch der Ukraine. Der Ungar steht unter dem Verdacht, spioniert zu haben. Für Russland. Er soll vertrauliche Dokumente nach Moskau weitergeleitet haben. Seine Partei arbeitet seit längerem eng mit Russland zusammen. »Der Anteil pro-russischer radikaler Parteien in der EU steigt offensichtlich. Ich glaube, dass das russische Projekt, den Zusammenhalt der Europäischen Union von innen heraus zu untergraben, mittelfristig erfolgreich sein kann«, glaubt der Budapester Politologe Peter Krekó.[19] »Nach dem proletarischen Internationalismus bastelt Moskau jetzt an einer Internationale der Reaktion«, schreibt die *taz*: »Putin schwingt sich zum Schirmherrn der antimodernistischen reaktionären Kräfte in der EU und der Welt auf. Seine ideologische Angebotspalette hält für viele Verlockendes parat: den überzeugten Antiamerikaner, den starken Mann, den Macho, den Schwulenhasser, den Vertreter familiärer Werte, den Traditionalisten, Nationalisten, den Xenophoben, Kirchgänger und Antiglobalisten.«[20]

Nach einer Studie des ungarischen Policy Research Instituts Political Capital mit dem Titel »The Russian Connection« aus dem Jahr 2014 bekennen sich von den 24 einflussreichsten Rechtsparteien in Europa 15 offen zu Moskau und wollen einen gemeinsamen Weg unter Leitung des Kremls abseits von der EU: die FPÖ in Österreich, Vlaams Belang in Belgien, Ataka (»Angriff«) in Bulgarien, »Arbeiterpartei« in Tschechien, der Front National in Frankreich, die NPD in Deutschland (inzwischen kann man hier auch die AfD noch hinzuzählen), »Goldene Morgenröte« in Griechenland, Jobbik in Ungarn, Lega Nord und Forza Nuova in Italien, »Ordnung und Gerechtigkeit« in Litauen, »Partei der Selbstverteidigung« in Polen, »Slowakische Nationalpartei« und »Liberal-soziale Nationalpartei« in der Slowakei, British National Party in Großbritannien. Sechs weitere Parteien sind für russische Avancen durchaus offen oder neutral: »Kroatische Partei des Rechts« in Kroatien (neutral), »Dänische Volkspartei« in Dänemark (offen), »Estnische Unabhängigkeitspartei« in Estland (neutral), Geert Wilders' »Partei für die Freiheit« in den Niederlanden (offen), »Liga Polnischer Familien« in Polen (offen) und »Schwedendemokraten« in Schweden. Nur drei gehen auf Distanz: »Die Finnen« in Finnland, »Für Vaterland und Freiheit/Lettische Nationale Unabhängigkeitsbewegung« in Lettland und »Großrumänienpartei« in Rumänien. Finnland und Rumänien haben territoriale Streitigkeiten mit Russland, Lettland hat eine größere russische Minderheit im eigenen Land.[21]

Die rechtspopulistische Fraktion ENF im Europaparlament – »Europa der Nationen und der Freiheiten« – mit ihren 38 Mitgliedern fällt durch ihre Nähe zu Russland auf. Aus ihren Reihen wurde in Straßburg im April 2014 eine Konferenz zum Thema »Deeskalation in der Ukraine« organisiert – mit Unterstützung der russischen Vertretung – und ohne dass ein Vertreter der Ukraine eingeladen worden wäre. Viele ENF-Abgeordnete stimmten, gemeinsam mit der Linken, gegen die Resolution vom 10. Juni 2015, die Russland die Verantwortung für den Krieg in der Ostukraine zuschreibt.[22]

In Italien hielt Alexej Komow eine Rede beim Parteitag der »Liga Nord«. Der Russe arbeitet in verschiedenen Organisationen, die Malofejew gegründet hat, der Organisator der Dugin-Konferenz in Wien; zudem ist Komow »Russland- und GUS-Botschafter« des »Weltkongresses der Familie«, einer stramm rechten Vereinigung aus den USA, die gegen Homoehe, Pornographie sowie Abtreibung kämpft.[23] An einer gemeinsamen Pressekonferenz in Turin nahm, neben dem FPÖ-Chef Strache und Geert Wilders von der »Partei der Freiheit« in den Niederlanden, auch der Duma-Abgeordnete Viktor Subarjew von der Putin-Partei »Einiges Russland« teil.[24] In Italien arbeitete Dugin mit der faschistischen Organisation »Stato & Potenza« zusammen; die hatte sich offen für die Annexion der Ukraine ausgesprochen. Eine Zusammenarbeit gab es auch mit Claudio Mutti, dem Direktor des rechten Magazins »Eurasia«, und der faschistischen Organisation »Millennium«; Mitglieder von ihr reisten später nach Donezk, um die »prorussischen Separatisten« zu unterstützen.[25] Die Liste der Verbindungen ließe sich allein für Italien lange fortsetzen, gar nicht zu reden von den anderen Ländern bzw. deren rechtspopulistischen Parteien. Die Aufzählung wäre ermüdend und würde wenig Sinn machen. Hier sei auf die Studie »The Russian Connection« verwiesen, die oben bereits erwähnt ist.

Im Ukraine-Konflikt wurde die Allianz Putins mit den Rechtsradikalen erstmals offenkundig. Um die Machtergreifung von angeblichen »Faschisten« in Kiew zu verhindern, lud der Kreml-Chef als »Wahlbeobachter« zu dem völkerrechtswidrigen Referendum auf der Krim mehr als 50 Politiker aus der EU ein. Bis auf vier Mitglieder der deutschen »Linken« waren alle anderen Vertreter rechtsextremer Parteien, wie die *taz* schreibt: »Vom französischen Front National, von der ungarischen Jobbik, dem belgischen Vlaams Belang, der bulgarischen Ataka, den serbischen Dveri, der italienischen Liga Nord. Die Reihe ließe sich fortsetzen. Die Einladung kam über die NGO Eode. Dahinter verbirgt sich eine Organisation des belgischen Neonazis Luc Michel, der wiederum ein Anhänger des Nazikollaborateurs Jean-François Thiriart ist.« Putin sei zwar kein »lupenreiner Faschist«, wolle aber »mithilfe der rechtsradikalen Freunde die EU als Gegner schwächen«.[26]

Besonders interessant sind die Verbindungen Moskaus zum rechten Rand in Deutschland. Machte sich der frühere AfD-Chef Bernd Lucke noch für eine Westorientierung Deutschlands stark, so ist mit dem Brandenburger AfD-Fraktionschef und Parteivize Alexander Gauland jetzt ein strammer Putin-Verteidiger tonangebend in der Außenpolitik der Partei. Seine vertraulichen Gespräche mit dem russischen Botschafter in

Berlin sorgen für Spekulationen. »Spitzenleute der AfD wollen sich künftig von russischen Diplomaten beraten lassen. Nach Bundesvorstand Alexander Gauland haben nun auch AfD-Bundesgeschäftsführer Georg Pazderski und Pressesprecher Christian Lüth die russische Botschaft in Berlin besucht«, berichtete der Spiegel schon im Dezember 2014: »Bundessprecher Bernd Lucke gibt sich skeptisch, Vorstand Alexander Gauland spricht sich für den ›Austausch‹ aus. (...) Gerüchte, die Russen versuchten, über den Gold-Shop der AfD oder über Kredite an Funktionäre Einfluss auf die Partei zu nehmen, wies die AfD zurück.«[27] In ihrem umstrittenen »Gold-Shop« im Internet verkaufte die Partei Goldbarren und Goldmünzen an Privatpersonen; ein lukratives Geschäft, weil so der Umsatz der AfD stieg und damit nach dem Parteiengesetz höhere Zuschüsse vom Staat in die Parteikasse flossen.

Gauland reiste später auch mit einigen AfD-Abgeordnetenkollegen nach Sankt Petersburg, auf Einladung der Stiftung Sankt Basilius der Große – genau jener, die dem orthodoxen Oligarchen Malofejew gehört, der als Schlüsselfigur des hybriden Krieges in der Ukraine gilt und das eingangs geschilderte Treffen mit Dugin in Wien organisierte, das der *Tagesanzeiger* »Gipfeltreffen mit Putins fünfter Kolonne« nannte. Zur Annexion der Krim sagte Gauland: »Das Völkerrecht ist das eine. Traditionen, historisches Bewusstsein, kultureller Hintergrund sind das andere. Und dann muss man irgendwann auch mal das Völkerrecht das Völkerrecht sein lassen und sagen, kommen wir zur Lösung.«[28] Für einen selbsternannten »Patrioten, der nur deutsche Interessen vertritt«, äußerte sich Gauland auf sehr erstaunliche Weise über den Abzug sowjetischer Truppen aus der ehemaligen DDR 1994: »Es war ein trauriges Bild, die Sieger von Berlin und Stalingrad in rostenden Panzern abziehen zu sehen.«[29]

Mit Ausnahme von Altkanzler Schröder und dem Linken Gysi gebe es »weit und breit keinen deutschen Politiker, der mit größerer Leidenschaft um Verständnis für die russische Position wirbt«, als Gauland, schrieb die *Welt*: Er »hat Russland zum zentralen Thema der AfD gemacht. Derzeit ist es in der Partei sogar wichtiger als der Euro, ohne den die AfD vermutlich nie in der bundesdeutschen Parteienlandschaft aufgetaucht wäre.«[30]

Angesichts aller Umstände ist die Frage statthaft, was einen mehr verwundern würde – wenn Moskau die AfD nicht finanzieren würde oder wenn wirklich Mittel flössen? In Berliner Sicherheits- und Politikerkreisen werden sogar ganz konkrete Zahlen genannt. »Die AfD bekommt Geld von Netzwerken, die mit Russland im Zusammenhang stehen. Dahinter steckt kein Geringerer als Präsident Putin«, sagte der CDU-Außenpolitiker Roderich Kiesewetter Anfang Februar 2016: »Sie sehen es ja auch, dass in der AfD zunehmend Stimmen laut werden, die sagen, Deutschland solle sich von der transatlantischen Partnerschaft trennen, von der Freundschaft mit Amerika und enger mit Russland kooperieren. Das ist der Preis der Nähe zu Putin durch die AfD.«[31] Auch der geschasste Ex-Parteichef Lucke berichtete nach den Kiesewetter-Aussagen über einen »hohen Spendeneingang in den letzten Wochen«. Ob der aus ausländischen Quellen komme, wisse er aber nicht, so Lucke im *Deutschlandfunk*: Zu seiner Zeit habe es jedenfalls keine Gelder aus Russland für die AfD gegeben. Für ihn sei weniger die russlandfreundliche Haltung der Partei problematisch, sondern vielmehr ihr »gebrochenes Verhältnis zur Westbindung«, was er für sehr gefährlich halte. Ihm bereite Sorge, dass in vielen AfD-nahen Medien russische Standpunkte einseitig verbreitet würden. Die AfD wies die Vorwürfe, aus Moskau finanziert zu werden, als »verschwörungstheoretischen Unfug« und »Diskreditierung des politischen Gegners« zurück. Die AfD finanziere sich ausschließlich durch Mitgliedsbeiträge, Kleinspenden aus Deutschland, staatliche Teilfinanzierung und Einnahmen aus ihrem Shop.[32]

Ex-Chef Lucke warf der AfD vor, sie sei »zu einer Pegida-Partei verkommen«.[33] Gauland wird inzwischen auch »Pegida-Versteher« genannt – hatte er die Bewegung doch als »natürliche Verbündete« bezeichnet. Nach einem seiner Besuche in der russischen Botschaft sei Gauland nach Dresden gefahren zu einem Treffen mit der islamfeindlichen Bewegung, und kurz danach seien dort die ersten Russland-Fahnen bei Demonstrationen aufgetaucht, berichtet ein Insider im Berliner Politikbetrieb. Es mag ein Zufall sein. Kein Zufall sind dagegen offenbar die vielen Berührungspunkte der AfD zu dem putinnahen Netzwerk um Jürgen Elsässer. So trat Gauweiler bei einer *Compact*-Konferenz als Redner auf. Die »positive Darstellung« des Gauland-Flügels in der AfD war laut der Querfront-Studie der Otto-Brenner-Stiftung eines der Themen, auf das sich das Elsässer-Magazin konzentrierte.[34]

Bei den Demonstrationen von Pegida und verwandten Organisationen fällt auf, wie oft dort russische Fahnen zu sehen sind und wie die Redner Putin preisen. »Merkel weg, Putin hilf!« steht auf den Plakaten von

Pegida-Demonstranten in Dresden.[35] Russland ist ein Dauerthema bei der Bewegung, obwohl es eigentlich wenig mit ihrer Grundthematik zu tun hat – Islam und Einwanderung. Pegida-Chef Lutz Bachmann kritisiert die Sanktionen gegen Russland und behauptet, sie würden Arbeitsplätze und den Frieden gefährden. Auf den Plakaten sind Sprüche zu lesen wie »Frieden mit Russland« und »Weg mit der Kriegstreiber-Regierung«.[36] Auch *Sputnik* berichtet ausführlich über »Pegida«. Über die Bewegung und Reaktionen auf sie gibt es dort eine eigene Themenseite: 47 Beiträge sind dort Anfang Februar 2016 zu finden – eine erstaunliche Zahl, wenn man betrachtet, dass *Sputnik* erst Ende Dezember 2014 anlief. Interessanter als die Zahl sind aber der wohlwollende Tenor in einem Großteil der Berichte – und die Video-Liveübertragungen von Pegida-Demonstrationen.[37] »RT« wirkt wie ein Haussender der Bewegung – und überträgt ebenfalls live. Gibt man auf der Homepage »Pegida« als Suchwort ein, kommt man auf 64 Treffer – ab Dezember 2014. In den russischsprachigen Medien ist die Bewegung allgegenwärtig. Sucht man bei Google nach dem Slogan, der auf einer Pegida-Demo am 15. September 2015 skandiert wurde – »Merkel nach Sibirien, Putin nach Berlin!«, kommt man auf 263 000 Ergebnisse; auf Deutsch bringt die Suche nur 59 500 Treffer. In den gesteuerten russischen Medien bekommt man den Eindruck, Pegida sei eine Bewegung, die ganz Deutschland erfasst habe. »In Deutschland kam es zu einem Protestmarsch«, »Protestierer in Deutschland«, »Die Deutschen forderten ...« – das ist der Tenor, so der russische Journalist Sergej Golubizki.[38]

Merkwürdig ist ein Ereignis im Mai 2015. Die geplante Motorrad-Sternfahrt der berüchtigten russischen Rockerbande »Nachtwölfe« nach Berlin sorgt damals bundesweit für Aufregung. Die Gang gilt in Sicherheitskreisen als eng mit der organisierten Kriminalität verbandelt – und als Putins Kampftruppe. Unter anderem soll sie auf der Krim und in der Ostukraine wichtige militärische und organisatorische Aufgaben übernommen haben, wie Botendienste – zur Vermeidung des Abhörens – und vor allem auch Geldtransporte. Kaum treffen die Nachtwölfe in Sachsen sein, wartet Pegida-Chef Bachmann auf sie. Sie posieren zusammen auf Fotos, halten abwechselnd Pegida- und Russland-Fahnen hoch. Er habe Putins Rocker »zufällig beim Tanken getroffen«, sagt Bachmann später. Er fährt mit den Nachtwölfen Kolonne bis Torgau, wo Pegida-Anhänger, Rocker, Nazis, uniformierte Kinder und Vertreter des russischen Generalkonsulats gemeinsam einen Kranz am örtlichen sowjetischen Denkmal niederlegen.[39]

Im Internet wuchern denn auch die Spekulationen über eine Verbindung von Pegida nach Moskau. Es ist sogar davon die Rede, Bachmann sei ein alter Bekannter Putins oder gar schon zu DDR-Zeiten von ihm angeworben worden. Das ist natürlich abenteuerlich. Es gibt keine Beweise dafür, dass Pegida &. Co von Moskau finanziell gefördert werden. Anlass zum Nachdenken bieten aber die Enthüllungen, die das Recherchezentrum *Correctiv* im März 2016 veröffentlichte: Demnach haben maßgebliche Pegida-Leute eine Stasi-Vergangenheit. So abenteuerlich es wäre, so eine Verbindung nach Moskau als vorhanden hinzustellen, genauso fahrlässig wäre es, nach den Enthüllungen von *Correctiv* und dem Studium der Geschichte von Stasi und KGB so eine Möglichkeit von vornherein auszuschließen.

Ein passendes Werkzeug für die Unterstützung und Koordinierung rechtsextremer Bewegungen in Europa gibt es jedenfalls in Moskau (von den Geheimdiensten einmal ganz zu schweigen): das World National-Conservative Movement (WNCM). Bewegende Kraft hinter dem WNCM ist die »Russische Imperiale Bewegung« (RID) sowie die Petersburger Abteilung der stramm rechten Partei »Rodina«, die von Vize-Premierminister Dmitri Rogosin mitgegründet wurde. Dem Moskauer Sova-Centrum, das sich mit Extremismus beschäftigt, wurden interne WNCM-Unterlagen zugespielt, die einen tiefen Einblick in die Organisation erlauben. Erklärtes Feindbild der Organisation sind EU und Nato. Zudem wird, kaum getarnt, eine jüdische Weltverschwörung vermutet, wie der Rechtsextremismus-Forscher Anton Schechowzow schreibt.[40] Das internationale Partnernetzwerk des WNCM hat 58 Organisationen zur Zusammenarbeit eingeladen – darunter auch die NPD in Deutschland, wie aus den Unterlagen hervorgeht. Geplant ist, ein gemeinsames »Camp für militärische und athletische Instruktion« zu errichten und freiwillige internationale Brigaden aufzustellen, die in Konfliktzonen eingesetzt werden können, so Schechowzow. Die WNCM verstehe sich weniger als ein Netzwerk, sondern sei auf »Aktion fokussiert«. Die Mitbegründerin RID ist in der Ostukraine aktiv und hat nach eigenen Angaben 300 Freiwillige dorthin entsandt. Eine der Schlüsselfiguren von RID, Alexander Schuchkowski, schickte unter dem Deckmantel von »humanitärer Hilfe« Waffen und Militärmaterial in die Ostukraine – die er auch stolz fotografierte. Gesamtwert der Lieferungen: angeblich 30 Millionen Rubel (damals 630 000 Euro). Auch die schwedische faschistische Organisation »Nordic Resistance« bekam Geld von der Organisation, wie sie selbst bestätigte, ohne allerdings eine Summe zu nennen. Offiziell bezeichnet sich die RID als Gegenspielerin von Putin – doch mit seiner aggressiven Politik hat sie ihren öffentlichen Aussagen zufolge kein Problem, so Schuchkowski. Wirklich aussagekräftig ist, dass die RID im Gegensatz zur echten Opposition keinerlei Ungemach von den Behörden befürchten muss. Hier ist auch hinzuzufügen, dass staatliche Stellen in Russland seit Jahren oft kaum verdeckt Rechtsradikale fördern. Schuchkowskis Fazit im September 2015: »Es mag noch zu früh zu sein, um die Alarmglocken zu läuten, aber die Formierung einer von Russland unterstützten internationalen ultrarechen Bewegung mit einer militärischen Komponente kann eine ernsthafte Bedrohung für die demokratischen Gesellschaften in Europa werden.«[41]

Organisationen wie die RID und WNCM gibt es weltweit. Die Besonderheit in Putins Russland ist, dass sie oft vom Staat gefördert werden – und teilweise auch von diesem gezielt für politische Aktionen etwa gegen Regimegegner, Bürgerrechtler oder die Schwulenbewegung eingesetzt werden. In Russland arbeiteten rechtsradikale Gruppen wie die Russische Nationale Einheit (RNE) seit Jahren mit offenkundiger Duldung oder gar Hilfe des Geheimdienstes, sagt Nikolaj Mitrochin von der Forschungsstelle Osteuropa der Universität Bremen: »Für den Kreml und den Inlandsgeheimdienst FSB sind Rechtsradikale, die oft paramilitärisch ausgebildet sind, nützlich, weil sie die Ideologie russischer Größe und Expansion teilen und sowohl in Russland wie außerhalb einsatzbereit sind.«[42]

Zumindest indirekte Unterstützung für deutsche Rechtsradikale ist auch belegt. Bundesinnenminister Thomas de Maizière (CDU) ließ Ende Januar 2016 das führende rechtsextremistische Internetportal *Altermedia* verbieten. Dort wurde unter anderem zum Mord an Bundestags-Vizepräsidentin Claudia Roth (Grüne) aufgerufen; von »jüdischer Jauche« wurde dort ebenso geschrieben wie von »Ausländerbanden, die Jagd auf weißes Fleisch« machen. Es kam deswegen in vier Bundesländern und Spanien zu Durchsuchungsaktionen. Wegen der »besonderen Bedeutung« führte die Bundesstaatsanwaltschaft das Verfahren selbst – obwohl diese in der Regel für die Terrorbekämpfung zuständig ist. Ermittelt wird wegen des

»Verdachts der Bildung einer rechtsextremistischen kriminellen Vereinigung«, es kam zu zwei Festnahmen. *Altermedia* war nach Angaben des Ministers »hochgradig konspirativ«. Der Server des Portals stand in Russland – zur Abschottung gegen staatliche Zugriffe.[43] Der Bodensatz rechter Strömungen, den es in jeder Gesellschaft gibt, wird unter Wladimir Putin gezielt für den politischen Kampf instrumentalisiert. Genau darin liegt eine der Gemeinsamkeiten des Systems, das Putin errichtet hat, mit dem Faschismus in seiner klassischen Definition – nicht zu verwechseln mit dem Nationalsozialismus als einer spezifischen Ausprägung. Diese Ähnlichkeiten erklären die offenbar wechselseitige Anziehung zwischen der Führung in Moskau und den Rechten bis Ultrarechten in Europa. Der Brockhaus definiert Faschismus wie folgt: Er »mythisiert die Volksgemeinschaft und tritt als besonders antiindividualistisch und minderheitenfeindlich auf«. Er »bekämpft die Demokratie und die ihr zugrunde liegenden Ideen« wie »Rechtsstaat, Menschen- und Bürgerrechte, Pluralismus, Opposition, Toleranz und die sie tragenden Institutionen und Verbände« wie »Parlament, Parteien und Verbände«. Der Faschismus verfügt demnach über keine geschlossene Ideologie, betone den »Willen zur Macht«, die Notwendigkeit hierarchisch-autoritärer Führung sowie die »Idee eines Imperiums« und »des Staates als zentralem Wert«. Weitere Merkmale von Faschismus sind laut Brockhaus Militanz, Nationalismus und Militarismus sowie eine aggressive Innen- und eine expansionistische Außenpolitik. Namhafte Wissenschaftler vertreten zudem die These, im Faschismus sei es zu einer Symbiose von Wirtschaft, Bürokratie und Armee gekommen.[44] Das liest sich wie eine exakte Beschreibung von Putins Russland. Vor diesem Hintergrund ist es besonders abstrus, dass Putin sich als Antifaschist sieht und seinen Widersachern vorwirft, Faschisten zu sein. Putin steht in der Tradition des »antifaschistischen Mythos« der Sowjetunion, der eine Lüge war. Die Zusammenarbeit von Hitler und Stalin zwischen 1939 und 1941 wird verdrängt – auch im Westen. »Die Freundschaft zwischen den Völkern Deutschlands und der Sowjetunion, die mit Blut besiegelt ist, hat alle Grundlagen, lange und fest zu sein«, schrieb Stalin noch am 25. 12. 1939 an Hitlers Außenminister Ribbentrop.[45] Im September 1939 erklärte Stalin: »Sollte aber, entgegen den Erwartungen, Deutschland in eine schwierige Lage geraten, so kann es überzeugt sein, dass das sowjetische Volk Deutschland zur Hilfe kommt und nicht zulässt, dass Deutschland erwürgt wird. Die Sowjetunion ist interessiert an einem starken Deutschland und wird es nicht zulassen, dass Deutschland auf den Boden geschmissen wird.«[46]

Fast 76 Jahre später verteidigte Wladimir Putin ausgerechnet im Beisein von Angela Merkel beim Andenken an den 70. Jahrestag des Kriegsendes in Moskau noch einmal den Molotow-Ribbentrop-Pakt – und warf den Polen vor, an dem Überfall auf ihr eigenes Land selbst mit schuld zu sein. Putin forderte mit Blick auf die Opfer des Paktes zwischen Hitler und Stalin, man dürfe »nicht in den Phobien der Vergangenheit« leben. Die UdSSR habe eine »Masse Anstrengungen« unternommen, um eine antifaschistische Front in Europa aufzubauen.[47] Letzten Endes sieht Putin seinen Pakt mit den Ultrarechten wohl auch noch als »antifaschistisches Bündnis«, so wie Stalin nach dem Pakt mit Hitler von 1939 bis 1941 seine Propaganda weiter gegen den Faschismus kämpfen ließ – aber Hitler in den gesteuerten sowjetischen Medien nicht mehr als Faschist dargestellt wurde.

Zum Abschluss muss eines ganz klar gesagt werden: Es wäre fatal, würden wir Putin die Schuld am Erstarken der radikalen Kräfte in Europa geben. Ihre neue Popularität hat im Wesentlichen hausgemachte Ursachen. Viele Menschen wünschen sich mehr Führungskompetenz, fühlen sich durch wachsende Migration, durch eine immer multikulturellere Gesellschaft, durch die Toleranz gegenüber Minderheiten, durch die anwachsenden sozialen Probleme und die immer stärkere Komplexität der politischen und gesellschaftlichen Zusammenhänge überfordert und bedroht. An all dem hat Putin keine Schuld. Und es ist vor allem innenpolitischen Gründen geschuldet, dass er sich als starker Mann und Führerfigur inszeniert und damit vielen in Europa als Alternative erscheint. So wenig Putin die Ursache der beschriebenen Phänomene ist – so sehr engagiert er sich als Brandbeschleuniger und fördert diese. Ohne den Kredit aus Moskau hätte der Front National wohl kaum seinen Triumph bei den Kommunalwahlen Ende 2015 einfahren können. Und die Unterstützung der Rechtsradikalen in Europa durch Männer wie Malofejew ist in Putins Demokratur, wo jegliches politisches Engagement von einflussreichen Geschäftsleuten kontrolliert und bei Bedarf sofort unterbunden wird, undenkbar ohne die zumindest stillschweigende Billigung von ganz oben. Putins Spiel mit dem rechtsradikalen Feuer – im Inland seit Jahren erprobt – ist brandgefährlich. Ebenso wie unser Wegschauen.

DIE MAULWÜRFE –
DES KREMLS HONIGFALLE

Was kann es Schöneres geben als einen Orden? Ob Politiker, Sportler, Künstler oder Journalist: Viele, die wichtig sind, neigen dazu, sich diese Wichtigkeit gerne auch in Metall an die Brust stecken zu lassen. Besondere Guinness-Buch-verdächtige Errungenschaften erzielte in dieser Sache kein Geringerer als Leonid Breschnew, seines Zeichens Generalsekretär und nicht nur Herrscher über rund ein Sechstel der Landmasse unseres Planeten, sondern auch so schwer behangen, dass er wohl bei einer unvorsichtigen Bewegung vornüber hätte umkippen können, wäre da nicht eine überaus kräftige Statur als Gegengewicht gewesen. 114 Orden wurden nach Breschnews Tod von seiner Datscha ins Präsidium des Obersten Sowjets geschafft, wo sie seinem letzten Willen gemäß aufbewahrt werden sollen. Breschnew sei zugute gehalten, dass er neben den Orden und deutschen Nobelkarossen keinen besonderen Hang zum Luxus hatte, im Gegensatz zu manchem Nachfolger. Legendär ist der Witz, dass Breschnew einen Teller aus Meißner Porzellan, den ihm Honecker als Gastgeschenk mitbrachte, immer nervöser hin und her wendete und nach einer Minute peinlichen Schweigens nachfragte: »Wo ist die Anstecknadel?«

Doch nicht nur sowjetische Politiker haben einen Hang zum Metall-Brustschmuck. Auch viele Deutsche waren offenbar positiv angetan, als sie plötzlich einen Orden angeboten bekamen mit einem wohltuend klingenden Namen: Verdienstorden »Peter der Große«, zum Teil sogar Erster Klasse, mit Schärpe, für Verdienste um den russischen Staat. So schnappten denn auch keine Geringeren zu als der frühere SPD-Chef und Ministerpräsident von Brandenburg, Matthias Platzeck, und Bayerns einstiger Landesvater Günther Beckstein, um nur die bekanntesten der rund hundert Ausgezeichneten aus Politik, Wissenschaft, Kultur, Armee und Polizei zu nennen. Beckstein, damals noch bayerischer Innenminister, schien den Mann auf Anhieb zu mögen, der ihm am 25. Juli 2006 im Großen Sitzungssaal des bayerischen Innenministeriums gegenüberstand. Die beiden verneigten sich voreinander, wechselten einen tiefen Blick in die Augen und einen festen Händedruck, sodann ging es zur Ordensübergabe.[1]

Die Freude über die Auszeichnung war bei den Geehrten offenbar so groß, dass sie sich keine besonderen Gedanken darüber machten, wer hinter den Ordensverleihung stand – die »Akademie für Fragen der Sicherheit, Verteidigung und der Rechtsordnung«, kurz »ABOP«. Denn sonst hätten sie etwa feststellen können, wer noch zum exquisiten Kreis der Ausgezeichneten gehört: der Präsident von Weißrussland, Alexander Lukaschenko, vor Wladimir Putins Durchbruch auf der Krim bekannt als »letzter Diktator Europas«, sein nordkoreanischer Diktatoren-Kollege Kim Jong Il sowie der frühere Chef der HVA bei der Stasi, Markus Wolf.

Dem russischstämmigen Berliner Historiker Dmitri Chmelnizki kam die Akademie verdächtig vor. Nicht, weil er einen Orden angeboten bekommen hätte, sondern weil er sich seit Jahren mit Tarnorganisationen der russischen Geheimdienste befasst – und dabei detektivischen Spürsinn entwickelt hat. Chmelnizki machte sich ans Recherchieren und traute seinen Augen nicht: »Es war, als hätte ich in ein Geheimdienstnetz gestochen.«[2] Die ABOP sei nichts anderes als eine »getarnte Partei der Macht«, eine maskierte Organisation von Geheimdienst und Polizei. Deutsche Sicherheitskreise sprechen von »eine(r) Art Lobbyorganisation zumeist früherer Geheimdienstler«.[3]

Viktor Schewtschenko, der Leiter der ABOP, von dem Beckstein so innig den Orden überreicht bekam, war seines Zeichens Ex-KGB-General – und damit zumindest damals noch nicht das ideale Gegenüber für einen CSU-Mann. Als Stellvertreter stand Schewtschenko zu Hause in Moskau der Chef des russischen Auslandsgeheimdienstes SWR zur Seite: der frühere Premierminister und Putin-Vertraute Michail Fradkow. Gründer der Akademie war gar der »nationale Führer«, wie sich Putin gerne nennen lässt, höchstselbst. Die Mitgliederliste der Akademie las sich wie ein »Who's Who« aus Politik, Geheimdienst und Regierung, bis hin zu zahlreichen Gouverneuren. Putin selbst wurde als Mitglied Nummer eins geführt.

In Deutschland und später auch in ganz Europa vertrat die Akademie ab 2005 der Besitzer eines Autohauses und einer Consulting-Firma. Der Mann leitete zu DDR-Zeiten den Volkseigenen Betrieb Nachrichtenelektronik Greifswald und war dort in streng geheime Schiffsbauprogramme eingeweiht. Laut Birthler-Behörde arbeitete er mit der Stasi zusammen; zudem soll er vor der Wende oft in Moskau gewesen sein. Auch heute ist er bestens vernetzt und trat auf Kongressen gemeinsam mit Ministerpräsidenten auf. Unterstützung bekam er aus Bayern: Dort errichtete die Akademie sogar eine eigene Niederlassung, in Denkendorf. Geleitet wurde sie vom örtlichen Landarzt, der seit Jahren Kontakte nach Moskau pflegte. Allein im Freistaat zeichnete die Akademie 75 Journalisten, Polizisten und Beamte mit Orden aus.[4]

Die Aufregung über die Enthüllung war groß. »Ich hätte den Orden abgelehnt«, sagte Platzecks Parteifreund Markus Meckel, Bürgerrechtler und dann letzter Außenminister der DDR. Platzeck sei auf Vorschlag des russischen Botschafters ausgezeichnet worden, da sei es unüblich, Nachforschungen anzustellen, rechtfertigte sich die Staatskanzlei in Potsdam. Auch weitere »Geehrte« zeigten sich stur: Walter Momper, damals Präsident des Berliner Abgeordnetenhauses und früher Regierender Bürgermeister, verkündete, er habe nicht die Absicht, den Orden zurückzugeben, und wolle sich nicht an Spekulationen beteiligen. Seine Stellvertreterin Martina Michels von den Linken erklärte gar, sie sei stolz, den Orden bekommen zu haben.[5]

Die Akademie verlieh auch Pseudo-Titel wie »Professor ABOP«, »General ABOP« oder »Doktor ABOP«. Hauptziel war die Verleihung von Orden an ausländische Diplomaten und Militärattachés bis hin zu Premierministern und Präsidenten. Die Akademie werde vom Kreml finanziert, ihr Ziel sei der Kampf gegen die Werte des Westens – und die Unterwanderung desselben, glaubt der Enthüller Chmelnizki: »Es geht darum, in Kontakt mit Politikern und wichtigen Persönlichkeiten oder zumindest ihren Mitarbeitern zu kommen, sie zu umwerben, sie dann zu Einflussagenten zu machen, im Idealfall, ohne dass sie es merken, oder sie als Spione zu engagieren.« Ist der erste Kontakt einmal gemacht, der Orden angeheftet und ein Band der Sympathie geknüpft, tut sich der so Umgarnte zuweilen schwer, Bitten auszuschlagen. Oder er hört mit ganz anderen Ohren auf die politischen Ansichten seines neuen russischen Bekannten.

Die Reaktionen nach der Enttarnung der Akademie durch Chmelnizki sind erschütternder als die Ordensverleihung selbst: Sie zeigen, dass in Deutschland 25 Jahre nach der Wende die Lektionen aus dem Kalten Krieg vergessen sind. Was eigentlich eine gute Sache wäre, hätte man Mitte der 2000er-Jahre nicht schon leicht entdecken können, dass Wladimir Putin zu den politischen und vor allem geheimdienstlichen Methoden der Sowjetzeit zurückkehrt. In Moskau wird man denn auch herzlich gelacht haben über die Naivität im Westen, wenn man hörte, wie die Geehrten die Affäre kleinredeten. Es gehöre eben zur russischen Mentalität, bei jeder Gelegenheit jemandem einen Orden zu verleihen, meinte etwa Reinhard Führer, der Präsident des Volksbunds Deutsche Kriegsgräberfürsorge, der seinen Orden gemeinsam mit Platzeck erhielt: »Das ist ein bisschen so, wie wenn wir einen Blumenstrauß überreichen. Ich halte das nicht für angebracht, daraus politisches Kapital schlagen zu wollen.«[6]

Eine Fehleinschätzung. »Die Orden sind ein Köder«, glaubt Chmelnizki: »Sehr viele Menschen sind dafür außerordentlich empfänglich. So kann man Kontakte knüpfen, das Eis brechen, die ideale Grundlage fürs Abwerben und Abschöpfen.«

Kritiker monierten, die Akademie breite sich wie ein Krake in allen Feldern des gesellschaftlichen Lebens aus. Es entstünden immer neue Abteilungen, eine davon gar mit integrierter Hochschule. An der Moskauer Psychologischen Universität lernten Studenten in Kursen, wie sie sich »unbemerkt an eine Person heranpirschen und nötige Korrekturen in ihrem Denken und Handeln« vornehmen können.[7] Das Bundesamt für Verfassungsschutz leitete denn auch eine Prüfung ein, ob die Akademie mit ihren Aktivitäten in Deutschland Spionage betrieb.

Durch den Skandal fiel die Akademie offenbar in Ungnade – kein Wunder, ist doch die Vermeidung von Öffentlichkeit oberstes Gebot unter den Geheimen und die Enttarnung der GAU. Im Dezember 2008, wenige Monate nach den Enthüllungen, wurde die ABOP per Gerichtsentscheid liquidiert; ihr wurde vorgeworfen, ihre Orden hätten den staatlichen zu sehr geähnelt. Was ja offenbar auch der Sinn der ganzen Sache war, nur dass der jetzt hinfällig erschien.

Den Fall ABOP könnte man getrost zu den Akten legen und als Fußnote in den deutsch-russischen Beziehungen vermerken, würde es heute nicht eine Vielzahl von russischen Tarneinrichtungen geben, die nach dem gleichen oder ähnlichen Muster wie die ABOP arbeiten – und die nach Ansicht von Chmelnizki zu einem großen Teil Tarnorganisationen und mit den russischen Geheimdiensten vernetzt sind. »Das Netzwerk ist gigantisch, umfasst alle Bereiche unserer Gesellschaft«, berichtet Chmelnizki, der mit seinem detektivischen Gespür in Kleinarbeit seit Jahren weiterforscht – und sich inzwischen sogar aus Angst um seine Sicherheit fürchtet, zu Besuch ins heimische Moskau zu reisen. Die einschlägigen Einrichtungen in Deutschland und Europa sind Chmelnizki zufolge in sechs Gruppen zu unterteilen: erstens pseudo-gesellschaftliche in den Bereichen Wohltätigkeit, Menschenrechte, Kultur, Literatur; zweitens pseudo-wissenschaftliche, drittens Emigranten-, ethnische und religiöse Verbände; viertens Parteien, die von Emigranten gegründet werden, Moskaus Politik verfolgen und in die Parlamente kommen wollen; fünftens Einzelpersonen, die sich als Experten ausgeben und Moskaus Interessen vertreten; sechstens Privatfirmen, wie etwa »Detektivbüros«, die oft von früheren Stasi-Mitarbeitern organisiert werden.

Die Ergebnisse von Chmelnizkis Nachforschungen böten Stoff für eine eigene Publikation. Er kann stundenlang und äußerst lebhaft von seinen Forschungen und Erfahrungen berichten, von den unzähligen Querverbindungen der suspekten Organisationen, von Hinweisen auf auffällig intensive Kontakte nach Moskau. Aber kaum jemand interessiere sich dafür in Deutschland, klagt der Historiker. Die in Russland seit Sowjetzeiten allgegenwärtige Praxis, mit ferngesteuerten Pseudo-Organisationen Netzwerke aufzubauen und Scheinwelten zu schaffen, sei hierzulande unbekannt. Man könne sie nicht einordnen, tue alles als Zufälle oder Marginalien ab, so Chmelnizki, und so bleibt sein Wissen ungenutzt. Wie sträflich das ist, zeigt der geschilderte Fall mit der erfundenen Vergewaltigung der 13-jährigen Lisa in Berlin. Im Zuge der Demonstrationen traten genau solche Organisationen in Erscheinung, wie Chmelnizki sie beobachtet und beschreibt. Und zahlreiche andere werden wohl auch bald aus der Deckung kommen. Aber alles der Reihe nach, und beschränkt auf die wichtigsten Beispiele. Mit den Details werden sich, so zumindest die Hoffnung von Chmelnizki, nach der Veröffentlichung dieses Buches die zuständigen staatlichen Stellen beschäftigen. Die Nachfolge der liquidierten ABOP übernahm fast fließend die 2009 gegründete OANB – die Abkürzung für »Gesellschaftliche Akademie für nationale Sicherheit«. Ihr Leiter ist der FSB-Generalleutnant

Alexander Stefanow – der letzte Präsident der ABOP. Auch die OANB verleiht Orden, drei Arten, und zwei Medaillen – aber nach der Enttarnung nur noch im russischen Inland.

Ein Hochschul-Ableger der alten ABOP existiert noch bis heute – die ANBOP – Akademie für nationale Sicherheit, Verteidigung und Rechtsordnung. In sieben Filialen im ganzen Land können dort Staatsbürger Russlands, Weißrusslands, Kasachstans und Kirgisiens, aber auch Emigranten, aufgenommen werden, die über den passenden KGB/FSB-Hintergrund verfügen. Der Zweck: Die so Ausgebildeten sollen später in den Herkunftsländern – auch Deutschland – im Berufsleben durchstarten, mit den nötigen Diplomen versehen – und der entsprechenden Anbindung an den FSB. Neben der ANBOP hat die neue OANB ebenfalls ein Bildungszentrum.

Ein früher Partner der ABOP ist heute noch in Deutschland tätig – die EANW, was für »Europäische Akademie der Naturwissenschaften« steht.[8] Hinter dem offiziell klingenden Titel verbirgt sich ein privater Verein. Gegründet wurde er 2002 in Hannover von Wladimir T., einem Emigranten aus der Sowjetunion, über dessen Vergangenheit wenig bekannt ist. Unter den Ehrenmitgliedern der EANW ist Wladimir Warennikow, einer der Putschisten gegen Gorbatschow von 1991. Die Akademie verleiht 24 Arten von Medaillen und 18 verschiedene Orden, allesamt mit höchst seriösem Erscheinungsbild.[9] Einige gleichen Medaillen von angesehenen europäischen Wissenschaftseinrichtungen. Neben der EANW steht Wladimir T. noch hinter mehreren weiteren Institutionen: der »Europäischen Wissenschaftlichen Gesellschaft«, der »Europäischen Universität«, der »Internationen Ritter-Vereinigung Hannover« und dem »Internationalen Medizinischen Kongress ›Euromedica Hannover‹.«[10] Letzterer organisiert – offenbar ausgestattet mit großen finanziellen Mitteln – jährlich eine Konferenz für Wissenschaftler aus der ehemaligen Sowjetunion. Solche Konferenzen sind ein guter Ort, um Kontakte zu knüpfen und neue Mitglieder anzuwerben.

Partner-Organisation der EANW ist laut deren Homepage das Koch-Metschnikow-Forum (KMF) – das sich selbst beschreibt als »eine deutsch-russische Wissenschaftsorganisation zur Umsetzung wissenschaftlicher Erkenntnisse im Gesundheitswesen in praktisches Handeln«. Es entstand als Initiative des Petersburger Dialogs (PD). »Das KMF arbeitet kooperativ mit dem Deutsch-Russischen Forum zusammen, dessen

Zielsetzung, Stärkung der Zivilgesellschaften beider Länder, auch die Zielsetzung des KMF ist.«[11] Leiter des KMF ist ein deutscher Professor, der gleichzeitig Vize-Präsident der EANW ist – der Partnerin der geheimdienstnahen ABOP, die Platzeck, Beckstein und Co. auszeichnete. Der ABOP-Chef und Ex-KGB-General Schewtschenko wurde von der EANW mit dem Ehrenabzeichen »Senator-Stern« ausgezeichnet – für seine »herausragenden Dienste auf dem Posten des Präsidenten der ABOP«. Den Brief unterschrieben gemeinsam der Chef der EANW und, als sein Stellvertreter, der Chef des Koch-Metschnikow-Forums – also der »Initiative des Deutsch-Russischen Dialogs«, die »kooperativ mit dem Deutsch-Russischen Forum« zusammenarbeitet.

Im Jahr 2008 fügte Dmitri Medwedew per Ukas der »Föderalen Agentur für Angelegenheit der GUS« noch zwei weitere Aufgaben hinzu, die sie seither im Namen trägt: »Für Landsleute, die im Ausland leben, und für internationale humanitäre Hilfe«. Die neue Behörde trat damit in die Tradition ähnlicher Einrichtungen, die es seit dem Jahr 1925 in Moskau gibt – damals als »Allunions-Gesellschaft für kulturelle Beziehungen mit dem Ausland (VOKS)«. In dem Ukas ordnete Medwedew auch an, dass die Agentur – auf Russisch *Rossotrudnitschestwo* (russische Zusammenarbeit) – im Ausland Zentren, russische Häuser und Vertretungen für Wissenschaft und Kultur gründen kann.[12] Auf ihrer Website beschreibt die Agentur ihre Aufgaben wie folgt: »*Rossotrudnitschestwo* realisiert Projekte, deren Ziel die Verfestigung der internationalen Beziehungen ist, eine enge Zusammenarbeit im humanitären Bereich sowie die Formierung eines positiven Images Russlands im Ausland. Die durchzuführenden Maßnahmen helfen bei der Überwindung kultureller Barrieren, negativer Stereotypen und anderen Hindernissen auf dem Weg zu einer Entwicklung der internationalen Zusammenarbeit.«[13] In Deutschland sitzt die Agentur im Berliner »Russischen Haus« in der Friedrichstraße – wo oft Jürgen Elsässer von *Compact* auftritt.

Rossotrudnitschestwo hat eine Schlüsselrolle bei den informellen Auslandsaktivitäten des Kremls. *Russia beyond the Headlines*, eine vom Kreml bezahlte Werbebeilage in vielen westlichen Zeitungen, unter anderem im *Handelsblatt*, schrieb im März 2015 ganz offen über die Aufgaben der Agentur: »In aller Welt leben Russen, die in ihrer Wahlheimat integriert sind, sich Russland aber dennoch verbunden fühlen. Sie sollen nun ein positiveres Russlandbild im Ausland vermitteln. Dazu will die russische Regierung enger mit den russischen Gemeinden im Ausland zusammenarbeiten.«[14] Konstantin Kossatschow, bis Dezember 2014 Chef der Agentur und seither Chef des Auswärtigen Ausschusses im Föderationsrat, erklärte dort bei einem runden Tisch am 5. März 2015, die russischen Bürger im Ausland würden nun in einem veränderten geopolitischen Umfeld leben: »Es könnte eine Stimmung wie im Kalten Krieg entstehen.« Exilrussen könnten eine wichtige Vermittlerrolle zwischen der russischen Politik und Gesellschaft und den Einwohnern der Wahlheimat einnehmen; Russland setze auf »soft power«. Alexandra Dokutschajewa, Leiterin der Abteilung für Exilgemeinden und Migration am Institut für GUS-Länder in Moskau, kritisierte bei dem Treffen, im Ausland gebe es (noch) keine prorussische Massenbewegung innerhalb der russischen Gemeinden. Die Kooperation zwischen dem Kreml und den Landsleuten im Ausland sei in den letzten Jahren unzureichend gewesen.[15]

Doch daran wird gearbeitet. Ganz offen will die Agentur »prorussische Eliten« im Ausland schaffen und fördern, etwa durch kostenlose Studienplätze für Ausländer in Russland, wie *Sputnik* in unnachahmlichem Apparatschik-Deutsch einen Monat nach dem »runden Tisch« in Moskau ankündigte: »Russland erweitert Studentenimport zur Stärkung prorussischer Eliten im Ausland«.[16] Die neue Agentur-Chefin Ljubow Glebowa erläuterte das Schema: »Uns ist es wichtig, dass Absolventen unserer Universitäten in ihren Heimatländern bekannte Ärzte, einflussreiche Unternehmer und sogar Minister werden. Diese Menschen werden sich immer gut zu Russland verhalten.«[17] Das »Produkt«, das *Rossotrudnitschestwo* »herstellen soll, ist eine objektive und unvoreingenommene Einstellung gegenüber Russland«, sagte Kosatschow im September 2012 im Vorfeld eines Treffens mit Premierminister Medwedew.[18] Das Thema dort: Der »Vormarsch eines positiven Images Russlands in der Welt sowie eine Ausbreitung der kulturellen Anwesenheit Russlands.« Mit diesem Ziel möchte die Agentur unter anderem auch eigene Kindergärten und Schulen in Deutschland gründen. 2013 erhielt *Rossotrudnitschestwo* rund 10 Milliarden Rubel aus dem Staatshaushalt, umgerechnet ca. 220 Millionen Euro.

Nach Putins Einzug in den Kreml begann auch die Gründung von Emigranten-Verbänden. So wurde 2002 der »Weltrat der russischen Landsleute« gegründet, mit 137 Organisationen in 52 Ländern. Ehrenvorsitzender ist Graf Pjotr Scheremetjew, der schon zu Sowjetzeiten enge

Kontakte nach Moskau pflegte, was damals für einen Emigrantensproß mehr als ungewöhnlich war; 2002 bekam er von Präsident Putin für seine Verdienste die russische Staatsbürgerschaft verliehen. Sein Nachfolger als Vorsitzender wurde Wadim Kolesnitschenko, ein ukrainischer Politiker, der unter anderem ein Gesetz gegen »homosexuelle Propaganda« in die Rada, das Parlament in Kiew, einbrachte. Er war einer der wichtigsten Gegner des Euromaidans, dessen Teilnehmer er »Gayropäer« nannte; er warf den USA und der EU vor, die Demonstranten bezahlt zu haben.[19] Kolesnitschenko flüchtete wie Janukowitsch auf die Krim und lebt heute dort; strenggenommen ist er damit nach russischer Sichtweise kein Emigrant mehr. Im Präsidium sitzt mit Nikita Lobanow-Rosowski ein weiterer Emigrant, der noch vor dem Fall des Eisernen Vorhangs gute Kontakte zu höchsten Würdenträgern in Moskau hatte – was damals im sowjetskeptischen Emigrantenmilieu als höchst suspekt galt.[20] Der Weltrat hat auch fünf Organisationen in Deutschland. »Das ist ein recht großes Potential von Putin-Anhängern, die bereit sind, im nötigen Moment öffentlich aufzutreten«, so Chmelnizki

In die gleiche Richtung wie der Weltrat stößt der »Koordinationsrat russischsprachiger Vereine in Deutschland« (WKSRS), der in allen Bundesländern vertreten ist. Das Internetportal des WKSRS »Russkoje Pole – Russisches Feld« wird von Juri J. geleitet, bekannt als sehr aktiver Putin-Unterstützer in den sozialen Netzwerken.[21] Zum WKSRS gehören mehr als 300 russische Vereine in der Bundesrepublik. Ziel des Koordinationsrats ist laut Homepage unter anderem die »Kontaktpflege zu den russischen staatlichen Einrichtungen in Deutschland und Russland«.[22]

Der »Weltkongress des russischsprachigen Judentums« (WKRE) wurde 2009 gegründet. Er hat eine Filiale in Deutschland. Der WKRE-Vorsitzende Boris Spigel war bis März 2013 Abgeordneter im Russischen Föderationsrat, der Oberkammer des Parlaments, das als Versorgungseinrichtung für verdiente Persönlichkeiten gilt.[23] Für Deutschland sitzt Dmitri Feldman im Vorstand, der Bruder des Eigentümers der Zeitung *Russkaja Germanija* (Russisches Deutschland), die stramm putinfreundlich berichtet. 2009 veranstaltete der WKRE einen Kongress im Berliner Luxushotel »Steigenberger« – und mietete dazu gleich für drei Tage das ganze Haus an, was auf nicht geringe Finanzmittel schließen lässt. Auf der Tagung verabschiedete der WKRE eine Resolution, die Putins Politik unterstützte.

Zu den »pseudokulturellen Organisationen« mit Anbindung an Moskau zählt Chmelnizki die »Union der Literaten Europas«, die 2011 ebenfalls einen Kongress in Berlin abhielt. Sie ist verbunden mit der eingangs erwähnten »Europäischen Akademie der Naturwissenschaften« (EANW) von Wladimir T., der den ABOP-Vorsitzenden und Ex-KGB-General Schewtschenko auszeichnete. Die Union vergibt Preise. In mindestens einem Fall wurde nach einer Auszeichnung von einem russischen Botschaftsangehörigen der Versuch unternommen, den Ausgezeichneten anzuwerben, berichtet Chmelnizki.

»Kultur und Propaganda« – unter diesem Motto steht nach Einschätzung des NDR-Magazins »Zapp« die Arbeit des 2014 in Berlin gegründeten »Tolstoi-Instituts«: Es »geht um die russische Sprache, Kultur und die Freundschaft zwischen Russland und Deutschland«, versichert Präsidentin Tatjana Garsiya. Es gebe »Lesungen und Konzerte, russische Kultur, alles ganz harmlos«, heißt es in dem Beitrag: »Doch dahinter steht eine politische Agenda: die deutsche Öffentlichkeit im Sinne Russlands zu beeinflussen.« Das deutete Garsiya schon in ihrer Antrittsrede an: »Wir finden, dass der angelsächsische Einfluss zu groß geworden ist, so dass es nun an der Zeit ist, etwas Deutsch-Russisches entgegenzusetzen.«[24] Wer steckt dahinter? Die Recherchen von »Zapp« führen nach Moskau, zu der Organisation »Neues Eurasien«, die im Januar 2016 zu einem Treffen in ein Büro der russischen Regierung lud – an dem auch ein Vertreter des Tolstoi-Instituts teilnahm. Ziel der Eurasier: eine Abwendung Europas von den USA und Hinwendung zu Russland, eine Eurasische Union. Leiter des Treffens war laut »Zapp« der deutsch-russische Aktivist Juri Kofner, der auf Facebook mal mit Maschinenpistole, mal mit Außenminister Lawrow zu sehen ist – und auch im *Compact*-Gespräch mit Jürgen Elsässer, wo beide vom Kampf gegen den »Nato-Faschismus« reden. Nach außen distanzierte sich Garsiya gegenüber »Zapp« von der Zusammenarbeit mit den Eurasiern. In einer geschlossenen Facebook-Gruppe des Instituts schrieb sie genau das Gegenteil: »Das Tolstoi-Institut wird sich als Stimme aus Deutschland an der künftigen Arbeit aktiv beteiligen.« Weiter schreibt sie: Zur Vorbeugung von weiteren Revolutionen wie in Georgien oder der Ukraine gehe es jetzt um »die Zusammenarbeit mit europäischen Journalisten, Bloggern, politischen und zivilgesellschaftlichen Organisationen«. Auf einer Demonstration in Berlin 2014 klagte sie, es gebe keine Pressefreiheit in Deutschland, die Medien kauten nur die Meinung der Regierung wieder und lögen; gegenüber »Zapp« bestritt sie diese Aussagen, obwohl es eine Video-Aufzeichnung gibt, die auf ihrer Instituts-Homepage steht. Auf Facebook ist das Institut verbunden mit Scharfmachern wie KenFM, Jürgen Elsässer und Udo Ulfkotte, alle eingeladen von Garsyia persönlich. Ob das wirklich dem angeblichen Ziel, der deutsch-russischen Freundschaft, dient?[25]

Die Stiftung »Russki mir« (Russische Welt) wurde per Ukas von Putin 2007 gegründet. Ihr Vorsitzender ist Wjatscheslaw Nikonow, 1991 »Assistent« von KGB-Chef Bakatin. Aufgabe von »Russki mir« ist es, im Ausland russische Organisationen zu finanzieren, die für Moskau nützlich sind.[26] Auf der Homepage werden allein 270 Organisationen in Deutschland aufgezählt, mit denen »Russki mir« verbunden ist.[27]

Eine weitere Zielrichtung Moskaus ist die Gründung von russischen Parteien in anderen Ländern. Der erste Versuch erfolgte 2004. Weil es nicht gelang, eine gesamteuropäische Partei zu gründen, wurde die »Europäische Russische Allianz« aus der Taufe gehoben, bei der der bereits erwähnte Graf Pjotr Scheremetjew eine führende Rolle spielte.[28] Mit Tatjana Schdanok aus Lettland, ihrer Vorsitzenden, ist die ERA sogar im Europaparlament vertreten. Schdanok ist Vorsitzende der Partei »Gleichberechtigung« (von Russen, nicht Frauen) und der Vereinigung »Für die Menschenrechte in einem einigen Lettland« (es ist ein Treppenwitz der Geschichte, dass der Kreml ständig Menschenrechtsverletzungen gegenüber ethnischen Russen im Baltikum beklagt, deren weitaus massivere Probleme in den autoritär regierten zentralasiatischen Staaten aber totschweigt).

2013 wurde in Deutschland die Partei »Aussiedler und Migranten Partei Deutschland Einheit«, kurz »Einheit«, gegründet – offenbar in Anlehnung an die Putin-Partei »Einiges Russland«. Ihr Vorsitzender, Dmitri R., war früher SPD-Mitglied. Dmitri R. gelang es, 2015 binnen kurzer Zeit Landesverbände in zehn deutschen Bundesländern aufzubauen. Woher die Splitterpartei ihre finanziellen Mittel nimmt, ist nicht bekannt. Die Partei behauptet von sich kryptisch, sie sei »die einzige Partei in Deutschland, die die gesellschaftlichen Kräfte konzentriert auf eine Realisierung von Garantien, Rechten und Interessen von Aussiedlern«. Ein politisches Programm hat die Partei nicht. »Politisch hat die Partei sich neutral verhalten, obwohl ihre Mitglieder zu verschiedenen Veranstaltungen nach Moskau fahren. Wahrscheinlich wird sie, wenn sie größer wird, aus der

Deckung kommen und dann für Moskau Partei ergreifen«, sagte mir Chmelnizki im Dezember 2015. Einen Monat später war es dann so weit – vielleicht früher als geplant: Im Zuge der Lisa-Affäre ging Dmitri R. an die Öffentlichkeit. »Prorussische Parteien in Europa etablieren sich«, so betitelte *Sputnik* einen Beitrag, der sich vor allem um ihn dreht. Da wird auch bestätigt, was man nur vermuten durfte: »Einheit steht im Kontakt mit dem russischen Föderationsrat.« Es sollten ähnliche Parteien in Frankreich und Italien entstehen, heißt es weiter. Dann legt R. die Karten auf den Tisch: »Man kann sagen, dass wir die Position Russlands in vielen Fragen teilen – zur Ukraine, dem Widerstand gegen die Neuschreibung der Geschichte, den nationalistischen Stimmungen hier und in Europa. Hier sind wir Verbündete und bereit, Russland in diesen Fragen zu unterstützen.« Geld aus Moskau bekomme er aber nicht. Warum auch? »Die Partei und ihre Vertreter unterhalten Kontakte mit russischen Geschäfts- und Gesellschaftskreisen. Die Finanzierung der Partei erfolgt aus Mitgliedsbeiträgen und Spenden«,[29] so R.. Igor Morosow, Mitglied im Auswärtigen Ausschuss des Föderationsrates, sagt über »Einheit«: »Wir pflegen Kontakt mit ihnen und sind der Ansicht, dass wir über ganz neue Prozesse nicht hinwegsehen dürfen. Man muss die neue Partei und ihre Entwicklung öffentlich unterstützen und sich auf parlamentarischer Ebene treffen.«[30]

In russischen Medien wird R. präsentiert, als käme er von einer großen deutschen Partei. »Deutscher Politiker: Immer mehr Deutsche spielen mit dem Gedanken, auf die Krim auszuwandern«. Diese Schlagzeile erscheint am 29.1.2016 in der russischen Regierungszeitung *Rossijskaja gaseta*.[31] Auslöser für die Fluchtgedanken: die »schwierige Situation« in der Bundesrepublik. R. fährt zu einem Besuch auf die Krim. Deren Vize-Regierungschef bezeichnet seine Visite als »sehr wichtig«. Die von Stromausfällen und Versorgungsengpässen geplagte Halbinsel schildert R. als blühende Landschaft, die westliche Presse schreibe sie nur schlecht. Einen Tag später ist R. bei *Rossija segodnja* zum Interview zu Gast. Bis zu 500 000 Russlanddeutsche hätten Interesse und seien bereit, nach Russland zurückkehren, erklärt er dort: »Ein Teil der Leute reist jetzt schon ab, recht chaotisch. (...) Wenn es ein Gesamtprogramm geben wird, wird die Anzahl nicht vergleichbar sein mit den genannten Zahlen.« Schuld sei die »schwierige Situation« in Deutschland »durch den Zustrom von Flüchtlingen«.[32] Die Meldung und die Zahl laufen breit durch die russischen Medien. In Deutschland wird R. nur von den Russischsprachigen wahrgenommen, die ihn in ihrem Fernsehen als soliden Führer einer ernstzunehmenden Partei präsentiert bekommen.[33] Ansonsten wirkt er im Hintergrund. Wie bei der Demonstration der Russlanddeutschen vor dem Bundeskanzleramt am 23. Januar 2016 unter dem Motto »Sexuelle Übergriffe von Flüchtlingen gegen Frauen und Kinder bekämpfen«. Dort ist R. sehr aktiv, wirkt wie einer der Organisatoren. R. leitet einen Verein in Köln, der Integration fördert, und wurde für sein Engagement mit der Heinz-Kühn-Medaille ausgezeichnet. Der Verein plant seiner Internetseite zufolge, ein Deutsch-Russisches Haus in Köln zu errichten.[34]

Offizieller Organisator der Demonstration, die von dem Berliner Pediga-Ableger »Bärgida« unterstützt wurde, war ebenfalls eine Organisation, die bis dahin wie im Dornröschenschlaf schien: Der »Internationale Konvent der Russlanddeutschen«. Ihr Vorsitzender Heinrich Groth ist ein gefragter Interview-Partner. Er bezeichnet sich als »Führer der Russlanddeutschen« und stehe in Kontakt mit der russischen Regierung, sagt er ganz offen. Vor der Demonstration sei er nach Moskau gefahren, um die russischen Medien zu informieren. Eine Bühne in Deutschland findet er – nicht wirklich verwunderlich – in Elsässers *Compact*. Überschrift des Videos: »Exklusiv – Russlanddeutsche fordern Ende der Asyllawine«. Groth fordert eine »totale Änderung« der »gesamten Migrationspolitik«.[35] »Es sind Figuren wie Groth«, schreibt der *Spiegel*, »mit deren Hilfe Moskau seinen hybriden Krieg in Europa führen kann.«[36]

Und Männer wie Lorenz Haag. Den älteren Herrn mit dem grauen Bürstenkopf kennt in Deutschland, wo er lebt, niemand. Umso mehr dafür in Russland. Von 2002 bis 2014 trat er in den dortigen Medien regelmäßig auf, vorgestellt als Professor und Leiter der deutschen »Agentur für globale Kommunikation« – meistens in Interviews mit ein und demselben Korrespondenten der staatlichen Nachrichtenagentur ITAR-TASS, die dann weiter zitiert wurden. Viele Deutsche könnten das Vorgehen Russlands auf der Krim und in der Ukraine nachvollziehen, versicherte er da etwa den russischen Lesern. Wie das deutsche Volk sei eben auch das russische durch »illegitime Grenzziehungen« geteilt worden.[37] Solche Einsichten würde er wohl auch heute noch verbreiten. Hätte sich nicht Dmitri Chmelnizki auf die Spur gemacht. Zuerst hielt er Haag für eine Erfindung – weil er nirgends auftauchte außer bei ITAR-TASS. Darüber schrieb er auf Facebook – und die Geschichte nahm ihren Lauf.

Chmelnizki fand eine Fährte auf der Kreml-Website – wo ein gewisser Lorenz Haag aus Chemnitz Putin 2003 zur 300-Jahr-Feier von Petersburg gratulierte. Journalisten machten sich auf die Suche: »Es gibt zwar einen Lorenz Haag, aber der hat weder einen deutschen Professoren-Titel, noch ist er ein renommierter Experte für deutsch-russische Beziehungen. Prof. Prof. Haag ist eine Kunstfigur, die allerdings durchs echte Leben wandelt«, schrieb die *Welt*: »Der Verdacht liegt nahe, dass er Teil einer ausgeklügelten Propaganda-Maschine des Kremls ist. Lorenz Haag ist jedenfalls nicht plötzlich zur Ukrainekrise als deutscher Experte erschienen, er wurde langfristig aufgebaut.«[38] Haag wollte weder Fragen der *Welt* beantworten, noch war er in seinem Büro am Stadtrand von Chemnitz anzutreffen; sein Name war nirgends am Gebäude zu finden. Der *Deutschen Welle* sagte Haag, er sei Russlanddeutscher und vor 18 Jahren eingewandert. Die zwei Professoren-Titel habe er von einer Technischen Universität im Nordkaukasus erhalten – ehrenhalber.

»Wurde Haag, diese Kunstfigur, vom russischen Geheimdienst gezielt nach Deutschland geschleust?« fragt die *Welt*.[39] »Haag wirkt wie eine Marionette des Moskauer Geheimdiensts, er ist in Personalunion Propagandist und Netzwerker zugleich«, glaubt Chmelnizki. Er fand heraus, für welche Organisationen Haag auftrat – und auch dabei wieder Orden verteilte, »Köder«, wie Chmelnizki sie nennt: Leiter des Projekts »Entwicklung der Beziehungen zu Russland« der »Initiative Südwestsachsen«, Leiter der deutschen »Agentur für globale Kommunikation«, Leiter des Wissenschaftszentrums des »Instituts für wirtschaftsnahe Innovation e. V.«, Repräsentant der Föderation der russischen Kosmonautik in Europa, den USA und Kanada, Chefredakteur des Journals »Elite Russlands« sowie Stellvertretender Chefredakteur des Journals »Praxis des internationalen Business«. Hierbei handelt es sich laut Chmelnizki um Organisationen, die teilweise mehr aus Schein als aus Sein bestehen. Der Doppel-Professor hatte aber auch reale Kontakte: So war er im Internet auf einem Foto mit dem russischen Generalkonsul in Leipzig und dem DDR-Kosmonauten Sigmund Jähn zu sehen und beim Verleihen von Auszeichnungen für die Kosmonautik-Organisation. In deren Tätigkeitsbericht war zu lesen, Haag habe »mehrere Propaganda-Veranstaltungen« in der Bundesrepublik vorgeschlagen und auch organisiert.[40]

Die Causa Haag ließe sich als Kuriosum abtun, gäbe es da nicht zwei weitere Verbindungen: Der merkwürdige Professor verlieh auch Orden für die ABOP – die Geheimdienstakademie, auf die Platzeck und Beckstein hereinfielen. Und er ist Mitglied in einem von Platzeck geleiteten Verein, der als die hochseriöse Schaltstelle im Verhältnis zwischen Moskau und Berlin gilt: Dem »Deutsch-Russischen Forum«, kurz DRF.[41] In diesen elitären Kreis aufgenommen zu werden ist nicht leicht, ich selbst wurde trotz Interesse in früheren Jahren nicht auserwählt. Dafür Lorenz Haag. Der muss ein Mitglied des Vorstands gefunden haben, das ihn vorschlug – Neuzugänge werden kooptiert. »Das ist überaus merkwürdig und wirft viele Fragen auf«, findet Chmelnizki.

Auf seiner Webseite beschreibt sich der Verein wie folgt: »Das Deutsch-Russische Forum e. V. fördert als gesellschaftliche Initiative die deutsch-russischen Beziehungen. Mitglieder und Förderer des Deutsch-Russischen Forums sind Unternehmen und Persönlichkeiten aus allen Bereichen des öffentlichen Lebens. Mit ihrem Engagement und ihrer Kompetenz bilden sie ein Netzwerk deutsch-russischer Kooperation von besonderer Qualität. Dieses Netzwerk wird durch die Kooptation ausgewählter neuer Mitglieder durch den Vorstand beständig ausgebaut.«[42] Im Kuratorium sitzen Gernot Erler, der Russlandbeauftragte der Bundesregierung, Wladimir Jakunin, Ex-Eisenbahnchef und Mitglied von Putins Datschenkooperative, Gabriele Krone-Schmalz, Klaus-Dieter Lehmann, Chef des Goethe-Instituts, Hartmut Mehdorn, Ex-Ministerpräsident Manfred Stolpe, der Unternehmensberater Roland Berger und viele andere Prominente. Zum Vorstand gehört unter anderem der Schröder-Freund Heino Wiese, inzwischen Honorarkonsul Russlands in Hannover, die früheren deutschen Botschafter in Moskau, Andreas Meyer-Landrut und Ernst-Jörg von Studnitz, und natürlich der Vorsitzende Matthias Platzeck. Auf der Mitgliederliste taucht auch der Name des Leiters des »Koch-Metschnikow-Forums« auf, der die Ehrennadel an den Leiter der ABOP verlieh, den Ex-KGB-General Schewtschenko.

Einige renommierte Namen fehlen inzwischen auf der Mitgliedsliste des Forums. Etwa der von Elfie Siegl, einer der besten Russland-Expertinnen in Deutschland. Die erklärte 2015 auf einer Versammlung im Berliner Nobel-Hotel Adlon ihren Austritt. Hier die Begründung, die sie mir schickte: »Seit gut 30 Jahren berichte ich als Journalistin über Russland, von 1992 bis 2003 war ich Wirtschaftskorrespondentin der FAZ mit Sitz Moskau. 1993 gehörte ich zu den Gründungsmitgliedern des Deutsch-Russischen Forums. In der damals verabschiedeten Satzung wird als Vereinszweck genannt, ›das Verständnis für Deutschland in Russland ebenso wie das Verständnis für Russland in Deutschland zu fördern und damit einen Beitrag zu den deutsch-russischen Beziehungen zu leisten‹. Diesen Zweck des Deutsch-Russischen Forums unterstütze ich nachhaltig.

Das Forum hat sich jedoch von diesem Vereinszweck in den vergangenen Jahren immer weiter entfernt und setzt heute andere Prioritäten. Es geht ihm weniger darum, Verständnis für Russland zu wecken, als vielmehr darum, der Politik des Putin-Regimes Verständnis entgegenzubringen, sie zu billigen.

So haben mehrere Vorstands-Mitglieder und weitere bekannte Mitglieder des Forums im vergangenen Dezember den Aufruf ›Wieder Krieg in Europa? Nicht in unserem Namen!‹ mit unterschrieben. In diesem Aufruf wird auf den Kriegszustand in einigen Teilen der Ukraine und die Annexion der Krim mit keinem Wort eingegangen. Schon allein aus diesem Grund fühle ich mich als unabhängige Journalistin und Russland-Expertin vom Deutsch-Russischen Forum und seiner Leitung nicht mehr angemessen vertreten. Deshalb habe ich am 26. März 2014 meinen Austritt aus dem Deutsch-Russischen Forum bekanntgegeben. Gleichzeitig mit mir ist Professor Otto Luchterhandt aus dem Forum ausgetreten, meine Kollegin Christine Hamel vom *Bayerischen Rundfunk* plant ihren Austritt. Kurz zuvor war auch Professor Hannes Adomeit ausgetreten.«[43] Andere äußern ihren Unmut anonym: Ein Mitglied des Forums sagte mir, im Forum würde offenbar durch Neuaufnahmen gezielt die Pro-Putin-Mehrheit gefestigt. Einige kritische Mitglieder veröffentlichten im April 2015 einen Aufruf gegen den Pro-Putin-Kurs des Forums mit dem Titel »Auch wir sind das Deutsch-Russische Forum!«. Darin hieß es unter anderem: »Seit Gründung des DRF galt eine Regel, die auch vom Vorstand stets betont wurde: Das DRF bezieht keine politische Position. Zu heterogen sei die Mitgliedschaft, zu unterschiedlich seien die Meinungen. Immer wieder aber mussten wir in den vergangenen Monaten feststellen, dass diese Regel bei öffentlichen Auftritten und Stellungnahmen von führenden Vertretern des DRF bewusst oder unbewusst außer Kraft gesetzt wurde, indem sie nicht klar zwischen persönlicher Meinung und ihrer Position im DRF unterschieden. Dadurch, dass überwiegend ein ausgeprägtes Verständnis für die aktuelle Politik der russischen Regierung geäußert wird, sehen wir das öffentliche Ansehen des Deutsch-

Russischen Forums in Deutschland wie auch in der russischen Zivilgesellschaft gefährdet.«[44]

Das Forum hat auch eine neue Internetplattform geschaffen unter dem etwas irreführenden Namen »Russland kontrovers«.[45] Alexander Rahr, zu dem später noch mehr zu sagen ist, vertritt das Forum auf der Seite als »Herausgeber und Betreiber«, laut Homepage des Petersburger Dialogs ist er hingegen Chefredakteur der Seite. Zu lesen waren dort 2015 unter anderem Beiträge zum »Tag des Sieges« am 9. Mai, die sich kaum von der Kreml-Propaganda zu diesem Lieblingsthema Putins unterschieden. Putin mahnt gebetsmühlenartig vor einer »Umdeutung« des Datums, in dem etwa viele Polen und Balten anders als der Kreml-Chef keine Befreiung sehen. Platzeck und andere wiederholen die umstrittenen Putin-Thesen zum Teil fast wortgleich; Manfred Stolpe war mit einem windelweichen Beitrag zur Krim-Okkupation vertreten. Hier die aktuellen Überschriften auf der Seite, auf der auch Journalisten von angesehenen deutschen Medien als »Experten« geführt werden, bei Drucklegung dieses Buches:

- »Vernunft walten lassen! Neuanfang mit Russland statt Verschwörungspanik«
- Aggressive gegenseitige Vorwürfe – Wie weiter mit den deutsch-russischen Beziehungen?
- Energieallianz EU – Russland: Ja oder Nein?
- Gesten der Versöhnung zwischen Russland und Deutschland
- Für eine Entfrostung der deutsch-russischen Wirtschaftsbeziehungen
- Die russische Zivilgesellschaft
- Zurück zu pragmatischer interessengeleiteter Normalität und Kooperation
- Signal für Dialog über Russlands Platz in einer europäischen Sicherheitsordnung
- Energieallianz EU – Russland/Was bringt eine Zusammenarbeit im Energiebereich?

Wofür das »kontrovers« im Titel der Seite steht, war angesichts der dort auffindbaren aktuellen Artikel nicht zu erkennen. Umso mehr sichtbar war die Handschrift der vergleichsweise moderaten Kremllinie für die Auslands-Medien und die Dominanz des Putin'schen Narrativs.

Im November 2015 befasste sich die Seite mit Putins Lieblingsthema: »Gemeinsamer Wirtschaftsraum von Lissabon bis Wladiwostok (...)

Nach der geglückten Konferenz ›Potsdamer Begegnungen‹ Mitte Oktober in Moskau, hat sich eine Arbeitsgruppe ›Gemeinsamer Wirtschaftsraum von Lissabon bis Wladiwostok‹ konstituiert, die konkrete Ausarbeitungen zu diesem Projekt leisten soll.«[46]

In die Schlagzeilen geriet das Deutsch-Russische Forum unter anderem im Mai 2014, als der Putin-Vertraute und Hardliner Jakunin, der regelmäßig westliche Eliten zu einem luxuriösen und legendären Forum auf Rhodos versammelt und in den USA Einreiseverbot hat, den Westen scharf kritisierte und ihm »vulgären Ethno-Faschismus« vorwarf. Das Wohlergehen Europas sei in hohem Maße davon abhängig, ob der Westen auf Dialog setze oder nach Washingtons Pfeife tanze, so Jakunin, der sich dazu auch noch abwertend über Homosexuelle äußerte.[47]

Bemerkenswert ist, dass es auch ein Deutsch-Ukrainisches Forum in Berlin gibt – und dass dort trotz des Konflikts zwischen Moskau und Kiew zum Teil die gleichen Personen eine Rolle spielen wie beim Deutsch-Russischen Forum. Vorsitzender ist Rainer Lindner, von 2008 bis zu seinem Wechsel in die Wirtschaft 2015 Geschäftsführer des Ostausschusses der Deutschen Wirtschaft. Kritiker sprachen von einer »feindlichen Übernahme«, hatte Lindner doch pikanterweise noch im März 2014 im deutschen Fernsehen vor Sanktionen gegen Russland wegen der Krim-Krise gewarnt. Auf die Frage, wo die rote Linie erreicht sei, antwortete Lindner ausweichend. »Das muss die Politik entscheiden.«[48] Lindner hat sich vom engagierten putinkritischen Wissenschaftler zum Brückenbauer zwischen Kreml und Deutschland und einem der energischsten Fürsprecher für Putin gewandelt. Der Professor ist eine der Schlüsselfiguren in Putins Lobbyisten-Netzwerk in Deutschland; er ist Mitglied des Vorstands der Deutschen Gesellschaft für Osteuropakunde (DGO), Vorsitzender der Deutsch-Belarussischen Gesellschaft (dbg) und Mitherausgeber der Zeitschrift »Osteuropa«. Er war als Außenpolitikberater der Bundesregierung und des Bundestages an der Stiftung Wissenschaft und Politik (SWP) in der Forschungsgruppe Russland/GUS tätig. Auf dem Höhepunkt der Proteste gegen den Kreml im Dezember 2011 erklärte er, Putin habe das Land stabilisiert.[49]

Das Deutsch-Russische Forum ist eng verflochten mit dem Petersburger Dialog, der 2001 von Schröder und Putin als Gesprächsplattform gegründet wurde. Sein Geschäftsführer ist Martin Hoffmann, der in Personalunion geschäftsführendes Vorstandsmitglied im Deutsch-Russischen-Forum ist.[50] Der frühere Reiseleiter gilt als vehementer Putin-Verteidiger. »Schluss mit den Sanktionen! Russland muss wieder als Partner des Westens geachtet und akzeptiert werden«, forderte er etwa in einem Gastkommentar im *Tagesspiegel* im November 2014, unter dem Titel: »Wir verlieren Russland. Plädoyer für einen Neuanfang der Beziehungen.« Ganz so, als hätte es Putins Angriff auf die Ukraine und die Annexion der Krim nie gegeben. Den Petersburger Dialog leitete von 2005 bis 2015 Lothar de Maizière, der letzte DDR-Ministerpräsident und Stasi-Mann. Seine Aussagen klangen oft so, dass sie auch vom Kreml hätten geschrieben sein können. »Sanktionen haben noch nie zu etwas geführt«, mahnte er, Putin werde »im Fall der Krim (…) von einer überwältigenden Mehrheit seiner Landsleute unterstützt«.[51] Oder: »Die Isolierung Russlands ist ein Fehler«, und zur Annexion der Krim: »Es wird uns nichts anderes übrigbleiben, als das zu respektieren.«[52]

Ein echter Austausch zwischen den Gesellschaften komme im Petersburger Dialog nicht zustande, bemängelten Kritiker. In einem 2014 vorgelegten Reformpapier beklagten unter anderem Merkels früherer Russlandbeauftragter und Unions-Fraktionsvize Andreas Schockenhoff sowie die Bundestagsabgeordnete Marieluise Beck von den Grünen, der Dialog sei eine »weitgehend geschlossene Gesellschaft« und müsse »auch Raum für die kritische Auseinandersetzung mit der russischen Politik geben«. Der Dialog habe seit Jahren »nicht mehr dem Anspruch genügt, ein offenes, zivilgesellschaftliches Forum zu sein«, so Schockenhoff.[53] Der Unionspolitiker und Merkel-Vertraute musste sich dafür massive Kritik aus dem Dialog anhören; es ging so weit, dass Vorstandsmitglieder bei offiziellen Anlässen demonstrativ den Handschlag verweigerten.

»Moskau spickt seine Delegation traditionell mit Kreml-Treuen statt mit Bürgerrechtlern«, schrieb *Spiegel Online*: »Im Lenkungsausschuss sitzt der Sohn von Putins ehemaligem Geheimdienst-Chef, aber kein einziger Vertreter einer klassischen NGO aus Russland.«[54] Ich selbst war einmal als externer Gast eingeladen, in Petersburg 2008, und musste mir in der Schlussrunde böse Kritik anhören, weil ich in der Mediengruppe die allgemeine Harmonie gestört hatte – indem ich den Vorwürfen der Kreml-Propagandisten dort, wie voreingenommen die deutschen Medien seien, als Einziger deutlich widersprochen habe.

Merkel wolle den Petersburger Dialog umkrempeln und die enge Verbindung mit Platzecks »Deutsch-Russischem Forum« kappen, meldete im November 2014 *Spiegel Online*.[55] Das hat die Kanzlerin offenbar nicht geschafft. Jedenfalls stand im Februar 2016 immer noch Martin Hoffmann vom Deutsch-Russischen Forum als Geschäftsführer auf der Website des Dialogs. Lothar de Maizière wurde indes durch den früheren Kanzleramtsminister Ronald Pofalla abgelöst.

Neben dem Ostausschuss, dem Forum und dem Dialog gibt es noch eine kleine Schwester im Quartett der Berliner Kanäle zu Putin: die im Jahr 2008 von Merkel und Medwedew ins Leben gerufene Modernisierungspartnerschaft, in der Wilfried Bergmann, Vorstandsmitglied des Forums, laut Kritikern als »Ein-Mann-AG« aktiv ist. Mit dem Ausscheiden Medwedews aus dem Kreml war die Modernisierungspartnerschaft de facto ab 2012 eine »lebende Leiche«, berichtet ein Insider. Staatliche Mittel seien aber zumindest bis vor kurzer Zeit noch weiter geflossen. Dem Insider-Bericht zufolge sollen sie de facto auch für Querfinanzierungen des Deutschen Forums genutzt worden sein, das, obwohl nur ein gemeinnütziger Verein, mit seinen Veranstaltungen vorzugsweise im noblen Berliner Luxushotel Adlon residiert. Bergmann wurde für seine Verdienste um die deutsch-russische Zusammenarbeit 2015 von Steinmeiers Staatssekretär Markus Ederer im Auswärtigen Amt mit dem Bundesverdienstkreuz geehrt.[56]

»Wer politisch irgendetwas in der Zusammenarbeit mit Moskau auf die Beine stellen will, kommt an diesem Quartett nicht vorbei«, klagt der Insider: »Die haben eine Monopolstellung, quasi halbamtlich mit dem Segen des Auswärtigen Amtes. Und der Mann, der im Hintergrund die Fäden zusammenhält und alles kontrolliert, ist Alexander Rahr.« Der Sohn eines russischen Emigranten galt lange Zeit als führender Russland-Experte in Deutschland. Aus Fernsehen, Radio und Zeitungen war er gar nicht wegzudenken, er hatte beinahe eine Art Deutungshoheit für Russlands Politik in Deutschland. 2003 wurde er mit dem Bundesverdienstkreuz ausgezeichnet. Putin war kaum an der Macht, da veröffentliche Rahr seine Biographie »Wladimir Putin – Der Deutsche im Kreml«. Der Kreml-Chef war derart angetan, dass er Rahr zum Essen einlud. Kurz darauf soll Rahrs Vater im hohen Alter die lang ersehnte russische Staatsbürgerschaft erhalten haben – mit Hilfe des Präsidenten. Seitdem wirkte der Mann, der beide Sprachen perfekt kann, oft wie dessen Advokat. Rahr galt auch als Berater von Bundeskanzler Schröder in Russland-Fragen – und rechtfertigte ihn publizistisch. »Schröder handelt in Europas Interesse«, so der Titel eines Rahr-Beitrags 2005 in der Zeitschrift IP.[57] Auf dem Höhepunkt der Krim-Krise Anfang März 2014 begleitete Rahr Schröder zu seinem vertraulichen Treffen beim russischen Botschafter in Berlin. Beide verweigerten später Journalisten gegenüber jede Auskunft über den Gegenstand des Gesprächs; Rahr bestätigte lediglich, dass es stattgefunden hat.[58]

In russischen Medien schlug Rahr harsche Töne an. In einem Interview mit der *Komsomolskaja Prawda* kritisierte er 2012 den Westen heftig: »Die Amerikaner haben den Deutschen das Hirn amputiert«, sagte er da. Und: Die »Deutschen sind der moralischen Stärke Israels verfallen, weil man ihnen den Holocaust ständig unter die Nase reibt.« Der Westen verhalte sich wie die Sowjetunion; »im Gefühl des Triumphes der liberalen Werte und der westlichen Demokratien« würden die Werte des Westens in fremde Kulturen »mit allen Methoden, selbst aggressiven, exportiert«. Rahr empörte sich über die »Hysterie« in der deutschen Presse »nach der Wahl Putins! Sie sind einfach in Wut geraten, dass sie nichts tun können!« Dagegen stehe Putin mit seinen »romantischen Vorstellungen« von Deutschland »mit reinem Herzen« da. Das Interview erweckte den Eindruck, dass Rahr Sympathien hegt für den antiwestlichen Kurs des Kremls.[59] Als seine Aussagen in Deutschland Wellen schlugen, distanzierte sich Rahr davon. Nachdem die russische Zeitung ein Video der Unterhaltung ins Netz stellte, das die Passagen bestätigte, erklärte Rahr, es habe sich nur um ein Hintergrundgespräch gehandelt, das nicht zum Abdruck gedacht gewesen sei. Das Auswärtige Amt, wo er als Berater tätig war und Minister Frank-Walter Steinmeier sein letztes Buch persönlich vorgestellt hatte, distanzierte sich von Rahr. Zumindest offiziell.

Auf dem Höhepunkt der Ukraine-Krise gab sich Rahr angesichts der immer lauter werdenden Kritik an ihm in den deutschen Medien etwas moderater – nicht aber in den russischen. Da zeigte er sich auf Kreml-Linie – und erneut angriffslustig gegenüber der EU, die er als Aggressor hinstellte. In der russischen Duma-Zeitung *Parlamentskaja Gaseta* klagte Rahr im April 2014, Brüssel beabsichtige nicht nur die Ukraine für sich zu gewinnen, sondern auch »Georgien und Armenien und sogar Weißrussland vom russischen Einfluss zu befreien«.[60]

»Der Historiker ist der sichtbarste Vertreter eines Netzwerks von Experten, die dem Kreml nahestehen«, schrieb die *Welt* 2014.[61] Laut Website des Petersburger Dialogs koordinierte Rahr noch im Februar 2016 dessen Arbeitsgruppe Zukunftswerkstatt – für die deutsche Seite – und war Forschungsdirektor des Deutsch-Russischen Forums.

»Diese Organisationen waren einst gegründet worden, um den Dialog zwischen den Zivilgesellschaften beider Länder zu fördern«, sagt Stefan Meister, Programmleiter am Robert Bosch-Zentrum für Mittel- und Osteuropa, Russland und Zentralasien, der *Welt*: »Ziel war es auch, unsere westlichen Werte wie Demokratie, Transparenz und Rechtsstaatlichkeit zu vermitteln. Doch inzwischen werden die Organisationen auch missbraucht, um Lobbyarbeit für Wirtschaftsinteressen zu betreiben und ein positives Russland-Bild in der deutschen Öffentlichkeit zu präsentieren.«[62] Bei beiden Organisationen fällt auf, wie stark die Wirtschaft vertreten ist – darunter auch die Wintershall-Holding, eine BASF-Tochter, die seit 1990 eng mit Gazprom zusammenarbeitet. Und für die Rahr seit 2012 als »Senior Berater« tätig war. Interessenkonflikte zwischen der Arbeit als Berater eines Gazprom nahestehenden Konzerns und seinem Auftreten als Russlandexperte, bei dem diese Tätigkeit lange so gut wie nie erwähnt wurde, sah Rahr nicht: »Ich trenne diese Tätigkeit strikt von meiner ehrenamtlichen Aufgabe als Forschungsdirektor des Deutsch-Russischen Forums.«[63] Viele wollten daran nicht glauben. »Er gilt als *der* Russlandexperte, bisher auch im Auswärtigen Amt. Er ist sehr gefragt. Was fast niemand weiß, ebenso wie Schröder ist er bezahlter Lobbyist – nämlich Berater einer Gasfirma, die in Russland mit Gazprom kooperiert«, hieß es im März 2014 in »Report Mainz«.[64]

In einem Artikel über russische Spionage schrieb die *Welt* im April 2014: »Moskaus Offensive in den Zeiten der Krim-Krise läuft aber offenbar nicht nur mit nachrichtendienstlichen, sondern auch mit propagandistischen Mitteln ab. Entsprechende Vorwürfe werden gegen den Historiker Alexander Rahr erhoben. ›Herr Rahr agiert in Deutschland als eine Art Einflussagent des Kreml‹«, sagt der Grünen-Europaabgeordnete Werner Schulz. Rahr »propagiert die Strategie des Präsidenten Putin, Russland als strategische Rohstoffmacht zu etablieren«.[65] Der CDU-Europaabgeordnete Elmar Brok mahnte, Gesprächsforen wie das Deutsch-Russische Forum und der Petersburger Dialog sollten »nicht durch Leute wie Rahr unterwandert werden«.[66]

Nach diesen Veröffentlichungen wurde es still um Rahr in Deutschland. Er wechselte als Berater zum Gazprom-Konzern und ist in russischen Medien gefragter Gesprächspartner, wenn es um Deutschland geht. Er selbst sieht sich als Brückenbauer. Und an denen baut er kräftig weiter. Hinter den Kulissen ist der begnadete Netzwerker Rahr weiter aktiv, insbesondere bei dem beschriebenen Quartett um das Deutsch-Russische Forum. Zudem reichen Rahrs private, enge Kontakte bis hinein in große Medienhäuser und in Nichtregierungsorganisationen. Dort gibt die »Rahr-Connection« zwar nicht den Ton an, ist aber doch lautstark zu vernehmen. Ihr Grundtenor ist auffallend übereinstimmend: Gebetsmühlenhaft wird wiederholt, auch im Westen gebe es ähnliche Probleme wie in Russland und die Entwicklung dort würde verzerrt wiedergegeben; die Wirkung der Moskauer Propaganda werde maßlos überschätzt, sie sei nicht viel schlimmer als das deutsche Privatfernsehen; Berichte von einem »hybriden Krieg« seien irrsinnig und absurd. Besonders auffällig ist, wie aus diesen Netzwerken heraus versucht wird, Putin-Kritiker in sozialen Medien wie facebook zu diskreditieren, unter der Gürtellinie anzugreifen und lächerlich zu machen – etwa, indem man sie als Nazis und Kriegstreiber darstellt.

Eine wichtige Figur in Putins Netzwerken ist auch der Deutsche Stefan Dürr, Putins »Milchbaron«. Er brachte es vom Praktikanten in Russland zu einem der größten Milchproduzenten im Lande und hat sehr enge Kontakte in den Kreml. Der gebürtige Odenwälder kommt mit 3500 Mitarbeitern auf 156 Millionen Euro Umsatz und gilt als einer der größten Profiteure des Importstopps für Lebensmittel aus der EU, den Wladimir Putin als Reaktion auf die Sanktionen des Westens verhängte. Dazu habe er Putin auch persönlich geraten, gestand Dürr im August 2015 in einem Interview, in dem er auch die sogar in Russland selbst höchst umstrittene Vernichtung von Lebensmitteln begrüßte, die unter Umgehung des Importverbots nach Russland eingeführt wurden: »Schmuggelware muss vernichtet werden.«[67] Für solche rabiaten Töne gegen den Westen bekommt Dürr von diesem auch noch Steuergelder, zumindest indirekt. Der von Dürr initiierte »Deutsch-Russische Agrarpolitische Dialog« ist eng mit seinem Konzern Ekosem verbunden, alle Rechte für die Homepage etwa liegen bei »Ekosem Beratung GmbH«.[68] Gefördert wird der »Agrardialog«, so die Eigenwerbung, vom Bundesministerium für Ernährung und Landwirtschaft. Partner sind daneben unter anderem der Ostausschuss der Deutschen Wirtschaft, die Deutsche Botschaft in Moskau, der Ernährungsausschuss des Bundestages und das Bundessortenamt.[69]

Dürr mit seinen exzellenten Kontakten war laut Insidern auch die treibende Kraft hinter einem Aufruf mit dem Titel »Wieder Krieg in Europa? Nicht in unserem Namen!«, in dem zahlreiche prominente Deutsche »zum Dialog mit Russland aufforderten« – als ob irgendjemand gegen diesen sei. Die Osteuropahistorikerin Anna Veronika Wendland vom Marburger Herder-Institut bezeichnet das Papier als »Gründungscharta des Kroneschmalzismus«.[70] In dem Aufruf, über den in Deutschland und Russland breit berichtet wurde, heißt es unter anderem: »Wir appellieren an die Abgeordneten des Deutschen Bundestages (...) aufmerksam auch über die Friedenspflicht der Bundesregierung zu wachen.«[71] Der Überfall Putins auf die Ukraine ist in dem Appell nur ein Randthema; wer ihn liest und nicht sonderlich bewandert ist in dem Thema, muss fast den Eindruck bekommen, man habe es mit einer Aggression des Westens gegen Russland zu tun. In dem auch von namhaften deutschen Journalisten unterzeichneten Schreiben werden massive Vorwürfe gegen unsere Presse erhoben, während die russische Propaganda mit keinem Wort erwähnt wird. Die Medien, so heißt es da, kämen »ihrer Pflicht zur vorurteilsfreien Berichterstattung« nicht nach: »Leitartikler und Kommentatoren dämonisieren ganze Völker, ohne deren Geschichte ausreichend zu würdigen.« Ein Vorwurf, die sich eins zu eins mit der Kreml-Propaganda deckt – wie wesentliche Teile des gesamten Appells. Die Wissenschaftlerin Wendland sieht in dem Appell »permanenzlügende Sprachkonventionen: Krieg ist Frieden. Dummheit ist Bürgerpflicht. Wahrheit ist Lüge. Entgegenkommen ist Angriff. Nationalhysterie ist Solidarität. Volksgemeinschaft ist Ökologie.«[72] Dürr habe mit dem Aufruf offenbar auf die »bewährten deutschen Russophilen-Zirkel im Ostausschuss der deutschen Wirtschaft und im Petersburger Dialog zurückgegriffen und diese um seine grünen Netzwerke in Deutschland ergänzt«, so Wendland: »Das klingt auch plausibel, denn anders ist das Konglomerat von Unterzeichnern aus grüner Kleinbauernlobby, linksliberalen Kulturschaffenden und deutschen Großkonzernvertretern auch nicht zu erklären.«[73] Zu den 60 Unterzeichnern gehörten neben stark in Russland engagierten Unternehmern wie Dürr und Cordes und dem in Russland-Fragen bisher nie aufgefallenen, mit Dürr befreundeten Biobauern Josef Jacobi zahlreiche Prominente wie Roman Herzog, Antje Vollmer, Manfred Stolpe, Otto Schily, Wim Wenders, Gerhard Schröder, Eberhard Diepgen, Margot Käßmann, Lothar de Maizière, Reinhard Mey, Horst

Teltschik, Uli Jörges, Friedrich Küppersbusch und Gabriele Krone-Schmalz. Doch nicht nur für Putin arbeiten weit gefächerte Netzwerke. Die Lobbyarbeit des aserbaidschanischen Herrschers Ilhan Alijew in Berlin hat gigantische Ausmaße angenommen. Sein informeller Botschafter in der Hauptstadt war lange Jahre der frühere *Bild*-Chefredakteur Hans-Erich Bilges mit seiner Agentur Consultum Communications; zumindest zeitweilig mit an Bord: Ex-ZDF-Intendant Dieter Stolte, Ex-Wirtschaftsminister Michael Glos, Ex-Außenminister Hans-Dietrich Genscher. Bilges hat sicher keinen unwesentlichen Anteil daran, dass in Berlin einst mit Präsidentengattin Bettina Wulff pompös das Unabhängigkeitsfest des Landes gefeiert wurde, das für seine Menschenrechtsverletzungen berüchtigt ist. Zusammen mit rund 740 anderen Gästen feierten auch Hans-Dietrich Genscher sowie die früheren Bundesminister Michael Glos und Otto Schily. »Tagesschau«-Sprecher Jens Riewa moderierte – während in Aserbaidschan selbst »große Teile der Opposition im Gefängnis sitzen, Journalisten und Blogger unter Druck gesetzt werden«, wie der Menschenrechtsbeauftragte der Bundesregierung Markus Löning kritisierte.[74] Bilges' Kontakte reichen bis in die Redaktion namhafter Nachrichtenmagazine, wo schon mal gegen den Willen der Redakteure und Korrespondenten Artikel platziert wurden, die ganz der aserbaidschanischen Linie entsprachen. Dass westliche PR-Agenturen für Diktaturen arbeiten, ist leider keine Ausnahme: Neben Aserbaidschan sind etwa Nigeria, Kenia und auch Russland Auftraggeber. Für den Kreml arbeiten gleich mehrere Agenturen, die das angekratzte Image aufpolieren sollen.[75] Eine namhafte US-Agentur ließ sogar ihren Kunden, einen bekannten Moskauer Regimegegner, wie eine heiße Kartoffel fallen und kündigte den Vertrag mit ihm, als sie eine Chance sah, an staatliche Aufträge aus Russland heranzukommen.[76] Sehr empfehlenswert ist zu dem Thema PR-Agenturen und Diktaturen die Studie »Spin-Doktoren der Diktatoren – wie Europäische PR-Firmen repressive Regime weißwaschen« des »Corporate Europe Observatory«. Sie ist in englischer Sprache im Internet abrufbar.[77] Schlüssel-Lobby-Firmen für Russland sind der Studie zufolge Ketchum (US), GPlus (Europe), Institute for Democracy and Cooperation, Brunswick, Hill & Knowlton sowie Weber Shandwick.

Aserbaidschan ist berüchtigt für das, was inzwischen als »Kaviardiplomatie« bekannt wurde und auch von Russland und anderen autoritären Regimen gerne angewandt wird: das Umgarnen von Abgeordneten mit

Hilfe von Einladungen zu teuren Reisen, schönen Geschenken oder schlicht Geld. In Straßburg hätten die Aserbaidschaner ihre Abgeordneten-Freunde regelmäßig mit Kaviar versorgt, so die European Stability Initiative. Korruption spiele im Europarat eine größere Rolle als bekannt.[78] In den Korridoren der Parlamentarischen Versammlung des Europarats in Brüssel, in der 318 Abgeordnete aus den 47 Mitgliedstaaten sitzen, seien immer wieder Männer mit geschäftigem Gehabe zu sehen, mit Briefumschlägen voller Geld, auf dem Weg in Abgeordnetenbüros. Beobachter des Europarats lobten denn auch die Wahlen in Aserbaidschan als »Schritt nach vorn«, während zwei deutsche Abgeordnete widersprachen und sie als »Farce« bezeichneten.

Die Kaviardiplomatie trug noch weitere Früchte: Im Januar 2013 lehnte die Parlamentarische Versammlung mit Hilfe der russischen und türkischen Abgeordneten einen Bericht über politische Gefangene in Aserbaidschan ab, den der deutsche Abgeordnete Christoph Strässer verfasst hatte. Baku hatte zuvor versucht, den Bericht zu verhindern, und dem Verfasser die Einreise verweigert. »Es kann nicht sein, dass eine Diktatur so viel Einfluss hat in einem Club, in dem nur Demokratien Mitglied sein dürfen«, klagte Gerald Knaus von der European Stability Initiative. Man habe gehofft, die Aufnahme in den Europarat werde zur Demokratisierung der Sowjet-Nachfolgerstaaten führen, doch anstatt dass der Europarat die autoritären Regime verändere, sei es jetzt eher umgekehrt, schreibt der *Tagesspiegel* und zitiert die Grünen-Politikerin Marieluise Beck: »Abgeordnete aus autoritären Staaten wollen dafür sorgen, dass der Laden umgedreht wird.«[79] Auch Russland spielte dabei eine entscheidende Rolle: Von einer Aushöhlung der internationalen Institutionen der Nachkriegszeit ist die Rede in einer Veröffentlichung des »Foreign Policy Centers« mit diversen Beiträgen und dem Titel: »Institutionalisiert blind? Internationale Organisationen und Menschenrechtsverletzungen in der früheren Sowjetunion.« In der Zusammenfassung dort heißt es: »Die Unabhängigkeit und Integrität der Institutionen, die die Menschenrechte in der Region verteidigen sollen, ist unter Attacke von außen wie von innen und knickt manchmal ein unter dem Druck.« Man müsse untersuchen, warum Politiker Menschenrechtsbelange übersähen, hieß es da. Die Rede ist von einer »Verschiebung der EU-Politik weg von der Förderung zu Werten hin zu dem traditionelleren Schwerpunkt der wirtschaftlichen Möglichkeiten und der regionalen Sicherheit«.[80]

Ende 2014 regte sich Widerstand gegen die »Kaviardiplomtie«. Mehrere Abgeordnete wollten sich gegen den schädlichen Einfluss zur Wehr setzen. Einer von ihnen war Andreas Schockenhoff, der sogar noch weiter ging in seinem Widerstand. Wenige Wochen später war der frühere Russland-Beauftragte der Bundesregierung und Vizechef der Unionsfraktion im Bundestag tot. Doch dazu später mehr.

Nicht alle deutschen Politiker zeigen so hohe Widerstandskraft gegen Diktatoren wie Schockenhoff. Wie im Juni 2015 veröffentlichte Recherchen des *Spiegel* anhand von geleakten Unterlagen ergaben, ließen sich Ex-Kanzler Gerhard Schröder, einer seiner früheren Minister (SPD) und ein prominenter CSU-Politiker von dem kasachischen Diktator Nursultan Nasarbajew und seinen Helfern einspannen. Schröder nahm demzufolge an einem Beraterkreis der kasachischen Regierung teil, für den auch ein früherer Bundespräsident ursprünglich zugesagt hatte, dann aber doch nicht erschien; der Ex-Minister und der CSU-Politiker beteiligten sich dem Bericht zufolge an der Verfolgung von Rachat Alijew, dem früheren Schwiegersohn Nasarbajews, der in Ungnade gefallen und nach Europa geflüchtet war. Dem *Spiegel* zufolge lasse ein Datenleck in der Wiener Anwaltskanzlei Lansky, Ganzger + Partner darauf schließen, dass der Ex-Minister einen sechsstelligen Euro-Betrag erhalten hat. Mithilfe seiner Kontakte zu Politikern und Journalisten sollte er ebenso wie der Christsoziale, der auch als Putin-Verteidiger bekannt ist, dazu beitragen, Stimmung gegen den Ex-Schwiegersohn Alijew zu machen und ihn ins Gefängnis zu bringen.[81] Der Ex-Minister soll demnach auch versucht haben, den *Spiegel* zu instrumentalisieren.

»Zugpferd« bei der Vermittlung der deutschen Spitzenpolitiker soll laut *Spiegel* ein früherer österreichischer Bundeskanzler und Sozialdemokrat gewesen sein. Schröder soll dem Bericht zufolge zu insgesamt zwei Treffen des Beraterkreises erschienen sein. »Gerne bin ich bereit«, schrieb er demzufolge Ende 2010 an den Vermittler Lansky, »zu den mit Ihnen besprochenen Bedingungen Mitglied des Internationalen Beirats zu werden.« Am 7. März 2011 sei Schröder aber aus dem »Diskussionsforum« ausgestiegen – »aus sehr persönlichen Gründen«, wie er dem *Spiegel* zufolge an den Kasachischen Ministerpräsidenten schrieb. Das Magazin berichtete weiter, Schröders Absage seien Meinungsverschiedenheiten über das Salär für den Altkanzler vorausgegangen.

Das Beispiel zeigt eindrucksvoll ein großes Problem unserer Gesellschaft: Wäre die Vorstellung, ein Willy Brandt oder Helmut Schmidt hätte sich als Lobbyist für Pinochet oder Gaddafi verdingt, noch völlig absurd gewesen, so scheinen Schröders Dienste für Russland kaum noch ein Aufreger zu sein in Europa. Direkte Wechsel von der Politik in die Wirtschaft werden immer mehr zur Regel als zur Ausnahme; pensionierten Politikern und hohen Beamten gelingt es oft nicht mehr, in Würde zu altern. »Die meisten sind erschreckend leicht zu haben, manche mit Geld, manche, weil sie sich endlich wieder wichtig fühlen wollen, andere, weil man ihren Kindern oder anderen Verwandten lukrative Stellen verschafft«, beklagt sich ein Insider: »Nicht der frühere Ostblock nähert sich uns an, sondern wir dem früheren Ostblock. Wo man hinsieht. Unsere politische Kultur versumpft.« Die Schuld daran liegt nicht bei Putin. Er ist allenfalls der Verführer. Die Schuld liegt bei unserer Gesellschaft, die sich nicht vehement gegen das Einreißen solcher (Un-)Sitten stemmt.

MIT SYSTEMA – PUTINS DEUTSCHE KAMPFTRUPPE

»Der Angreifer, ein Kraftpaket in militärischer Tarnkleidung, sticht mit dem Messer zu. Blitzschnell weicht der Trainer aus, rammt dem Glatzkopf das Knie in die kurzen Rippen und setzt einen Hebelgriff am Hals des Gegners an: Mit einem festen Ruck wäre dessen Genick gebrochen – im Ernstfall« – so schildert der *Focus* im Mai 2014 eine Szene in der Turnhalle der Coubertinschule an der Potsdamer Gagarinstraße: »Verschwitzte Männer schinden sich bei Liegestützen und scheinbar endlosen Kniebeugen. Ein Kommando wie auf dem Kasernenhof – dann üben sie die Abwehr einer Attacke mit Schlagstock. Das ist Straßenkampf knallhart, Verstauchungen und Blutergüsse inklusive.«[1]

Es ist nicht etwa Judo, was die jungen Männer da trainieren, auch nicht Taekwondo, Karate oder Thaiboxen. Was da geübt wird, ist Systema: eine russische Nahkampftechnik – einst von den alten slawischen Völkern erfunden, so die Legende, und dann von Militär und Miliz veredelt –, bei der es vor allem darum geht, den Gegner möglichst effektiv und schnell auszuschalten. Auf der offiziellen Systema-Seite im Internet wird die Kampfkunst verklärt und zu einem der letzten Geheimnisse der Weltgeschichte erklärt.[2] Der Begründer von Systema ist der 54-jährige Michail Rjabko, Justizrat erster Klasse. »Er diente zehn Jahre lang in Sondereinsatztruppen, nahm an Kriegshandlungen teil, befreite Geiseln«, heißt es auf der Seite. All das sieht man ihm auf dem Foto nicht mehr an, da wirkt er eher wie ein gut ernährter Apparatschik mit deutlichen Anzeichen von Bewegungsmangel.[3]

Systema ist nicht gerade eine Modeerscheinung in Russland, auch dort kennen nur Eingeweihte den Sport. Und doch verbreitet er sich erstaunlicherweise mit rasantem Tempo in ganz Europa und vor allem auch in Deutschland. Binnen weniger Jahre entstanden hunderte Vereine europaweit, darunter in rund dreißig deutschen Städten. Beliebt sind die Clubs naturgemäß vor allem bei Männern, die aus der früheren Sowjetunion stammen.

Der plötzliche Boom von Systema ist offenbar kein Zufall: Nach den umfassenden Unterlagen eines europäischen Geheimdienstes, die ich einsehen konnte, entstehen die Niederlassungen nicht etwa aus Eigeninitiative – im Hintergrund ziehen dezent der russische Militärgeheimdienst GRU und die Luftlandetruppen WDW die Strippen. Eine der Schlüsselfiguren im Netzwerk ist Vladimir V., Direktor und Cheftrainer der »Systema Headquarters« in Toronto. Der Nestor des Netzwerks wanderte nach dem Zusammenbruch der Sowjetunion nach Kanada aus und gründete dort 1993 die erste »Systema«-Schule außerhalb Russlands.[4] Er habe persönlich 600 Systema-Trainer in mehr als 40 Ländern ausgebildet, heißt es auf der Homepage über ihn. Demnach wurde er mit diversen russischen »Regierungs-Medaillen« und Preisen ausgezeichnet, unter anderem mit dem »Orden für Pflichterfüllung und Ehre« und dem »Orden für Treue«.[5] So hohe Auszeichnungen für einen Kampfsporttrainer, noch dazu für Pflichterfüllung und Treue – das legt den Schluss nahe, dass Vladimir V. nicht nur Privatmann ist, sondern auch noch einen Dienstherren hat. Wie es der Zufall will, ist Vladimir V. auch auf der Homepage der »Systema Kampfkunstschule« in Bern abgebildet. Die Eidgenossenschaft war ein früher Stützpunkt in Europa. Zu seiner Person steht da: »In seiner Militärzeit war er als Ausbilder der Eliteeinheit Speznas tätig, außerdem bildete er Fallschirmjäger, SWAT-Teams und hochqualifizierte Bodyguards aus (…) Neben den Trainingskursen in seiner Schule in Toronto leitet er verschiedene Systema-Seminare in Amerika und Europa.«[6] »Speznas« ist die Abkürzung für »Einheiten zur besonderen Verwendung«. Es gibt sie im Militär, im Innenministerium, beim Geheimdienst. Hier ist die Rede von den »Speznas«-Einheiten des Militärgeheimdienstes GRU, die unter anderem für Aufklärung und asymmetrische Kriegsführung etwa durch Sabotage und Infiltration zuständig sind. Einer ihrer Schwerpunkte für den Kriegsfall bzw. dessen Vorbereitung liegt im Einsatz hinter den feindlichen Linien, mit oder ohne Uniform; dort sollen sie etwa Kommandozentralen oder Schlüsselfiguren in Politik und Militär »ausschalten«.[7] GRU-Speznas-Kämpfer töteten im Dezember 1979 den afghanischen Präsidenten Hafizullah Amin in dessen Palast – der Auftakt des sowjetischen Einmarsches in dem

Land. Nach dem Zusammenbruch der Sowjetunion wechselten viele Speznas-Männer in die freie Wirtschaft – zumindest formal. Unter anderem hatten GRU-Speznas-Einheiten eine wichtige Rolle bei der Besetzung der Krim 2014.

Von der Schweiz aus setzte Systema über den Bodensee über ins baden-württembergische Konstanz. Von Konstanz ging es weiter nach Bayerisch-Schwaben. Die »Systema Akademie W.« des gleichnamigen Andreas W. im Augsburger Stadtteil Lechhausen ist einer der Stützpfeiler des Systems in der Bundesrepublik. »Russische Kampfkunst mit deutscher Qualität in Augsburg und Europaweit!«, so die Eigenreklame im Internet.[8] Darüber ist das Bild eines Mannes zu sehen, der einem anderen einen Fausthieb verpasst. Über Systema heißt es auf der Seite: Es »beinhaltet die Verteidigung gegen einen und mehrere Angreifer, Waffenkampf, psychische Ausbildung und andere Fertigkeiten, die für einen Menschen im Alltag und in Extremsituationen nützlich sein können. (…) Während der Wehrdienst als Möglichkeit, die junge Generation im Geist des Mutes zu erziehen, in Deutschland abgeschafft und die Jugend zu Computerspielen mit zweifelhaftem Inhalt, als Mittel zur Befriedigung des Beschützerinstinktes, gedrängt wird, bietet SYSTEMA nicht nur eine reale alternative Gelegenheit, den Geist und den Körper zu schulen, sondern schließt die Entstehung und die Entwicklung der Aggressionen dabei aus.« Gründer und Direktor Andreas W., Jahrgang 1974, schreibt über sich, er »designt praktische (Allzweck)Messer für alle Liebhaber und Wertschätzer von Kompetenz, Direktheit und Zuverlässigkeit – eben Merkmale, durch die sich seine gesamte Arbeit auszeichnet.«[9]

Eine zentrale Rolle im Netzwerk spielt »Systema Ost«. Allein auf deren Deutschlandkarte sind 21 lokale Vereine quer durch die Republik zu finden.[10] Systema-Nestor Vladimir V. soll aus Toronto zwischenzeitlich in Frankfurt angedockt haben, große Büroräume inklusive: in der »Systemaschule Frankfurt«.[11] Vernetzt ist Systema mit anderen Verbänden wie dem »Fallschirmjäger-Traditionsverband Ost« der Nationalen Volksarmee der DDR und der »Deutschland-Vertretung Desant e. V.« in Hannover, wobei das russische »Desant« für Luftlandetruppen steht, abgekürzt WDW. »Ein Verein«, so heißt es auf seiner Homepage, »der in sich Freunde, Gleichgesinnte und Ungleichgültige vereint hat. Über alle Grenzen hinweg!«[12] Vereinschef Alexander K. gehört dem Zentralrat des Internationalen WDW-Verbandes an. Desant ist mit einer Sicherheitsfirma verbunden, die einen sehr ramponierten Ruf hat, um es freundlich auszudrücken. Auch die Sicherheitsfirma hat ein Schild und ein Schwert in ihrem Wappen – das klassische KGB-Symbol, das bei den Wappen im gesamten Netzwerk immer wieder auftaucht, ebenso wie Abwandlungen des Wappens des Militärgeheimdiensts GRU und dessen Speznas. Zu dem Netzwerk gehört auch der NVA-Elitesoldat Alexander K., Enkel eines hochrangigen Stasi-Offiziers. Er geriet in den russischen Medien in Deutschland kurzfristig in die Schlagzeilen, als Berichte laut wurden, Freiwillige in Deutschland würden ein Bataillon aufstellen und in der Ostukraine den (pro-)russischen Truppen helfen. Ein weiterer Name, der auftaucht, ist Dimitri Z., der etwa auf Facebook zu »Messerkampfseminaren« bei Systema einlädt. Er ging nach seinem Grundwehrdienst nach Russland und war dort nach eigenen Angaben acht Jahre beim Militär, unter anderem in Speznas-Einheiten. Seit 2013 ist er Geschäftsführer von Systema in der Schweiz.

Interessant ist in diesem Zusammenhang auch die »Internationale Konterteroristische Trainings-Assoziation« (MKTA), bei der zwei Deutsche Vize-Präsidenten sind und die auch eine Vertretung in Berlin hat. Auf der Expertenliste tun sich wieder merkwürdige Querverbindungen auf: Obwohl sich der Verband offiziell mit der Ausbildung von Bodyguards befasst, tragen von den 13 dort aufgelisteten Deutschen manche einen Professorentitel. Ein Schelm, wer dabei wie der Netzwerk-Experte Chmelnizki an Moskauer Tarnorganisationen wie die geheimdienstnahe ABOP denkt, die solche Titel verleihen. Der Vizepräsident der MKTA führte laut Chmelnizki eine »Ausbildungsakademie für Sicherheit« im bayerischen Waldmünchen, in der unter anderem Kenntnisse im Schießen und Observieren vermittelt wurden. Der Vize-Präsident leitet demzufolge von Berlin aus ein unüberschaubares Firmen-Konglomerat, das auch Anteilseigner in Moskau hat und sich unter anderem mit dem Schutz von Personen befasst. Die MKTA hat Verbindungen nach Karlshorst in Berlin, wo bis 1994 die weltweit größte Zentrale des KGB außerhalb der Sowjetunion lag. Experten der MKTA, die früher bei der Stasi waren, betreiben dort Privatdetekteien.[13]

Die Liste von obskuren Organisationen und Querverbindungen ließe sich lange fortführen. Die Geheimdienstunterlagen sind ausgesprochen detailliert, bis hin zu Handynummern und Kontodaten.

Das Systema-Netzwerk geht nach den Geheimdienstpapieren noch auf den früheren KGB-Chef und späteren Generalsekretär Juri Andropow zurück. Ziel ist dem Geheimdienst zufolge eine Art Militär-Outsourcing und -Export: »Herbeiführen von Unruhen und Verunsicherung im Zielgebiet« sowie »ein Multiplizieren der Streitmacht außerhalb der regulären Abrüstungsvereinbarungen durch eine unerkannte Kommandogruppe«. Es soll entsprechende Planspiele für den gesamten postsowjetischen Raum gegeben haben.

Inzwischen ist es nicht mehr bei den Planspielen geblieben: Russische Paramilitärs halten regelrechte Manöver im Schweizer Hochgebirge ab, agieren über die Grenzen hinweg; auch in Tschechien sind sie kräftig am Üben. Dabei sind neben Systema auch andere Gruppen auffällig. »Kosakenverbände sprießen europaweit wie Champignons aus dem Boden«, heißt es in dem Bericht. Eine wichtige Rolle spiele dabei *Rossotrudnitschestwo*, die bereits erwähnte Agentur für die Russen im Ausland. Allein in Tschechien sind demnach zwanzig Organisationen entstanden, die paramilitärische Züge haben. In dem Bericht werden sie als »paramilitärische fünfte Kolonne Moskaus« bezeichnet.

Die Mehrzahl der Männer, die in leitender Funktion bei Systema als Trainer oder Funktionäre tätig sind, waren früher als Agentenführer, Einzelkämpfer und Fallschirmjäger in Russland aktiv. Das weltweite Netzwerk ist der Geheimdienst-Analyse zufolge »finanziell und ideologisch beeinflusst von der russischen Macht«. Deren langfristiges Ziel sei es, die »Prozesse zu verzerren und nicht-demokratische Vorstellungen zu vermitteln«. Umgesetzt werden solle dies durch »eine Konzentration auf künftige Eliten«. »Kontaktanker«, also Anknüpfungspunkte für Anwerbungsversuche, sollen dazu Sprachkurse, Wissenschafts- und Studentenaustausch und auch Waffenausbildungen in Russland sein.

Dem Geheimdienstbericht zufolge gehört zu den Zielen des Systema-Netzwerk das Anwerben von neuen Kämpfern. Dieses erfolge massiv. Wer sich auf die Zusammenarbeit einlässt, den schickt Systema regelmäßig nach Russland. Offiziell ist von einer »Fortbildung« dort die Rede. Das treffe durchaus zu – nur dass diese »Fortbildung« eben an der Waffe, mit Sprengstoff und im Fach »Diversion«, also Sabotageakten, stattfinde. Das Training leiten GRU-Offiziere, in vielem entspricht es der Speznas-Ausbildung. Die Teilnehmer erhalten russische Pässe. Zudem bekommen sie Zusatzqualifikationen, die sie im Beruf nutzen können und die zu höheren Löhnen führen, etwa bei Sicherheitsfirmen.

Die Auswahl, wer zu der »Fortbildung« nach Russland darf, erfolgt äußerst selektiv: Mehrere Versuche der Sicherheitsdienste, Männer einzuschleusen, scheiterten schon auf einer relativ frühen Etappe.

Nicht nur den Geheimdienstunterlagen zufolge sind privatisierte Paramilitärs ein wichtiges Mittel im Kampf der Zukunft. Auch Präsident Putin sagte 2012, dass »private militärische Firmen« ein »Instrument der Umsetzung nationaler Interessen ohne direkte Beteiligung des Staates sind«.[14] Im Krieg in der Ostukraine sollen bereits Systema-Leute im Einsatz gewesen sein, heißt es in den Geheimdienstunterlagen.

Besonders begehrte »Kunden« bei Systema in Deutschland sind Polizeibeamte, Militärs, Justizbeamte und Angehörige von privaten Sicherheitsdiensten. Wer sich nicht anwerben lässt oder dafür nicht in Frage kommt, etwa wegen fehlender Putin-Treue, der kann immer noch im Training oder beim geselligen Zusammensitzen danach ausgehorcht werden – also geheimdienstlich abgeschöpft. Die vorliegenden Unterlagen zeigen, dass auch Polizisten bei Systema fest integriert sind. Die Verbindungen reichen bis hinein in die deutsche Elitetruppe GSG und das strenger Geheimhaltung unterliegende Kommando Spezialkräfte (KSK) der Bundeswehr.

Wie deutsche Behörden unterwandert werden, zeigt ein Fall im brandenburgischen Landeskriminalamt. Zwei Männer aus der früheren Sowjetunion, zuständig für die Ermittlungen gegen osteuropäisches organisiertes Verbrechen, hatten, wie sich herausstellte, eine Speznas-Ausbildung erhalten, damit sie im Ernstfall auf Befehl des GRU zuschlagen können. Als sie zur Rede gestellt wurden, sprangen die Fachleute für »Diversion«, also Spionage, Sabotage und diskrete Tötungen auf, schlugen die Füße zusammen und forderten: »Respektieren Sie, dass wir Offiziere der russischen Armee sind.«[15]

Trotz solcher Erfahrungen hatten die deutschen Sicherheitsdienste bis Herbst 2015 kein Interesse an den umfassenden Erkenntnissen des befreundeten europäischen Geheimdiensts, der ihnen die Unterlagen wie sauer Bier anbot. Zum einen hätten die deutschen Kollegen die Angelegenheit nicht ernst genug genommen, zum anderen seien sie massiv unterbesetzt.

Man muss sich strikt davor hüten, alle der sicher tausenden Systema-Kampfsportler hierzulande pauschal als Speznas-Kämpfer zu verdächtigen. Nach den Geheimdienstinformationen waren im Systema-Umfeld in

Deutschland 2015 zwischen 250 und 300 Männer aktiv, die in Moskau die Speznas-Ausbildung durchlaufen haben und als potenzielle Kämpfer einzuschätzen sind. Diese Diversanten mit Elite-Ausbildung und teilweise Posten in deutschen Sicherheitsbehörden sind kein zu vernachlässigender Faktor – insbesondere, da sie nach der Einschätzung in den Geheimdienstunterlagen gezielt für Krisensituationen und zur Auslösung von Unruhen ausgebildet sind.«

So abstrus das »Prinzip Systema« für westliche Beobachter klingen mag – auch hier hilft ein Blick in die Geschichte. Denn wie die meisten anderen Methoden Moskaus in seinem verdeckten Krieg gegen den Westen ist die Idee mit den geheimen Kampfgruppen im Land des Gegners nicht neu: Die Deutsche Kommunistische Partei (DKP) hatte zwischen 1972 und 1989 heimlich einen paramilitärischen Arm für Sabotageakte, gezielte Tötungen und Terroranschläge aufgebaut. Die Truppe »sollte unter anderem Anschläge in Westdeutschland verüben, zum Beispiel auf Kraftwerke«, wie der *Tagesspiegel* 2004 berichtete.[16] Dazu wurde den DKP-Kadern in der DDR von NVA-Offizieren der Umgang mit Waffen und Sprengstoff, die Taktik von Kleinkampfgruppen, Tarnung, Spurenverwischung und das lautlose Töten von Menschen beigebracht. Zudem wurden sie von Ostberlin mit Geld, Waffen und Sprengstoff versorgt. Selbst für 1990 war noch eine Million D-Mark für die Truppe eingeplant. Insgesamt sollen rund 200 Kämpfer in der Gruppe aktiv gewesen sein – also eine ähnliche Größenordnung wie bei Systema. Es waren nur wenige Funktionäre in das Geheimprojekt eingeweiht.[17] »Für die westdeutschen Sicherheitsbehörden war die Aufdeckung der DKP-Guerillazellen eine Blamage«, schrieb der *Spiegel* 2004, da sie von ihrer Existenz bis zu den Veröffentlichungen in der Presse nichts gewusst hatten.[18] Umso sträflicher erscheint, dass die Beamten bis heute kein Interesse für die Unterlagen des befreundeten Geheimdienstes über Systema hatten und die Warnungen in den Wind schlugen. Ob die extra dafür ausgebildeten DKP-Kämpfer jemals in Aktion traten und wirklich Anschläge oder Morde verübten, lässt sich bis heute nicht sagen.

Die Systema-Schläfer sind nicht allein. Sie pflegen offenbar gute Beziehungen zum organisierten Verbrechen. Auch zur Rocker-Gang »Nachtwölfe« um ihren Anführer Alexander Soldastanow alias Chirurg, der in den 1980er-Jahren eine Deutsche heiratete, kurzfristig in Berlin lebte, als Türsteher arbeitete und Kontakte zur örtlichen Rockerszene knüpfte. Soldastanow unterhält einen so guten Draht zu Wladimir Putin, dass der mehrfach mit ihm vor der Kamera posierte – in Russland wertvoller als viele Orden, wobei der Staatschef ihn auch mit einer Ehrenmedaille auszeichnete. Laut Opposition werden die Nachwölfe massiv vom russischen Staat finanziert. Ihre Sicherheitsfirma »Wolk Security« ist inzwischen in den meisten russischen Regionen vertreten und bestens im Geschäft. Sicherheitsexperten rechnen die Gang der organisierten Kriminalität zu, woraus die übrigens auch selbst keinen Hehl macht – was übrigens kein Schutz vor naiven Medienberichten im Westen und einem entsprechenden Beitrag in der offenbar bei vielen Einträgen mit Russland-Bezug gut kontrollierten Online-Enzyklopädie »Wikipedia« war.[19] Kritiker sehen die Nachtwölfe als Putins Männer fürs Grobe, die etwa im Krieg in der Ostukraine und bei der Besetzung der Krim als eine Art mobile Kundschafter-Truppe wichtige Aufgaben übernahmen. In Deutschland sollen sie inzwischen massiv die örtliche Rockerszene unterwandern, unter anderem die Hells Angels. Deren Boss, Frank Hanebuth, der wegen Bildung einer kriminellen Vereinigung verurteilt wurde, vertraute auf den anwaltlichen Beistand von Götz von Fromberg – einem engen Freund und Kanzleikollegen von Gerhard Schröder. Seinen Abschied in den Ruhestand im Oktober 2015 kommentierte die *taz* wie folgt: »Der Pate geht von Bord. Götz von Fromberg kannte Oberschicht und Rotlichtmilieu.«

Neben den Rockern unterwandern zunehmend kriminelle Banden aus Russland und anderen früheren Sowjetrepubliken die Bundesrepublik. So lenken nach Erkenntnissen des Bundeskriminalamtes Ex-KGB-Offiziere ganze Einbrecherbanden, die deutsche Wohnungen plündern.[20] Sicherheitsexperten bemerken generell starke Verbindungen zwischen geheimdienstlichem und kriminellem russischem Milieu in Deutschland – eine in Russland wie eingangs geschildert seit langem bemerkbare Tendenz, die nun quasi »exportiert« wird. Diese Zusammenarbeit ergebe große Synergieeffekte, so Sicherheitsexperten in deutschen Diensten: Wer etwa die Bordelle kontrolliere, könne dort Fotos schießen, die später bei Erpressungen hilfreich seien – wenn es etwa darum gehe, Politiker oder Richter zu genehmen Entscheidungen zu überreden. Offenbar nach dem Motto »eine Hand wäscht die andere« bemerkten die deutschen Sicherheitsbehörden wiederum bei der Demonstration von Russlanddeutschen und Russen gegen die Flüchtlingspolitik vor dem Kanzleramt in Berlin und an anderen Orten in Deutschland im Januar 2016, dass Männer aus dem kriminellen Bereich die Organisation übernommen hatten, mit einer Art »All-Inclusive-Service« – sie stellten ebenso Ordner wie Interview-Partner für das russische Fernsehen, die sich bitter über die Zustände in Deutschland und die angebliche Flüchtlingskriminalität bei uns beklagten. Hier sei an die bereits erwähnte Einschätzung von Nikolai Klemeniouk in der *Frankfurter Allgemeinen* erinnert, wonach in Russland Staat und organisiertes Verbrechen identisch sind.

Vor diesem Hintergrund ist zu erwähnen, dass die Polizei in Brandenburg und Berlin auf die Sicherheits-Software eines Unternehmens setzt, das mehrheitlich einer russischen Firma gehört – die wiederum in der Hand der Ex-Frau eines früheren KGB-Offiziers ist, dem ebenso wie seiner Gattin auch heute beste Drähte zum Geheimdienst nachgesagt werden.[22] So einer Firma sollte keinesfalls der Zugang zu sensiblen Polizeidaten gewährt werden, klagte der Sicherheitsexperte der Grünen, Benedikt Lux. Der Berliner Senat wollte aber kein Sicherheitsrisiko sehen.[23]

Letzteres besteht ganz unabhängig von der Software. »Wir haben viele Informationen, aber nicht einmal annähernd genügend Leute, um etwas zu unternehmen.«, klagt ein Beamter.

Dabei gäbe es viel zu tun. Wie ein Beispiel aus der bayerischen Provinz zeigt, ein Krimi, bei dem Politik, organisierte Kriminalität und Wirtschaft eng verflochten sind.

WIE GESCHMIERT –
ÖLIGE GESCHÄFTE

Beschaulich, ruhig, ländlich und fast ein wenig langweilig – so wirkt der Landkreis Neu-Ulm an der Grenze zwischen Bayern und Baden-Württemberg. Ein Fleckchen Land, in dem die Welt noch in Ordnung ist, fernab von der großen Politik, dem internationalen organisierten Verbrechen und Spionagekrimis. Sollte man meinen. Ist aber nicht so. Die bayerischen Ermittler deckten dort ein Firmengeflecht auf, das abenteuerlich ist – und nach Einschätzung von Experten alles andere als eine Ausnahme.

In einem länderübergreifenden Großeinsatz durchsuchten 200 Beamte von Polizei, Steuerfahndung und Zoll am 23. November 2015 nach jahrelanger Ermittlungsarbeit mehr als zwanzig Objekte in der Region, darunter auch Luxusvillen. Sie nahmen vier Personen fest, gegen die Haftbefehle bestanden. »Spezialisten für Wirtschaftskriminalität und Computer-Auswertung sowie Banknotenspürhunde beschlagnahmten im Großraum Ulm/Neu-Ulm, München, Freiburg sowie in den Landkreisen Neu-Ulm, Günzburg, Forchheim und dem Alb-Donau-Kreis Vermögenswerte über zehn Millionen Euro, Gold, Bargeld unterschiedlicher Währungen sowie mehrere Fahrzeuge der Premium-Klasse«, berichtete die *Neu-Ulmer Zeitung*.[1]

Durch frühere Ermittlungsverfahren wegen Insolvenzverschleppung und Anzeigen wegen Geldwäsche wurden Ermittler für Wirtschaftskriminalität in Kempten im Allgäu aufmerksam auf den in Kasachstan geborenen, 52-jährigen Waldemar alias Wladimir R. Der in Russland bestens vernetzte Unternehmer hatte jahrelang offenbar zielgerichtet Unternehmen aus dem High-Tech-Bereich aufgekauft, die über interessante Technologien verfügten. Ein Schwerpunkt sei das Thema »Karbonfaser« gewesen – eine wichtige Technologie in der Rüstung von Panzern über

Flugzeuge bis hin zu Raketen. Die deutschen Ermittler sehen denn auch einen Verdacht der Wirtschaftsspionage.

Waldemar R. hat beste Drähte in die russische ebenso wie in die deutsche Politik, so die Beamten. Einer der Geschäftspartner war ein ehemaliger russischer Abgeordneter. Neben betrügerischem Bankrott, bei dem man zuerst das Knowhow der deutschen Firmen und ihre Finanzen abschöpfte und sie dann ausbluten ließ, gehört nach Ansicht der Ermittler die überteuerte Lieferung von medizinischem Hightechgerät an russische Kliniken zum Geschäftsmodell, für das er ein weit verzweigtes internationales Firmengeflecht aufbaute. Die Bestechungsgelder wurden dann auch noch als Betriebsausgaben in Deutschland von der Steuer abgezogen. »Das System scheint gut durchdacht«, schrieb die *Neu-Ulmer Zeitung*: »Die über Scheingesellschaften und Scheinfirmen abgewickelten Zahlungsströme hatten außerdem zum Ziel, die an Personen aus Politik, Wirtschaft und Verwaltung geleisteten Bestechungszahlungen als steuerschonende Betriebsausgaben gegenüber dem Finanzamt auszuweisen. Gegen die festgenommenen Personen im Alter zwischen 39 und 64 Jahren wird wegen banden- und gewerbsmäßiger Bestechung, bandenmäßiger Steuerhinterziehung, Geldwäsche und Bestechlichkeit im geschäftlichen Verkehr ermittelt.«[2]

Derweil bangten im Dezember 2015 rund 90 Mitarbeiter der betroffenen Firmen in der Region um ihre Arbeitsplätze – wie ihre Leidensgenossen bei anderen Firmen in den Jahren zuvor, die von den Tatverdächtigen nach Ansicht der Ermittler mit der gleichen betrügerischen Absicht in den Konkurs gesteuert wurden. Die Staatsanwaltschaft Augsburg teilte mit, dass das Verfahren »in enger Absprache mit den russischen Behörden geführt wird« – wobei der Verdacht naheliegt, dass es sich dabei weniger um eine Floskel als um den Auswuchs sträflicher Naivität handelt.

Auffallend war der Luxus, in dem Waldemar R. bis zu seiner Festnahme schwelgte. Seine Villa im Raum Altenstadt galt als eines der teuersten Wohnhäuser in der Gegend; es wurde für 6,5 Millionen Euro zum Verkauf angeboten, bevor es Waldemar R. 2012 erwarb. Dazu kommen mehrere weitere Immobilien, die sich in seinem Besitz befinden sollen. Wegen der Finanzierung drohten der örtlichen Sparkasse nach der Festnahme und dem Einfrieren der Vermögenswerte massive Verluste. Auch das Gebäude des Kreditinstitutes wurde durchsucht.[3]

Bemerkenswert ist nach Ansicht der Ermittler zum einen, wie stark sich die Verdächtigen auf Firmen konzentriert haben, deren Technologien für Russland von Interesse sein dürften. An einen Zufall will keiner glauben – denn gewöhnliche Wirtschaftskriminelle wählen ihre Ziele nicht nach technischen Gesichtspunkten aus. Zum anderen fällt auf, wie gut sich die Bande in der örtlichen Politik und Gesellschaft vernetzen konnte. Es besteht sogar der konkrete Verdacht einer großzügigen Parteispende, mit der man sich offenbar das Wohlwollen der Entscheidungsträger sichern wollte.

Neu-Ulm ist keine Ausnahme. Sicherheitsexperten berichten, dass quer durch Deutschland massive Probleme mit Wirtschaftskriminalität bestehen, deren Wurzeln in die Länder der früheren Sowjetunion zurückreichen. Auffällig ist dabei die zuweilen gute Vernetzung mit den Sicherheitsbehörden in den Heimatländern ebenso wie mit regionalen Eliten in der Wirtschaft, aber auch der Politik. Kriminelle Machenschaften mit Bezug zu Russland gibt es nach Ansicht der Ermittler bis zu den Topadressen der deutschen Wirtschaft. So sollen Ableger der deutschen Bank in Russland zehn Milliarden Dollar gewaschen haben. Zudem besteht auch ein Verdacht auf Verstoß gegen die Sanktionen durch das Bankhaus.[4]

Russland spielt eine immer wichtigere Rolle im Geschäftsleben der Bundesrepublik. Bis hinein in Branchen, die auf den ersten Blick eher beschaulich wirken, wie etwa Milch und Fleisch. Beim Käse etwa tobt ein wahrer Krieg, wie Insider berichten: Deutsche Firmen werden mit großen Aufträgen aus Moskau geködert – bis dann die Moskauer Hygieneaufsicht zur Inspektion kommt und unter Garantie irgendwelche Mängel findet, egal wie klein, die ausreichen, um den Import nach Russland zu verbieten, formell aus Sorge um die Volksgesundheit. Die Firma steht dann mit gigantischen Mengen Milch und ihrem Käse da – und statt Absatz bekommt sie ein Entsorgungs- und Finanzierungsproblem. »Wenn den Firmen dann das Wasser bis zum Hals steht, bekommen sie ein vergiftetes Kreditangebot oder gleich ein Übernahmeangebot«, berichtet ein Insider: »So wird die ganze Branche umgekrempelt. Das wirkt alles strikt koordiniert, bis hin zur Manipulationen der Marktpreise.« Auch aus anderen Wirtschaftsfeldern gibt es solche Berichte: etwa aus der Fleischbranche. Dort unterhält Clemens Tönnies, einer der größten Fleischproduzenten in Europa, rege Kontakte nach Russland. Zu Präsident Wladimir Putin hat er laut *Handelsblatt* eine »besondere Beziehung«; bei seinen Besuchen bringt er dem Kreml-Chef immer Geschenke mit wie eigenhändig zubereitetes Eisbein, und er ist neben Gerhard Schröder auch eine der Schlüsselfiguren beim Werbe-Deal zwischen Gazprom und dem Fußballverein Schalke 04, dem er vorsteht. Doch die guten Beziehungen helfen nicht immer: So verhängte Moskau etwa noch im Februar 2014, vor den Sanktionen, ein Importverbot für EU-Schweinefleisch – und begründete dies mit der Afrikanischen Schweinepest. Solche Aktionen sind häufig: Auch in den Jahren zuvor gab es wie in der Milchindustrie immer wieder Importverbote wegen angeblicher Hygiene-Mängel. Experten sehen das als Missbrauch von Kontrollbehörden und unlautere »Waffe im Wirtschaftskrieg«.[5]

Hauptaugenmerk Moskaus ist aber ganz eindeutig der Energiesektor. Der Staatskonzern Gazprom, von Kreml-Kritikern als Putins Gaswaffe verspottet, versucht seit Jahren, in Deutschland Fuß zu fassen. So wurde Gazprom zum Sponsor des Fußballvereins Schalke 04.[6] Über die Verflechtungen von Gazprom hat Jürgen Roth ein ganzes Buch geschrieben: »Gazprom – Das unheimliche Imperium: Wie wir Verbraucher betrogen und Staaten erpresst werden«.[7] Der Altmeister des investigativen Journalismus beschreibt den Konzern als »skrupellos und kriminell«. Gazprom verfügt demzufolge über eine eigene Armee und einen mächtigen Geheimdienst. Ex-KGB-Agenten sitzen an verantwortlichen Positionen, die Verantwortlichen sind unantastbar. Mit Hilfe williger deutscher und europäischer Industrieller versuche Gazprom, den Energiemarkt zu monopolisieren und die Verbraucher abzuzocken, so Roth. Der Name des Konzerns sei im Inland wie im Ausland mit Korruption, Erpressung, Geldwäsche und Steuerflucht verbunden. Kein anderer Konzern weltweit habe so viel Macht und Einfluss.

»Gazprom ist zentral der wirtschaftliche und korrupte Arm von Putin in Europa«, warnte Roth im Februar 2016: »Sie sind erfolgreich dabei, den Gasmarkt in Deutschland wie in Österreich zu erobern.«[8] Der Einfluss des Konzerns ist gewaltig. Ermittler berichten etwa von Steuernachforderungen des deutschen Fiskus gegen Gazprom in Milliardenhöhe, die dann auf eine zweistellige Millionensumme reduziert wurden – auf Druck von oben.

Im September 2015 schloss Gazprom einen heiklen Milliardendeal mit der BASF. Im Rahmen eines Tausches von Anteilen hat der deutsche

Konzern Anteile an einem Gasfeld in Westsibirien übernommen und dafür sein Gashandelsgeschäft und alle seine deutschen Gasspeicher an Gazprom übergeben. Der Moskauer Konzern kommt damit nicht nur seinem großen Ziel näher, direkt an den Endverbraucher zu liefern und so viel höhere Gewinnmargen einzustecken.[9] Noch viel brisanter ist der Deal mit den Speichern: Die sind eigentlich dafür da, im Falle von Lieferschwierigkeiten bei der Überbrückung zu helfen und die Menschen im Ernstfall vor dem Frieren zu bewahren. Also beispielsweise, wenn Putin den Gashahn zudrehen sollte, wie er das gegenüber der Ukraine schon demonstriert hat. Wenn nun ausgerechnet wichtige Teile dieses Schutzes gegen einen Lieferstopp aus Moskau in die Hände Moskaus gegeben werden, so ist dies nur durch kurzfristige Einzelinteressen zu erklären, die über das Allgemeinwohl gestellt werden. »Sind die Speicher einmal in der Hand von Gazprom, kann der Konzern theoretisch jederzeit das Gas verkaufen und damit den deutschen Notvorrat an Erdgas senken«, schreibt die *taz* unter Berufung auf die Bundesnetzagentur: »In Deutschland gibt es keine gesetzliche Regelung, die Betreibern von Gasspeichern vorschreibt, einen bestimmten Füllstand vorzuhalten.«[10] Die Regierung stimmte dem Deal dennoch zu. Damit sind insgesamt 44 Prozent der deutschen Speicherkapazität ganz oder in Anteilen in russischer Hand.[11] Offiziell. Aus deutschen Sicherheitskreisen heißt es, de facto kontrolliere Moskau inzwischen alle deutschen Gasspeicher, was aber geschickt verschleiert werde. Formell könne zwar jedermann Gas in den Speichern einlagern – aber die meisten Kapazitäten seien auf viele Jahre vorab »reserviert«.

Kritiker werfen angesichts des »Deals« nicht nur der Bundesregierung, sondern auch der BASF Naivität vor: Die Beteiligung an dem Gasfeld in Russland, die die Konzern-Tochter Wintershall von Gazprom als Gegenleistung für ihre Speicher und ihr Gasgeschäft erhielt, sei im Zweifelsfall nichts wert: In der Vergangenheit wurden solche ausländischen Beteiligungen in Putins Unrechtsstaat auch schon einfach in Wild-West-Manier teilenteignet und dazu etwa die Umweltbehörden vorgeschoben. Der Deal wirkt befremdend in einer Zeit, in der die EU seit langem gegen die wachsende Abhängigkeit von russischem Gas kämpfen will und europäische Partner über das Verhalten der Deutschen fassungslos den Kopf schütteln.

Umstritten ist auch der Verkauf der Öl- und Gassparte der DEA an eine russische Investorengruppe, der im März 2015 vollendet wurde und gegen den die britische Regierung energisch gekämpft hatte, weil die DEA auch auf der Insel Gas- und Ölfelder hält. Der Widerstand aus London war erfolglos. Deutschland und die EU-Kommission hatten dem Deal zugestimmt.[12]

Der russische Staatskonzern Rosneft, den Putins enger Vertrauter Igor Setschin leitet, übernahm von der französischen Total deren Anteil (16,7 Prozent) an der Raffinerie im brandenburgischen Schwedt. Rosneft hielt zuvor schon 18,75 Prozent. Die Unterzeichnung der Verträge sei ein Beleg für »ein sehr hohes Vertrauen«, erklärte Setschin. Die Abkommen zeigten »die Stärkung der Position von Rosneft in einer Schlüsselregion, dem westlichen Europa«.[13]

Im September 2009 wurde in deutschen Medien über den »geheimnisvollen Retter der Raffinerie Ingolstadt« spekuliert – just im Wahlkreis von Bayerns Ministerpräsident Seehofer. Nach der Insolvenz des Betreibers Petroplus übernahm Gunvor den oberbayerischen Betrieb mit seinen 400 Mitarbeitern, Seehofer konnte seinen Wählern vor Ort gute Nachrichten präsentieren. Einer der Miteigentümer von Gunvor ist Gennadi Timtschenko, der Putin-Vertraute, den Kritiker für seinen Strohmann halten, was er selbst bestreitet.[14] In Geheimdienstkreisen gilt Wladimir Putin als der eigentliche Eigentümer der Raffinerie; man habe sie gezielt gekauft, um damit auf Seehofer einzuwirken – eine Art »Honigfalle«, nur mit Öl gefüllt statt mit dem Bienensaft. Die Raffinerie soll nur eines von zahlreichen Objekten Putins in Deutschland sein – insbesondere auch Edelimmobilien wie das Münchner Palais an der Oper, das im Oktober 2012 für geschätzte 300 Millionen Euro formell an eine Firma von Arkadi Rotenberg ging – den Judo-Freund und engen Partner Putins. Auch Edelhotels in Frankfurt und Berlin sollen so an den Kremlchef gegangen sein.

Die Liste der Verbindungen ließe sich lange fortführen. Fast noch eklatanter ist aber die Absicht Berlins, auf Drängen Putins eine zweite Röhre der umstrittenen Ostsee-Pipeline zwischen Deutschland und Russland zu bauen – zum Entsetzen vieler Nachbarn. Wirtschaftsminister Sigmar Gabriel hat sich im Herbst 2015 dafür starkgemacht – und Putin vertrauensvoll zugesichert, er wolle, dass alles in der Kompetenz deutscher Behörden bleibe und die externe Einmischung begrenzt werde – eine merkwürdige Formulierung Gabriels für die Bedenken seiner EU-Partner. »›Politische Einmischung‹ soll vermieden werden. Das klingt grotesk. Die Ostsee-Pipeline war von Anfang an mehr ein politisches als ein wirtschaftliches Projekt«, schrieb der Osteuropa-Experte Gerhard Gnauck in der *Welt*.[15] Beim EU-Gipfel im Dezember 2015 führte Nord Stream II zu heftigen Wortgefechten. Viele Osteuropäer hatten von der EU verlangt, das Projekt zu stoppen. Das renommierte Wiener Blatt *Der Standard* schreibt: Die »Achse Wien-Berlin-Moskau verärgert Resteuropa«. Der polnische Ratspräsident Donald Tusk klagte, Nord Stream 2 unterlaufe das Ziel der EU, ihre Energiequellen zu diversifizieren. Stattdessen würde durch das Projekt die Abhängigkeit Europas von russischem Gas mit der neuen Pipeline sogar steigen, 80 Prozent der Lieferungen würden auf einer Route konzentriert.[16] Deutschland habe sich nach dem Zweiten Weltkrieg viel internationalen Respekt erarbeitet, mahnt Jim Hoagland in der *Washington Post*: »Warum um alles in der Welt wird dieses hart erarbeitete Ansehen jetzt riskiert für einen korrupten Gaspipeline-Deal mit Putin? Umso mehr als die riesigen Veränderungen im globalen Energiemarkt diesen Deal mit Russland obsolet gemacht haben, und schädigend für die EU? (…) Das macht keinen Sinn.« Es gehe Putin nicht um Geld, sondern um Geopolitik, glaubt Hoagland, der von einem gerade angesichts der deutschen Vergangenheit »überraschenden Mangel an Solidarität Deutschlands gegenüber seinen östlichen Nachbarn« spricht und auf die Rolle Schröders verweist.[17]

»Wird die deutsche Ostpolitik zur Geisel einer Handvoll Energiekonzerne und ihrer Interessen?«, fragt besorgt Gerhard Gnauck und mahnt: »Wer die energiewirtschaftliche Verflechtung jetzt immer noch vorantreibt, der handelt grob fahrlässig. Er setzt deutsche und europäische Interessen aufs Spiel. Und er ermuntert das Putin-System zu weiterer Radikalisierung und verlängert seine Lebensdauer. Ein Bärendienst auch am russischen Volk.«[18]

Wie fahrlässig die deutsche Energiepolitik gegenüber Russland ist, zeigt ein Blick zurück. In der unbekannten Petersburger Fachzeitschrift »Notizen der Bergbau-Hochschule« erschien im Januar 1999 ein sehr langer Artikel, der damals kaum Resonanz fand. Der Autor machte sich Gedanken über Energiepolitik, über die Zukunft Russlands und seiner Wirtschaft. Sein wichtigster Gedanke: Bodenschätze seien der Hebel, um Russland zu alter Größe zu bringen. Das Potenzial des Landes an natürlichen Ressourcen wie Öl und Gas weise ihm einen besonderen Platz unter den Industriestaaten zu. Die Entwicklung der rohstoffverarbeitenden Industrie sei »die wichtigste Ressource, um Russland in relativ naher Zukunft zur führenden wirtschaftlichen Großmacht zu machen«.[19] Der Autor war zu dieser Zeit nur wenigen ein Begriff. Und so wunderte es kaum jemanden, dass sich da jemand zum Thema Rohstoffe äußerte, der wenig bis gar nichts damit zu tun hatte: Wladimir Putin, damals Chef des FSB. Heute liest sich der Artikel aus der kleinen Fachzeitschrift des Petersburger Bergbau-Instituts, als sei er die Handlungsanweisung für Putins Wirken im Kreml. Russlands Rohstoffwirtschaft sei »die Grundlage für die Verteidigungsmacht des Landes«, heißt es da.[20]

Dass solche Aussagen im Westen kaum beachtet werden, zeigt, dass wir ein Problem im Umgang mit Wladimir Putin haben.

POKER IN SYRIEN –
DAS GROSSE SPIEL

Es liegt nicht an hellseherischen Fähigkeiten, dass Wladimir Putin immer Recht behält. Das Geheimnis hinter der Treffsicherheit seiner Prognosen ist viel trivialer. Wenn der Langschläfer in seiner luxuriösen Residenz Nowo-Ogarjowo vor den Toren der Hauptstadt Moskau am späten Vormittag aufgewacht ist und mit Schwimmen und Krafttraining sein Tagwerk aufgenommen hat, trifft er sich zur mittäglichen »Morgenrunde« mit seinen Vertrauten, wie etwa seinem treuen Pressesprecher Dmitri Peskow, der sich von einem jungen, weltoffenen Beamten, mit dem ich einst per du war, zum Aushängeschild des Kremls gewandelt hat. Putin erklärt den Versammelten seine Sicht der politischen Lage in der Welt – und seine Prognosen. Die derart Aufgeklärten tragen ihre neuen Erkenntnisse sodann weiter an die Chefredakteure in den gesteuerten Medien. Die wiederum erteilen umgehend entsprechende Anweisungen an ihre Redaktionen, wie ein Prominenter mit besten Drähten in die Staatsspitze hinein erzählt. Ab dem frühen Abend sieht oder liest Putin dann genau das, was er mittags vorhergesagt hat – und fühlt sich bestätigt: »Na, seht her, die Nachrichtenlage entspricht genau dem, was ich mir gedacht habe!« So entsteht neben der gezielten Steuerung der Medien auch eine ungezielte Beeinflussung in Form von sich selbst erfüllenden Putin-Prophezeiungen. Dieses Phänomen entspringt sowohl vorauseilendem Gehorsam als auch der Angst der Hofschranzen, sich den Unmut des Herrschers zuzuziehen – zwei für autoritäre, auf eine Führerfigur zugeschnittene Systeme typische Erscheinungen. Sie sind vor allem längerfristig für das System gefährlich, weil sie die Rückkoppelung der Führungsspitze mit der Realität stark einschränken und so fast zwangsläufig zu Fehleinschätzungen und -entscheidungen führen. Die DDR und die Sowjetunion sind Beispiele dafür. Aufgrund dieser Mechanismen ist nicht immer die Arbeit von Analyseabteilungen notwendig, um die nächsten außenpolitischen Schritte Putins vorauszusagen. Wechselt plötzlich der Fokus in der russischen Berichterstattung, so kann man davon ausgehen, dass dies auch beim Staatschef der Fall ist – und alsbald entsprechende Schritte folgen werden. So war es mit dem Krieg in der Ostukraine, und so war es auch im August 2015, als die Kreml-Medien plötzlich wie über Nacht ihr Hauptaugenmerk von dem Nachbarstaat auf das ferne Syrien verschoben. Mitte September 2015 deutete US-Außenminister John Kerry in London eine militärische Kooperation Washingtons mit Moskau bei der Bekämpfung der IS-Terroristen in Syrien an. Bei einem Treffen von russischen und amerikanischen Geheimdienstlern wurde vereinbart, dass die USA Russland mit Aufklärungsmaterial aus dem bürgerkriegsgeplagten Land versorgen werden. Bundesaußenminister Steinmeier zeigte sich erfreut: »Ich begrüße, dass Washington und Moskau nicht übereinander, sondern wieder miteinander über die Lage in Syrien reden und sich dabei auch über militärische Fragen austauschen wollen.«[1] »Kerry und Steinmeier hoffen auf Putin«, titelte die *Süddeutsche Zeitung*.[2]

Kurze Zeit darauf griff Russland am 30. September 2015 tatsächlich in den syrischen Bürgerkrieg ein und ließ die ersten Luftangriffe fliegen – nachdem Putin sich wenige Stunden zuvor von seinem Parlament einstimmig dazu hatte ermächtigen lassen. Die Verantwortlichen im Westen rieben sich verwundert die Augen: Nachdem sie zuvor noch so große Hoffnungen in Russlands vermeintlichen Beitrag zur Bekämpfung des IS gesetzt hatten, stellte sich nun heraus, dass Putin auch die Verbündeten des Westens bombardieren ließ – die Opposition gegen Assad, den Putin seit Jahren massiv unterstützt. »Zur Vermeidung von Missverständnissen« trafen sich Vertreter der russischen und US-amerikanischen Streitkräfte; Pentagonsprecher Peter Cook sprach von einem »freundlichen und professionellen Austausch«.[3] Tage später hatte sich der Ton gedreht – inzwischen war nicht mehr zu verdrängen, dass Putins Hauptangriffsziel nicht etwa wie erhofft der IS war – sondern die mit dem Westen verbündeten Assad-Gegner, die aus Kreml-Sicht ebenfalls Terroristen sind. Mitte Oktober 2015 forderte die EU in einer Resolution Moskau auf, diese Angriffe sofort zu beenden – und die Verletzungen des türkischen Luftraums einzustellen.[4] »Putin hat keine Skrupel«, schrieb Christoph von Marschall im *Tagesspiegel*: »Wie in der Ukraine agiert er zielstrebig, lügt aber über seine wahren Absichten. Militärberater und Kampfjets waren längst in Syrien, als er vor der UN-Generalversammlung so tat, als müsse er eventuell bald über ein Hilfegesuch Assads entscheiden.«[5] Putin habe so schnell eingegriffen, weil er den Sturz Assads und damit den Verlust seiner letzten Stützpunkte im Mittelmeer fürchtete. Immer wieder spielte Putin seither mit dem Westen Katz und Maus. Er werde enger mit der Nato zusammenarbeiten, versicherte er, und es gehe ihm nur um eine Friedenslösung. Syrien könne zu einem Modellfall werden für die Lösung von Problemen, die alle berührten. Die Blauäugigen machen sich Hoffnung, die Realisten fassen diese Aussage als Drohung auf.

Schon die Reaktion vieler westlicher Politiker auf den islamistischen Bombenterror in Paris vom 13. November 2015 wirkt absurd. Als Antwort auf die Anschläge, die 130 Menschen das Leben kosteten, wenden sie sich hilfesuchend an einen Politiker in Moskau, der tausende Menschenleben in der Ostukraine auf dem Gewissen hat, damit er einen Diktator zum Einlenken überreden soll, der in Syrien hunderttausende Menschen hat umbringen lassen. Putin gelingt es im Syrienkrieg geradezu virtuos, die westlichen Politiker an der Nase herumzuführen. »Ohne Putins Hilfe kann der Kampf gegen den IS nicht gelingen« – diesen Satz wiederholen viele wie eine Warteschleife in einer Hotline – und übersehen dabei völlig, dass Putin seit Beginn des Konflikts im Frühjahr 2011 Assad massiv unterstützte und UN-Resolutionen gegen ihn verhindert hat. Viele im Westen wirken unfähig, sich in Putins Denkwelt hineinversetzen zu können, und lassen nicht locker, ihm ein Streben nach Stabilisierung und Frieden in der Region zu unterstellen. Dabei ist genau das Gegenteil der Fall: Als Staatschef eines Landes, dessen Haushalt zu 60 Prozent aus Verkäufen von Rohstoffen, insbesondere Öl und Gas bestritten wird, ist Russland existentiell daran interessiert, dass der Ölpreis hoch ist. Dafür ist Unruhe im Nahen Osten förderlich, Stabilität in der Region nicht. Darüber hinaus versucht Putin in Syrien, sich als Schutzpatron von diktatorischen Regimen weltweit zu etablieren. Gelingt es ihm, den Massenmörder in Damaskus vor dem Sturz zu retten, so wäre die Botschaft an alle Diktatoren dieser Welt: Wenn ihr euch mit Putin verbündet, kann er euch im Zweifelsfall vor den USA und dem Westen retten. Neben dem Interesse an den eigenen Stützpunkten in Syrien möchte Putin auch mögliche Zugeständnisse in der Bürgerkriegsregion für sein Pokerspiel auf der diplomatischen Weltbühne nutzen: zum einen für eine Rückkehr vom Katzentisch, an den er nach der Krim-Annexion verwiesen wurde, und zum anderen für Zugeständnisse in der Ukraine, etwa die faktische Anerkennung der Einverleibung der Halbinsel durch Russland. Übersehen wird auch, dass der Krieg in Syrien Moskau die Gelegenheit gibt, neue Waffen zu testen und auch Werbung für deren Absatz zu machen: »Es ist eine Sache, auf Expertenebene zu wissen, dass Russland solche Waffen hat«, sagte der Präsident in einem Fernsehinterview: »Und eine ganz andere, sich davon zu überzeugen, dass es sie erstens tatsächlich gibt, dass sie von unserer Rüstungsindustrie hergestellt werden, dass sie zweitens von hoher Qualität sind, dass es drittens Menschen gibt, die sie effizient einsetzen können, und dass viertens Russland auch dazu bereit ist, sie einzusetzen.«[6] Zudem sei der Krieg hilfreich für die Kampfbereitschaft der eigenen Truppen, wie Putin bei seiner jährlichen großen »Pressekonferenz« in Moskau im Dezember 2015 ausführte: »Eine bessere Übung kann man sich nur schwer vorstellen. Deshalb können wir dort im Prinzip lange trainieren – ohne wesentlichen Verlust für unser Budget.«[7] Ein weiterer wesentlicher Punkt für Putin ist, dass es Verbindungen zwischen dem IS und islamistischen Terroristen in Russland – dem so genannten Kaukasus-Emirat – gibt. Die erklärten in einem Video ihre Loyalität zum IS. Omar al-Shishani, Sohn eines Georgiers und einer Tschetschenin, schloss sich bereits 2013 der Terrormiliz IS an und ist jetzt dort ein hochrangiger Militärkommandeur. Nach Schätzungen des russischen Geheimdienstes sollen rund 1700 russische Staatsbürger, vorwiegend Tschetschenen, im IS mitkämpfen.

Die Verbindungen zwischen der Terrormiliz und dem Kaukasus sowie Moskau sind extrem undurchsichtig. Westliche Geheimdienste verweisen darauf, dass bei der Gründung des IS Geheimdienstoffiziere von Saddam Hussein die führende Rolle spielten; diese wurden traditionell in Moskau ausgebildet und behielten oft enge Verbindungen dorthin. Auch heute noch bilden sie das Rückgrat des IS. Der Chef der russischen Medienaufsicht Alexander Scharow sagte im Februar 2016: »Die Schaffung der Terror-Marke IS (…) war das Werk von Profis.«[8] Zu einem ähnlichen Urteil kommen auch US-Experten: »Es war schon sehr früh offensichtlich, dass sie ihre Offensive mit einer im Voraus sehr gut geplanten Social-Media-Kampagne gestartet haben. Das war kein nachträglicher Einfall«, glaubt John Little von Blogs of war, der solche Art von Kommunikation seit zwölf Jahren analysiert.[9]

Verbindungen zum IS hat auch Ramsan Kadyrow, Putins Statthalter in

Tschetschenien und einer der wichtigsten Stützpfeiler von dessen Macht. Jedenfalls behauptete der Tschetschene im Februar 2016, es sei ihm gelungen, den IS zu infiltrieren. Er habe seinen Leuten schon vor der Entstehung der Terrormiliz den Marschbefehl nach Syrien erteilt, damit sie sich von militanten radikalislamischen Gruppen als Kämpfer anwerben ließen und Interna von dort nach Hause berichten, brüstete sich Kadyrow im russischen Staatsfernsehen.[10] Interessant ist, dass nach Ansicht von Militärexperten die russischen Streitkräfte den IS bei ihren Bombardements schonen und die Terrororganisation offenbar einen regen Ölhandel mit Assad betreibt, der ja eigentlich ihr Erzfeind sein soll. Während russische Medien gerne das Gerücht streuen, der IS sei ein Geschöpf der USA, und sich dabei auf vermeintliche Aussagen Putins stürzen, verbreiten westliche Geheimdienste, die Terrormiliz arbeite mit Moskau zusammen. Ob wir die Wahrheit jemals erfahren werden, ist fraglich. Viel spricht dafür, dass verschiedene Seiten versuchen, Einfluss auf die Terrormiliz zu nehmen.

In der Sowjetunion und der DDR hatte die Zusammenarbeit mit Terroristen jedenfalls Tradition. Mehr noch: Terror war ein Mittel, das die Revolutionäre im Untergrundkampf gegen das Zarenregime bevorzugt anwandten. Nachdem sie mit Gewalt die Macht ergriffen hatten, wurde der Terror gar zu einem der Grundpfeiler ihrer Politik: Das Verbreiten von Angst und Schrecken zur Durchsetzung ihrer Ziele und zur Machtsicherung, im Inland wie im Ausland. Die DDR unterhielt ihre DKP-Kampftruppe, um bei Bedarf in Westdeutschland Anschläge ausführen zu lassen, und kooperierte mit den Terroristen der RAF; sie bot ihnen Unterschlupf und trainierte sie an der Waffe. Der KGB, auf den sich Putin beruft, mischte weltweit bei Terror und Putschen mit: »Nicaragua, Afghanistan, die PLO und viele andere: Der sowjetische Geheimdienst unterstützte mit Waffen und Geld beinahe jeden, der gegen westlich orientierte Demokratien kämpfte«, schrieb Sven Felix Kellerhof 2013.[11] Palästinensische Terroristen durften ebenso auf Hilfe des KGB zählen wie die von der IRA in Nordirland, die indirekt mit sowjetischen Waffen versorgt wurden; es gibt auch Indizien, dass sowjetische Ausbilder den IRA-Bombern ihr tödliches Handwerk beibrachten. Allerdings waren die KGB-Aktionen oft erfolglos und teuer, weswegen Moskau gerne auf die effektiveren Geheimdienste seiner »Bruderstaaten« setzte – wie etwa die Stasi. Die jahrzehntelange Verwendung von Terror als politisches Mittel durch die Machthaber in Moskau ist im Westen heute ebenso weitgehend in Vergessenheit geraten wie die Tatsache, dass eine Auseinandersetzung mit diesem Terror, geschweige denn eine Distanzierung von ihm, nie wirklich stattgefunden hat. Es waren Terroranschläge auf Wohnhäuser in Moskau und anderen russischen Städten im Herbst 1999, mit mehr als 300 Todesopfern, die aus dem damals noch weitgehend unbekannten und unpopulären Geheimdienst-Chef Wladimir Putin binnen weniger Wochen den äußerst populären Nachfolger von Boris Jelzin machten. Der war aufgrund von Korruptionsskandalen in seinem Umfeld und der äußerst umstrittenen Insider-Privatisierung in der Bevölkerung sehr unbeliebt geworden. Die Anschläge waren der Anlass für den Kreml, den 2. Tschetschenienkrieg zu beginnen. Bis heute sind diese Terrorakte nicht aufgeklärt worden; diverse Spuren führen ausgerechnet zum Nachfolger der Terror-Organisation Tscheka, dem FSB. Mehrere russische Politiker, die den Spuren nachgingen, sowie Zeugen kamen unter rätselhaften Umständen oder durch Gewalt ums Leben. Der später mit Polonium in London ermordete Ex-KGB-Offizier Alexander Litwinenko schrieb gemeinsam mit Juri Felschtinski ein Buch über die angebliche Verwicklung des FSB in die Anschläge: »Blowing up Russia«.[12] Auch bei anderen Terroranschlägen führten Spuren zum Geheimdienst; Überläufer berichten gar von russischen Spuren beim Terror in Europa oder etwa dem Anschlag beim Boston-Marathon im April 2013. Sich hier an Spekulationen zu beteiligen, wäre müßig. Aber umgekehrt wäre es, wie die Geschichte von Stasi und KGB zeigt, naiv, die Hand für die russischen Dienste ins Feuer zu legen und es für gesichert zu erachten, dass sich die Terroristen-Förderer von einst allesamt in friedliebende Bürger mit oder ohne Uniform verwandelt haben. Vor diesem Hintergrund ist auch zu erwähnen, dass es zu Beginn des Jahres 2016 in den Sicherheitsbehörden durchaus ernstzunehmende Hinweise auf konkret geplante Terroranschläge zur Destabilisierung der Lage in Deutschland in der oben geschilderten Tradition gab; ich hoffe inständig, dass es sich um eine Fehlinformation handelt.

Ebenso hoffe ich, dass sich eine bislang nicht veröffentlichte Studie eines renommierten Verhaltenswissenschaftlers mit jahrelanger Erfahrung im arabischen Raum zu den Ereignissen auf der Kölner Domplatte und anderen Städten in der Neujahrsnacht 2016 als falsch herausstellt. In der durchaus stringenten Analyse kommt er ebenso wie vor ihm Bundesjustizminister Heiko Maas (SPD) zu dem Schluss, dass die Vorgänge organisiert waren. Darauf deuten nach dem Stand vom Februar 2016 auch die Ermittlungen des Landeskriminalamtes Düsseldorf hin, wie Insider berichten, aber auch einschränken, dass es für eine abschließende Beurteilung noch zu früh sei. Der Wissenschaftler möchte wegen seiner exponierten Stellung nicht namentlich genannt werden; seine Erwägungen sind aber zu interessant, um sie nicht wenigstens in Kernpunkten hier zur Diskussion zu stellen.

Aus Sicht des Verhaltensforschers ist das Trinken von Alkohol allgemein, aber umso mehr in einer Menge, für Moslems ein Tabubruch. Zu solchen Tabubrüchen könne es zwar durchaus kommen – aber nicht gleichzeitig und massenweise in mehr als einem Dutzend Städten. In der Analyse, die mir vorliegt und die ich beim Erscheinen dieses Buches auch im Internet in voller Länge veröffentlichen werde,[13] heißt es: »Die Täter verstoßen dabei gegen eine sehr wichtige Norm ihres Kulturkreises: keinen Alkohol zu konsumieren. Abstinenz ist die Tugend, auf die Muslime besonders stolz sind.[14] Wenn Alkohol in der Öffentlichkeit konsumiert wird, dann versteckt und in kleinen Gruppen. Die betrunkenen Massen von Muslimen auf dem Kölner Domplatz sind ein Novum für die Gemeinschaft der Muslime – aus dem Nichts heraus. Diese massive Normverletzung in Massen, ohne vorherigen Prototyp, wirkt nicht spontan. Um tausend Muslime im betrunkenen Zustand auf dem Domplatz zu organisieren, bedarf es gezielter Koordination und Animation.« Eine weitere Merkwürdigkeit aus Sicht des Verhaltensforschers: »Das gleichzeitige Auftreten kollektiven Anti-sozialen Verhaltens in mehreren Städten. Üblicherweise entwickelt sich ein neues Verhalten punktuell und breitet sich aus, wenn von anderen als ›Erfolg‹ bewertet (siehe Verbreitung von Modeerscheinungen, Revolutionen, neue Formen der Kriminalität etc.). Die Verbreitung mag langsam oder rasend schnell erfolgen, aber es ist immer ein sequentiell ansteigender Prozess.« Weiter heißt es in dem Papier: »Es gab auch bis zur Silvesternacht keine Anhäufung von Kombi-Delikten von Eigentums- und Sexualdelikten in Köln oder Umgebung. Die Kombination von beidem (in Massen) ist daher ebenfalls eine bizarre Neuigkeit aus dem Nichts.«

Im Weiteren werden noch viele verhaltenswissenschaftliche Indizien angeführt, die gegen die These von einer spontanen kriminellen Aktion sprechen: »Den Vorfällen in Köln fehlen Eigenschaften einer zufälligen moralischen Massenentgleisung. Es ist, als wären in der Silvesternacht, wie in einem Spuk, die rechtsradikale Hetze bzw. die russische Propaganda, Wirklichkeit geworden: Im betrunkenen Zustand fallen Muslime massenweise über deutsche Frauen her, grabschen und stehlen – mit dem Verweis auf die Einladung durch Frau Merkel. Der Reflex eines ›sie [die muslimischen Immigranten] gegen uns‹ erschwert uns aber die Einsicht, wie seltsam diese Vorfälle sind.«

Das Fazit der Analyse, die hier nur sehr verkürzt wiedergegeben wurde: »Die Vorfälle in Köln wirken in Summe inszeniert und bizarr. Um zu verstehen, was hier wirklich passiert ist, mag es vielleicht helfen, sich noch einmal klarzumachen, was die Konsequenzen der Vorfälle in Köln sind: (a) muslimische Immigranten/Flüchtlinge haben nun ein maximal mögliches negatives Image, (b) gleichzeitig hat sich damit die Gesellschaft in Deutschland innerhalb weniger Tage massiv polarisiert und (c) damit die Bundesregierung, speziell die Bundeskanzlerin, politisch schwer geschädigt. All diese Konsequenzen waren für etwaige Akteure im Hintergrund leicht zu antizipieren.«

An diesem Punkt muss der Studie zumindest teilweise widersprochen werden: Sollte bei den Ereignissen tatsächlich jemand im Hintergrund die Fäden gezogen haben, so waren das völlige Versagen der Polizei und die mehr als unglückliche Reaktion von Teilen der Medien wohl keinesfalls vorhersehbar. Die Folgen der Ereignisse wären sicher auch ohne dieses Versagen schwerwiegend gewesen und hätten eine Zäsur bedeutet. Aber der Vertrauensverlust in weiten Kreisen der Bevölkerung in die Institutionen unseres Staates wäre nicht einmal ansatzweise so groß gewesen, wie er jetzt ist. Insofern sollten wir vorrangig nach den Ursachen für das hausgemachte Versagen forschen und es bei den Wurzeln anpacken, ohne mit dem Finger auf mögliche Drahtzieher im Hintergrund zu zeigen. Dennoch wäre es aufgrund der vorliegenden Indizien und vor dem Hintergrund der Lektionen, die uns die Geschichte lehrt, auch fahrlässig, die von Justizminister Maas ins Spiel gebrachte Version von einer organisierten Aktion leichtfertig zur Seite zu wischen. Auch wenn dies natürlich für die an der Aufklärung beteiligten Sicherheitsbehörden die weitaus bequemere Variante wäre, da sie sich dann nicht vorwerfen lassen müssten, sie hätten im Vorfeld versagt.

Ganz unabhängig von den Ereignissen von Köln ist die Flüchtlingskrise eine Zerreißprobe für Europa und Deutschland. Manche hatten das früher erkannt als andere. In Griechenland bildete Alexis Tsipras' »radikale Linke« (Syriza) im Januar 2015 eine ungewöhnliche Koalitionsregierung – ausgerechnet zusammen mit den Rechtspopulisten. Zuvor war Tsipras im Mai 2014 bei Wladimir Putin in Moskau zu Besuch: Er zeigte Sympathie für die russischen Offiziellen und klagte über die Pro-Sanktions-Haltung seines damals noch amtierenden Vorgängers. Er sagte, Europas Sicherheit sei ohne Russland nicht vorstellbar, und regte an, Griechenland zu Moskaus strategischem Partner in der Energiepolitik werden zu lassen.[15] Wenige Stunden nach seiner Vereidigung im Januar 2015 eilte Tsipras in einer seiner ersten Amtshandlungen in die russische Botschaft in Athen. Laut *Spiegel* ging es um »den Wunsch der griechischen Regierung, Russlands Favorit innerhalb der EU zu werden«.[16] Ihre Regierung war kaum in Amt und Würden, da empörten sich Syriza-Politiker denn auch, dass ihre Bedenken gegen neue Sanktionen gegen Moskau von der EU »eklatant ignoriert« worden seien. Griechenland und Russland verbinden religiöse Wurzeln – beide Länder sind orthodox. Putin-Vertraute wie Wladimir Jakunin pilgern regelmäßig in das historische Land, nach Rhodos ebenso wie zum heiligen Berg Athos, wo auch der deutsche Putin-Lobbyist Rahr zuweilen Einkehr sucht. Als besonderer Fürsprecher Moskaus trat in der neuen Regierung Nikos Kotzias in Erscheinung. Er war früher Mitglied des Zentralkomitees der Kommunistischen Partei Griechenlands und hat eine Verbindung, die aufhorchen lässt: zu Alexander Dugin, dem faschistoiden Vordenker der Eurasier. Kotzias lud den Mann, der die Kontakte zu den Radikalen in Europa hält, 2013 als Professor zu einer Konferenz an seiner Hochschule in Piräus ein. Später sagte der Minister, er lade regelmäßig Diplomaten und Professoren ein, Dugin sei ein Berater Putins gewesen und sei ihm »von Diplomaten genannt worden«. Er habe ihm nicht gefallen, man habe gestritten und er habe ihn »hinausbegleitet«.[17] Auf einem Bild, das Dugin auf seiner Website veröffentlicht hat, sieht das etwas anders aus: Dort posieren die beiden einträchtig vor der Kamera, Kotzias strahlt regelrecht.[18]

Aus gehackten E-Mails des Dugin-Vertrauten und russischen Diplomaten in Athen, Georgi Gawrisch, geht hervor, dass nicht nur Kotzias Verbindungen zu Dugin hatte. Die Briefe belegen einen engen Kontakt von Dugin und dem Oligarchen Malofejew, dem Drahtzieher der rechten europäischen Netzwerke und Organisator der Konferenz in Wien, mit wichtigen griechischen Politikern. Die Mails zeigen auch, wie bestens vernetzte Russen an engen strategischen und ideologischen Bündnissen mit Entscheidungsträgern in Europa basteln – als Alternative zu EU und gegen die Partnerschaft von deren Ländern mit den USA.[19] So lud Malofejew schon mal ein Reederei-Erbenpaar samt üppiger Festgesellschaft zu deren Hochzeit in ein Luxusresort bei Moskau ein – weil er, als Trauzeuge, wegen der Sanktionen nicht in die EU einreisen durfte. Unter den Hochzeitsgästen: Panos Kammenos, neuer Verteidigungsminister in Athen und Chef der Rechtspopulisten. Der Dugin-Vertraute Gawrisch hatte in Griechenland ein breit verzweigtes Netzwerk und versuchte, europakritische und prorussische Mitstreiter ausfindig zu machen. So war er mit einflussreichen Publizisten freundschaftlich verbunden und hatte Kontakte zu Politikern der Regierungsparteien. In einer Mail Dugins an Gawrisch vom Februar 2014 war als eine der Personen, die er für geeignet hält, einen »Eliteklub« zu schaffen oder »eine Gruppe zur Beeinflussung der Information im Sinne von ›Russland Heute‹«, der damalige Oppositionspolitiker Alexis Tsipras aufgeführt. Einer Fußnote zufolge hat sich entweder Dugin oder ein Vize persönlich mit ihm getroffen und direkt oder indirekt Möglichkeiten eruiert, an der »Organisation und/oder an Informationsinitiativen im Sinne Russlands« teilzunehmen.[20] Ob Tsipras die Hoffnungen von »Putins Rasputin« erfüllte, sei dahingestellt.

Auch Außenminister Kotzias kommt in den Mails des Dugin-Vertrauten vor. Als Professor, so heißt es da, habe er mehrere Studien über das Verhältnis der griechischen Bevölkerung zu Russland in Auftrag gegeben – und die Ergebnisse direkt an Gawrisch weitergeschickt. Für 40 Prozent der Griechen ist demnach Russland größter Freund des Landes (Deutschland: 1 Prozent). Die Schlussfolgerung von Kotzias: »Russland ist für Griechen ein potenzieller militärischer und wirtschaftlicher Verbündeter.« Viele Griechen seien in jüngster Zeit von ihren traditionellen Verbündeten enttäuscht worden und hätten sich daher Russland zugewandt.[21] Kotzias hatte schon mehrfach vorgeschlagen, Griechenland könne eine Brücke zwischen EU und Russland werden.[22]

Anfang März 2015 ließ Kotzias aufhorchen. Auf dem Höhepunkt der Schuldenkrise warnte er, Griechenland könne zum Einfallstor für »Millionen Immigranten und tausende Dschihadisten« nach Europa werden, wenn es zusammenbreche.[23] Ein weiterer Minister, der fast zeitgleich mit der Weiterleitung von Flüchtlingen drohte, und zwar explizit nach Berlin, war Panos Kammenos: der Chef der Rechtspopulisten und Verteidigungsminister, der auf der beschriebenen Luxushochzeit bei Moskau zu Gast war – auf Einladung des Oligarchen Malofejew, des Drahtziehers von Moskaus rechten Netzwerken in Europa und des Kriegs in der Ostukraine. Die Deutsche Polizeigewerkschaft fordert wegen der Drohungen, Griechenland notfalls aus dem Schengenraum auszuschließen.[24]

Im Sommer wuchs die Zahl der Flüchtlinge, die über Griechenland in die anderen EU-Staaten kamen, beinahe schlagartig an. Die Grenze zwischen Griechenland und der Türkei war durchlässig geworden. Die Gründe dafür waren vielschichtig.

Unter anderem nutzten und nutzen kriminelle Schleuserbanden das Elend von Flüchtlingen aus und verdienen Unsummen, unter Gefährdung des Lebens ihrer Opfer. Hier ist ein regelrechter »Geschäftszweig« aufgeblüht und zu einem wesentlichen Wirtschaftsfaktor geworden, der viele legale Branchen in den Schatten stellt. Die Schleuser könnten auch dahinterstecken, dass etwa in sozialen Netzwerken auffallend massiv und professionell über die Vorzüge der Bundesrepublik als Aufnahmeland berichtet wird. »Der starke Anstieg der Flüchtlingszahlen in Deutschland in den vergangenen Tagen wird auch damit erklärt, dass in vielen Ländern von Libyen über Libanon, Syrien bis Afghanistan der Eindruck entstanden ist, Deutschland fordere die Menschen geradezu auf, nach Europa zu kommen«, berichtete der Nachrichtensender *N24* im September 2015: »Deutsche Diplomaten kämpfen verbissen gegen eine Flut von Gerüchten und Fehlinformationen«.[25] Selbst Sinti und Roma aus der früheren Sowjetrepublik Moldau berichten nach der Ankunft in Berlin,[26] sie seien von ihren Verbänden gezielt darauf angesprochen worden, in Deutschland wünsche man sich mehr Zuwanderung.

Aber nicht nur die Schleuser nutzen das Elend der fliehenden Menschen aus. Die ungarischen Behörden registrierten Aufwiegler, die sich unter die Flüchtlinge gemischt hatten, obwohl sie Schengen-Visa in ihren syrischen Pässen hatten und aus dem sicheren Zypern angereist waren. »Immer wieder sah man sie auf dem langen Marsch der Flüchtlinge durch den Balkan: Männer mit Megaphonen, die die Menge zu lenken versuchten. Auch bei dem Versuch der Migranten, in Röszke am 16. September den Zaun zu durchbrechen, spielten solche ›Anführer‹ eine Rolle. Die ungarische Polizei fahndete auch mit im Internet veröffentlichten Filmaufnahmen und Fotos nach ihnen«, schrieb die *Welt* im September 2015: »Einer der Gesuchten, ein syrischer Staatsbürger namens Ahmed H., wurde am Samstag von einem Antiterrorkommando im westungarischen Györ aus dem Zug geholt und festgenommen, kurz bevor dieser nach Österreich weiterfuhr. Ihm wird vorgeworfen, hunderte Migranten dazu aufgewiegelt zu haben, gegen Widerstand durch die ungarischen Grenzsperren bei Röszke zu gelangen. Die Bilder und Videos von den Ausschreitungen gingen um die Welt.«[27] Rätsel gaben dem Bericht zufolge auch andere »spontane« Organisatoren auf, die in Ungarn immer wieder teilweise mit Lautsprechern in Erscheinung traten und die Handlungen und Protestaktionen der Flüchtlinge zu lenken versuchten. Nach einem Bericht der regierungskritischen ungarischen Zeitung »Népszabadság« berichteten Flüchtlinge immer wieder, sie wüssten nicht, wer diese Organisatoren seien; jedenfalls gehörten sie nicht zu ihnen und verschwänden irgendwann auch wieder.[28]

Der ungarische Premierminister Viktor Orban ist einer von Putins engsten Verbündeten in Europa. War er in der Opposition noch ein heftiger Kritiker des Kreml-Chefs, wandelte er sich dann als Regierungschef zu dessen Verbündetem, der prompt den Spitznamen »Putins Pinscher« erhielt und dem eine »Putinisierung« Ungarns vorgeworfen wird. Der US-Investor George Soros hält ihn für sehr gefährlich: »Ungarns Premier Viktor Orbán will Merkel die Führungsrolle in Europa streitig machen – und nebenbei Prinzipien unterminieren, für die Europa steht. Man muss sich das wie einen Zangenangriff vorstellen: Russlands Präsident Wladimir Putin greift die EU von außen an, Orbán von innen. Haben Sie gesehen, wie Orbán auf dem CSU-Parteitag gemeinsam mit Horst Seehofer Merkel attackierte?«[29] Neben Griechenland spielte Orbans Ungarn bei der Flüchtlingskrise im Sommer 2015 eine entscheidende Rolle für Deutschland.

Zu den Merkwürdigkeiten der Flüchtlingskrise zählt eine Fluchtroute im hohen Norden Europas, jenseits des Polarkreises. Hunderte Syrer kamen dort mit Fahrrädern über die russisch-norwegische Grenze – dem einzigen legalen Mittel, mit dem sie über die Grenze können. Nach Recherchen des Weltspiegels kommen die Männer mittleren Alters mit dem teuren Nachtflug aus Moskau in Murmansk an und bevorzugen dann teure Hotels mit Zimmerpreisen von 200 Euro pro Nacht. Die Fahrräder kaufen sie nagelneu zum gleichen Preis und schmeißen sie nach der »Flucht« weg. Allein in der halben Stunde, in der die ARD dreht, »fliehen« auf diese Weise 20 Männer und bitten in Norwegen um Asyl. Mit den Reportern wollen sie nicht darüber sprechen, woher sie das für Syrer schwer erhältliche russische Visum haben. Auf die Frage nach dem Beruf antwortet einer der reifen Männer, er sei Student. »Wohlhabende ältere Studenten mit russischem Transitvisum? Das klingt seltsam«, konstatiert der *Weltspiegel*.[30] Sicherheitsexperten glauben, es könne sich um Männer aus Assads Geheimdienst handeln, die so in die EU eingeschleust werden.

Während in Berlin die Flüchtlingskrise immer mehr zu einer Bedrohung für das politische Schicksal von Angela Merkel wurde, weitete Wladimir Putin seine Angriffe in Syrien massiv aus. Er ließ dabei offenbar gezielt zivile Ziele bombardieren bis hin zu Krankenhäusern. Einige Staaten, etwa Russland, verfolgten offensichtlich das Ziel, Europa über die Flüchtlingsströme zu destabilisieren, beklagte etwa Antti Pentikäinen, Sonderberater des Ministerpräsidenten von Finnland, eines neutralen und Moskau traditionell wohlgesinnten Staates. Man müsse sich etwa fragen, weshalb Russland in Syrien Schulen und Spitäler bombardiere, die keine militärstrategischen Ziele darstellten, so der Finne nach Angaben der *Neuen Zürcher Zeitung*.[31] Angela Merkel sagte, sie sei entsetzt über das Leid, das die russischen Luftangriffe im Norden Syriens verursacht hätten.[32] Die Szenen aus der syrischen Stadt Aleppo glichen der totalen Verwüstung, die Putins Militär im zweiten Tschetschenienkrieg in Grosny angerichtet hatte, ohne Rücksicht auf Verluste bei der Zivilbevölkerung. Zehntausende Menschen mussten fliehen. Durch die russischen Luftangriffe sind allein im Januar 2016 in Syrien 679 Zivilisten getötet worden, darunter 73 Frauen und 94 Kinder, wie das »Syrische Netzwerk« für Menschenrechte berichtete. Erstmals töteten demnach die russischen Einheiten mehr Zivilisten als das Regime von Diktator Assad, und sechsmal so viele Unschuldige wie die ISIS-Terrormiliz.[33]

Moskau wies die Vorwürfe zurück – und handelte so wie zuvor in der Ostukraine. So wurde etwa am 12. Februar 2016 am Verhandlungstisch ein Waffenstillstand versprochen. Doch schon kurz nach dieser Vereinbarung hieß es aus Moskau, man werde die Bombardements einfach fortsetzen. Eine Woche später ging dann wieder alles von vorne los: US-Außenminister Kerry verkündete erneut eine »vorläufige grundsätzliche Einigung« für einen Waffenstillstand und hoffte erneut, die Feuerpause könne »in den kommenden Tagen beginnen«.[34]

Der Krieg in Syrien wurde zu einem Menetekel für die Unfähigkeit des Westens, Putins aggressivem, vom KGB geprägten Politikstil Paroli zu bieten. Woran liegt das? Und welche Auswege sind möglich?

DIE SCHWÄCHE DES WESTENS – UND DIE GEGENMITTEL

»Mit Boris Reitschuster muss man im Grunde Mitleid haben, denn die Psyche dessen, der so gerne – um sich selbst aufzuwerten – am russischen Präsidenten herumpsychologisiert, offenbart schon auf den ersten Blick selbst schwere Beschädigungen.« Das steht so in einem Artikel der *Propagandaschau*. Weiter heißt es dort: »Mimik und Gestik in Interviews und Talk-Shows offenbaren einen wichtigtuerischen und nach Zustimmung heischenden Charakter, der damit wohl eigene Ohnmachtserfahrungen aus Kindheitstagen kompensiert, wenn er sich in den Vordergrund drängt. Wird er mit Aufmerksamkeit belohnt, weil er einen aus seiner Sicht klugen Satz gesagt hat, dann lacht er vor Freude – unfähig zu bemerken, dass die Blicke der Zuhörer eher von Entsetzen und Erstaunen geprägt sind, denn durch Zustimmung. Es wäre unfair, zu erwähnen, dass die katholische Schule in Bayern, die er besuchte, vor einigen Jahren wegen Gewalt und Missbrauchsfällen in die Schlagzeilen geriet.«

Hassattacken wie in finstersten Zeiten. Wer Wladimir Putin als Journalist oder Politiker in Deutschland öffentlich kritisiert, kann sicher sein, derart mit Fäkalien beworfen zu werden: in öffentlichen Artikeln, die sich dank ausländischer Server hinter Anonymität verstecken, oder Zuschriften. Viele der Hassbotschaften sind sexuell oder anal fixiert, oft drohen sie, zumindest indirekt, mit Gewalt: »Wer lügt und den Krieg provoziert, muss hängen, bevor hunderttausende Unschuldige hängen!« – »Du hast Blut an den Händen!!! versuch dich mal vor dem nächsten REGIME für das was du jetzt tust zu rechtfertigen.«

Ich fasse diese Hasszuschriften inzwischen als Ritterschlag auf. Peinlich sind solche Attacken nur für die Absender. Doch es dauert, bis man immun wird gegen den Psychoterror. Ich weiß von Kollegen, die sich scheuen, wenn ihre Artikel auf die Titelseite sollen, oder die sich regelrecht überwinden müssen, um ihre berufliche Pflicht zu erfüllen und kritisch über Putins Diktatur zu schreiben. Sie wissen, was auf sie zukommt. Und viele werden von ihren Redaktionen und Chefs nicht nur alleingelassen. Schlimmer noch: Es wird von ihnen erwartet, die Unzahl von oft sehr gehässigen Zuschriften abzuarbeiten und auch dann zu beantworten, wenn sie nicht konstruktiv sind. Kritischer Journalismus wird damit regelrecht bestraft, Kollegen zermürbt.

Dieser Effekt macht auch vor der Politik nicht Halt. Am 4. Februar 2016 gab ein Bundestagsabgeordneter ein Interview über den Einfluss Putins auf Deutschland und seine »hybride Kriegsführung«. Dabei wollte er anonym bleiben, aus Angst: »Weil es eine Grenze der Hasswellen gibt, die meine Familie und ich noch ertragen. Weil es schwierig ist, sich gegen diese Hasswellen zu verteidigen, ohne gerichtsfeste Beweise. Und weil es unangenehme Diskussionen in der eigenen Fraktion mit sich brächte.«[1] Den Mut seines Kollegen Roderich Kiesewetter, der offen darüber sprach, dass Putin Europa destabilisieren wolle, und daraufhin von Hassbriefen überhäuft wurde, bewundere er, sagte der anonyme Volksvertreter. Grund zu solcher Angst besteht. Einer der höchsten Würdenträger im vereinten Europa berichtete mir nach seiner Pensionierung im Vier-Augen-Gespräch mit stockender Stimme, er sei mehrfach von russischer Seite bedroht worden. »Es waren sehr konkrete Warnungen, es gab auch konkrete Handlungen«, erzählte er. Mit mehr wollte er sich nicht zitieren lassen und bat mich ängstlich, auf keinen Fall mehr zu schreiben oder gar seinen Namen zu nennen: »Ich habe meiner Familie versprochen, zu schweigen, damit ich sie nicht in Gefahr bringe. Die Drohungen waren sehr ernst.« Der Mann hatte auf seinem Posten jahrelang ganz entscheidenden Einfluss auf Entscheidungen, die ausgesprochen wichtig für Russland waren – aber auch für die EU.

Vor diesem Hintergrund wirft der Tod von Andreas Schockenhoff große Fragen auf. Der Vize-Chef der Unionsfraktion war jahrelang Russlandbeauftragter der Bundesregierung und hatte immer das Ohr von Angela Merkel. Bei meinem ersten Treffen mit ihm vor Anfang der 2000er-Jahre hielt er meine Kritik am System Putin für überzogen und verwies auf das Programm der Putin-Partei: »Da stehen doch gute Sachen.« Umso mehr wunderte ich mich, wie akribisch und leidenschaftlich sich Schockenhoff mit den Jahren in das Thema Russland einarbeitete. Er wurde zu einem massiven Kritiker Putins und fiel in Ungnade. Nach einem Unfall unter Alkoholeinfluss wurden seine Trinkgewohnheiten zu einem großen Thema in Berlin. Er ergriff die Flucht nach vorne und beichtete bei »Jauch« in der Sendung seine Sucht, erzählte von seiner Trauer nach dem Tod seiner Frau, vom Stress und der Einsamkeit des Politikerlebens. Statt Verachtung brachte ihm der Auftritt deutliche Sympathien ein.

Nach Putins Rückkehr an die Macht 2012 ließ der hagere, milde Mann mit der Brille im Herbst 2012 einen kritischen Russland-Antrag entwerfen, den er über seine Fraktion im Bundestag einbrachte. Das Papier sorgte schon vorab für massiven Ärger. »Zwischen Moskau und Berlin knirscht es gewaltig. Kurz vor wichtigen Regierungskonsultationen droht der Konflikt um den Russland-Beauftragten Andreas Schockenhoff, die Beziehungen schwer zu belasten. Kanzlerin Merkel hält an ihm fest, Putin-Getreue verschärfen ihre Kritik am CDU-Mann«, schrieb *Spiegel Online*. »Schockenhoff zerstört den Dialog und errichtet einen neuen Eisernen Vorhang«, erregte sich Robert Schlegel, berüchtigter Duma-Abgeordneter der Kreml-Partei und Freund von Philipp Mißfelder (ebenfalls CDU), wie aus den in diesem Buch abgedruckten Briefwechseln hervorgeht. Der Unions-Vize lasse es in seinen Einschätzungen »mit einer Beharrlichkeit an Objektivität mangeln, die an einen Russophoben erinnert«, so Schlegel laut *Spiegel Online*: Schockenhoff zähle »zu einem Typus europäischer Politiker, zu deren Broterwerb Kritik an Russland gehört« und sei »nicht in der Lage, sich ein objektives Bild von Russland zu machen«.[2]

Schlegel-Freund Philipp Mißfelder, Parteifreund Schockenhoffs und damals Vorsitzender des Arbeitskreises Außenpolitik in der Unionsfraktion, sei mehrmals zwischen Bundestag und russischer Botschaft hin und her gelaufen, aufgeregt, und am Schluss verdrossen, als klar wurde, dass er den Antrag nicht verhindern konnte, berichten Insider. Die Abgeordneten nahmen das Papier, in dem die gesetzgeberischen und juristischen Fehlentwicklungen in Russland deutlich benannt wurden, ohne Gegenstimmen an. Unter anderem hieß es da: »Mit besonderer Sorge stellt der Bundestag fest, dass in Russland seit dem erneuten Amtsantritt von Präsident Wladimir Putin gesetzgeberische und juristische Maßnahmen ergriffen wurden, die in ihrer Gesamtheit auf eine wachsende Kontrolle aktiver Bürger abzielen, kritisches Engagement zunehmend kriminalisieren und einen konfrontativen Kurs gegenüber Regierungskritikern bedeuten.«[3] Der Kreml tobte.

Parallel dazu tritt Schockenhoff mit immer deutlicherer Kritik am Petersburger Dialog in die Öffentlichkeit. Der werde seinem Auftrag eines Dialogs der Zivilgesellschaften nicht mehr gerecht und stelle damit »seine Existenzberechtigung infrage«, mahnt er und spricht von einer »Farce«.[4] Die Auseinandersetzungen kulminieren im April 2013 in einem offenen Eklat zwischen Schockenhoff und dem Deutsch-Russischen Forum, bei dem der Petersburger Dialog seit seiner Gründung 2001 angehängt ist. Dessen Vorsitzender, der frühere deutsche Botschafter in Moskau, Ernst-Jörg von Studnitz, attackiert den Russlandbeauftragten Merkels in einem Brief an die Mitglieder: »Herr Dr. Schockenhoff setzt einen Konfrontationskurs fort, der den deutsch-russischen Beziehungen zwischenzeitlich schon erheblichen Schaden zugefügt hat.«[5] Ein pensionierter Botschafter, der Merkels Beauftragten attackiert – ein bemerkenswerter Vorgang.

Nach dem Koalitionswechsel 2013 dringen die Sozialdemokraten erfolgreich darauf, dass Schockenhoff sein Amt als Russlandbeauftragter verliert und durch den damals noch zahmen, zwischenzeitlich aber deutlich vorsichtigeren Gernot Erler von der SPD ersetzt wird. Mit Steinmeier, Erler und Platzeck als neuem Vorsitzenden des Deutsch-Russischen Forums sind damit alle Schlüsselpositionen in der Russlandpolitik nicht nur in der Hand der Sozialdemokraten, sondern auch von solchen, die Schröder nahestehen.

Im Herbst 2014 dringt Schockenhoff erneut öffentlich auf eine Reform des Petersburger Dialogs. Der verfüge über keine demokratischen Strukturen und lasse sich seine Agenda zu sehr vom russischen Vorsitzenden im Lenkungsausschuss, dem Putin-Vertrauten Subkow, diktieren, kritisiert der Christdemokrat: »Putins Vertreter bei dem Forum sind allesamt gesteuert, um die Politik Moskaus salonfähig zu machen.«[6]

Schockenhoff habe ganz massiv die Kreise von Putins Lobby in Berlin gestört, insbesondere des vorne geschilderten »Quartetts«, als dessen Mentor Alexander Rahr gilt, berichtet ein Insider: »Er wollte dieses Kartell aufbrechen. Der Widerstand war gewaltig. Und unter der Gürtellinie.« Schockenhoff ist der entscheidende Unterstützer Merkels im Bundestag in Sachen Russland-Sanktionen. In den Augen des Kremls wird er immer mehr zum Schuldigen für die Putin-kritische Haltung der Union und damit auch der Kanzlerin.

Am 6.10.2014 bringt eine große deutsche Boulevard-Zeitung einen Bericht mit der Überschrift: »3 Jahre nach TV-Geständnis bei Jauch – Alkohol-Rückfall bei CDU-Politiker Schockenhoff.« Zu sehen ist ein Bild, das Schockenhoff mit einem Glas zeigt – beim Empfang der deutschen Botschaft in Paris zum Tag der deutschen Einheit.[7] Die Story und das Bild habe, so der Insider, ein Mitarbeiter von Philipp Mißfelder der Zeitung zugesteckt. Schockenhoff habe sich das Glas in Wirklichkeit nur zustecken lassen und nicht einmal daran genippt. Schockenhoff hatte inzwischen in der Fraktion die Zuständigkeit für den Europarat und die Unions-Delegation für die Parlamentarische Versammlung dort übernommen. Dort stieß dem Vize-Chef der Unionsfraktion im Bundestag die »Kaviardiplomatie« bitter auf. Er war wieder in seinem Thema: Osteuropa, autoritäre Regime und die Wahrung der europäischen Werte. Das Abstimmungsverhalten vieler Abgeordneten-Kollegen habe ihn sehr verwundert, so der Insider. Er wollte sich hinter das Thema klemmen und habe sich auf Spurensuche gemacht. Heraus kam eine Liste, die die Bundesrepublik hätte erschüttern können: die geheimen Verbindungen der Abgeordneten mit Diktaturen wie Russland, Aserbaidschan, Kasachstan, aber auch den Oligarchen in der Ukraine. »Da wäre es für einige sehr unbequem geworden«, heißt es übereinstimmend von dem Insider und aus Sicherheitskreisen. Möglicherweise hätten die Verstrickungen bis in hohe Ämter gereicht. Schockenhoff sei fest entschlossen gewesen, die Liste der Fraktion vorzulegen.

Doch so weit kam es nicht. Am 13. Dezember 2014 hatte Schockenhoff seine Kinder zu einem Abendessen in seinem Haus im oberschwäbischen Ravensburg eingeladen. Es war ein harmonisches Familientreffen, man verabschiedete sich in guter Stimmung. Wenige Stunden später wurde der 57-Jährige tot in der Sauna seines Hauses aufgefunden, mit Verbrennungen ersten und zweiten Grades. Die Sauna sei aber schon seit langem nicht mehr in Betrieb gewesen, erzählt ein Ermittler: »Nach den vorliegenden Erkenntnissen starb er nicht in der Sauna, sondern wurde in diese Sauna gebracht, von wem, wissen wir nicht.« Im Körper des Politikers fanden sich Stoffe, die sich dort nicht befinden sollten: Wäre öffentlich bekannt geworden, worum es sich handelte, so hätte dies wohl unweigerlich zu erheblichem Aufsehen und unangenehmen Debatten in Medien und Politik geführt. Nach einer ersten Presseerklärung wird in den Medien lanciert, dass es ein natürlicher Tod gewesen sei – obwohl das zu diesem Zeitpunkt noch kaum feststehen konnte. Offenbar hatte es jemand eilig mit dieser Beteuerung. »War es doch kein natürlicher Tod?«, zweifelte die *Bild*-Zeitung, als das Amtsgericht Ravensburg eine Obduktion anordnete.[8] Diese ergab, Schockenhoff sei »mit hoher Wahrscheinlichkeit« eines natürlichen Todes gestorben. Man gehe davon aus, dass er ein Kreislaufversagen erlitt oder eingeschlafen und dann an massiver Hitzeeinwirkung gestorben sei.[9] Die Staatsanwaltschaft ordnete eine toxikologische Untersuchung an. Auch die ergab keine Hinweise auf Fremdverschulden. Sechs Tage nach seinem Tod wird Schockenhoff am 19. Dezember 2014 beigesetzt.

Zweifel bleiben. Auf die Anfrage, ob jedes Gift bei einer toxikologischen Untersuchung nachgewiesen werden könne, erklärte ein renommierter deutscher forensischer Toxikologe verwundert: »Selbstverständlich nicht, ich dachte, das ist allgemein bekannt.« Bei der Suche nach Giften hingen die Erfolgsaussichten sehr stark davon ab, wie weit man gezielt in eine Richtung forschen könne. Der Mord an Alexander Litwinenko mit dem radioaktiven Polonium in London 2006 etwa wäre vielleicht nie als Mord erkannt worden, wie seine Witwe Marina berichtet.[10] Erst in letzter Sekunde entschloss sich ein Mediziner aufgrund der ungewöhnlichen Symptome zu einem Schritt, der seinen Kollegen wohl etwas verrückt vorkam: Er ließ die Ausscheidungen Litwinenkos, der selbst keine erhöhte Strahlung aufwies, auf Radioaktivität untersuchen – und wurde fündig. Polonium strahlt zwar tödlich, kann aber die Haut nicht durchdringen. Zum konkreten Fall Schockenhoff wollte sich der Professor nicht äußern, aufgrund fehlender Detailkenntnis. Auf die Frage, wie lange er eine Leiche zur Untersuchung einbehalten würde, wenn er wirklich alle möglichen Zweifel so weit wie möglich ausschließen wolle: »Sechs Wochen.« Die Quelle in den Sicherheitsdiensten und auch Vertraute sind überzeugt, dass es kein natürlicher Tod war. Das lässt sich ebenso wenig beweisen wie ausschließen.

Zu Lebzeiten hatte Schockenhoff betont, er werde sich durch Moskaus Angriffe nicht einschüchtern lassen: »Unter Partnern muss es auch möglich sein, offene und deutliche Worte zu finden«, sagte er im Oktober 2012 *Spiegel Online*. Über die Attacken gegen Schockenhoff hieß es in dem Bericht: »Moskau hatte offenbar den Eindruck, an Schockenhoff ein Exempel statuieren zu können.«[11]

Dass Einschüchterung weiterhin eine Waffe im Kampf gegen Kritiker ist, demonstrierte Tschetschenen-Präsident Ramsan Kadyrow am 1. Februar 2016. Putins Mann fürs Grobe, der seine Bewaffneten als eine Art Prätorianergarde des Präsidenten versteht, veröffentlichte auf Instagram ein Video, das nicht anders denn als offene Morddrohung zu verstehen ist: Zu sehen sind darauf Ex-Premier Michail Kassjanow und Wladimir Kara-Mursa, beides vehemente Putin-Kritiker, im Visier eines Scharfschützengewehrs. Mitten in Europa, in Straßburg, bei ihrem Besuch der EU. Darunter steht: »Wer es noch nicht kapiert hat, wird es kapieren.« Kassjanow und Kara-Mursa besuchten gemeinsam mit Schanna Nemzowa, der Tochter von Boris Nemzow, Straßburg, um internationale Ermittlungen wegen des Mordes an ihrem Vater zu fordern. Kreml-Kritiker bringen Kadyrow in Verbindung mit dem Mord an Nemzow – und auch mit der Erschießung von Anna Politkowskaja 2006. Kara-Mursa bekam genau dieselbe Drohung schon einmal, im Februar 2015 – einen Tag bevor er vergiftet wurde und um ein Haar starb.

Zuvor hatte Kadyrows Vertrauter Adam Delimchanow weltweite Racheakte gegen Kremlkritiker angekündigt: Der Duma-Abgeordnete, von Dubai wegen Mordes einst international steckbrieflich gesucht, sagte in der tschetschenischen Hauptstadt Grosny auf einer Demonstration: »Egal, wer einer ist und wo sich jemand befindet, jedes Wort, das sich gegen das Oberhaupt von Tschetschenien oder den Präsidenten Russlands Wladimir Putin richtet – wir kennen diese Leute, wir haben die Liste mit ihren Namen in unseren Taschen! Sie werden für diese Worte zur Verantwortung gezogen. Nach dem Gesetz. Und außerhalb des Gesetzes. Sie können sich auf dem Territorium Russlands aufhalten, oder in anderen Ländern – wir akzeptieren deren Gesetze nicht! Weil es nur eine richtige Einstellung gibt, mit Verrätern umzugehen – wie mit Verrätern! Allahu akbar!«[12]

Kann man angesichts solcher Töne dem deutschen Abgeordneten, der Putin kritisierte, übelnehmen, dass er Angst hatte und anonym bleiben wollte? Stattdessen bekam der Autor des Interviews, Christian Kreutzer, umso mehr Schläge ab. Tiefe Schläge. Auch von Journalistenkollegen – und genau von denjenigen, die durch moskaufreundliche Berichterstattung auffallen.

Diskreditieren, für krank erklären, lächerlich machen, statt zu argumentieren – das sind alte Methoden. Und sie sind zentral in Moskaus Umgang mit Kritikern seit Sowjetzeiten. So sollten schon 1957 die westdeutschen Moskau-Korrespondenten Hermann Pörzgen und Gerd Ruge wegen ihrer kritischen Berichte »gebremst« werden – durch einen Zeitungsartikel mit der Überschrift: »Rätselhafte Naturen – Warum erlaubt man Pörzgen und Ruge, unbestraft die Sowjetjugend zu verleugnen?« Der Autor warf den beiden vor, weder objektiv noch ehrlich über die Sowjetunion zu berichten, und empfahl ihre Ausweisung. Eine US-Journalistin bekam ein Betäubungsmittel verabreicht; sodann brachte man sie in eine Situation, die sie in Verlegenheit bringen und erpressbar machen sollte. Einem Mitarbeiter der griechischen Botschaft unterstellte man eine Vergewaltigung und bot ihm an, auf eine Anklage zu verzichten, wenn er Informationen liefere.[13]

Als mich im Januar 2012 ein Wissenschaftler von der Berliner Humboldt-Universität zu meinen Erfahrungen in Moskau befragte, konnte er mir nach einer halben Stunde schon vorhersagen, was ich ihm als Nächstes berichten würde: »Das können Sie nachlesen, in den Lehrplänen der Stasi, Unterrichtsfach Zersetzung.« Dabei werden Ausländer deutlich glimpflicher behandelt als Russen, bei denen wie erwähnt schon mal ein Video ins Internet gestellt wird, das sie beim Onanieren auf der heimischen Couch zeigt.

Die Stasi beschrieb Zersetzung wie folgt: »Systematische Diskreditierung des öffentlichen Rufes, des Ansehens und des Prestiges auf der Grundlage miteinander verbundener wahrer, überprüfbarer und diskreditierender, sowie unwahrer, glaubhafter, nicht widerlegbarer und damit ebenfalls diskreditierender Angaben; systematische Organisierung beruflicher und gesellschaftlicher Misserfolge zur Untergrabung des Selbstvertrauens einzelner Personen; (…) Erzeugung von Zweifeln an der persönlichen Perspektive; Erzeugen von Misstrauen und gegenseitigen Verdächtigungen innerhalb von Gruppen.«[14] Zu den Methoden gehören das gezielte Streuen von Gerüchten sowie die Kriminalisierung und das Erstellen von Psychogrammen, um Angriffspunkte zu finden. Luke Harding, Korrespondent des *Guardian*, erzählt, dass in seiner Moskauer Wohnung regelmäßig Spuren auszumachen waren, dass Fremde eingedrungen waren und Gegenstände verstellten – was ihm sehr zusetzte. Bei dem Dissidenten Wladimir Bukowski dagegen wurden kürzlich in London Kinderpornos auf dem Computer gefunden – obwohl er mit dem Gerät gar nicht sonderlich vertraut ist, dafür aber oft Besucher damit ihre elektronische Post lesen lässt.

Aber Angst ist nicht der wichtigste Grund für das Versagen des Westens im Umgang mit Putins Demokratur – zumal die meisten ja wenig zu fürchten haben. Das Problem ist, dass die Lebenswirklichkeit im heutigen Russland außerhalb unserer Vorstellungswelt liegt. Was ein Unrechtstaat ist, was es bedeutet, Beamten hilflos ausgeliefert zu sein, keine Rechtssicherheit und keine sozialen Garantien zu haben, können sich nur wenige Menschen vorstellen, die es selbst nicht erlebt haben. Absurd sind deshalb die gerne bemühten Vergleiche von überzogenen Polizeieinsätzen in Deutschland etwa bei Gipfeltreffen mit dem Vorgehen einer Polizei, die Werkzeug einer Diktatur ist und für die Gesetzesverstöße zum Alltagshandwerk gehören. Putin versteht es meisterhaft, die Naivität hierzulande auszunützen, und auch seine Propagandisten und nützlichen Idioten im Westen spielen ständig auf dieser Klaviatur. Das ständige Vergleichen mit echten oder angeblichen Missständen im Westen, von Sowjetforschern vor Jahrzehnten als »Whataboutism« entlarvt, ist ihr wichtigstes Argumentationsmuster – wobei sie eben verschweigen, dass solche Missstände hierzulande anders als in Russland (noch) nicht die Regel, sondern die Ausnahme sind.

»Putinversteherei« beruhe auf einem naiven Missverständnis oder bewusster Fehlinterpretation, mahnt der Historiker Andreas Umland: »Es müsste den informierten Beobachter misstrauisch stimmen, wenn die heutige politische Führung Russlands sich als weltweiter Verteidiger von Familienwerten, Konservatismus und Religiosität präsentiert. Warum sollte ausgerechnet ein Land, das sich 70 Jahre mit der harschen Unterdrückung, ja teils physischen Vernichtung seiner eigenen Kultur und Kirche beschäftigt hat, heute dazu berufen sein, Nationen mit höherer historischer Kontinuität über Traditionsbewusstsein zu belehren?«[15] Es ist das Dahinschwinden unserer Werte, für das wir selbst verantwortlich sind, und nicht Putin, der sich als attraktive Alternative inszeniert mit seinen Schein-Werten, die in der russischen Realität mit Füßen getreten werden. »Leitmotiv der heutigen Kremlführung ist nicht wirklicher Nationalismus, sondern ein für Westeuropäer in seiner zynischen Prinzipienlosigkeit schwer nachvollziehbarer machtpolitischer Pragmatismus«, mahnt Umland.

»Putins Freunde im Westen verraten Europa. Russlands Präsident will zurück zu alter sowjetischer Macht. Er tut alles, um Europa zu schwächen, und testet die Widerstandsfähigkeit seiner Nachbarn. Wie kann man bei uns dafür Verständnis haben?«, mahnt Bernard-Henri Lévy, einer der führenden Intellektuellen Frankreichs, in der *Welt*: »In ganz Europa haben sich die Apologeten Russlands und der russischen Politik zu so etwas wie einer ›fünften Kolonne‹ formiert. Diese in westlichen Hauptstädten entstehende Gefolgschaft – man könnte sie als ›Putin-Partei‹ bezeichnen – ist eine überaus gefährliche Entwicklung.«[16] Der Franzose vergleicht die Situation mit den 1930er-Jahren: »Wenn Putin sprachlichen Nationalismus hervorkramt (Russe ist, wer Russisch spricht), um seine Ansprüche auf die Krim und den Donbass geltend zu machen, halten seine Apologeten in Europa dies für eine Frage des gesunden Menschenverstandes. Die Nazis setzten die gleiche Strategie im Sudetenland ein (Deutscher ist, wer Deutsch spricht).« Levy erinnert an das Buch »Rot-Braun. Der Pakt gegen die Demokratie von 1939 bis heute«. Darin beschreibt Thierry Wolton die Geschichte des Kommunismus und die freiwilligen Unterwerfungen. Irritierend sei das Ausmaß, »in welchem das Wissen um die Vergangenheit auf tragische Weise ungenutzt bleibt«. So können »dieselben Fehler und dieselbe vorsätzliche Ignoranz« zurückkehren, so Levy.[17]

Vor allem in Deutschland ist die Zahl der Putin-Weichzeichner gewaltig. Aus Großbritannien und den USA sind Sorgen zu hören, das transatlantische Bündnis sei dadurch gefährdet. Aber nicht minder gefährlich als Putins Lobbyisten und nützliche Idioten sind diejenigen, die zwar das Problem sehen, aber nicht den Mut aufbringen, es zu bekämpfen. »Der Westen kapituliert vor Putins Schachzügen«, warnte Richard Herzinger im Februar 2016 in der *Welt*: »Längst hätte der Westen erkennen müssen, dass Putin weit mehr ist als nur ein irrlichternder Machtpragmatiker, der Gelegenheiten situativ zum eigenen Vorteil zu nutzen weiß – aber durch Zugeständnisse und verständnisvolle Zuwendung auch wieder zu besänftigen ist. In Wahrheit verfolgt Putin nicht nur im Nahen Osten eine Hegemonialstrategie, deren Ziel eine neue Weltordnung von seinen Gnaden ist – inklusive einem internationalen Recht, das Gegenstand willkürlicher Auslegung durch den russischen Neoimperialismus ist.«

Doch in den westlichen Hauptstädten, so Herzinger weiter, klammere man sich weiterhin an die Fiktion, Putins Russland könne und müsse um jeden Preis als Bündnispartner im Antiterrorkampf gewonnen werden: »Diese Selbsterniedrigung des Westens wird aber nicht dazu führen, dass der Kremlherr auf den Weg friedlicher Kooperation zurückkehrt. Sie bestärkt ihn vielmehr in der Überzeugung, der ›dekadente‹ Westen stehe auf tönernen Füßen und sei durch eine Kombination aus militärischer Erpressungspolitik, propagandistischer Infiltration und geheuchelter Verständigungsbereitschaft ohne große Probleme gefügig zu machen.«[18]

Europa sei es nicht gelungen, Russland zu europäisieren, aber die herrschende Klasse in Russland habe es verstanden, Europa zu privatisieren, schreibt die Politologin Lilija Schewzowa in der *Nowaja gaseta*: »Die russische Elite hat den Export von Korruption nach Europa auf die Beine gestellt, durch das Einbinden von Geschäftsleuten, Politikern und Experten hat sie eine reibungslose Geldwasch-Maschine geschaffen. Die Zustimmung von Ex-Kanzler Schröder, Gazprom-Lobbyist zu werden, war für Moskau eine Botschaft: In Europa kann man auch die oberste Klasse einkaufen – alles ist eine Frage der Zeit.« Die Freundschaft Putins mit Berlusconi, der Druck Chiracs auf die Osteuropäer, Moskau nicht mehr zu kritisieren, der Einsatz Sarkozys auf Seiten Russlands im georgisch-russischen Krieg 2008, die Tätigkeit des früheren finnischen Premiers Lipponen für »Nordstream« und des früheren Nato-Generalsekretärs Robertson für den Energiekonzern TNK-BP – »das ist nur ein kleiner Teil der Beweisliste dafür, dass die Europäer bereit sind, dem Kreml zu dienen«.

Das große Projekt Europa steht vor dem Scheideweg, die Gefahr eines Zusammenbruches der EU ist real. Viele haben vergessen, dass sie ein epochales Friedensprojekt ist, eine Reaktion auf den Zweiten Weltkrieg, deren wichtigstes Ziel darin besteht, Krieg auf dem Kontinent unmöglich zu machen. Politiker von den Rändern, rechts wie links, diskreditieren die EU, wie etwa die Linke, die sie in einem Programmentwurf als »militaristische und weithin undemokratische Macht« verleumdete – in einer tolldreisten Verdrehung der Tatsachen. Doch gefährlicher als die Feinde von außen sind die inneren Fehlentwicklungen in Brüssel. Der zunehmende Werteverfall, der mangelnde Mut, für die eigenen Überzeugungen einzustehen, und oft sogar die Bereitschaft, sie zu verkaufen oder mit irgendwelchen Deals aufzuweichen, haben das europäische Bündnis morsch gemacht. Nur weil Putin mit seinem untrüglichen Machtinstinkt diese Schwäche seines eigentlich viel stärkeren Gegners spürte, traute er sich, zum Angriff überzugehen, oder, wie Schewzowa das nennt, »das Schachbrett der Weltpolitik umzuschmeißen«. Der Kreml-Chef hat die Schwächen unseres Systems genau analysiert, gerade auch mit Hilfe von Überläufern, die früher hohe Positionen bei uns innehatten und ihn heute gegen Entgelt oder Bepinselung ihres Egos als Berater zielsicher auf die menschlichen wie strukturbedingten Schwachstellen in Berlin und Brüssel hinweisen. So kann Putin gezielt Salz in unsere Wunden streuen und Desinformation genau dort einsetzen, wo sie wirkt – etwa wenn die in Wirklichkeit eher mäßige wirtschaftliche Bedeutung des Russland-Geschäfts hierzulande absurderweise zum Schicksalsfaktor für die deutsche Wirtschaft hochstilisiert wird – obwohl Russland 2013 erst an elfter Stelle der Exportländer lag, hinter der Schweiz und Belgien.[19]

Knapp dreißig Jahre nach dem Ende des Kalten Krieges befinden wir uns in einem Revanche-Match. Angezettelt haben ihn die beiden einzigen Strukturen, die den Zusammenbruch der Sowjetunion halbwegs unbeschadet überstanden haben, seither zusammenwuchsen und den Kreml übernommen haben: der KGB und die organisierte Kriminalität. Aus ihrem Wesen heraus sind sie – ganz im Gegensatz zur russischen Gesellschaft per se – allen anfänglichen gegenseitigen Illusionen zum Trotz zu einer friedlichen Koexistenz mit demokratischen Rechtsstaaten weder willig noch fähig.

»Ihr Deutsche habt Angst vor einem Krieg und merkt gar nicht, dass ihr längst einen habt«, so lautete schon im Februar 2015 die Mahnung eines bestens informierten Freundes von mir in Moskau – der zwar nicht darum bat, nicht namentlich genannt zu werden, aber den ich doch lieber anonym zitiere – weil er genug Ärger hat: »Der Kreml greift euch an, mit seiner modernen, ›hybriden‹ Kriegsführung, verdeckt, mit den Waffen des 21. Jahrhunderts. Er unterwandert und manipuliert eure öffentliche Meinung, eure Institutionen. Bei uns ist man stolz darauf, und ihr bekommt es gar nicht mit. Geschweige denn, dass ihr euch wehrt. Dabei habt ihr selbst nie etwas in der gleichen Art in oder gegen Russland gemacht, anders als die Amerikaner. Was seid ihr nur für ein naives Volk!«

Als ich damals in Deutschland von dem Gespräch berichtete, sahen mich viele an, als hätte ich ihnen von UFOs erzählt. Es hat ein Jahr gedauert, bis die Mahnung auch in Berlin ankam. Im Februar 2016 berichteten die *Süddeutsche*, NDR und WDR, das Kanzleramt habe die deutschen Geheimdienste beauftragt, zu untersuchen, »ob die russische Regierung mit geheimdienstlichen Mitteln die politische Debatte und die öffentliche Meinung in Deutschland zu beeinflussen sucht«[20]. Diese

Nachricht war für mich eine Erleichterung. Ende Januar 2016 hatte ich aus sehr guter Quelle das bestätigt bekommen, was ich zuvor anhand der zahlreichen Indizien bereits annahm: dass in Moskau ein ebenso gezielter wie detaillierter Plan zur Destabilisierung der Lage in Deutschland vom Auslandsgeheimdienst SWR ausgearbeitet und im Kreml vorgelegt wurde. Ziel ist offensichtlich die Schwächung, idealerweise die Ablösung von Angela Merkel als Bundeskanzlerin. Sie ist die wichtigste Gegenspielerin Putins in der westlichen Welt. Und vor allem die treibende Kraft hinter den Sanktionen gegen Russland. Ihr Sturz könnte in der Einschätzung Moskaus nach dem Domino-Effekt zum Umkippen der fragilen Mehrheit für die Strafmaßnahmen führen; Gabriel und Seehofer hatten ja im Umfeld ihrer Moskau-Besuche bereits für eine Lockerung derselben geworben. In Berliner Sicherheitskreisen waren die geheimen Pläne Moskaus bekannt – aber die Nachricht drang nicht in die Spitzen der Politik vor, die zu dem Zeitpunkt andere Sorgen zu haben glaubten. So spät die Reaktion des Kanzleramtes erfolgte – sie zeigt, dass demokratische Systeme in der Lage sind, eigene Fehler zu erkennen und zu korrigieren – anders als autoritäre, in denen eine Rückkoppelung fehlt und im Zweifelsfall der Autokrat wie geschildert selbst die Nachrichten diktiert, die er abends im Fernsehen sieht und als Bestätigung auffasst. Demokratien machen Fehler, sie reagieren langsam und unentschlossen, bieten viele Angriffsflächen. Weil sie offen sind. Aber genau diese vermeintliche Schwäche ist ihre größte Stärke. Und kann ihr die entscheidende Kraft geben, um sich gegen Angriffe von innen wie außen erfolgreich zu wehren.

»WEHRT EUCH« – EIN AUFRUF

Die entscheidende Einsicht ist, dass wir es nicht, oder nicht nur, mit einer Putin-Krise zu tun haben. Diktaturen, auch vor unserer Haustüre, hatten wir schon zur Genüge; aber wir hatten auch genügend Widerstandskraft, um ihnen zu widerstehen, um unseren inneren Kompass zu behalten, um zu unterscheiden zwischen einer – wenn auch in Gefahr geratenen – Demokratie mit Rechtsstaat und einer Diktatur, die Menschenrechte gezielt mit Füßen tritt. Bei allen Missständen in den USA, die sicher ein eigenes Buch füllen würden: Die Vereinigten Staaten haben der Bundesrepublik Freiheit und Wohlstand ermöglicht. Putins System dagegen steht in der Tradition eines Unrechtsstaates, der die Menschen übelst unterdrückte. So notwendig und berechtigt Kritik an den USA ist, so sehr wir uns gegen die Fehlentwicklungen dort engagieren müssen – so töricht, geschichtsvergessen und fatal ist es, eine gleiche Nähe zwischen Washington und Moskau zu fordern, solange dort eine Diktatur herrscht.[1] Vielleicht handelt es sich auch um ein Generationenproblem. Diejenigen, die den Zweiten Weltkrieg und Hitlers Gewaltherrschaft oder ihre unmittelbaren Folgen miterlebt hatten, verinnerlichten durch diese prägende Erfahrung, dass Frieden, Wohlstand und Rechtsstaatlichkeit kein Naturgesetz sind, sondern etwas extrem Wertvolles, für das man sich einsetzen und im Zweifelsfall auch kämpfen muss. Wer nie instabile Zeiten erfahren hat und immer Frieden, Wohlstand und Demokratie erlebte, läuft Gefahr, diese nicht ausreichend zu schätzen. »Mit der Freiheit ist es wie mit dem Sauerstoff beim Tauchen. Solange man ihn hat, bemerkt man ihn nicht, genauso wenig wie die Luft, die man atmet. Aber wenn diese Luft fehlt, führt das über kurz oder lang zur Katastrophe«, mahnte der 2015 gegenüber vom Kreml erschossene Kreml-Kritiker Boris Nemzow.[2]

Der von Lilija Schewzowa beschriebene Wegfall ethischer Grenzen in unserer Gesellschaft hat abenteuerliche Ausmaße erreicht: Viele Politiker scheinen schon in jungen Jahren auf einen gut dotieren Posten in der Wirtschaft zu schielen; wer einen bekommt, gilt eher als tüchtig und erntet fast mehr Neid als Empörung. Prominente zelebrieren ihre Politikverachtung geradezu, etwa wenn der Schauspieler Moritz Bleibtreu im Fernsehen sagt, er gehe nie zur Wahl, weil sich durch Machtwechsel in der Politik noch nie Dinge für ihn oder sein Umfeld greifbar verändert hätten und er auch keine Kompromisse möge (die ja gerade die Grundvoraussetzung für eine Demokratie sind);[3] das Ignorieren von Regeln gehört fast schon zum guten Ton, wer sie einfordert, gilt als spießig oder gar radikal. All die beschriebenen Probleme gab es in Grundzügen schon immer. Sie sind menschlich. Aber die Aufgabe einer Gesellschaft ist es, ihnen Grenzen zu setzen. Diese Untugenden müssen eine Ausnahme sein, nicht die Regel. Es muss wieder einen gesellschaftlichen Konsens geben, sie zu verurteilen, statt sie zu tolerieren. Wenn etwa der *Spiegel* enthüllt, wie führende Politiker sich für einen Diktator einspannen lassen und für eine Hetzjagd auf dessen Gegner, muss ein Aufschrei durch das Land gehen, und es müssen Konsequenzen folgen. Doch alles verhallt. Auch, weil in den Medien die gleichen Unsitten eingezogen sind wie in der Politik. Als ich 1995 mein Volontariat bei der *Augsburger Allgemeinen* begann, gab es dort viele Kollegen, die sich jede Einmischung in ihre Artikel verbaten – auch vom Chefredakteur. Sie hatten ihren Job bis zur Rente sicher und konnten sich Aufmüpfigkeit leisten. Mit dem wirtschaftlichen Niedergang der Printpresse sank auch die Absicherung der Journalisten extrem. Wer vor der nächsten Entlassungswelle zittert, überlegt es sich zweimal, ob er sich mit seinen Berichten unbeliebt machen soll. Immer mehr setzen die Verlage auf freie Mitarbeiter, die oft wie Tagelöhner eingesetzt und entsprechend entlohnt werden. Wer nicht das Passende liefert, bekommt oft keine Aufträge mehr. Umgekehrt sind viele Journalisten auf Nebentätigkeiten angewiesen, gerade im PR-Bereich, was unvermeidlich zu Interessenkonflikten führt. Ebenso wie die Tatsache, dass viele Kollegen aufgrund der unsicheren Zukunftsprognosen in der Branche schon während ihrer journalistischen Tätigkeit mit einem Wechsel in die Wirtschaft liebäugeln. Wie kann eine vierte Macht funktionieren und ihre Kontrollfunktion erfüllen, wenn sie zu einem nicht unwesentlichen Teil in prekären Verhältnissen lebt, ihrer beruflichen Existenz nicht sicher ist und in erster Linie ans Überleben denken muss? Wenn Anzeigenabteilungen massiv in den Inhalt hineinreden, Tests und Ranglisten systematisch gefälscht werden und nicht die Redaktion, sondern externe Agenturen das letzte Wort haben, was auf das Titelbild kommt? Oder wenn ein renommiertes Blatt regelmäßig für viel Geld eine Sonderbeilage aus Russland veröffentlicht und der Herausgeber gleichzeitig ein vehementer Putin-Verteidiger wird? Wenn in Redaktionen der diskrete Hinweis erfolgt, man solle doch seine Kritik an Putin mäßigen oder sich an den Kollegen orientieren, die alles freundlicher sehen (und kein Russisch sprechen)? Wenn Verlage so sehr um ihren Profit durch das Auslandsgeschäft in Russland fürchten, dass sie den kritischen Korrespondenten dort nicht mehr als journalistische Bereicherung sehen, sondern als Geschäftsrisiko, das es zu minimieren gilt?

Dabei wird diese Entwicklung nicht nur nicht bekämpft – sie wird weitgehend verschwiegen. Wer auf sie hinweist, läuft Gefahr, als Nestbeschmutzer ausgegrenzt zu werden. Nein, wir haben keine Lügenpresse. Eher eine Lückenpresse. Die zwar insgesamt noch mehr oder weniger ihre Aufgaben erfüllt, aber in massiven Schwierigkeiten steckt und, leider zu Recht, Glaubwürdigkeit verliert. Die Leser, Zuhörer und Zuschauer spüren die negativen Entwicklungen, und darum gehen viele Rattenfängern auf den Leim. Auch mit dieser Fehlentwicklung hat Putin nichts zu tun.

Seit ich 2012 nach insgesamt fast 16 Jahren in Russland zurück nach Deutschland kam, erkenne ich das Land nicht wieder. Vieles, was sich durch die schleichende Veränderung wohl der Aufmerksamkeit der Hiergebliebenen entzog, sticht einem als Rückkehrer umso mehr ins Auge. Das Land ist zwar offener, multikultureller und flexibler geworden; aber zugleich auch unsozialer, zynischer und narzisstischer. Wer aus einer Weltgegend mit existentiellen Problemen und bewaffneten Konflikten kommt, reibt sich angesichts der Prioritäten im politischen Diskurs der Spaßgesellschaft verwundert die Augen. Wir sitzen in einem Haus, auf das Feuer aus der Nachbarschaft übergreift, und statt auch nur ans Löschen zu denken, schauen wir weg und streiten uns bis zum Exzess über die Tapetenfarbe und Küchenplanung. Wir empören uns, zu Recht, über Kollateralschäden von amerikanischen Luftangriffen, aber viele sehen weg, wenn Putin mit gezieltem Bombenterror und dem Erzeugen von Hunger Zivilisten in Syrien regelrecht abschlachtet. Mit »wir« meine ich weite Kreise unserer Elite.

Die Art und Weise, wie heute in Deutschland Diskussionen geführt werden, verschlägt einem oft regelrecht den Atem. Eine Radikalisierung ist zu spüren, mit fließendem Übergang zur Hysterie. Viele in der Mitte der Gesellschaft fühlen sich nicht mehr vertreten durch die Eliten. Dadurch wächst die Gefahr, dass sie an die politischen Ränder abdriften. Die Art und Weise der politischen Auseinandersetzung ist ein regelrechtes Förderprogramm für radikale Kräfte. Auch viele Medien geben ein schwaches Bild ab. Wladimir Putin, der ja gut Deutsch spricht und alles zuweilen selbst verfolgt, kann sich die Hände reiben. Sein Ziel, das Fundament der westlichen Demokratien wegzuspülen, rückt allmählich in greifbare Nähe.

»Empört Euch« – mit diesem Aufruf hat 2011 der französische Autor Stéphane Hessel europaweit für Furor gesorgt. Wir brauchen einen neuen Aufruf: »Wehrt Euch!« Gegen die Selbstgefälligkeit der Elite, gegen die wachsende soziale Diskrepanz, gegen das Aufweichen von Regeln, gegen die Auflösung des Gewalttabus, eine der wichtigsten Errungenschaften unserer Zivilisation: dass wir Konflikte nicht mit mehr mit Fäusten oder gar Waffen austragen. Wir brauchen wieder mehr Persönlichkeiten mit Mut, die in unserem glattgeschliffenen politischen System entweder gar nicht mehr antreten oder schon früh aussortiert werden. Wir müssen die Journalisten darin bestärken, nicht aus Angst vor Fehlern und wütenden Zuschriften Nachrichten bis zur Belanglosigkeit auf den kleinsten gemeinsamen Nenner herunterzubrechen. Streitbare Figuren sind existentiell für eine funktionierende Demokratie. Meinungsverschiedenheiten in einer Partei dürfen nicht weiter als Zeichen von Schwäche und Zerstrittenheit gewertet werden, sondern als völlig normal, ja unabdingbar in einer Demokratie. Erst im Vergleich zu den vielen windkanalgeformten Schönwetter-Politikern im Westen wirkt Putin wie eine authentische, kantige Führerfigur – obwohl er sich nur als solche inszeniert und in vielem eine für das Fernsehen zurechtgeschnittene Kunstfigur ist. Wir müssen Farbe bekennen und den weit verbreiteten Relativismus überwinden, der in vielem zu einer Ausrede für die Angst vor dem unbequemen Beziehen von klaren Positionen und den Hang zur risikofreien Beliebigkeit geworden ist. So bitter es auch sein mag: Die Zeit der »Spaßrepublik« ist vorüber. »Deutschland muss seine Freiheit verteidigen – gegen die eigene Bequemlichkeit, sich mit den wahren Problemen zu beschäftigen«, wie der Bremer Publizist Jan-Philipp Hein mahnt.[4] Er kritisiert, dass etwa der Streit über die Einführung eines Veggiedays im Bundestagswahlkampf 2013 lange die Gemüter erhitzte – während »Russland« allenfalls am Rande ein Thema war. Die politischen Grenzen zwischen rechts und links verschwimmen zunehmend, wie etwa die Sympathien für Putin von beiden Rändern des politischen Spektrums zeigen. An ihre Stelle tritt zunehmend die Unterscheidung zwischen denjenigen, die ihr Weltbild den Realitäten anpassen, und jenen, die es umgekehrt halten. Eine neue politische Trennlinie ist auch die zwischen den moralischen Relativierern, die Missstände für die Norm halten, und den Werteorientierten, die Bekämpfung und das Anprangern von Missständen als Norm sehen wollen.

Der große Sozialdemokrat Carlo Schmid, einer der Väter unseres Grundgesetzes, warnte in seiner Rede im Parlamentarischen Rat 1948: Wir müssen »den Mut zur Intoleranz denen gegenüber aufbringen, die die Demokratie gebrauchen wollen, um sie umzubringen«.[5] Schmids Aufforderung entsprang seinen bitteren Erfahrungen aus der Weimarer Republik. Aus ihnen zog er die Erkenntnis, dass eine Demokratie wehrhaft sein muss. Wir haben das weitgehend vergessen. Und vor diesem Hintergrund ist Wladimir Putins Angriff auf unser System nicht nur eine Gefahr, sondern auch eine Chance. Wenn wir die Attacke zum Anlass nehmen, uns wieder auf die Lehre Schmids zu besinnen, auf unsere Werte, auf die Vorzüge von Freiheit, Demokratie, Rechtsstaat, Gewalttabu, verbindlichen Regeln und der Notwendigkeit, uns für diese zu engagieren, dann sollten wir ihm dankbar sein. Wenn es ihm jedoch gelingt, die Grundlagen unserer Gesellschaft ins Wanken zu bringen, so haben wir das in erster Linie uns selbst zuzuschreiben. Aber all das wird dann kein Thema mehr sein.

SCHUTZMASSNAHME

Es war in Beslan, 2005, in der Schule, in der ein Jahr zuvor Terroristen mehr als 1100 Kinder und Erwachsene in ihre Gewalt nahmen, von denen 338 beim Sturm des Gebäudes ums Leben kamen. Garry Kasparow besuchte bei seiner Kaukasus-Reise die Ruine. Ein alter Mann mit einer Hose wie einem Lumpen und zahnlosem Mund kam auf den Ex-Schachweltmeister und Putin-Kritiker zu und zupfte ihn am Ärmel: »Ich hoffe, Sie haben gute Leibwächter. Sie leben gefährlich«, zischte der Alte und schaute sich vorsichtig nach allen Seiten um. »Ich saß unter Stalin im Lager. Sie haben meinen Respekt! Lieber einen Tag leben wie ein Löwe, als das ganze Leben wie ein Hase vegetieren.«

Ich werde den alten Mann nie vergessen. Als Journalist habe ich viele hochrangige Politiker und Prominente hautnah erlebt. Kaum jemand hat mich so beeindruckt wie der bitterarme Greis in Beslan.

»Sie haben Ihr Todesurteil unterschrieben«, wurde ich nach meinem Buch »Putins Demokratur« von prominenten Moskauer Politikern mit besten Drähten gewarnt. Die politische Kritik, so hieß es, sei akzeptabel von einem Ausländer, nicht aber Hinweise auf Mafia-Verbindungen. Ich wurde von der Polizei attackiert, festgenommen, in den großen Medien verleumdet und musste Russland schließlich verlassen. Das vorliegende Buch dürfte vielen noch unangenehmer aufstoßen als »Putins Demokratur«.

Ich möchte darum an dieser Stelle festhalten, dass ich mich bester Gesundheit erfreue, keinerlei Selbstmordabsichten hege und in allen Belangen vorsichtig bin, auch im Straßenverkehr. Deshalb schließe ich mein Buch mit einer Aussage von Bill Browder aus seinem Werk »Staatsfeind Nummer eins«: »Wenn ich umgebracht werde, dann werden Sie wissen, wer es getan hat. Wenn meine Feinde dieses Buch lesen, werden sie wissen, dass Sie es auch wissen.«

DANK

Ich müsste sehr vielen Menschen namentlich danken für ihre Hilfe. Aber erstens würde das hier den Rahmen sprengen, und zweitens wäre vielen der Betroffenen, vor allem den in Russland lebenden, mit einer Nennung ihres Namens nicht gedient.

Darum danke ich allen umso herzlicher anonym.

Namentlich herausheben möchte ich nur meine langjährige Lektorin Silvie Horch, ohne die »Putins Demokratur« ebenso wenig möglich gewesen wäre wie das vorliegende Buch.

Ein besonderer Dank gilt meinen mehr als 26 000 Abonnenten und Freunden auf Facebook und Twitter, die mit ihren unzähligen Hinweisen und Gedanken ganz entscheidend zu diesem Buch beigetragen haben – und mir auch immer das geben, was man in Russland »moralische Unterstützung« nennt und was besonders wertvoll ist, wenn man angefeindet und attackiert wird.

LITERATUREMPFEHLUNGEN

Boris Reitschuster, »Putins Demokratur – ein Machtmensch und sein System«, Econ, Berlin 2014

Garry Kasparow, »Warum wir Putin stoppen müssen: Die Zerstörung der Demokratie in Russland und die Folgen für den Westen«, DVA, München 2015

Peter Pomerantsev, »Nichts ist wahr und alles ist möglich: Abenteuer in Putins Russland«, DVA, München 2015

Luke Harding, »Mafiastaat: Ein Reporter in Putins Russland«, Weltkiosk, London 2012

Bill Browder: »Red Notice. Wie ich Putins Staatsfeind Nummer 1 wurde«, Carl Hanser Verlag, München 2015

Michail Sygar, »Endspiel«, Kiepenheuer & Witsch, Köln 2015

Katja Gloger, »Putins Welt: Das neue Russland, die Ukraine und der Westen«, Berlin Verlag, Berlin 2015

Fiona Hill; Clifford G. Gaddy, »Mr. Putin: Operative in the Kremlin«, Fiona Hill, Brookings, Washington D. C. 2015

Karen Dawisha, »Putin's Kleptocracy: Who Owns Russia?«, Simon + Schuster Inc., New York City 2015

Angus Roxburgh, »The Strongman: Vladimir Putin and the Struggle for Russia«, I B Tauris, London 2011

Wladimir Bukowski, »Abrechnung mit Moskau. Das sowjetische Unrechtsregime und die Schuld des Westens«, Lübbe, Köln 1999

Manfred Quiring, »Diamantentropfen: Politsatire«, CreateSpace Independent Publishing Platform, 2015

Manfred Quiring, »Russland: Orientierung im Riesenreich«, Ch. Links, Berlin 2008

Oleg Chlewnjuk: »Stalin: Eine Biographie«, Siedler Verlag, München 2015

Michail Gorbatschow, »Das neue Russland: Der Umbruch und das System Putin«, Quadriga, Köln 2015

Swetlana Alexijewitsch, »Secondhand-Zeit: Leben auf den Trümmern des Sozialismus, Suhrkamp, Berlin 2015

Detlev Preuße, »Umbruch von unten: Die Selbstbefreiung Mittel- und Osteuropas und das Ende der Sowjetunion«, Springer VS, Heidelberg 2014

Walter Laqueur, »Putinismus: Wohin treibt Russland?«, Propyläen Verlag, Berlin 2015

Ilko-Sascha Kowalczuk, »Endspiel: Die Revolution von 1989 in der DDR«, C. H.Beck, Berlin 2009

Ilko-Sascha Kowalczuk, »Stasi konkret: Überwachung und Repression in der DDR«, C. H. Beck, Berlin 2009

Hubertus Knabe, »Der diskrete Charme der DDR – Stasi und Westmedien«, Propyläen, Berlin 2001

Hubertus Knabe, »Die unterwanderte Republik. Stasi im Westen«, Propyläen, Berlin 1999

Hubertus Knabe, »Die Wahrheit über DIE LINKE«, List Taschenbuch, Berlin 2010

ANMERKUNGEN

Vorspann

1 Woenno-promyschlenni kurjer WPK, Nr. 8 (476), 27. 2.–5. 3. 2013, S. 2

Die Warnung – ein Witz

1 Zitiert nach Françoise Thom: »La guerre cachée du Kremlin contre L'Europe«, erschienen in *Politique Internationale*, Mai 2015
2 Lew Gudkow, »Россияне разлюбили Европу«, *Nowaja gaseta*, Nr. 134 vom 4. 12. 2015, www.novayagazeta.ru/politics/70997.html
3 Ebd.
4 Françoise Thom: »La guerre cachée du Kremlin contre L'Europe«, S. 88, erschienen in *Politique Internationale*, Mai 2015
5 Vgl. Wladimir Bukowski, Moskowski Prozess, Moskau 1996, Russkaja mysl
6 Im Gespräch mit dem Autor
7 www.bbc.com/russian/uk/2015/07/150729_brit_press
8 Zapisi gornogo instituta, 199, T. 144 (1)
9 Im Gespräch mit dem Autor
10 Im Gespräch mit dem Autor
11 Vgl. lenta.ru/news/2014/01/27/down/ sowie rusfact.ru/node/5748
12 Vgl. diepresse.com/home/meinung/gastkommentar/4770452/Ueberzogenes-Aufrusten_Wird-Moskau-ruckfaellig?from = simarchiv
13 Vgl. www.rg.ru/2012/02/20/putin-armiya.html
14 de.statista.com/statistik/daten/studie/157935/umfrage/laender-mit-den-hoechsten-militaerausgaben/
15 http://de.statista.com/statistik/daten/studie/150664/umfrage/anteil-der-militaerausgaben-am-bip-ausgewaehlter-laender/
16 www.nzz.ch/international/europa/russlands-imperialer-irrweg-1.18565248
17 www.faz.net/aktuell/politik/ausland/europa/ukraine-krise-putin-drohte-angeblich-mit-einmarsch-in-riga-und-warschau-13159857.html
18 Bbd.

19 www.spiegel.de/politik/ausland/russland-kreml-bestaetigt-putin-drohung-zu-kiew-a-989356.html
20 www.kp.ru/daily/26354.7/3236171/
21 www.focus.de/politik/ausland/truppen-ueben-demonstrativ-nato-generalsekretaer-putin-hat-anwendung-von-atomwaffen-jedenfalls-angedroht_id_5283426.html
22 Woenno-promyschlenni kurjer WPK, Nr. 8 (476), 27. 2.–5. 3. 2013, Seite 2
23 youtu.be/e-oH58VA5Rw
24 www.blaetter.de/archiv/jahrgaenge/2007/dezember/faschismus-a-la-dugin
25 www.zeit.de/zeit-geschichte/2015/03/russland-europa-osten-westen-konflikt/komplettansicht
26 www.spiegel.de/spiegel/print/d-13491965.html
27 Vgl. Jewgeni Schmurlo, »istoria Rossii«, München, 1922, sowie Alexander Achieser, »Rossijskoje prostranstvo kak predmet osmyslenia«, strana-oz.ru/2002/6/rossiyskoe-prostranstvo-kak-predmet-osmysleniya
28 Vgl. regnum.ru/news/polit/444083.html
29 Vgl. www.spiegel.de/spiegel/print/d-13491965.html
30 special.kremlin.ru/events/president/news/50548
31 Im Gespräch mit dem Autor
32 www.interfax.ru/world/494512
33 Vgl. www.independent.co.uk/news/world/europe/russia-plans-a-hybrid-warfare-campaign-aimed-at-destabalising-europe-says-bulgarian-president-a6734981.html
34 www.tagesschau.de/inland/steinmeier-msc-101.html
35 Vgl. www.t-online.de/nachrichten/deutschland/gesellschaft/id_76867024/-drohungen-und-hasswellen-soviel-macht-hat-moskau-in-deutschland.html
36 Vgl. www.welt.de/debatte/kommentare/article147937823/Putin-schaut-hoehnisch-auf-den-Westen.html
37 Vgl. Françoise Thom: »La guerre cachée du Kremlin contre L'Europe«, a. a. O.
38 Interfax, 24. 2. 2004, zitiert nach Françoise Thom: »La guerre cachée du Kremlin contre L'Europe«, a. a. O.
39 www.novayagazeta.ru/politics/70726.html
40 Ebd.
41 www.zeit.de/politik/ausland/2015-03/europa-martin-schulz-russische-propaganda
42 www.focus.de/politik/ausland/kalter-krieg/stuerzt-die-welt-in-einen-neuen-grosskonflikt-cdu-politiker-kaster-warnt-zerstrittenes-europa-hat-gegen-russland-schon-verloren_id_5289475.html

Die Charme-Offensive – ein tragisches Missverständnis

1. www.bundestag.de/kulturundgeschichte/geschichte/gastredner/putin/putin_wort/244966
2. www.deutschlandfunk.de/anna-politkovskaja.730.de.html?dram:article_id=101998
3. Ebd.
4. Vgl. www.spiegel.de/politik/ausland/russland-moskau-baut-militaerstuetzpunkte-ab-a-163078.html
5. »Pochemu Amerika i Rossija ne slyschat drug druga«, Angela Stent, Mann, Iwanow und Ferber, Moskau 2015, S. 86
6. Vgl. Michail Sygar, »Endspiel«, Kiepenheuer & Witsch, Köln 2015, S. 31 ff.
7. www.spiegel.de/politik/ausland/bush-putin-prima-kerle-anstaendige-maenner-zitate-zweier-praesidenten-uebereinander-a-545683.html
8. www.deutschlandfunk.de/schroeder.694.de.html?dram:article_id=60225
9. Vgl. Michail Sygar, »Endspiel«, Kiepenheuer & Witsch, Köln, 2015, Seite 28
10. Angus Roxburgh, »The Strongman: Vladimir Putin and the Struggle for Russia«, I B Tauris, London 2011
11. Michail Sygar, »Endspiel«, a. a. O.
12. www.news.at/a/klestils-russland-reise-ende-zum-abschied-hundewelpen-geschenk-75158
13. www.duden.de/rechtschreibung/Diktatur
14. Vgl. www.novayagazeta.ru/politics/70824.html
15. Vgl. www.novayagazeta.ru/politics/70824.html

Die Eiszeit – Paranoia als Staatsdoktrin

1. www.faz.net/aktuell/politik/ausland/g-8-gipfel-bush-und-putin-bekraeftigen-freundschaft-199413.html
2. www.spiegel.de/politik/ausland/gipfel-in-st-petersburg-putin-chirac-schroeder-fuer-staerkung-des-voelkerrechts-a-244563.html
3. www.spiegel.de/politik/ausland/gipfel-in-st-petersburg-putin-chirac-schroeder-fuer-staerkung-des-voelkerrechts-a-244563.html
4. Vgl. Michail Sygar, »Endspiel«, a. a. O., S. 108
5. Vgl. *Die Zeit* vom 2. 12. 2004, S. 4: »Amerikas unsichtbare Hände«
6. Michail Sygar, »Endspiel«, a. a. O., S. 108
7. archive.kremlin.ru/text/appears/2004/09/76320.shtml sowie www.youtube.com/watch?v=zXlZndQpfhY
8. www.rosbalt.ru/main/2006/05/10/252906.html
9. www.spiegel.de/politik/ausland/sicherheitskonferenz-in-muenchen-putin-schockt-die-europaeer-a-465634.htmlsowiearchive.kremlin.ru/appears/2007/02/10/1737_type63374type63376type63377type63381type82634_118097.shtml
10. www.zeit.de/online/2007/07/Putin-Sicherheitskonferenz

11 archive.kremlin.ru/eng/speeches/2007/12/19/1618_type82916_154779.shtml
12 www.youtube.com/watch?v=q1V3Mh3JCH0
13 www.focus.de/panorama/welt/tid-19402/russland-putin-im-feuer_aid_538141.html
14 www.newsru.com/russia/26jan2016/soloviev.html
15 Frankfurter Allgemeine Zeitung, 23. 3. 2005, S. N3 Rubrik Geisteswissenschaften sowie Eurasisches Magazin, 02–02, 17. 6. 2002 »Zentrum für geopolitische Studien des Experten-Beirates für Probleme der nationalen Sicherheit beim Präsidenten der Staatsduma der Russischen Föderation«
16 www.3sat.de/page/?source=/kulturzeit/themen/176563/index.html
17 Panorama, 21. 12. 2004, zitiert nach www.evrazia.org/modules.php?name=News&file=article&sid=2138
18 Ebd.
19 Ebd.
20 Ebd.
21 www.kommersant.ru/doc/812840
22 www.kp.ru/daily/23433/35559/
23 Ebd.
24 www.vedomosti.ru/library/articles/2013/01/29/putin_i_arhimandrit
25 www.vedomosti.ru/library/articles/2013/01/29/putin_i_arhimandrit
26 Vgl. ria.ru/politics/20080507/106773965.html
27 Vgl. Michail Sygar, »Endspiel«, a. a. O., Seite 245
28 Eigene Recherchen bzw. Interviews mit Teilnehmern, die nicht namentlich genannt werden wollen.
29 ria.ru/vybor2012_putin/20120223/572995366.html
30 www.youtube.com/watch?v=-9-5NBaAEsI
31 www.youtube.com/watch?v=1QNFDPcPm3U
32 www.t-online.de/nachrichten/ausland/krisen/id_72255674/barroso-putin-war-mit-eu-beitritt-der-ukraine-einverstanden.html
33 www.bpb.de/nachschlagen/lexika/177243/russlandpolitik-der-eu
34 actualcomment.ru/glazev_na_ukraine_proiskhodit_polzuchiy_perevorot.html
35 kremlin.ru/events/president/news/20603
36 Ebd.
37 Ebd.
38 www.newsru.com/russia/31dec2015/navalny.html
39 eng.globalaffairs.ru/number/The-Watershed-Year-Interim-Results-17210
40 Ebd.
41 www.rg.ru/2015/12/22/patrushev-site.html
42 kremlin.ru/events/president/news/51128
43 static.kremlin.ru/media/events/files/ru/l8iXkR8XLAtxeilX7JK3XXy6Y0AsHD5v.pdf sowie ria.ru/defense_safety/20151231/1352399465.html#ixzz3w8Ax1XPT

44 Ebd.
45 static.kremlin.ru/media/events/files/ru/l8iXkR8XLAtxeilX7JK3XXy6Y0 AsHD5v.pdf
46 www.welt.de/print/die_welt/politik/article125869992/Kreml-Herrscher-mit-Verfolgungswahn.html
47 Michail Sygar, »Endspiel«, a. a. O., S. 346
48 www.rg.ru/2014/10/15/patrushev.html
49 www.forbes.ru/mneniya-column/tsennosti/270739-kak-plokhaya-publit-sistika-formiruet-politiku-rossiiskogo-gosudarstv
50 www.novayagazeta.ru/columns/68930.html
51 www.rg.ru/2006/12/22/gosbezopasnostj-podsoznanie.html
52 kremlin.ru/events/president/news/47250
53 youtu.be/kLeCRRydDyo sowie svpressa.ru/politic/news/107621/
54 ru.tsn.ua/analitika/rossiyskaya-paranoyya-392749.html
55 Zitiert nach ru.tsn.ua/analitika/rossiyskaya-paranoyya-392749.html
56 www.zdf.de/zdfzeit/machtmensch-putin-41341490.html
57 de.sputniknews.com/politik/20130309/265689529/Boliviens-Prsident-Chavez-wuder-vergiftet.html
58 www.newsru.com/arch/russia/25jul2012/putin.html
59 www.welt.de/print/die_welt/politik/article125869992/Kreml-Herrscher-mit-Verfolgungswahn.html
60 Ebd.
61 Michail Sygar, »Endspiel«, a. a. O., S. 346

Das System Putin – »Die Mafia ist unsterblich«

1 archive.kremlin.ru/articles/bookchapter6.shtml
2 Vgl. www.svoboda.org/content/article/1972366.html
3 Vgl. www.svoboda.org/content/article/1983851.htmlsowienewsru.com/russia/11mar2010/ivanize.html
4 Vgl. archive.kremlin.ru/articles/bookchapter6.shtml
5 youtu.be/azRiuBudWVc?t = 1137
6 youtu.be/azRiuBudWVc?t = 1101
7 www.svoboda.org/content/article/24502791.html
8 www.svoboda.org/content/article/24502791.html
9 Vgl. www.spiegel.de/spiegel/print/d-27163314.html
10 Juri Skuratow und Andrej Sykow in Gesprächen mit dem Autor, sowie www.novayagazeta.ru/society/11232.html
11 archive.kremlin.ru/articles/bookchapter2.shtml
12 Im Gespräch mit dem Autor und www.novayagazeta.ru/society/11232.html
13 2005.novayagazeta.ru/nomer/2005/73n/n73n-s01.shtml
14 Sykow m Gespräch mit dem Autor sowie www.svoboda.org/content/transcript/27081099.html

15 Eigene Recherchen, vgl. www.novayagazeta.ru/inquests/42629.html
16 Vgl. lenta.ru/lib/14211960/
17 Vgl. www.kommersant.ru/doc/1597361
18 Vgl. www.svoboda.org/content/transcript/27081099.html
19 lenta.ru/lib/14211960/
20 Vgl. www.novayagazeta.ru/inquests/48256.html
21 www.spiegel.de/spiegel/print/d-41261006.html
22 www.novayagazeta.ru/inquests/45119.html
23 Vgl. openrussia.org/s/tmp/files/spain.pdf
24 grani.ru/blogs/free/entries/247538.html
25 www.novayagazeta.ru/inquests/68697.html
26 Vgl. grani.ru/blogs/free/entries/247538.html
27 Ebd.
28 www.spiegel.de/sport/fussball/spanische-zeitungsberichte-dubioser-manipulations-verdacht-bei-bayern-gegen-st-petersburg-a-581700.html sowie www.merkur.de/sport/fc-bayern/debakel-bayern-04-demontage-zenit-313723.html
29 www.theguardian.com/world/2016/jan/12/alexander-litvinenko-russia-murder
30 Vgl. www.faz.net/aktuell/feuilleton/debatten/russland-das-verbrecherische-regime-13994403.html?printPagedArticle=true#pageIndex_2
31 Russisch: Госнаркоторговля, abgeleitet von Госнаркоконтроль
32 Vgl. grani.ru/blogs/free/entries/247538.html
33 ria.ru/society/20080816/150424746.html
34 openrussia.org/post/view/1527/sowie www.svoboda.org/content/article/26755073.html
35 »Stalin. Eine Biographie«, deutsche Ausgabe, Siedler Verlag, München 2015
36 Jamestown Foundation Monitor, Washington D. C., 6. 2. 2001, zitiert nach Jürgen Roth, »Gangster aus dem Osten«, Europa Verlag, Hamburg 2003
37 www.faz.net/aktuell/feuilleton/debatten/russland-das-verbrecherische-regime-13994403.html?printPagedArticle=true#pageIndex_2
38 Ebd.
39 www.faz.net/aktuell/feuilleton/debatten/russland-das-verbrecherische-regime-13994403.html?printPagedArticle=true#pageIndex_2
40 www.nytimes.com/2016/01/06/opinion/putins-year-in-scandals.html?_r=0
41 Vgl. www.sueddeutsche.de/politik/wikileaks-enthuellung-mafia-staat-russland-1.1031110
42 Vgl. openrussia.org/s/tmp/files/spain.pdf
43 www.newsru.com/world/08dec2010/mafia.html bzw. www.lemonde.fr/international/article/2010/12/07/wikileaks-la-mafia-russe-en-europe-une-pieuvre-qui-beneficie-de-protections-a-moscou_1450407_3210.html
44 Im Gespräch mit dem Autor
45 Jahresbericht Bayerisches Landesamt für Verfassungsschutz, 2002

46 Im Gespräch mit dem Autor
47 Vgl. www.spiegel.de/wirtschaft/interview-mit-mafia-experte-roth-gasprom-ist-ein-synonym-fuer-korruption-a-391247.html
48 www.focus.de/politik/deutschland/organisierte-kriminalitaet-schroeder-empfing-als-kanzler-zwielichtige-russen_id_3817437.html
49 www.novayagazeta.ru/inquests/68697.html
50 Vgl. www.novayagazeta.ru/news/53251.html
51 Vgl. www.bbc.com/russian/uk/2015/07/150729_brit_press
52 diepresse.com/home/wirtschaft/international/4866105/Die-Kremlkinder-an-den-Futtertrogen
53 www.handelsblatt.com/politik/international/russland-staunen-und-unverstaendnis/12573180-2.html
54 www.spiegel.de/wirtschaft/wladimir-putin-guenstiger-milliardenkredit-fuer-schwiegersohn-a-1070028.html
55 www.youtube.com/watch?v=azRiuBudWVc&feature=youtu.be
56 Vgl. diepresse.com/home/wirtschaft/international/4866105/Die-Kremlkinder-an-den-Futtertrogen
57 de.sputniknews.com/politik/20110706/259685013.html
58 www.zeit.de/politik/ausland/2012-12/anti-usa-gesetzgebung-russland
59 Bill Browder: »Red Notice. Wie ich Putins Staatsfeind Nummer 1 wurde«, Carl Hanser Verlag, München 2015
60 www.theguardian.com/world/2015/jul/28/sergei-pugachev-putins-banker-interview-lives-in-fear?CMP=share_btn_tw
61 Ebd.

Der hybride Krieg – Moskaus grüne Männchen

1 Der Luftwaffenstützpunkt Gwardejskoje wurde zwar nach dem Pachtvertrag zwischen Russland und der Ukraine für die Schwarzmeerflotte vom russischen Militär gehalten, Flüge russischer Militärmaschinen mussten aber den ukrainischen Behörden angekündigt werden.
2 vgl. www.unian.net/politics/891075-rossiyskie-voennyie-zahvatili-gp-kryimaeroruh.html
3 www.interfax.ru/world/361794
4 www.novayagazeta.ru/politics/67348.html
5 news.allcrimea.net/news/2014/2/27/na-golosovanii-v-krymskom-parlamente-ne-bylo-i-poloviny-deputatov-6038/
6 www.unian.net/politics/891450-nezakonno-izbrannyiy-premer-kryima-podchinil-sebe-silovikov-i-obratilsya-za-pomoschyu-k-putinu.html
7 Vgl. www.novayagazeta.ru/inquests/64242.html
8 www.novayagazeta.ru/politics/67348.html
9 Ebd.
10 www.tvc.ru/news/show/id/31983 bzw. http://rodina.ru/novosti/ZHiteli-Sevastopolya-prosyat-prijti-na-zashhitu-russkogo-naseleniya-Kryma

11 www.tvc.ru/news/show/id/31983 bzw. http://rodina.ru/novosti/ZHiteli-Sevastopolya-prosyat-prijti-na-zashhitu-russkogo-naseleniya-Kryma
12 www.dni.ru/polit/2014/2/24/267422.html
13 www.unian.net/politics/892707-rossiya-ne-budet-prisoedinyat-kryim-putin.html
14 www.welt.de/eilmeldung/article125784664/Auf-den-Stimmzetteln-ist-kein-Platz-fuer-Nein-Stimmen.html
15 www.bild.de/politik/ausland/krim/nach-dem-referendum-russen-feiern-sieg-auf-der-krim-35099740.bild.html
16 www.tagesspiegel.de/politik/konflikt-zwischen-russland-und-ukraine-ueber-95-prozent-zustimmung-bei-krim-referendum/9624292.html
17 ria.ru/defense_safety/20150315/1052653521.html
18 www.zeit.de/politik/ausland/2014-02/ukraine-wladimir-putin-russland-krim
19 www.stern.de/news2/aktuell/putin-militaereinsatz-in-ukraine-vorerst-nicht-notwendig-2094284.html
20 Im Gespräch mit dem Autor
21 www.spiegel.de/politik/ausland/krim-krise-die-fatalen-fehler-der-kiewer-regierung-a-956680.html
22 www.spiegel.de/politik/ausland/krim-krise-nationalisten-stiften-tataren-zu-anschlaegen-an-a-956033.html
23 Im Gespräch mit dem Autor
24 www.welt.de/debatte/kommentare/article125387514/Der-Westen-sollte-Putin-umarmen.html
25 www.spiegel.de/politik/ausland/ukraine-in-der-krim-krise-kommentar-zu-putin-und-obama-a-956622.html
26 Woenno-promyschlenni kurjer WPK, Nr. 8 (476), 27. 2.–5. 3. 2013, S. 2
27 Vgl. www.newsru.com/russia/07jul2006/senat.html
28 www.faz.net/aktuell/politik/ausland/europa/putin-hat-invasion-der-ukraine-seit-2013-geplant-13139313.html?printPagedArticle=true#pageIndex_2
29 Ebd.

Russlands Freunde – die Korrumpierung der Elite

1 Michail Sygar, »Endspiel«, a. a. O., S. 148
2 Ebd.
3 7days.us/putinskij-internacional-lzhi/
4 Ebd.
5 Ebd.
6 *Financial Times Deutschland*, 3. 7. 2004
7 *Bild*, 15. 12. 2005
8 www.welt.de/print-welt/article383598/Schroeder-erlaesst-Putin-7-1-Milliarden-Euro-Schulden.html

9 www.spiegel.de/wirtschaft/indirekter-hitler-vergleich-polnischer-minister-poltert-gegen-schroeder-und-merkel-a-413931.html
10 www.eurotopics.net/de/home/presseschau/archiv/results/archiv_article/ARTICLE3737-Schroeders-Engagement-bei-Gazprom
11 www.cicero.de/weltbuehne/russland-und-das-gas-gerhard-schroeders-groesster-fehler/57206
12 www.sueddeutsche.de/politik/attacke-gegen-ex-kanzler-us-abgeordneter-wirft-schroeder-politische-prostitution-vor-1.746819
13 www.sz-online.de/nachrichten/bundesregierung-verteidigt-schroeder-1649969.html und www.tagesspiegel.de/transatlantisches-buendnis-us-abgeordneter-wirft-schroeder-politische-prostitution-vor/869504.html
14 www.sueddeutsche.de/politik/russland-was-gabriel-und-putin-besprochen-haben-1.2713657
15 www.tagesschau.de/ausland/gabriel-putin-101.html
16 www.focus.de/politik/ausland/an-der-syrischen-grenze-putin-ein-messerstich-in-den-ruecken_id_5109250.html
17 »Abrechnung mit Moskau«, Gustav Lübbe Verlag, Bergisch Gladbach 1996, S. 267
18 www.mdr.de/fakt/fakt-erfassungsstelle-salzgitter-schroeder100.html
19 Ebd.
20 Ebd.
21 www.zeit.de/1985/51/noch-weisse-flecken-auf-der-landkarte
22 www.focus.de/politik/deutschland/10-jahre-einheit-und150-wendehaelse-illusion-nicht-vision_aid_185563.html
23 Ebd.
24 www.bukovsky-archives.net/pdfs/non-comm/gor-85-1.pdf
25 Wladimir Bukowski, Moskowski Prozess, Moskau, 1996, Russkaja mysl, Online-Ausgabe: thelib.ru/books/bukovskiy_vladimir/moskovskiy_process_chast_1-read.html
26 Vgl. www.bbc.com/russian/russia/2013/09/130930_razvozzhayev_arrest
27 days.us/putinskij-internacional-lzhi/
28 Vgl. 7days.us/putinskij-internacional-lzhi/
29 Ebd.
30 7days.us/putinskij-internacional-lzhi/
31 Im Gespräch mit dem Autor
32 Vgl. www.faz.net/aktuell/feuilleton/debatten/kein-zunehmender-antisemitismus-in-der-ukraine-12860359.html
33 Vgl. www.sueddeutsche.de/digital/internet-ueberwachung-russland-gaengelt-seine-blogger-1.1943741
34 Eigene Recherchen

Stasi und SED – Geschichte zweier Untoter

1 www.bukovsky-archives.net/pdfs/perestr/ct-90-1.pdf
2 www.bukovsky-archives.net/pdfs/perestr/ct-90-1.pdf
3 www.spiegel.de/spiegel/print/d-13490776.html
4 www.spiegel.de/spiegel/print/d-13492224.html
5 2004.novayagazeta.ru/nomer/2004/82n/n82n-s21.shtml
6 www.welt.de/politik/article4310194/Wie-Gorbatschow-1987-Honecker-loswerden-wollte.html
7 2004.novayagazeta.ru/nomer/2004/82n/n82n-s21.shtml
8 Vgl. www.studfiles.ru/preview/4031654/
9 www.tagesspiegel.de/politik/mit-einem-stufenplan-zur-deutschen-einheit-wollte-hans-modrow-am-1-februar-1990-die-ddr-retten-noch-heute-trauert-der-ex-regierungschef-der-initiative-nach/120058.html
10 www.spiegel.de/spiegel/print/d-13503037.html
11 Ebd.
12 Ebd.
13 Hubertus Knabe, »Die Täter sind unter uns«, Propyläen Verlag Berlin, Auszug auf www.cicero.de/berliner-republik/operation-putnik/38498
14 Vgl. www.spiegel.de/spiegel/print/d-48495923.html
15 Vgl. www.spiegel.de/spiegel/print/d-48495923.html
16 Vgl. *Kommersant Wlast* Nr. 39 (390), 2000, Seite 51/52
17 Vgl. www.spiegel.de/spiegel/print/d-48495923.html
18 Ebd.
19 Vgl. Hubertus Knabe, »Die Täter sind unter uns«, a. a. O., Auszug auf www.cicero.de/berliner-republik/operation-putnik/38498
20 Detlef Nabath, Gero Neugebauer, Gerd-Rüdiger Stephan, »Im Kreml brennt noch Licht. Die Spitzenkontakte zwischen SED/PDS und KPdSU 1989–1991«, Dietz, Berlin 1998.
21 Ebd., Seite 256 ff.
22 www.welt.de/politik/article3649188/Die-Linke-Wir-sind-Rechtsnachfolgerin-der-SED.html
23 Vgl. www.welt.de/politik/deutschland/article132918928/Die-Linke-gefangen-im-Unrechtsstaat-DDR.html
24 www.spiegel.de/politik/deutschland/linkspartei-in-der-krim-krise-putins-freunde-in-berlin-a-959041.html
25 www.handelsblatt.com/politik/deutschland/sahra-wagenknecht-merkel-gab-ukrainischen-neofaschisten-ihren-segen/9606952.html
26 www.handelsblatt.com/politik/deutschland/antje-vollmer-rueckendeckung-fuer-wagenknecht-aus-der-spd/9627596-3.html
27 Vgl. www.tagesspiegel.de/politik/deutschland-ukraine-linke-die-krim-und-ein-ausgeladener-gysi/9627550.html
28 www.zeitpunkt-magazin.de/News-3538-Gregor-Gysi-zur-Ermordung-des-ermordeten-russischen-Oppositionspolitikers-Boris-Nemzow

29 www.zeit.de/politik/deutschland/2014-03/sahra-wagenknecht-krim-russland
30 Vgl. www.welt.de/politik/deutschland/article132918928/Die-Linke-gefangen-im-Unrechtsstaat-DDR.html
31 Vgl. www.glasnost.de/pol/wagen.html
32 Vgl. www.welt.de/politik/deutschland/article112742577/Wagenknecht-macht-Bogen-um-Stalinismusopfer.html sowie www.glasnost.de/pol/wagen.html
33 Vgl. www.deutschlandfunk.de/aerger-um-petersburger-dialog-ein-zivilgesellschaftlicher.694.de.html?dram:article_id=304101
34 www.spiegel.de/politik/deutschland/ukraine-krise-matthias-platzeck-will-legalisierung-krim-annexion-a-1003646.html
35 www.welt.de/politik/article3028573/Ostpolitiker-kritisiert-Merkel-Besuch-im-Stasi-Archiv.html
36 archive.kremlin.ru/articles/bookchapter5.shtml
37 www.welt.de/politik/article3028573/Ostpolitiker-kritisiert-Merkel-Besuch-im-Stasi-Archiv.html
38 www.berliner-zeitung.de/archiv/vergangenheitsbewaeltigung-obwohl-in-den-parteien-gewerkschaften-und-universitaeten-der-alten-bundesrepublik-viele-spitzel-fuer-die-ddr-arbeiteten-weigert-sich-der-westen-seine-stasi-verstrickungen-aufzudecken-das-grosse-schweigen,10810590,9714298.html
39 Vgl. www.zeit.de/2006/26/Rosenholz
40 www.berliner-zeitung.de/archiv/vergangenheitsbewaeltigung-obwohl-in-den-parteien-gewerkschaften-und-universitaeten-der-alten-bundesrepublik-viele-spitzel-fuer-die-ddr-arbeiteten-weigert-sich-der-westen-seine-stasi-verstrickungen-aufzudecken-das-grosse-schweigen, 10810590,9714298.html
41 www.berliner-zeitung.de/archiv/vergangenheitsbewaeltigung-obwohl-in-den-parteien-gewerkschaften-und-universitaeten-der-alten-bundesrepublik-viele-spitzel-fuer-die-ddr-arbeiteten-weigert-sich-der-westen-seine-stasi-verstrickungen-aufzudecken-das-grosse-schweigen,10810590,9714298.html
42 Ilko-Sascha Kowalczuk, »Stasi konkret: Überwachung und Repression in der DDR«, C. H. Beck, München 2013
43 Ebd., S. 353
44 Ebd., S. 353
45 www.welt.de/debatte/kommentare/article134309778/Auf-die-SED-Seilschaften-ist-noch-immer-Verlass.html
46 Ilko-Sascha Kowalczuk, »Stasi konkret: Überwachung und Repression in der DDR«, C. H. Beck, München 2013, S. 354
47 www.welt.de/debatte/kommentare/article134309778/Auf-die-SED-Seilschaften-ist-noch-immer-Verlass.html
48 Eigene Recherchen

49 http://www.zeit.de/2006/26/Rosenholz/komplettansicht
50 www.zeit.de/2006/26/Rosenholz/komplettansicht
51 www.bundestag.de/blob/194612/908293f3091b29b9f8de716238348cc1/gutachten-data.pdf
52 Vgl. www.zeit.de/politik/deutschland/2013-05/ddr-stasi-bundestag/komplettansicht
53 Ebd.
54 www.welt.de/debatte/kommentare/article134309778/Auf-die-SED-Seilschaften-ist-noch-immer-Verlass.html
55 Ebd.
56 Nach eigenen Recherchen
57 Vgl. www.spiegel.de/politik/deutschland/spionage-verfassungsschutz-warnt-vor-russischem-geheimdienst-a-965306.html
58 Vgl. ebd.
59 Vgl. www.heise.de/newsticker/meldung/Bericht-Cyberattacke-auf-Bundestag-ging-von-russischer-Regierung-aus-3088072.html
60 Vgl. www.spiegel.de/netzwelt/netzpolitik/deutscher-bundestag-russischer-geheimdienst-unter-hacker-verdacht-a-1074641.html
61 Vgl. web.archive.org/web/20130116223455/, www.tagesschau.de/inland/linksparteiverfassungsschutz100.html
62 Vgl. www.welt.de/print-welt/article209020/Petra-Pau-nennt-Stasi-Vorwuerfe-absurd.html
63 Vgl. www.faz.net/aktuell/politik/russische-spionagetaetigkeit-in-deutschland-nimmt-zu-13396056.html?printPagedArticle=true#pageIndex_2
64 Ebd.

Desinformation – eine hohe Kunst

1 Vgl. www.kp.ru/daily/26176/3065410/
2 www.msk.kp.ru/daily/26426/3299114/
3 www.msk.kp.ru/daily/26426/3299114/
4 www.ntv.ru/novosti/1530396/?fb#ixzz3mZ4zQCiJ
5 Ebd.
6 Vgl. www.welt.de/vermischtes/article151439658/Chronik-einer-vermeintlichen-Vergewaltigung.html
7 Vgl. Video des Nachrichtenbeitrags mit deutschen Untertiteln: tinyurl.com/ptopagandaschleuder, Text: tinyurl.com/sputnikputnik).
8 www.facebook.com/Anonymous.Kollektiv/videos/1032059586840501/
9 www.spiegel.de/panorama/justiz/berlin-polizei-widerspricht-bericht-ueber-vergewaltigung-von-13-jaehriger-a-1072876.html
10 www.welt.de/vermischtes/article151439658/Chronik-einer-vermeintlichen-Vergewaltigung.html
11 de.sputniknews.com/panorama/20160121/307276600/russische-botschaft-mahnt-deutschland-zu-pressefreiheit.html

12 ren.tv/novosti/2016-01-26/nacionalnye-zabavy-migrantov-shokirovali-vsyu-evropu
13 www.morgenpost.de/berlin/article206970331/Tod-im-U-Bahnhof-Russisches-TV-nutzt-Vorfall-fuer-Propaganda.html?kjsdfa
14 www.morgenpost.de/berlin/article206957507/Angebliche-Vergewaltigung-Demonstration-vor-Kanzleramt.html
15 de-zorata.de/blog/2016/01/13/putins-internationale-der-luge/#comment-79273 sowie reitschuster.de/index.asp?newsid = 25063
16 Eigene Recherchen
17 www.ad-hoc-news.de/muenchen-stuttgart-hunderte-russlanddeutsche-haben-am-/de/News/48109326
18 www.augsburger-allgemeine.de/augsburg/Russlanddeutsche-protestieren-gegen-die-Fluechtlingspolitik-id36704307.html
19 www.sovsekretno.ru/articles/id/5307/
20 Vgl. ren.tv/novosti/2016-01-24/merkel-obyasnili-chto-sluchitsya-posle-iznasilovaniya-tolpoy-migrantov-russkoy
21 Wobei juristisch eine »Einverständlichkeit« bei Sexualkontakten mit Kindern ausgeschlossen ist.
22 Vgl. ren.tv/novosti/2016-01-26/nacionalnye-zabavy-migrantov-shokirovali-vsyu-evropu sowie http://de.sputniknews.com/gesellschaft/ 20160122/307310508/sexuelle-gewalt-einvernehmlicher-kontakt-berlin.html
23 www.spiegel.de/politik/ausland/berlin-lawrow-zu-angeblicher-vergewaltigung-von-13-jaehriger-a-1073933.html
24 Lisa hat zwar auch die russische Staatsbürgerschaft, da sie sich aber in Deutschland als deutsche Staatsbürgerin aufhält, hat Russland keine konsularischen Rechte – das ist nur der Fall, wenn Bürger nicht die Staatsangehörigkeit ihres Aufenthaltslandes besitzen.
25 www.n24.de/n24/Nachrichten/Politik/d/7978996/steinmeier-verbittet-sich-einmischung-des-kreml.html
26 Vgl. www.tagesspiegel.de/politik/angeblich-vergewaltigte-13-jaehrige-russland-nutzt-fall-lisa-fuer-retourkutsche-am-westen/12900562.html
27 Vgl. www.n-tv.de/panorama/Fall-Lisa-Handy-Daten-offenbaren-Luege-article16887151.html
28 theins.ru/politika/19217
29 youtu.be/hFja_tjbkNM?t = 671
30 youtu.be/hFja_tjbkNM?t = 599
31 youtu.be/hFja_tjbkNM?t = 146
32 youtu.be/hFja_tjbkNM?t = 122
33 www.haz.de/Hannover/Aus-der-Stadt/Uebersicht/Propagandafilm-eines-russischen-Senders-zur-Fluechlingskrise-spielt-in-Hannover
34 www.tagblatt.de/Nachrichten/Im-Informationskrieg-275239.html
35 Ebd.
36 www.dailymotion.com/video/x3e787p_putins-propaganda-arte-vom-8-9-2015_school Zeitmarke: 20.10

37 www.tagblatt.de/Nachrichten/Im-Informationskrieg-275239.html
38 www.tagblatt.de/Nachrichten/Im-Informationskrieg-275239.html
39 www.swr.de/swr2/programm/sendungen/swr2-forum/warum-sich-russlanddeutsche-von-moskau-beeinflussen-lassen-nicht-mein-land/-/id=660214/did=16888078/nid=660214/19jwf33/index.html
40 Vgl. www.spiegel.de/einestages/ddr-verschwoerung-aids-aus-dem-labor-a-947607.html
41 Vgl. www.spiegel.de/spiegel/print/d-45589663.html und www.nzz.ch/article9350M-1.301137
42 www.nzz.ch/article9350M-1.301137
43 Hubertus Knabe, »Der diskrete Charme der DDR – Stasi und Westmedien«, Propyläen, Berlin-München 2001, S. 44
44 Vgl. www.spiegel.de/politik/deutschland/stasi-und-medien-wie-zaehmte-die-ddr-journalisten-a-124158.html
45 Ebd.
46 www.nzz.ch/article9350M-1.301137
47 Vgl. www.sueddeutsche.de/politik/telefonat-von-us-diplomatin-fuck-the-eu-1.1881947
48 Vgl. www.spiegel.de/spiegel/print/d-13488813.html
49 Ebd.
50 www.faz.net/aktuell/politik/inland/wer-steckt-hinter-den-nsa-enthuellungen-f-a-z-gastbeitrag-13700813.html
51 Ebd.
52 Ebd.
53 Ebd.
54 www.spiegel.de/spiegel/print/d-13488832.html
55 Vgl. www.zeit.de/politik/ausland/2014-11/nato-osterweiterung-gorbatschow
56 Vgl. Garry Kasparow, »Warum wir Putins stoppen müssen«, DVA, München 2015, S. 72 f.
57 www.youtube.com/watch?v=TUOI4h5Qnmc

Entschlossen unentschlossen – die deutschen Medien

1 2005.novayagazeta.ru/nomer/2005/14n/n14n-s08.shtml
2 www.theguardian.com/media/2015/feb/27/euronews-investor-naguib-sawiris-we-will-resist-state-interference
3 www.welt.de/kultur/literarischewelt/article135942521/Russland-aehnelt-einer-Reality-TV-Show.html
4 Vgl. www.welt.de/print-welt/article328272/IM-Rabe-Ein-Korrespondent-als-Stasi-Berichterstatter.html
5 www.faz.net/aktuell/feuilleton/medien/die-stasi-und-die-medien-sie-wussten-alles-und-hatten-keine-ahnung-1724744.html
6 Ebd.

7 Vgl. www.nzz.ch/article9350M-1.301137
8 www.welt.de/politik/deutschland/article106211444/Schrieb-die-Stasi-bei-Wallraffs-Ganz-unten-mit.html
9 www.welt.de/politik/deutschland/article106211444/Schrieb-die-Stasi-bei-Wallraffs-Ganz-unten-mit.html
10 bukovsky-archives.net/pdfs/perestr/ct-90–1.pdf
11 Vgl. Peter Pomerantsev, »«Nichts ist wahr und alles ist möglich«, DVA, München 2015
12 Vgl. www.n-tv.de/politik/politik_kommentare/Alles-ist-moeglich-article16877051.html
13 www.zeit.de/2015/09/golineh-atai-preis-rede-kritik
14 www.zeit.de/2015/09/golineh-atai-preis-rede-kritik
15 Eigene Recherchen
16 www.nzz.ch/article9350M-1.301137
17 www.t-online.de/nachrichten/ausland/id_73161276/moskau-schlaegt-alarm-us-soldaten-in-der-ukraine-.html
18 www.spiegel.de/politik/ausland/referendum-in-der-ostukraine-andrang-vor-den-wahllokalen-in-mariupol-a-968771.html
19 echo.msk.ru/news/1313608-echo.html
20 Journalist, Februar 2016
21 Vgl. www.faz.net/aktuell/politik/ausland/pussy-riot-lady-suppenhuhn-11867761.html
22 www.nzz.ch/putins-braune-lehrmeister-1.18287752

Unsichtbare Krieger – Putins Troll-Armee

1 www.vestnik.com/issues/2003/0430/win/polyanskaya_krivov_lomko.htm
2 www.ndr.de/fernsehen/sendungen/zapp/Immer-auf-Putin-Breite-Kritik-an-Medien,ukraine419.html
3 www.sueddeutsche.de/politik/propaganda-aus-russland-putins-trolle-1.1997470
4 www.youtube.com/watch?v=1PAalqzGFVA
5 Ebd.
6 lenta.ru/news/2014/03/04/midofficial/, Screenshot des Originals: www.wikireality.ru/wiki/%D0%A1%D0%B4%D0%B5%D1%80%D0%B6%D0%B0%D0%BD%D0%BD%D0%BE%D0%B5_%D0%BE%D0%B4%D0%BE%D0%B1%D1%80%D0%B5%D0%BD%D0%B8%D0%B5_%D0%9C%D0%98%D0%94_%D0%A0%D0%A4
7 theins.ru/politika/872
8 www.novayagazeta.ru/politics/48951.html
9 theins.ru/politika/872
10 Ebd.
11 Ebd.

12 Ebd.
13 charter97.org/ru/news/2015/2/1/137820/
14 www.novayagazeta.ru/politics/68627.html
15 mr7.ru/articles/102680/
16 *Phoenix*, Phoenix-Runde, 3. 2. 2016
17 www.vice.com/de/read/propaganda-putin-schmeisst-das-geld-zum-fenster-raus-mit-beiden-haenden-882
18 Vgl. Susanne Spahn, Vortrag in der DGAP, Berlin, 9. 12. 2015
19 Vgl. ebd.
20 youtu.be/wlLYq6SVTa0?t = 63
21 lifenews.ru/news/181036
22 de.sputniknews.com/panorama/20160125/307360889/putin-sympathisiert-mit-kommunistischen-ideen.html#ixzz3yKfnyEow
23 de.sputniknews.com/gesellschaft/20160122/307310508/sexuelle-gewalt-einvernehmlicher-kontakt-berlin.html
24 politrussia.com/news/glava-mid-rf-642/sowie ren.tv/novosti/2016-01-26/nacionalnye-zabavy-migrantov-shokirovali-vsyu-evropu
25 Der Spiegel,5/2016
26 Vgl. Susanne Spahn, Vortrag in der DGAP, Berlin, 9. 12. 2015

Die Querfront – Moskaus fünfte Kolonne

1 www.netz-gegen-nazis.de/artikel/warum-anonymous-kollektiv-auf-facebook-nichts-mit-anonymous-zu-tun-hat-10743
2 www.taz.de/!5044069/
3 www.stern.de/digital/online/wo-anonymous-draufsteht-ist-pegida-drin-6572536.html
4 www.netz-gegen-nazis.de/artikel/warum-anonymous-kollektiv-auf-facebook-nichts-mit-anonymous-zu-tun-hat-10743
5 www.facebook.com/Anonymous.Kollektiv/posts/1039795642733562
6 www.facebook.com/Anonymous.Kollektiv/posts/1031840493529077:0
7 www.spiegel.de/netzwelt/netzpolitik/facebook-spam-bei-deutschen-medien-unter-namen-anonymous-a-964869.html
8 www.huffingtonpost.de/2015/11/22/story_n_8621528.html
9 www.spiegel.de/spiegel/print/d-87482751.html
10 www.taz.de/!5039385/
11 www.zeit.de/politik/deutschland/2014-07/juergen-elsaesser-russland-propaganda/seite-2 sowie www.tagesspiegel.de/politik/compact-konferenz-egon-bahr-und-die-verschwoerungstheoretiker/11019990.html
12 Vgl. www.fr-online.de/digital/anonymous-auf-facebook-falsche-anonymous-seite-fuehrt-nutzer-in-die-irre,1472406,32465170.html
13 www.youtube.com/watch?v=P6vApmJ5wqY
14 www.express.de/news/politik-und-wirtschaft/verdacht-gibt-es-einen-rechten-maulwurf-bei-den-deutschen-sicherheitsbehoerden-23492392

15 www.zeit.de/gesellschaft/2014-04/montagsdemo-mahnwache-frieden-berlin/komplettansicht
16 Ebd.
17 www.zeit.de/politik/deutschland/2014-07/juergen-elsaesser-russland-propaganda/seite-2
18 Vgl. www.zeit.de/politik/deutschland/2014-07/juergen-elsaesser-russland-propaganda/seite-2
19 publikative.org/tag/compact/
20 Vgl. www.tagesspiegel.de/medien/juergen-elsaesser-und-sein-compact-magazin-ein-netzwerk-fuer-putin-und-pegida/12194382.html
21 Vgl. www.tagesspiegel.de/politik/compact-konferenz-egon-bahr-und-die-verschwoerungstheoretiker/11019990.html
22 www.zeit.de/politik/deutschland/2014-11/russland-putin-egon-bahr-compact-magazin-verschwoerung-afd/seite-2
23 www.tagesspiegel.de/medien/juergen-elsaesser-und-sein-compact-magazin-ein-netzwerk-fuer-putin-und-pegida/12194382.html
24 Vgl. www.otto-brenner-shop.de/uploads/tx_mplightshop/AP18_Storz_2015_10_19.pdf
25 www.tagesspiegel.de/medien/juergen-elsaesser-und-sein-compact-magazin-ein-netzwerk-fuer-putin-und-pegida/12194382.html
26 Ebd.
27 Vgl. Ebd.
28 www.otto-brenner-shop.de/uploads/tx_mplightshop/AP18_Storz_2015_10_19.pdf
29 Vgl. publikumskonferenz.de/forum/viewforum.php?f=30&start=50
30 Vgl. propagandaschau.blogspot.it/2015/07/wer-die-propagandaschau-fur-unabhangig.html?view=sidebar
31 www.bz-berlin.de/berlin/marzahn-hellersdorf/immer-wieder-aerger-um-elenas-anwalt-danckwardt
32 www.youtube.com/watch?v=aO2nou-dEns
33 Vgl. www.otto-brenner-shop.de/uploads/tx_mplightshop/AP18_Storz_2015_10_19.pdf
34 www.taz.de/!5044069/
35 Vgl. www.tagesspiegel.de/medien/juergen-elsaesser-und-sein-compact-magazin-ein-netzwerk-fuer-putin-und-pegida/12194382.html sowie www.tagesspiegel.de/politik/vorstoss-der-linkspartei-putin-soll-am-8-mai-im-bundestag-reden/11299564.htmlsowiede.sputniknews.com/politik/20150216/301136494.html
36 www.faz.net/aktuell/politik/portraets-personalien/linkspartei-die-radikalen-in-der-fraktion-13054364.html
37 Vgl. www.otto-brenner-shop.de/uploads/tx_mplightshop/AP18_Storz_2015_10_19.pdf
38 de.sputniknews.com/authors/uli_gellermann2/
39 www.berliner-zeitung.de/archiv/bislang-kaum-erforscht-wie-die-stasi-

presse-und-rundfunk-in-westdeutschland-unterwandert-hat-konspirative-kanaele,10810590,9735848.html sowie Jochen Staadt: Die SED und die »Generale für den Frieden«. In Maruhn/Wilke, 2001, S. 274

40 books.google.de/books?id = 7KBsFq-E2_IC&pg = PA419&dqSeiteneinsteiger:#v = onepage&q&f = false
41 Vgl. de.sputniknews.com/authors/rudiger_gobel/
42 Ebd.
43 Vgl. www.taz.de/1/berlin/tazplan-kultur/artikel/?dig=2013%2F04%2F18%2Fa0143&cHash=cf63b3bd1aadcf81f060179fa9279138
44 Vgl. www.tagesspiegel.de/politik/angebliche-vergewaltigung-einer-13-jaehrigen-russland-vs-westen-hass-schueren-europa-spalten/12886182.html
45 netzpolitik.org/2014/medienkompetenz-fuer-einsteiger-deutsche-wirtschafts-nachrichten/
46 get.torial.com/blog/2015/03/die-propaganda-medien-des-kremls-in-deutschland/
47 Vgl. www.tagesspiegel.de/politik/angebliche-vergewaltigung-einer-13-jaehrigen-russland-vs-westen-hass-schueren-europa-spalten/12886182.html
48 www.evrazia.org/article/230 sowie sprotyv.info/ru/news/putinskaya-rossiya-sumasshestvie-ot-lissabona-do-vladivostoka-chast-iv
49 www.youtube.com/watch?v=VlRWwflXeEg
50 Eigene Recherchen; vgl. www.zeit.de/politik/ausland/2015-02/russland-griechenland-verbindung-alexander-dugin-konstantin-malofeev-panos-kammenos/komplettansicht

Recht(s) radikal – Putins unheilige Allianz

1 www.tagesanzeiger.ch/ausland/europa/Gipfeltreffen-mit-Putins-fuenfter-Kolonne/story/30542701
2 Ebd.
3 Vgl. www.novayagazeta.ru/politics/67389.html sowie eigene Recherchen.
4 www.tagesanzeiger.ch/ausland/europa/Der-Oligarch-hinter-den-Separatisten/story/25597807
5 www.tagesanzeiger.ch/ausland/europa/Gipfeltreffen-mit-Putins-fuenfter-Kolonne/story/30542701 und www.zeit.de/politik/deutschland/2014-07/juergen-elsaesser-russland-propaganda/komplettansicht
6 www.tagesanzeiger.ch/ausland/europa/Gipfeltreffen-mit-Putins-fuenfter-Kolonne/story/30542701
7 Vgl. Ebd.
8 Vgl. Ebd.
9 www.boell.de/de/2014/07/24/juergen-elsaesser-und-das-antiamerikanische-ressentiment
10 www.zeit.de/politik/deutschland/2014-07/juergen-elsaesser-russland-propaganda/komplettansicht

11　www.spiegel.de/politik/ausland/russland-rechtsextremisten-treffen-sich-in-sankt-petersburg-a-1025108.html sowie www.newsru.com/russia/23mar2015/forum.html
12　Vgl. Ebd.
13　Ebd.
14　Vgl. ria.ru/economy/20141123/1034667007.html
15　www.taz.de/1/archiv/digitaz/artikel/?ressort=hi&dig=2014%2F05%2F10%2Fa0174&cHash=7e0b6424dd64e68a40758bbb1b67f0ad
16　Vgl. www.spiegel.de/politik/ausland/afd-und-front-national-putin-umwirbt-europas-rechtspopulisten-a-1004746.html und www.taz.de/!5042541/
17　www.br.de/fernsehen/das-erste/sendungen/report-muenchen/videos-und-manuskripte/putins-netzwerk100.html
18　Vgl. www.sueddeutsche.de/politik/nationalistische-verbuendete-putins-rechte-freunde-1.1938496-2
19　www.br.de/fernsehen/das-erste/sendungen/report-muenchen/videos-und-manuskripte/putins-netzwerk100.html
20　www.taz.de/!5042541/
21　www.taz.de/!5042541/und www.riskandforecast.com/useruploads/files/pc_flash_report_russian_connection.pdf
22　Vgl. www1.ku-eichstaett.de/ZIMOS/forum/docs/forumruss23/22 Hock.pdf
23　Vgl. www.rightwingwatch.org/content/religious-rights-russian-pro-family-ally-may-be-helping-fund-pro-putin-propaganda
24　Vgl. www.ots.at/presseaussendung/OTS_20131216_OTS0076/fpoe-strache-bei-parteitag-der-lega-nord-in-turin
25　www.politik-in-gesellschaft.de/wp-content/uploads/2015/07/PiG20150708-Russlands-rechtes-Netzwerk-Die-Einflussnahme-Russlands-auf-rechte-Strukturen-in-der-EU.pdf
26　www.taz.de/!5042541/
27　www.spiegel.de/politik/deutschland/afd-sucht-rat-aus-russland-strategiesitzung-in-der-botschaft-a-1006983.html
28　www.br.de/fernsehen/das-erste/sendungen/report-muenchen/videos-und-manuskripte/putins-netzwerk100.html
29　www.huffingtonpost.de/said-djamil-werner/moskau-gauland-afd_b_9236104.html
30　www.welt.de/politik/deutschland/article132122521/Was-macht-der-AfD-Vize-in-der-russischen-Botschaft.html
31　www.deutschlandfunk.de/roderich-kiesewetter-cdu-putin-bedroht-den-zusammenhalt.694.de.html?dram:article_id=344309
32　Vgl. www.deutschlandfunk.de/moskau-und-die-afd-lucke-hoher-spendeneingang-der-letzten.1818.de.html?dram%3Aarticle_id=344407
33　www.augsburger-allgemeine.de/politik/Bernd-Lucke-rechnet-ab-Putin-Freunde-sollen-bei-der-AfD-bleiben-id34864922.html

34 www.otto-brenner-shop.de/uploads/tx_mplightshop/AP18_Storz_2015_10_19.pdf
35 www.deutschlandradiokultur.de/verhaeltnis-zu-russland-der-mythos-vom-antifaschismus-in.2165.de.html?dram:article_id=344411
36 Vgl. www.faz.net/aktuell/politik/inland/noch-mehr-zulauf-fuer-pegida-in-dresden-13324123.html?printPagedArticle=true#pageIndex_2
37 Vgl. de.sputniknews.com/trend/pegida_und_anti_pegida/
38 Vgl. sgolub.ru/kulturpovidlo/o-merkel-v-sibiri-pegida-i-ruke-kremlya/
39 www.bild.de/news/inland/nachtwoelfe/treffen-auf-pegida-bachmann-40873702.bild.html und www.bz-berlin.de/berlin/nachtwoelfe-mit-diplomatischem-beistand-unterwegs
40 Vgl. anton-shekhovtsov.blogspot.de/2015/09/russian-politicians-building.html
41 Ebd. sowie anton-shekhovtsov.blogspot.de/2015/09/russian-fascist-militants-give-money-to.html
42 www.sueddeutsche.de/politik/nationalistische-verbuendete-putins-rechte-freunde-1.1938496-2 fKovács
43 Vgl. http://www.deutschlandfunk.de/verbot-von-altermedia-der-schwierige-kampf-gegen-nazis-im.1818.de.html?dram:article_id=343783 sowie http://www.tagesspiegel.de/politik/internetportal-altermedia-de-maiziere-stoppt-rechte-hetzer/12884574.html
44 Brockhaus, Die Enzyklopädie in 24 Bänden, Studienausgabe, Leipzig 2001
45 www.novayagazeta.ru/society/43868.html
46 books.google.de/books?id = tbmgAAAAQBAJ&pg = PT622&lpg = PT622&dq=%D1 %81 %D1 %82 %D0 %B0 %D0 %BB %D0 %B8 %D0 % BD+ %D1 %87 %D1 %82 %D0 %BE %D0 %B1+ %D0 %B3 %D0 %B5 % D1 %80 %D0 %BC %D0 %B0 %D0 %BD %D0 %B8 %D1 %8E+ %D0 %B 7 %D0 %B0 %D0 %B4 %D1 %83 %D1 %88 %D0 %B8 %D0 %BB %D0 % B8&source = bl&ots = 4cup1W0gdK&sig = N44uO5erouqTyUkFPsTmAI 1oE6E&hl = de&sa = X&ved = 0ahUKEwjE87WrkunKAhXhd5oKHayy-A0UQ6AEIIDAA
47 Vgl. en.kremlin.ru/events/president/transcripts/49455

Die Maulwürfe – des Kremls Honigfalle

1 www.welt.de/welt_print/article2113068/Die-Russen-kommen.html
2 Im Gespräch mit dem Autor
3 Ebd.
4 Vgl. www.welt.de/welt_print/article2113068/Die-Russen-kommen.html
5 Vgl. *Frankfurter Allgemeine Sonntagszeitung*, 20. 11. 2005, S. 6
6 Ebd.
7 www.welt.de/welt_print/article2113068/Die-Russen-kommen.html
8 Vgl.www.eanw.org/

9 www.eanw.info/nagradi.htmlsowie www.eanw.info/nagradi-1.htmlsowie www.eanw.info/personal-orden.html
10 www.congress-euromedica.de/
11 www.koch-metschnikow-forum.de/
12 base.garant.ru/12162267/#friends#ixzz3zitSf5OI
13 rs.gov.ru/about
14 de.rbth.com/gesellschaft/2015/03/18/exilrussen_sollen_ein_positives_russlandbild_vermitteln_33145
15 Ebd.
16 de.sputniknews.com/zeitungen/20150427/302090173.html#ixzz40cfdY1Ko
17 Ebd.
18 ria.ru/politics/20120903/741659476.html
19 Vgl. lenta.ru/articles/2014/02/28/kolesnichenko/
20 Vgl. www.msrs.ru/authority/prezidium
21 Vgl. russkoepole.de/ru/federalnye-zemli.html
22 russkoepole.de/ru/?option = com_content&view = category&layout = blog&id = 135&Itemid = 181&lang = ru
23 www.wcrj.info/index.php/o-kongresse/struktura-kongressa
24 www.youtube.com/watch?v=4w3w06qDQ4w
25 www.youtube.com/watch?v=4w3w06qDQ4w
26 www.russkiymir.ru/grants/
27 www.russkiymir.ru/catalogue/catalog.php?country=4
28 Vgl. dev.eursa.eu/
29 de.sputniknews.com/zeitungen/20150306/301388996.html
30 Ebd.
31 Vgl. www.rg.ru/2016/01/29/reg-kfo/rempel-anons.html
32 ria.ru/world/20160201/1368325902.html
33 Vgl. de.sputniknews.com/zeitungen/20150306/301388996.html
34 Vgl. www.atlant-koeln.de/?ln=de&mn=14
35 Vgl. youtu.be/s48JfLu8YXk und www.compact-online.de/fall-lisa-russland-deutsche-fordern-ende-der-asyllawine/
36 *Spiegel* 5/2016
37 Vgl. www.welt.de/politik/deutschland/article133783789/Lorenz-Haag-Doppelprofessor-fuer-Putins-Propaganda.html
38 www.welt.de/politik/deutschland/article133783789/Lorenz-Haag-Doppelprofessor-fuer-Putins-Propaganda.html
39 Ebd.
40 Vgl. Ebd.
41 Vgl. www.deutsch-russisches-forum.de/fileadmin/image_archive/sonstiges/Mitgliederliste_DRF_15.01.16.pdf
42 www.deutsch-russisches-forum.de/index.php?id=deutsch
43 www.facebook.com/reitschuster/posts/1081189805229540
44 www.facebook.com/reitschuster/posts/1087349424613578

45 russlandkontrovers.de/
46 russlandkontrovers.de/gemeinsamer-wirtschaftsraum-von-lissabon-bis-wladiwostok/
47 Vgl. www.wiwo.de/politik/ausland/deutsch-russisches-forum-vulgaerer-ethno-faschismus/9897160.html
48 www.youtube.com/watch?v=aqiOi2gGc5Q
49 www.welt.de/print/die_welt/wirtschaft/article13770279/Putin-hat-das-Land-stabilisiert.html
50 Vgl. www.petersburger-dialog.de/martin-hoffmann
51 www.swp.de/ulm/nachrichten/politik/Lothar-de-Maizi%E8re-ueber-Wladimir-Putin-den-Ukraine-Konflikt-und-die-Krim-Annexion;art4306,3156044
52 www.tagesspiegel.de/politik/lothar-de-maiziere-im-interview-die-isolierung-russlands-ist-ein-fehler/11038678.html
53 www.tagesspiegel.de/politik/deutschland-und-russland-umstrittener-petersburger-dialog-steht-vor-dem-umbau/11015932.html
54 www.spiegel.de/politik/ausland/petersburger-dialog-russland-veraergert-ueber-deutsche-blockade-a-1006439.html
55 Vgl. www.spiegel.de/politik/deutschland/russland-petersburger-dialog-wird-reformiert-platzeck-ausgebootet-a-1004443.html
56 Vgl. www.cjd.de/aktuelles/detailansicht/news/detail/News/bundesverdienstkreuz-fuer-prof-dr-wilfried-bergmann/ch/ef40a56cc5cf16f8f7d87fb-6c4c47ea1/
57 zeitschrift-ip.dgap.org/de/article/getFullPDF/13625
58 Vgl. www.presseportal.de/pm/75892/2696628
59 www.zeit.de/2013/12/Alexander-Rahr
60 www.welt.de/politik/deutschland/article127133177/Deutscher-Putin-Unterstuetzer-gibt-den-Russland-Experten.html?wtmc=nl.wdwbaufmacher
61 Ebd.
62 Ebd.
63 Ebd.
64 www.swr.de/report/schroeder-und-die-krimkrise/-/id=233454/did=12881014/nid=233454/3jkrzz/index.html
65 www.welt.de/print/wams/article127124719/Berlin-im-Visier-russischer-Spione.html
66 www.welt.de/politik/deutschland/article127133177/Deutscher-Putin-Unterstuetzer-gibt-den-Russland-Experten.html
67 www.zeit.de/2015/33/russland-sanktionen-stefan-duerr-aeusserung/komplettansicht
68 de.agrardialog.ru/about
69 de.agrardialog.ru/partners
70 de.euromaidanpress.com/2015/08/19/anna-veronika-wendland-luegen-voelkerraetsel/
71 www.zeit.de/politik/2014-12/aufruf-russland-dialog

72 de.euromaidanpress.com/2015/08/19/anna-veronika-wendland-luegen-voelkerraetsel/
73 Ebd.
74 www.welt.de/politik/article13636352/Postkartenidyll-mit-Menschenrechtsverletzern.html
75 www.springerprofessional.de/public-relations/lobbying/wie-europaeische-pr-agenturen-diktaturen-dienen/6602856
76 Eigene Recherchen
77 corporateeurope.org/sites/default/files/20150120_spindoctors_mr.pdf
78 Vgl. www.tagesspiegel.de/themen/agenda/der-europarat-und-aserbaidschan-abschied-von-der-kaviardiplomatie/11981014.html
79 www.tagesspiegel.de/themen/agenda/der-europarat-und-aserbaidschan-abschied-von-der-kaviardiplomatie/11981014.html
80 fpc.org.uk/fsblob/1740.pdf
81 Vgl. www.spiegel.de/politik/deutschland/kasachstan-schroeder-und-schily-halfen-diktator-nasarbajew-a-1038506.html sowie www.faz.net/aktuell/politik/inland/nasarbejew-wollte-deutsche-spitzenpolitiker-offenbar-als-lobbyisten-13645538.html

Mit Systema – Putins deutsche Kampftruppe

1 www.focus.de/magazin/archiv/report-wuergen-schlagen-toeten-lernen_id_3870339.html
2 www.systemaryabko.com/ru/about/38744f42b4d55a572173133357.html
3 www.systemaryabko.com/ru/about/76644f53635bcc6a2005564819.html
4 www.russianmartialart.com/founders.php
5 www.russianmartialart.com/whatis.php
6 www.systema-swiss.ch/Seite39.html
7 2010 wurden des Speznas der GRU aufgelöst und in andere Armeeverbände eingegliedert; 2013 wurden Teile wieder unter das Kommando der GRU zurückerlegt.
8 www.rma-systema.de/
9 www.rma-systema.de/home/andreas-weitzel/
10 www.systema-ost.de/systema-deutschland.shtml
11 www.systemaschule.de/
12 desantura.de/index.php/de/
13 Vgl. www.welt.de/welt_print/article2113068/Die-Russen-kommen.html
14 ria.ru/defense_safety/20120411/623227984.html#ixzz3r5aGUWkc
15 www.focus.de/magazin/archiv/report-wuergen-schlagen-toeten-lernen_id_3870339.html
16 www.tagesspiegel.de/politik/sed-warb-dkp-leute-fuer-anschlaege/517494.html
17 Vgl. www.faz.net/aktuell/politik/stasi-unterlagen-rekonstruieren-ddr-bil-

dete-militaerischen-arm-der-dkp-aus-1160879.html sowie web.archive.org/web/20090801045027/http://www.mdr.de/fakt/6461904.html
18 www.spiegel.de/panorama/zeitgeschichte-ddr-bildete-dkp-kampfgruppen-aus-a-300275.html
19 www.bild.de/news/ausland/motorradclub/russen-rocker-nachtwoelfe-putin-schlaeger-truppe-34876142.bild.html sowie de.wikipedia.org/wiki/Nachtw %C3 %B6lfe sowie
20 Vgl. www.bild.de/politik/inland/einbruch/ex-kgb-offiziere-lenken-einbruchsbanden-in-deutschland-37992192.bild.html
21 Im Gespräch mit dem Autor
22 https://www.rbb-online.de/politik/beitrag/2016/02/gruene-kritisieren-berliner-polizeisoftware-benedikt-lux-natalya-kaspersky.html
23 Ebd.

Wie geschmiert – ölige Geschäfte

1 *Neu-Ulmer-Zeitung*, 25. 11. 2015, Seite 33
2 Ebd.
3 Vgl. *Neu-Ulmer Zeitung*, 17. 12. 2015, S. 29
4 www.sz-online.de/nachrichten/russland-affaere-noch-groesser-als-gedacht-3283562.html
5 Vgl. www.tagesspiegel.de/wirtschaft/familienfehde-im-fleischkonzern-clemens-toennies-verliert-alleinherrschaft/11479388.html und www.handelsblatt.com/unternehmen/handel-konsumgueter/deutsches-fleisch-fuer-russland-toennies-versprechen-an-putin/10310498.html
6 Vgl. www.sueddeutsche.de/sport/altkanzler-schroeders-verrat-1.927 795
7 Erschienen im Westend-Verlag, 2. Auflage 2012
8 Im Gespräch mit dem Autor
9 Vgl. www.sueddeutsche.de/wirtschaft/erdgas-in-deutschland-heikler-milliardendeal-zwischen-gazprom-und-basf-1.2634145
10 www.taz.de/!5046097/
11 Vgl. www.welt.de/debatte/kommentare/article148299043/Bei-der-Energieversorgung-sind-wir-Geiseln-Moskaus.html
12 Vgl. www.welt.de/wirtschaft/energie/article137985848/RWE-verkauft-Dea-fuer-5-1-Milliarden-Euro-an-Russen.html
13 www.handelsblatt.com/unternehmen/industrie/russischer-oelkonzern-rosneft-baut-praesenz-in-deutschland-aus/11945828.html
14 Vgl. www.welt.de/wirtschaft/article109358875/Der-geheimnisvolle-Retter-der-Raffinerie-Ingolstadt.html
15 www.welt.de/debatte/kommentare/article148299043/Bei-der-Energieversorgung-sind-wir-Geiseln-Moskaus.html
16 Vgl. derstandard.at/2000028246646/Russisches-Gas-Achse-Wien-Berlin-Moskau-veraergert-Resteuropa

17 www.washingtonpost.com/opinions/the-unseemly-energy-deal-between-germany-and-russia/2016/01/01/1e96c2b8-afd9-11e5-b711-1998289ffcea_story.html
18 www.welt.de/debatte/kommentare/article148299043/Bei-der-Energieversorgung-sind-wir-Geiseln-Moskaus.html
19 Zapisi gornogo instituta, 199, T. 144 (1)
20 Ebd.

Poker in Syrien – das große Spiel

1 www.faz.net/aktuell/politik/ausland/naher-osten/buergerkrieg-in-syrien-steinmeier-lobt-annaeherung-von-amerikanern-und-russen-13813239.html
2 www.sueddeutsche.de/politik/syrien-konflikt-kerry-und-steinmeier-hoffen-auf-putin-1.2657070
3 www.zeit.de/politik/ausland/2015-10/syrien-russland-bombardiert-assad
4 Vgl. www.zeit.de/politik/ausland/2015-10/syrien-konflikt-eu-kritik-angriffe-russland-opposition
5 www.tagesspiegel.de/politik/russlands-hilfe-fuer-assad-warum-putin-die-opposition-in-syrien-bombardiert/12421382.html
6 *Spiegel* 5/2016
7 kremlin.ru/events/president/news/50971
8 www.rg.ru/2016/02/17/zharov-absoliutnaia-svoboda-predpolagaet-absoliutnuiu-otvetstvennost.html
9 www.cbsnews.com/news/isis-jihadists-on-move-in-iraq-using-weapons-and-twitter-hashtags/
10 Vgl. www.tagesspiegel.de/politik/umstrittener-tschetschenen-chef-fordert-ramsan-kadyrow-wladimir-putin-heraus/12940232.html
11 www.welt.de/geschichte/article119496273/Hier-mischte-der-KGB-bei-Terror-und-Putschen-mit.html
12 Felshtinsky, Yuri; Litvinenko, Alexander: »Blowing Up Russia«, Gibson Square Books, London 2007
13 www.tinyurl.com/koelnanalyse1
14 Vgl. Z. B. Studie zu Alkoholkonsum von Muslimen in Norwegen unter bmcpublichealth.biomedcentral.com/articles/10.1186/1471-2458-12-535)
15 Vgl. www.spiegel.de/politik/ausland/griechenland-will-veto-gegen-russland-sanktionen-einlegen-a-1015487.html
16 www.spiegel.de/politik/ausland/griechenland-will-veto-gegen-russland-sanktionen-einlegen-a-1015487.html
17 www.spiegel.de/politik/ausland/griechenland-aussenminister-nikos-kotzias-im-interview-a-1017342.html
18 www.huffingtonpost.com/takis-michas/greece-government-mouthpiece-putin_b_6592162.html
19 www.zeit.de/politik/ausland/2015-02/russland-griechenland-verbin-

dung-alexander-dugin-konstantin-malofeev-panos-kammenos/komplett-ansicht
20 Ebd.
21 Ebd.
22 www.spiegel.de/politik/ausland/griechenland-will-veto-gegen-russland-sanktionen-einlegen-a-1015487.html
23 Vgl. www.spiegel.de/politik/ausland/griechischer-minister-kammenos-droht-europa-mit-fluechtlingen-a-1022450.html
24 http://www.zeit.de/news/2015-02/27/migration-focus-griechenland-droht-europa-mit-fluechtlingswelle-27175008
25 www.n24.de/n24/Nachrichten/Politik/d/7289880/-es-stimmt-nicht-dass-deutschland-schiffe-schickt-.html
26 Eigene Recherchen.
27 www.welt.de/politik/ausland/article146773014/Wer-sind-die-mysterioesen-Aufwiegler-am-Grenzzaun.html
28 Ebd.
29 www.wiwo.de/politik/europa/george-soros-putin-greift-die-eu-von-aussen-an-orbn-von-innen/12754350-2.html
30 www.daserste.de/information/politik-weltgeschehen/weltspiegel/sendung/russland-190.html
31 www.nzz.ch/international/verdacht-auf-schlepper-netzwerke-1.18683015
32 Vgl. www.welt.de/politik/ausland/article151973257/Merkel-entsetzt-ueber-Leid-durch-russische-Angriffe.html
33 www.bild.de/politik/ausland/syrien-krise/putins-bomben-toeten-mehr-zivilisten-als-assad-44400758.bild.html
34 www.welt.de/politik/ausland/article152469078/Vorlaeufige-Einigung-fuer-Waffenstillstand-in-Syrien.html

Die Schwäche des Westens – und die Gegenmittel

1 www.t-online.de/nachrichten/deutschland/gesellschaft/id_76867024/-drohungen-und-hasswellen-soviel-macht-hat-moskau-in-deutschland.html
2 www.spiegel.de/politik/deutschland/merkel-streitet-mit-putin-um-russlandsbeauftragten-schockenhoff-a-862850.html
3 dip21.bundestag.de/dip21/btd/17/113/1711327.pdf
4 Vgl. http://www.tagesspiegel.de/politik/deutschland-und-russland-petersburger-dialog-in-der-krise/10824130.html
5 www.deutsch-russisches-forum.de/epaper/Brief%20Dr%20von%20Studnitz%20230413.pdf
6 www.welt.de/politik/deutschland/article134684180/Wer-an-Russland-glaubt-soll-in-den-Ruhestand.html
7 www.bild.de/politik/inland/dr-andreas-schockenhoff/alkohol-rueckfall-bei-cdu-politiker-38020770.bild.html

8 www.bild.de/politik/inland/dr-andreas-schockenhoff/war-es-doch-kein-natuerlicher-tod-38988560.bild.html
9 Vgl. www.welt.de/politik/deutschland/article135477286/Putin-Kritiker-Schockenhoff-starb-in-seiner-Sauna.html
10 Im Gespräch mit dem Autor
11 www.spiegel.de/politik/deutschland/merkel-streitet-mit-putin-um-russlandsbeauftragten-schockenhoff-a-862850.html
12 www.novayagazeta.ru/news/1699569.html
13 www.zeithistorische-forschungen.de/1-2014/id%3D4975
14 Roger Engelmann, Frank Joestel: Grundsatzdokumente des MfS. In: Klaus-Dietmar Henke, Siegfried Suckut, Thomas Großbölting (Hrsg.): »Anatomie der Staatssicherheit: Geschichte, Struktur und Methoden«. MfS-Handbuch. Teil V/5, Berlin 2004, S. 287.
15 causa.tagesspiegel.de/russische-missverstandnisse-der-deutschen-putinversteher.html
16 www.welt.de/debatte/kommentare/article148282742/Putins-Freunde-im-Westen-verraten-Europa.html
17 Ebd.
18 www.welt.de/debatte/kommentare/article152085948/Der-Westen-kapituliert-vor-Putins-Schachzuegen.html
19 Vgl. Statistisches Bundesamt, »Rangfolge der Handelspartner im Außenhandel der Bundesrepublik Deutschland«, erschienen am 5. 3. 2014, Wiesbaden
20 www.sueddeutsche.de/politik/russland-aufklaerung-nach-moskauer-art-1.2869744

»Wehrt Euch« – ein Aufruf

1 www.faz.net/aktuell/politik/ausland/kommentar-neue-ostpolitik-trotz-putinokratie-1432973.html
2 Schanna Nemzowa, »Russland wachrütteln«, Ullstein, Berlin 2015, S. 184
3 www.youtube.com/watch?v=pZdxHPWVm9M (Markus Lanz, 16. 1. 2014)
4 http://www.svz.de/deutschland-welt/politik/das-ende-der-spassrepublik-id12654131.html
5 www3.spd.de/linkableblob/5652/data/rede_carlo_schmid.pdf

Boris Reitschuster

Putins Demokratur
Ein Machtmensch und sein System

Klappenbroschur.
Auch als E-Book erhältlich.
www.econ.de

Wie gefährlich ist Wladimir Putin?

Mit der Besetzung der Krim hat Wladimir Putin die gegenwärtige Ordnung Europas in ihren Grundfesten erschüttert. Boris Reitschuster deckt auf, wie der Ex-KGB-Oberstleutnant in Russland ein autoritäres Regime errichtete, und zeichnet ein bestechend scharfes Psychogramm Putins. In der aktualisierten und stark erweiterten Neuauflage seines Buches rücken die Ereignisse auf der Krim in ein neues Licht.

»*Geradezu atemberaubende Einblicke in das Räderwerk einer ›gelenkten Demokratie*«
Tagesspiegel

»*Analytisch und spannend wie ein Politkrimi*«
WAZ

Econ